数字乡村管理

黄春燕　蒋乃华 等　编著

中国农业出版社
北　京

图书在版编目（CIP）数据

数字乡村管理 / 黄春燕等编著. -- 北京 ：中国农业出版社，2025. 3. -- ISBN 978-7-109-33150-1

Ⅰ. D638-39

中国国家版本馆 CIP 数据核字第 2025T5S322 号

中国农业出版社出版

地址：北京市朝阳区麦子店街 18 号楼

邮编：100125

责任编辑：王秀田

版式设计：小荷博睿　　责任校对：吴丽婷

印刷：北京中兴印刷有限公司

版次：2025 年 3 月第 1 版

印次：2025 年 3 月北京第 1 次印刷

发行：新华书店北京发行所

开本：700mm×1000mm　1/16

印张：20.25

字数：455 千字（含数字资源 80 千字）

定价：98.00 元

编 著 人 员 名 单

黄春燕　蒋乃华　张玉娥　曾华盛　张　雪

前言

FOREWORD

随着信息技术的快速发展和全球数字化趋势的不断推进，数字乡村建设已成为推动农业现代化和实施乡村振兴战略的关键力量。作为国家治理体系的重要组成部分，乡村管理正面临前所未有的发展机遇与挑战。数字乡村管理将现代信息技术融合到乡村经济、社会、文化和生态等各个系统，以提升乡村治理的效率和质量，促进乡村经济的持续增长，提高乡村居民的生活水平，保护和传承乡村文化，促进乡村生态的和谐发展，从而全面实现农业强、农村美、农民富的目标。《数字乡村管理》一书的编写，是对国家乡村振兴战略的积极响应，也是对乡村未来发展路径的深入探讨。本书旨在为乡村管理者、农业从业者、政策制定者、相关课程的教师、研究相关领域的学者以及对乡村数字化感兴趣的大学生和研究生，提供一个全面而系统的学习和参考资料。

本书在编写过程中，力求体现以下四个特点：

1. 系统性：本书全面覆盖了数字乡村建设的各个领域。它不仅详细阐述了数字技术在农业生产、农业经营和日常生活中的应用，还深入探讨了乡村治理、教育、养老、文化、生态等领域的数字化转型，构建了一个全面的系统性的数字乡村管理框架，为读者提供了一个完整的学习图景。

2. 实用性：本书紧密结合国家数字乡村管理实践。通过分析典型案例，展示了多种数字乡村管理的实际应用场景，如数字农业、农村电子商务、数字乡村政务等，为读者提供了实际操作参考，帮助读者更深入地理解理论知识在实际工作中的应用。

3. 前瞻性：本书内容着力体现数字技术的最新变革。关注物联网、大数据、云计算、人工智能等前沿领域，并深入探讨了这些技术如何影响数字乡村管理的未来发展趋势。同时，对乡村管理未来政策的走向进行了前瞻性分析，旨在帮助读者深入理解和预测政策变动可能对乡村管理带来的影响。

4. 互动性：本书设计了在线讨论和案例分析等互动环节。除了传统的纸质资料，本书还提供了丰富的电子资料，以提升内容的直观性和易理解性，增强读者的学习兴趣和互动体验，还能帮助他们更好地理解和吸收相关知识。

本书共分十章，由三个部分构成。第一部分，本书系统回顾了乡村及乡村管理等基本概念的历史演变和理论基础，并阐述了数字乡村的概念及其发展趋势。第二部分，本书深入探讨了数字农业管理、数字乡村新业态管理、数字绿色乡村管理、数字乡村文化管理、数字乡村基层组织管理、数字乡村应急管理以及数字乡村民生服务等具体管理形态，详细分析了各自的历史变迁、基本特征、面临的问题与挑战、政策演变以及未来发展方向。第三部分，本书通过对国内外数字乡村管理案例的深入分析，提炼出成功的经验，总结了教训，并为读者构建了一套完整的数字乡村管理知识体系。

本书由扬州大学商学院《数字乡村管理》课程建设团队编著。黄春燕教授负责总体策划、编写分工及统稿工作，蒋乃华教授负责大纲审定和最终审定全稿。各章的编著者分别为：绪论、第一章、第二章、第三章由黄春燕编写；第四章由张雪和张玉娥编写；第五章由张雪、曾华盛和张玉娥编写；第六章、第七章由曾华盛编写；第八章、第九章及第十章由张玉娥编写。

本书的出版得到了扬州大学精品本科教材建设工程项目“智慧乡村管理”、扬州大学本科专业品牌化建设与提升工程一期项目“农林经济管理”(ZYPP2018C027)、扬州大学出版基金和扬州大学商学院出版基金的共同资助。在编写过程中，我们得到了众多专家、学者的大力支持。我们参阅了众多专著、教材、论文、案例及网络资料，并尽可能地按照引用规范注明来源，在此一并表示感谢。如有遗漏，我们深表歉意，并敬请谅解。我们要特别感谢中国农业出版社的编辑团队，他们的专业精神和工作效率保证了本书的顺利出版。

数字乡村管理是一个跨学科、跨领域的综合性课题，它不仅关系到乡村的经济发展，也关系到社会的和谐与进步。我们希望本书能够激发更多人对数字乡村管理的兴趣，共同推动乡村的数字化转型，为实现乡村振兴战略贡献力量。随着科学技术的不断进步和创新，数字乡村管理的理论和实践也在不断发展之中。我们期待本书能够成为读者探索数字乡村管理世界的起点，并希望读者通过学习，不断发现新的思路和方法，为乡村的可持续发展作出自己的贡献。

《数字乡村管理》编写组

2024年10月

目录

CONTENTS

第一章　乡村起源与发展

第二章　乡村管理

第五章 数字乡村新业态管理

第六章　数字绿色乡村管理

第八章　数字乡村基层组织管理

第九章　数字乡村应急管理

绪　论

数字乡村建设是乡村振兴的战略方向，也是数字中国的重要组成部分。自党的十八大以来，我国数字乡村建设迅速发展，形成了以知识创新、技术进步和数据驱动为核心的基础设施运行体系。与此同时，层次更高、结构更合理、可持续性更强的数字乡村经济发展体系也日渐完善，推动了信息畅通、交流便捷、运转高效的数字乡村社会治理体系，开启了城乡融合和现代化建设的新篇章。2018 年，《中共中央　国务院关于实施乡村振兴战略的意见》首次提出了数字乡村的概念。

第一节　数字乡村概览

码 0-1

过去几十年，数字技术革命席卷全球，产业变革加速演进，农业农村发展发生了翻天覆地的变化。数字技术在农业生产、民生保障以及乡村治理中的广泛应用，有效弥合了城乡数字鸿沟，改善了农业生产效率低、乡村资源紧缺、治理环境复杂等状况，显著推动了乡村全面振兴的进程。2019 年 5 月，中共中央办公厅、国务院办公厅联合发布《数字乡村发展战略纲要》，明确将数字乡村定义为伴随网络化、信息化和数字化在农业农村经济社会发展中的应用，以及农民现代信息技能的提高而内生的农业农村现代化发展和转型进程。

一、数字乡村历史变迁

我国的数字乡村是在农业农村信息化的基础上逐步发展起来的，已形成一定的基础设施和体系。自改革开放以来，农业农村信息化经历了计算技术应用期、信息化应用推广期、基础设施完善期、信息化体系建立期和信息化体系全面完善期五个阶段。

（一）计算技术应用期

1990年以前是计算技术应用期，也是数字乡村发展的萌芽期。这个时期，计算机初步应用于农业科学计算。1979年，我国引进了第一台用于农业科学计算、数字规划模型和统计分析的大型计算机——FelixC－512。1983—1990年，中国科学院合肥物质科学研究院智能机械研究所、江苏省农业科学院等科研院所陆续研制了“砂姜黑土小麦施肥专家系统”“农业专家系统”“水稻模拟模型RICE MOD”以及“棉花生产管理模拟系统”，率先利用计算机解决了农业领域数字计算规划问题。1987年，中华人民共和国农牧渔业部成立信息中心，标志着计算机技术正式应用于农业生产。

（二）信息化应用推广期

1991—2000年是信息化应用推广阶段，也是数字乡村发展的起步阶段。在此期间，政府部门加大了对农村信息化建设的关注，建立了多个大型农业信息网络，并推动了信息化的广泛应用。1992年，农业部发布了《农村经济信息体系建设方案》，首次提出对信息体系建设和信息服务工作的统筹协调与规划指导。1994年，农业部成立市场与信息化司，专门负责管理农业信息。1995年，《农村经济信息体系建设“九五”计划和2010年规划》发布，进一步推进农业信息化工作。1996年，中国农业信息网建成，计算机开始在全国范围内应用于处理大规模统计数据。1997年，中国农业科技信息网正式上线运行，中华人民共和国科学技术部也在全国22个省份启动了“国家智能化农业信息技术应用示范工程”，建立了多个示范区，广泛推广农业信息系统。

（三）基础设施完善期

码 0-2

码 0-3

2001—2010年为基础设施完善期，也是数字乡村的发展期。国家加强指导农业信息服务建设，完善信息化基础设施，启动实施农村信息化工程项目。2001—2007年，农业部先后出台了《“十五”农村市场信息服务行动计划》《农业部关于进一步加强农业信息化建设的意见》《“十一五”时期全国农业信息体系建设规划》以及《全国农业和农村信息化建设总体框架（2007—2015）》等，对乡村数字化发展作出规划与部署。2003年，农业部启动建设“金农工程”，加速推进乡村数字化。国家农业数据中心已经完成建设任务，农业监测预测系统、农产品监管信息系统投入使用。2005年，农业部启动“三电合一”农业信息服务项目，利用信息传输载体为农民提供各种信息服务。2007年，中央1号文件《中共中央 国务院关于积极发展现代农业扎实推进社会主义新农村建设的若干意见》强调要健全农业信息收集和发布制度，推动农业信息数据收集整理规范化、标准化。加强信息服务平台建设，深入实施“金农工程”，建立国家、省（自治区、直辖市）、市、县四级农业信息网络互联中心。2008年，中央1号文件《中共中央 国务院关于切实加强农业基础建设进一步促进农业发展农民增收的若干意见》强调要按照求实效、重服务、广覆盖、多模式的要求，整合资源，共建平台，健全农村信息服务体系。推进“金农工程”“三电合一”农村信息化示范和农村商务信息服务等工程建设，积极探索信息服务进村入户的途径和办法。

（四）信息化体系建立期

2011—2019年是信息化体系的建立期，数字乡村发展的扩散期。政府进一步推进了农业信息化的全面部署，随着市场需求的增加，服务和支撑体系逐渐完善。党的十八大提出了“促进工业化、信息化、城镇化和农业现代化同步发展”的战略目标，明确了农业信息化发展的新要求。2017年10月18日，党的十九大报告首次提出乡村振兴战略，数字乡村的概念应运而生。这个阶段，数字农业发展受制于传统方式，面对市场经济和生态资源的变化，对农业生产、经营、管理数字化的需求日益猛增。与此同时，我国信息领域蓬勃发展，农村电商快速崛起，农产品网上交易量突飞猛进，新一代信息技术日渐成熟，为乡村数字化发展带来了机遇，也奠定了坚实的基础。2018年1月，《中共中央 国务院关于实施乡村振兴战略的意见》明确提出，要实施数字乡村战略，做好整体规划设计，加快乡村宽带网络和第四代移动通信网络覆盖步伐，开发适应“三农”特点的信息技术、产品、应用和服务，推动远程医疗、远程教育等应用普及，弥合城乡数字鸿沟。《乡村振兴战略规划（2018—2022年）》也提出了数字乡村建设的任务内容。

（五）信息化体系全面完善期

近年来，数字乡村建设进入信息化体系全面完善期。2019年的《数字乡村发展战略纲要》将数字乡村战略划分为四个阶段。第一个阶段，到2020年，数字乡村建设取得初步进展。全国行政村4G覆盖率超过98%，农村互联网普及率明显提升。第二个阶段，到2025年，数字乡村建设取得重要进展。乡村4G深化普及、5G创新应用，城乡“数字鸿沟”明显缩小。第三个阶段，到2035年，数字乡村建设取得长足进展。城乡“数字鸿沟”大幅缩小，农民数字化素养显著提升。第四个阶段，到21世纪中叶，全面建成数字乡村，助力乡村全面振兴，全面实现农业强、农村美、农民富。2021—2022 年，在法律和规划层面进一步推进数字乡村建设。在法律层面，《中华人民共和国乡村振兴促进法》规定，“国家鼓励农业信息化建设”“推进数字乡村建设”。在规划层面，《中华人民共和国国民经济和社会发展第十四个五年规划和 2035 年远景目标纲要》《“十四五”国家信息化规划》《“十四五”推进农业农村现代化规划》等，都对数字乡村建设作出进一步部署。在行动计划层面，《乡村建设行动实施方案》提出实施数字乡村建设发展工程，特别是 2021 年和 2022 年的中央 1 号文件继续对数字乡村建设作出部署安排。各地相继出台了配套规划和实施方案，推进数字乡村建设的政策制度体系不断完善。

二、数字乡村基本特征

数字乡村既是一种发展模式，也是代表未来发展方向的先进乡村组织形态，主要具有以下三方面基本特征。

（一）空间形态——“人＋物＋网”的连接

数字平台的出现打破了传统劳动分工的限制，不同专业背景的技术人员可以通过在线合作克服物理空间的制约。产业组织逐渐呈现出分散化的结构趋势，通过网络将人与人、人与物紧密联系起来。传统乡村单一的社会空间结构已无法满足创客的需求，现代乡村的工作环境逐渐融合了“创客＋产业＋价值流动平台”的特征，工作、休闲和宜居空间通过科学规划设计，展现出高度融合的形态。高速、泛在、安全的基础信息网络已在乡村普及，农村网络在服务和价格方面与城市实现了同质化。数字化的水利、电网和交通等基础设施为农业生产和农民生活提供了有力支持。农业物联网在生产环节得到了广泛应用，实现了对农业投入品的数字化监管，化肥和农药的使用得到了有效控制。信息技术和传感设备在农村饮用水水源监测和水质保护中被广泛使用，农村污染物和污染源可以实现全程实时监控。数字技术已渗透到农业生产经营管理的各个方面，数字农田、数字牧场和数字渔场等新型农业生产模式正逐渐成为主流。

（二）互动体验——参与和互动

数字技术极大地改善了信息流通的方式，使其从单向传输转变为双向甚至多向互动。数字化时代的互动体验大大激发了人们参与和互动的积极性，使这类活动变得更加流行和受欢迎。农村记忆文化的传承不再仅仅是表面的展示，通过丰富的互动参与，游客可以留下更深刻的印象，数字化技术也为儿童的学习和娱乐创造了全新的文化体验空间。传统文化元素与现代技术的结合，实现了乡村特色与数字技术的完美融合。面向农民的数字文化产品种类丰富，乡村的优秀文化资源通过数字化得以保存和传承。互联网成为传播中华优秀传统文化的重要平台，“三农”题材的网络文化内容优质且丰富。农村电商则成为工业品下乡和农产品上行的重要渠道，借助互联网，农产品实现了标准化、品牌化和价值化。

（三）融合功能——跨界和连接

“跨界融合，连接一切”是“互联网＋”的核心理念，也是数字技术发展的基本要求。“数字＋农业”不仅使农业与其他产业的跨界融合成为可能，还能够基于乡村的农业生产、交通和居住三大传统空间，在数字乡村规划中融入旅游休闲、创客物流、农田观光等新兴功能，形成产业复合、“游居养”相结合的乡村综合体模式。数字化公共服务在乡村广泛普及，城市优质教育资源得以与乡村中小学实现有效对接。“数字＋医疗健康”也在乡村广泛应用，民生保障信息服务体系日益完善，社会保障与社会救助系统全面覆盖乡村。面向农村的电子政务实现了“网上办”“马上办”“少跑快办”。数字技术的应用推动了村民自治形式的创新，促进了农村“党务、村务、财务”信息的网上公开，显著提升了农民的自治能力。

三、数字乡村的时代意义

数字乡村是新时代国家农业农村信息化发展的总体布局，是数字中国战略的重要组成部分，是新时代经济社会发展的重要战略目标。实施数字乡村战略，推动农业农村现代化发展，具有重要的现实价值。

（一）接续推进脱贫地区乡村振兴的重大举措

在脱贫攻坚取得胜利后，必须在全面建设社会主义现代化国家的新征程中巩固和拓展脱贫攻坚的成果，全面推进脱贫地区的乡村振兴。首先，要推动基础设施建设更加精准高效。数字乡村建设能够使各类数据全面纳入系统，建立欠发达地区基础设施数据共享、协同高效、智能运行的资源信息库，精准识别不同地区的基础设施差异，聚焦关键领域和薄弱环节，提高基础设施供给的质量与效率。其次，要通过智志双扶，增强内生发展动力。数字乡村建设可以通过远程教育、技能培训等网络方式提升劳动者的自我发展能力，同时帮助低收入农户树立信心，激发其自强不息、艰苦奋斗的精神。再次，推动有竞争力的特色产业发展。农村电商、网络直播等新业态能够借助地方特色，放大比较优势，培育并壮大欠发达地区的特色产业，提升农产品的质量和价格，利用资源优势巩固拓展脱贫攻坚成果。最后，要推动生态脆弱地区实现可持续发展。在数字乡村建设中，通过现代科技进行精确测算，模拟区域生态系统，科学规划建设，确保生态承载力得到充分认识和保护。

（二）加快农业农村现代化的重要抓手

实现农业农村现代化是解决发展不平衡、不充分问题的关键举措，也是推动农业农村高质量发展的必然选择。研究表明，信息化与农业现代化呈高度正相关，对农业现代化的贡献率接近10%。数字乡村战略的实施有助于充分发挥数字技术在农业生产中的经济效应，构建现代农业的产业体系、生产体系和经营体系，推动产业振兴。同时，数字乡村战略能够汇聚技术、人才和资金等要素，吸引更多社会人才投身乡村建设，促进乡村人才的留存，实现人才振兴。此外，数字乡村战略有利于挖掘并创新性转化农耕文化中蕴含的优秀思想、人文精神和道德规范，从而实现文化振兴。该战略还推动农业农村绿色发展，加快农村人居环境的改善，打造美丽家园，助力生态振兴。最后，数字乡村战略有助于加强农村基层党组织建设，健全乡村治理体系，推动农民合作经济组织的发展，最终实现组织振兴。

（三）加快构建新发展格局的重要支撑

在复杂的国际国内环境下，我国明确提出要推动形成以国内大循环为主体、国内国际双循环相互促进的新发展格局。这就需要加快数字经济、智能制造等新兴产业的发展，打通生产、分配、流通、消费等各个环节。然而，长期以来，由于城乡二元经济结构的限制以及农村生产力水平较低，农村商品的双向流通不畅，消费品市场不健全、商品流通体系建设滞后等问题仍然突出。数字乡村建设有助于加快提供与城市相同质量和速度的网络服务，显著缩小城乡之间的数字普及率差距，全面支持农村生产生活和生态保护的转型。同时，它能够广泛调动社会资本投入农村重点工程，激活农村集体资产，促进农业从单一产业向三产融合发展，畅通城乡联动的国内经济循环，助推国民经济的高质量发展。

（四）助力数字中国建设的必然选择

《数字乡村发展战略纲要》指出，必须立足新时代的国情和农情，将数字乡村作为数字中国建设的重要组成部分，加快信息化进程，全面推动和提升农业农村现代化发展。实施数字乡村战略有助于进一步挖掘信息化在乡村振兴中的巨大潜力，释放并发展农村的数字化生产力；有助于通过信息流带动技术流、资金流、人才流和物流向农村集聚，优化城乡之间和乡村之间的生产要素配置，包括劳动力、资本、土地、技术和数据，为乡村发展注入新动力、提供新路径。同时，这一战略有助于解放和提升数字化生产力，建立层级更高、结构更优化、可持续性更强的乡村现代化经济体系，推动城乡融合发展与现代化建设的进程。乡村逐渐成为继城市之后，数字技术广泛渗透经济和社会应用场景的必然选择。因此，数字乡村建设不仅是数字中国建设的基础和前提，也是数字中国建设的“最后一公里”。

四、数字乡村与乡村振兴

（一）数字赋能与产业兴旺

小农户在与市场对接的过程中面临多重约束和障碍，涵盖了金融支持、农资服务、农产品市场和流通等多个环节，整个产业链在不同地区和部门间被割裂开来。农村产业发展的瓶颈主要体现在以下方面：在产前阶段，小规模生产削弱了农民的议价能力，农民缺乏与农资销售商平等谈判的条件，缺少正规金融机构的信贷支持。同时，因为小规模生产对先进农业生产技术的指导不足，导致农资供应和金融服务无法有效对接农民需求。在产中阶段，由于农业生产的自然属性强，小农户抗风险能力弱，无法实现生产过程的标准化和有效监管，产品质量难以保障，农业生产效率低下。在产后阶段，传统农产品的流通涉及多层中间环节，流通时间长、成本高，且产品损耗大。信息不对称的问题使农民获取市场信息的渠道有限，处于市场的弱势地位，谈判能力薄弱，导致产品利润率偏低。

产业发展是激发乡村生产力的基础，三产深度融合是乡村振兴的重要标志。借助数字技术，通过资源整合、信息共享和要素联动，健全农村一二三产业融合发展的利益联结机制，推动农业产业的全面升级，让农民更多地分享产业增值的收益。具体路径主要包括三个方面：

首先是农业生产的数字化。数字技术在农业中的深度应用提高了农民捕捉信息的能力，精准获取农业生产数据，推动农业向“精确化”生产转型。数字技术帮助农户实现智能化的灌溉、精准撒药、合理施肥等精细化操作，推动农业精准管理，合理调整农业生产布局，促使生产方式由粗放向精细化、智能化转变，减少能耗和降低农业经营中的不确定性，从而保障农业的高效生产。

其次是农业经营的数字化。数字技术为产前农资服务和产后销售提供了新思路，破解了传统模式中的诸多痛点。在大数据、云计算和互联网技术的支持下，传统农资企业通过电商转型，解决了信息阻塞、供需不平衡和中间渠道过多等问题，建立了更加完善的农技推广体系，进一步解决了农机具的售后服务问题。同时，电商平台的涌现缩短了农户与消费者之间的距离，使农户从生产者、供给者转变为销售者，增强了农户在农业产业链中的话语权，提升了小农户的收益分配能力，激发了他们的生产积极性。

最后是农业服务的数字化。互联网平台凭借公开、共享的优势，打破了农业技术的应用和服务壁垒，能够迅速传递农户的技术需求，利用数字技术开展远程农技咨询和远程农业教育培训，让农户不出家门就能提升农业技术的应用水平，加快农业技术成果的应用推广。数字金融依托大数据和区块链等新技术，弥补了传统金融体系的不足，以较低的成本实现农村资金的供需配置，解决了农村的金融地域歧视和供给型金融抑制问题，扩大了农村金融服务的覆盖面，提升了小农户获取金融服务的能力，为乡村三产融合发展提供了强有力的支撑。

（二）数字赋能与生态宜居

农村基础设施建设相对落后，乡村的生产和生活废弃物难以得到有效处理，导致人居环境持续恶化。此外，随着乡村养殖业的快速发展，陈旧的养殖设施使得部分地区的人居环境进一步恶化，病死畜禽的无害化处理不完善，以及缺乏精准的水产饲喂技术，导致水体富营养化等问题，造成了生态与环境之间的冲突。目前的农村人居环境难以满足村民的生产生活需求，这种环境落后现象凸显了城乡发展的不平衡，并对农业农村现代化进程产生了负面影响。

改善农村人居环境是“美丽乡村”建设的重要组成部分。按照数字乡村战略的要求，建设农村环境数字化监测平台，实现对农村污染的实时监测、及时维护和修复农村生态环境，将逐步提升“美丽乡村”建设的水平。具体路径可以从两个方面入手：首先，农业生产方式绿色化。借助物联网技术，实现农业生产过程中肥料、化肥和农药等要素投入的精细化操作，用精准化生产代替传统的粗放式生产，保护农村生态环境。同时，通过互联网的信息共享和“锁定效应”，促使农户采用绿色生产技术，保障绿色农产品的质量安全。其次，乡村环保智慧化。基于数字化监测平台对农村污染物进行实时监控，科学选择农村生活垃圾和污水治理模式，采取集中处理生活污水和无害化处理生活垃圾等措施，改善农村人居环境。借助新一代物联网和移动互联技术，加强畜禽养殖废物资源化利用与污染防治，强化农业面源污染治理，提升乡村生态环境整治的信息化水平。

（三）数字赋能与乡风文明

在快速的城镇化进程中，作为乡村文化载体的村庄数量大幅减少，乡村文化的地域性、多样性和丰富性逐渐被削弱。与此同时，随着现代化的推进和人口外流，农村出现了“空心村”现象。一些富有历史感和归属感的乡村文化活动，如民俗、节庆等活动逐渐减少，祠堂、戏台、集市等具有地方特色的传统乡村公共设施和文化空间逐渐消失。地方戏曲、传统技艺等文化遗产面临后继无人的困境，一些乡村非物质文化遗产逐渐走向消亡。此外，男性青壮年劳动力流向城市，留守的妇女和老人成为乡村文化建设的主要力量，然而由于多数留守妇女受教育水平有限，乡村文化建设缺乏内在动力与活力。

乡村文化是推动乡村振兴的内在动力。数字技术应成为促进乡村文化发展的新引擎，推动乡村传统文化的提档升级。具体路径包括以下三个方面：首先，乡村文化资源数字化。利用数字技术的可再生性、非竞争性、高渗透性以及大数据的可复制性和多样性，通过多媒体的方式更经济高效地记录具有地方文化特色、历史传承和人文价值的文化资源和非物质文化遗产，如地方戏曲、传统技艺、庙宇和戏楼等物质遗存，创建共享的数据资源，破解文化遗产因资金、技术和传承问题濒临消失的难题。其次，乡村文化网格化。数字技术具备外部经济性、非排他性和高速传播性，将其嵌入乡村公共空间和设施，形成智慧旅游和特色小镇等，健全乡村的传播生态，借助数字技术展示和传播乡村文化特色，提升乡村文化的表现力和吸引力，促进乡村文化振兴。最后，乡村群众的文化素养提升。“乡风文明”建设本质上是人力资本建设的一部分，提高农民的文化素质也是乡村文化建设的重要组成部分。互联网的普及提升了农民获取信息的能力，为其提供了全新的培训模式和渠道，有助于培育一批高素质农民。

（四）数字赋能与治理有效

当前的农村社会具有高度的空间流动性，部分乡村农民对政府治理缺乏信任，产生了一定的疏离感，进而削弱了农民对社区事务的参与热情，具体表现为乡村治理过程中基层群众的参与度较低、参与能力不足，以及缺乏有效的参与渠道等问题。

数字技术促进了社会治理的现代化，为实现乡村有效治理提供了重要驱动力。乡村治理的数字化转型已成为治理现代化的基本趋势，互联网与乡村治理网格化、“乡村＋政务服务”、数字乡村与公共服务等有效提升了政府的行政效能。具体路径包括两个方面：首先是基层政府管理的数字化。数字技术具备快速处理数据的优势，能够实时收集、分析数据，简化政府的服务流程，快速提供处理结果和价值信息，为村民提供更加便捷的服务。通过推广数字化工具，村民可以更畅通地表达需求，提升其参与公共事务和响应决策的能力，推动村民从被动到主动的自治转变。其次是村民自治管理的数字化。数字技术依靠数据共享优势，打破了信息和体制壁垒，缩小了基层政府与群众之间的信息和能力差距，激发了基层群众和社会组织的治理意识，拓宽了村民直接或间接参与治理的渠道，实现了乡村治理从单一的垂直管理向多元共治的转型，显著提升了乡村治理的绩效。

（五）数字赋能与生活富裕

自党的十八大以来，我国持续推动城乡基本公共服务均等化建设。然而，目前城乡之间的公共服务标准仍存在一定的差距，农村公共服务仍显得不太完善且有些分散。主要体现在城乡义务教育资源配置、医疗卫生资源配置以及便民服务等方面的差异性上。

随着互联网的广泛应用和数字技术的不断进步，数字技术为弥合城乡公共服务鸿沟提供了可能。首先是农村教育信息化。数字技术凭借其广泛覆盖、可复制共享和低成本等优势，打破了地域空间的限制，缩短了城乡教师和学生之间的物理距离。通过远程教育和培训，优质教育资源得以在城乡之间有效共享，提升了农村教师的专业素养，拓宽了学生的知识获取渠道，促进了城乡教育的均衡与公平。其次是农村医疗信息化。基于大数据的共建共享和外部经济性特征，农村医疗卫生机构与城市医院实现了互联互通和数据共享，医保也能够实现异地联网结算。城市医院通过互联网平台向农村医疗机构提供远程医疗、在线教学和培训服务，促进优质医疗资源下沉，推动城乡医疗的均衡发展。再次是便民服务的数字化。依托数字技术的信息整合功能和数据共享特性，借助大数据、云计算等新技术，“互联网＋便民服务”被全面引入农业农村，打破了组织和信息壁垒，解决了农村公共服务不完善、分散化以及信息不对称等问题。通过互联网平台，便民服务、公益服务、咨询服务和电商服务等得以创新发展，实现了“数据多跑路，农民少跑路”，大幅提升了服务的及时性、匹配性、精准性和便捷性。最后是网络扶贫。脱贫是农村发展的核心问题，乡村振兴的根本目标是促进农民增收致富，实现农村脱贫。电子商务作为电商扶贫的重要途径，帮助部分低收入群体实现了脱贫致富。

第二节　数字乡村发展

一、数字乡村发展的基础资源

推进数字乡村的发展，可以最大限度地发挥数字红利的普惠作用，让农村和农民都能享受数字带来的福利。数字乡村的发展需要网络资源、信息资源、技术资源和人才资源等基础条件的支撑。

（一）网络资源

网络资源指的是借助互联网、信息与通信技术以及5G等网络环境所能获取的各种信息资源的总和。著名学者弗朗西斯·福山将网络定义为一种社会资本，认为“网络是一种关于信任的道德关系；它由一群共享超越普通市场交易所需的非正式规范和价值观的个体行为者组成”。基于这些共同规范，社会资本能够在网络上快速流通。在数字乡村建设视域中，网络资源主要起主体联系、资源统筹、城乡交流等三方面的作用：首先，网络资源是主体联系的渠道。通过构建信息网络和搭建对话平台，促使多元利益主体在同一空间内有效表达，进而实现利益的最大化。其次，网络资源是统筹各类资源的凭借。政府部门可以通过网络进行资源搜寻与线上协调，将各类资源统一应用于数字乡村建设实践，促进资源的高效整合。最后，网络资源是城乡交流的方式。网络将城乡发展融入现代化发展体系，打通了城乡之间的信息、技术、政策等资源壁垒，推动了高效能的发展。相关数据显示，截至2022年底，全国行政村宽带覆盖率已达到100%，农村宽带接入用户数达到1.76亿户，较上年末净增1 862万户，同比增长8%，增速比城市宽带用户高出2.5个百分点。

（二）信息资源

著名物理学家约翰·惠勒曾提出，“万物源自信息”，可见信息是社会发展的重要资源，信息为数字乡村建设中的各项决策提供了依据。根据发布主体和功能的不同，数字乡村建设中的信息资源可以分为政府信息资源、社会信息资源和个人信息资源。政府信息资源是由上级政府及村社组织发布的公共信息，包括政策制度文件、事务受理信息和行政事项记录等内容。发布这些信息有助于优化公共资源配置，并为各社会主体参与数字乡村建设设定框架。社会信息资源则是由各社会主体发布的信息，是资源整合的结果，其中包含的专业知识、组织理念和力量能够有效提升数字乡村建设的质量。个人信息资源则来源于个体身份信息、公开言论等数据，反映了村民个体的意志。尽管个人信息资源分布零散、质量参差不齐，但通过数据分析中心的收集和处理，它们能够成为推动政策制定、维护治理生态稳定的有效资源。例如，福建平潭综合实验区通过建设城乡居民养老村级便民信息化平台，为村民提供参保登记、待遇领取、关系转移或注销等服务。该平台利用信息及时传递、操作留痕可溯、业务进度精准追踪等功能，充分发挥数据互联互通的优势，实现了乡村善治。

（三）技术资源

技术资源是将互联网技术、人工智能、办公自动化等信息技术应用于数字乡村建设的特定领域，形成的一系列治理技术，包括电子政务技术、电子商务技术和电子农务技术。首先，电子政务技术是虚拟政府在履行职能时所使用的技术，涵盖信息公开、在线业务处理以及服务创新等方面。通过政务服务平台，数字乡村建设能够帮助村民了解乡村发展政策、处理乡村事务，并获得政府提供的资源。其次，电子商务技术是一系列支撑电子交易的技术，包括信息与通信技术、认证技术、安全技术和电子支付技术等。这类技术资源能够帮助乡村突破发展区位的限制，获得更多社会支持。最后，电子农务技术是推动农村、农民和农业现代化的技术集合，通过现代信息技术来整合区域农务信息，推广数字农业技术，发展集生产、销售、运输于一体的现代农业体系，夯实数字乡村建设的农业基础。例如，北京平谷区抓住政策机遇，打造以科研人才、科研项目和公共实验平台为核心的农业科技创新示范区，推动公共实验平台的应用，鼓励农业院校参与一线科研，充分发挥农业科技、文创产业和电子商务技术的作用，为农业农村创新提供技术支持，取得了显著的经济效益。

（四）人才资源

码 0-4

人才资源是社会建设中最活跃、最具竞争力的要素。在数字乡村建设过程中，人才资源包括本土人才资源和外部人才资源。其中，本土人才资源又分为乡村本土人才和乡村回流人才。乡村本土人才是指从未离开乡村的经济政治人才，如村干部等。乡村回流人才则是指那些离开乡村、在外获得发展后选择返乡创业或担任村干部的人才。回流人才作为城乡连接的纽带，能够更好地融合现代乡村愿景与传统乡土生活，是推动数字乡村建设的重要力量。外部输入的乡村人才通常拥有资本、市场或技术优势，能够加速数字乡村建设项目的落地。当前，我国各省市纷纷出台相关政策，鼓励人才返乡创新创业。例如，2022 年 9 月河南省发布了《关于推动豫商豫才返乡创业的通知》，通过财政资金支持和完善创业担保政策，吸引各类人才返乡创业就业。河南全省纳入乡土人才库的人才达 103.5 万人，许多懂农业、爱农村、爱农民的优秀人才在乡村振兴的广阔天地中施展才华、建功立业，极大地促进了乡村经济社会的发展，为数字乡村建设提供了充足的人力资源。

二、数字乡村发展的重点任务

信息和数据是数字技术的基础，是重要的生产要素和战略资源，应深化数字技术在农业生产中的应用，加快融入乡村振兴全过程。为充分发挥信息技术的创新扩散效应、信息与知识的溢出效应以及数字技术带来的普惠效应，加快农业农村现代化进程，2019 年 5 月，中共中央办公厅、国务院办公厅印发了《数字乡村发展战略纲要》。该战略旨在通过信息化推动乡村治理体系和治理能力现代化，促进乡村网络文化繁荣，构建乡村数字治理新体系；弥合城乡“数字鸿沟”，培养信息时代的高素质农民，走中国特色社会主义乡村振兴道路，让农业成为有奔头的产业，让农民成为有吸引力的职业，让农村成为安居乐业的美丽家园。

（一）加快乡村信息基础设施建设

第一，大幅提升乡村网络设施水平。加强基础设施共建共享，加快农村宽带通信网、移动互联网、数字电视网和下一代互联网发展。持续实施电信普遍服务补偿试点工作，支持乡村宽带网络发展，推进乡村广播电视基础设施建设和升级改造。第二，完善信息终端和服务供给。鼓励开发适应“三农”特点的信息终端、技术产品、移动互联网应用 App 软件，推动民族语言音视频技术研发应用。全面实施信息进村入户工程，构建为农综合服务平台。第三，加快乡村基础设施数字化转型。加快推动乡村水利、公路、电力、冷链物流、农业生产加工等基础设施的数字化、智能化转型，推进数字水利、数字交通、智能电网、数字农业和数字物流的建设。

（二）发展乡村数字经济

第一，夯实数字农业基础。完善自然资源遥感监测“一张图”和综合监管平台，对永久基本农田实行动态监测。建设农业农村遥感卫星等天基设施，大力推进北斗卫星导航系统、高分辨率对地观测系统在农业生产中的应用。第二，推进农业数字化转型。加快推广云计算、大数据、物联网、人工智能在农业生产经营管理中的运用，促进新一代信息技术与种植业、种业、畜牧业、渔业、农产品加工业全面深度融合应用，打造科技农业、数字农业、品牌农业。建设数字农牧场，推广精准化农牧业作业。第三，创新乡村流通服务体系。实施“互联网+”农产品出村进城工程，加强农产品加工、包装、冷链、仓储等设施建设。深化乡村邮政和快递网点普及，加快建成一批智慧物流配送中心。深化电子商务进乡村综合示范，培育乡村电商产品品牌。第四，积极发展乡村新业态。推动互联网与特色农业深度融合，发展创意农业、认养农业、观光农业、都市农业等新业态，促进游憩休闲、健康养生、创意民宿等新产业发展，规范有序发展乡村共享经济。

（三）强化农业农村科技创新供给

第一，推动农业装备智能化。促进新一代信息技术与农业装备制造业结合，研制推广农业智能装备；鼓励农机装备行业发展工业互联网，提升农业装备智能化水平；推动信息化与农业装备、农机作业服务和农机管理融合应用。第二，优化农业科技信息服务。建设一批新农民新技术创业创新中心，推动产学研用合作；建立农业科技成果转化网络服务体系，支持建设农业技术在线交易市场。充分考虑农民的现实需求，完善农业科技信息服务平台，鼓励技术专家在线为农民解决农业生产难题。提高农民数字化能力，增强农民的信息意识、网络意识和数字化观念，面向农村不同的受众，加强多元化、创新性、亲密性的信息技能培训和供给。

（四）建设智慧绿色乡村

第一，推广农业绿色生产方式。建立农业投入品电子追溯监管体系，推动化肥农药减量使用；加大农村物联网建设力度，实时监测土地墒情，促进农田节水；建设现代设施农业园区，发展绿色农业。第二，提升乡村生态保护信息化水平。建立全国农村生态系统监测平台，统筹山水林田湖草沙系统治理数据；强化农田土壤生态环境监测与保护；利用卫星遥感技术、无人机、高清远程视频监控系统对农村生态系统脆弱区和敏感区实施重点监测，全面提升和美乡村建设水平。第三，倡导乡村绿色生活方式。建设农村人居环境综合监测平台，强化农村饮用水水源水质监测与保护，实现对农村污染物、污染源全时全程监测；引导公众积极参与农村环境网络监督，共同维护绿色生活环境。

（五）繁荣发展乡村网络文化

第一，加强农村网络文化阵地建设。利用互联网宣传中国特色社会主义文化和思想道德，建设互联网助推乡村文化振兴建设示范基地。全面推进县级融媒体中心建设；推进数字广播电视户户通和智慧广电建设；推进乡村优秀文化资源数字化；建立历史文化名镇、名村和传统村落“数字文物资源库”“数字博物馆”；加强农村优秀传统文化的保护与传承；开展重要农业文化遗产网络展览，大力宣传中华优秀农耕文化。第二，加强乡村网络文化引导。支持“三农”题材网络文化优质内容创作；通过网络开展国家宗教政策宣传普及工作，依法打击农村非法宗教活动及其有组织的渗透活动；加强网络巡查监督，遏制封建迷信、攀比低俗等消极文化的网络传播，预防农村少年儿童沉迷网络，让违法和不良信息远离农村少年儿童。

（六）推进乡村治理能力现代化

第一，推动“互联网＋党建”建设。建设完善农村基层党建信息平台，优化升级全国党员干部现代远程教育，推广网络党课教育；推动党务、村务、财务网上公开，畅通社情民意反映渠道。第二，提升乡村治理能力。提高农村社会综合治理精细化、现代化水平；推进村委会规范化建设，开展在线组织帮扶，培养村民公共精神；推动“互联网＋社区”向乡村延伸，提高村级综合服务信息化水平，大力推动乡村建设和规划管理信息化；加快推进实施乡村“雪亮工程”，深化平安乡村建设；加快推进“互联网＋公共法律服务”，建设法治乡村。依托全国一体化在线政务服务平台，加快推广“最多跑一次”“不见面审批”等改革模式，推动政务服务网上办、马上办、少跑快办，提高群众办事便捷程度。

码 0-5

（七）深化数字民生服务

第一，深入推动乡村教育数字化。加快实施学校联网攻坚行动，推动未联网学校通过光纤、宽带卫星等接入方式普及互联网应用，实现乡村小规模学校和乡镇寄宿制学校宽带网络全覆盖；推动“互联网＋教育”，促进城市优质教育资源与乡村中小学对接，帮助乡村学校开足开好开齐国家课程。第二，完善民生保障信息服务。推进全面覆盖乡村的社会保障、社会救助系统建设，加快实现城乡居民基本医疗保险异地就医直接结算、社会保险关系网上转移接续。大力推行“互联网＋医疗健康”建设，支持乡镇和村级医疗机构提高信息化水平，引导医疗机构向农村医疗卫生机构提供远程医疗、远程教学、远程培训等服务；建设完善中医馆健康信息平台，提升中医药服务能力；完善面向孤寡和留守老人、留守儿童、困境儿童、残障人士等特殊人群的信息服务体系。

（八）激发乡村振兴内生动力

第一，支持新型农业经营主体和服务主体发展。完善对农民合作社和家庭农场网络提速降费、平台资源、营销渠道、金融信贷、人才培训等政策支持，培育一批具有一定经营规模、信息化程度较高的生产经营组织和社会化服务组织，促进现代农业发展。第二，大力培育高素质农民。实施高素质农民培育工程，为农民提供在线培训服务，培养造就一支爱农业、懂技术、善经营的高素质农民队伍；实施“互联网＋小农户”计划，提升小农户发展能力。第三，激活乡村要素资源。因地制宜发展数字农业、智慧旅游业、智慧产业园区，促进农业农村信息社会化服务体系建设，以信息流带动资金流、技术流、人才流、物资流。

（九）推动网络扶贫向纵深发展

第一，助力巩固拓展脱贫攻坚成果。深入推动网络扶贫行动向纵深发展，强化对产业和就业扶持，充分运用大数据平台开展对脱贫人员的跟踪及分析，持续巩固拓展脱贫攻坚成果。第二，巩固和提升网络扶贫成效。打赢脱贫攻坚战后，保持过渡期的政策稳定，继续开展网络扶志和扶智，不断提升低收入群众生产经营技能，激发低收入人口内生动力。乡村增收致富政策可以通过智慧乡村微官网直接进行公示，村民可以通过智慧乡村微官网直接了解到当前致富政策的同时，提出致富的请求，村干部可以快速组织起有效的致富活动。

（十）统筹推动城乡数字化融合发展

第一，统筹发展数字乡村与智慧城市。强化一体设计、同步实施、协同并进、融合创新，促进城乡生产、生活、生态空间的数字化、网络化、智能化发展，加快形成共建共享、互联互通、各具特色、交相辉映的数字城乡融合发展格局。鼓励有条件的小城镇规划先行，因地制宜发展“互联网＋”特色主导产业，打造感知体验、智慧应用、要素集聚、融合创新的“互联网＋”产业生态圈，辐射和带动乡村创业创新。第二，分类推进数字乡村建设。引导集聚提升类村庄全面深化网络信息技术应用，培育乡村新业态；引导城郊融合类村庄发展数字经济，不断满足城乡居民消费需求；引导特色保护类村庄发掘独特资源，建设互联网特色乡村；引导搬迁撤并类村庄完善网络设施和信息服务，避免形成新的“数字鸿沟”。第三，加强信息资源整合共享与利用。依托国家数据共享交换平台体系，推进各部门涉农政务信息资源共享开放、有效整合；统筹整合乡村已有信息服务站点资源，推广一站多用，避免重复建设。

三、数字乡村发展的重点领域

（一）数字生产：因地制宜发展高质量乡村经济

数字生产将数据作为新的生产要素，赋能并重塑农业生产、管理和销售的全过程，开发乡村经济的新产业、新业态和新模式。首先是乡村新产业，指的是以现代农业为基础，围绕健康、绿色和便捷市场需求建立的产业体系，包括以现代农林牧渔为代表的农业新产业，以及以新一代信息技术为核心的乡村制造业和服务业。其次是乡村新业态，指的是信息技术与实体经济融合形成的个性化、便捷化和智能化的乡村产业经营形式和类型。例如，集宣传与销售于一体的“直播带货”，将供应技术与特色需求相结合的“私人订制”，以及注重便捷与安全的“智能支付”。最后是乡村新模式，指的是通过重构产业链和价值链的各个环节，对包括数字技术在内的生产要素进行优化组合而形成的诸如“农业生产＋电商”“农业基地＋盒马”“乡村生态＋平台”的乡村经济发展模式。2023 年 8 月 21 日《光明日报》的数据显示，2014 年至 2022 年，农村网络零售额从 1 800 亿元增长到 2.17 万亿元，扩大了 11 倍。2022 年，全国农产品网络零售额达 5 313.8 亿元，同比增长 9.2%，比 2014 年增长了 4 倍多。

（二）数字生活：构建更加智能贴心的乡村服务体系

数字技术通过重构乡村的人员、土地和资金三要素，提高乡村数字生活的质量，具体体现在优化基础设施服务、提供个性化需求服务以及强化民生保障服务。首先，数字生活依赖于完善的基础设施服务。政府部门积极建立包括农村宽带通信网、移动互联网、5G 和大数据中心在内的新型基础设施体系，并在此基础上发展网络互动、智能物流、智慧监测等乡村数字生活应用。其次，数字生活为村民提供个性化需求服务。一方面，数字乡村通过数字化技术建立城乡互联共享的数字图书馆、数字电视和培训课程等公共设施，满足不同村民的需求；另一方面，村内组织可以利用数字技术精准实现村民的个性化需求。最后，数字生活加强民生保障服务。数字乡村通过远程教育、在线招聘和智慧医疗等形式，将乡村民生需求与城市服务供给无缝对接，这不仅突破了乡村社会资源不足的限制，还技术性地优化了乡村民生服务体系。例如，青海省海南藏族自治州贵南县过马营镇引入电子显示屏，并通过微信群接收村民的临时救助申请、基础设施问题和邻里纠纷等信息，运用数字技术缩短了时空距离，解决了群众办事难和政府职能部门服务半径过大的问题，为村民的生活提供了便利条件。

（三）数字生态：助推绿色低碳可循环乡村环境

数字生态遵循绿色发展理念，通过数字要素优化乡村整体生态，涵盖自然生态数字化、人文生态数字化和社会生态数字化三个方面。首先，自然生态数字化关注数字要素对人与自然和谐共处的积极作用。在乡村资源开发和生产活动中引入先进信息技术，有助于转变高耗能、低产出的生产生活方式，从而有效减少资源浪费和环境破坏。其次，人文生态数字化强调数字要素对人际关系的重塑。数字技术构建了乡村各主体之间的沟通网络，加强了组织与个人的联系，有助于营造和谐有序的人文环境。最后，社会生态数字化关注数字技术对村民与社会环境互动的拓展。正如曼纽尔·卡斯特所言："数字时代的社会成为奠基于电子网络的流动空间，这一社会空间以流动的逻辑对功能与权力进行了结构性的重组，根本性地改变了地方的意义与动态。"随着信息技术的应用，村民的活动空间和社会制度规范发生了显著变化，形成了与数字流动规律相符的乡村社会结构。例如，成都市新津区积极探索公园城市的乡村表达，利用数字技术搭建数字农博平台，推动要素产业链、供应链、价值链和创新链的整合规划，加快将农博园打造成公园城市生产、生活、生态"三生"融合的可持续发展样板，促进"新乡村产业生态"的形成。

（四）数字治理：现代信息技术赋能的乡村治理

数字治理运用数字技术赋能乡村自治组织，推动乡村与村民之间的内部治理、乡村与政府之间的层级治理以及乡村与企业之间的外部治理更为智能、互联、高效。首先，在乡村与村民之间的内部治理层面，数字技术为村委会提供了处理矛盾纠纷、监控村内安全、开展人口普查等村务的技术支持。同时，村民也可以通过数字治理平台发表意见和建议，增强了治理的透明度和互动性。其次，在乡村与政府之间的层级治理层面，数字技术优化了基层治理的"最后一公里"。上级政府的政策能够顺畅传递到村庄，村民可以通过网上信访等方式表达诉求，显著提高了如城中村改造等矛盾事务的处理效率，保障了村民的权益。最后，在乡村与企业之间的外部治理层面，数字技术通过搭建网络平台，实现了市场与村庄的双向连接，提升了乡村的经济社会发展水平。一方面，乡村可以利用自身资源参与企业助农项目，开展网络直播、农村电商等经营活动；另一方面，企业可以通过互联网平台为乡村提供发展资源。例如，杭州余杭区中泰街道设立了“智汇中泰”平台，优化了基层治理。该平台包括村务、党务、财务、建议等7大板块，通过大平台、大数据和微制度的体系设计，为居民处理日常事务、调解邻里纠纷和获取社会信息提供了帮助，体现了治理的重要价值。

四、数字乡村发展的政策导向

数字乡村的发展是一项基础性、发展性和前瞻性的历史任务。它既是一个新兴领域，又拥有坚实的基础。之所以称之为新兴领域，是因为数字乡村的概念超越了传统的农业信息化，它在数字经济的浪潮中，对农业、农村和农民（“三农”）的各个方面进行了全面的数字化转型。说它有着良好的基础，是因为自20世纪80年代起，我国就开始在农业领域实施数字化战略，经过数十年的发展，积累了丰富的农业数字化经验。

（一）推动产业创新

在生产领域，应因地制宜地发展“互联网＋”特色主导产业，推动乡村创业创新并形成辐射效应。在流通领域，需推进电子商务进农村，利用人工智能和大数据赋能农村实体店，促进“线上线下”融合发展。总体而言，应通过数据链提升农业产业链和价值链，支撑农业转型升级与农村高质量发展，实现小农户与现代农业的有机衔接。数字乡村能够打破传统低效的农业商务模式，推动我国农业信息化和高效化，为现代农业的发展奠定坚实基础。

（二）注意分类实施

我国农村千差万别、形态各异。针对不同地域和类型，需充分尊重地方特点和信息化发展规律，在推进信息化方面要各有侧重。对于集聚提升类村庄，应全面深化网络信息技术应用，培育乡村新业态；对于城郊融合类村庄，应发展农产品电商，满足城乡居民的消费需求；对于特色保护类村庄，应挖掘乡土文化资源，建设具有互联网特色的乡村；对于搬迁撤并类村庄，应严格限制新建和扩建活动，统筹考虑迁入或新建村庄的基础设施和公共服务设施建设。为了满足乡村旅游的现代信息需求，应以提高旅游便利化水平和产业运营效率为目标，推进旅游服务、管理、营销和体验的智能化，实现旅游线上线下的有效结合。

（三）保障农民利益

农民是乡村的主人和农业生产的主体，因此，他们应当成为数字乡村战略的主要受益者。曾经有人提出过疑问，农村电商应该更注重农产品上行还是工业品下行。从现在来看，数字乡村建设不仅要通过数字技术将工业品送到乡村，活跃乡村供应、便利农民生活，还要帮助农民实现优质优价，使农产品顺利进入城市，提升农民生产的便利性。不论是移动运营商还是互联网电商，不论是传统工商资本还是金融企业，都应真心实意地投身数字乡村建设，推动信息惠农的伟大事业。

第三节 本书框架结构

一、乡村起源与发展

（一）乡村概览

探讨乡与村的起源，结合国内、国外的定义，明确界定本书中的乡村概念。通过分析乡村与农村、自然村与行政村的区别与联系，确保读者对这些基本概念有准确的理解。

（二）我国乡村变迁

揭示从土地所有制、经营方式、收入构成到消费结构的乡村经济发展脉络，分析乡村社会结构的演变，包括人口、家庭和人际关系，并对乡村文化中的价值观、道德观和习俗进行细致剖析，阐述乡村治理秩序的变迁，包括治理目标、治理模式和治理理念。

（三）乡村公共产品供给

分析乡村公共产品供给在农业和“三农”领域中的关键作用，阐释其供给过程中面临的挑战，并提出解决乡村公共产品供给问题的策略。

二、乡村管理

（一）古代乡村管理

概述古代乡村管理的历史沿革，讨论不同历史时期乡村管理的具体实施方式，分析古代乡村管理演变过程中的关键特征，并总结古代乡村管理对现代乡村管理可能带来的启示。

（二）当代乡村管理

探讨乡村管理行政制度的演变，分析家庭承包经营和耕地保护制度等关键制度在乡村经济运行中的应用，探讨城乡二元管理和基层民主对乡村社会管理的影响，关注乡村公共服务供给制度的演变、存在的问题以及未来的改革方向。

（三）乡村管理理论基础

对公共产品理论进行全面介绍，涵盖其定义、分类以及发展历程，探讨市场失灵理论的定义、表现形式以及由此引发的政府失灵问题，阐述协同理论及其与数字乡村的联系，并分析内源式发展理论的核心概念及其与数字乡村的关联性。

三、数字乡村管理

（一）“三农”数字化转型

探究农业领域在生产方式、经营方式和生产组织方式上的数字化转型，讨论乡村治理、文化传播以及生态环境保护等农村数字化转型的多个方面，阐述农民在生产、教育、医疗和文化等领域的数字化转型进程。

（二）数字乡村起源

按照从宏观到微观、从技术到战略的逻辑顺序，对数字乡村的起源和发展进行系统性的介绍。概述数字经济时代的关键特征，探讨数字技术赋能农业农村发展的机制，讨论数字乡村发展的战略意义。

（三）我国的数字乡村

按照管理层级、建设关键环节、管理特征以及基本原则的逻辑顺序，系统介绍我国数字乡村管理的各个方面。阐述数字乡村管理的各个层级，探讨数字乡村建设过程中的关键环节，概述数字乡村管理的基本特征，并提出了基本原则。

（四）我国数字乡村未来

探讨数字乡村管理的演变趋势，深入分析其政策导向，并详细描绘在不同领域中数字乡村管理的应用场景。同时，分析推进数字乡村管理过程中可能遭遇的挑战，并提出相应的应对策略。

四、数字农业管理

（一）数字农业历史变迁

在阐述数字农业概念的基础上，依据数字农业发展中的技术应用程度、政府机构的设置以及相关政策，对各个阶段进行了概括和总结。因此，我国数字农业的发展历程可被划分为信息化阶段、体系结构完善阶段和全面加速阶段。

（二）数字农业管理基本特征

从数字农业的全产业链出发，结合当前农业数字技术应用的效果和进展，依托翔实的数据和实际应用案例，对其基本特征进行了归纳总结。基于此，数字农业的特征可概括为生产、经营和管理的全流程数字化。

（三）数字农业管理存在问题

在数字技术持续进步的背景下，我国数字农业管理取得了显著进展，但仍处于发展的早期阶段。从数字技术相关的基础设施、技术研发水平、专业人才等多个维度，对当前数字农业管理存在的问题和面临的挑战进行了深入探讨。

（四）数字农业管理政策演变

系统梳理从早期的信息化农业到数字农业的政策演变过程，分析不同阶段政策的特点，体现相关政策从支持信息化基础设施建设到数字技术资源的建设与完善，再到支持智能化和智慧化的发展趋势。

（五）数字农业管理未来发展展望

深入研究未来政策如何更有效地促进数字农业的发展，明确基础设施建设的核心领域与方向，分析物联网等前沿技术在农业生产、管理和服务流程中的深度融合，探讨提升农民数字技术应用能力的有效途径。

（六）数字农业管理的典型案例

在种植业、畜牧业及水产养殖业等领域，深入挖掘并撰写能够全面展现数字农业管理的典型案例。从案例实施背景、具体数字化操作方法以及所取得的成效等方面，帮助读者全面而深入地理解数字农业管理。

五、数字乡村新业态管理

（一）数字乡村新业态

通过回顾数字乡村新业态四个阶段的历史变迁，指出其发展特征和存在的问题。在梳理相关政策演变的五个阶段基础上，提出数字乡村新业态未来的三大发展方向。最后，提炼出苏州市谢家路村农文旅深度融合的典型案例以供参考。

（二）数字乡村电子商务

基于对数字乡村电子商务发展历程的深入分析，提炼出其核心特征，探讨发展中面临的挑战。在回顾相关政策的历史演进后，预测数字乡村电子商务未来的发展趋势。通过介绍河北省肃宁县农村电商的成功案例，展示其实践成效。

（三）数字乡村物流

在概述数字乡村物流的历史演变基础上，分析其核心特征以及当前面临的挑战。介绍数字乡村物流相关政策的发展阶段，并探索其未来发展趋势。通过盒马鲜生的案例分析，展示数字乡村物流在实践中的成功应用。

（四）数字乡村普惠金融

梳理数字乡村普惠金融的历史演变，探讨其基本特征，并分析该领域面临的主要问题。在概述数字乡村普惠金融政策的演进基础上，展望其未来的发展趋势。通过湖南农信系统的典型案例，展示数字普惠金融的实际应用与成功经验。

六、数字绿色乡村管理

（一）数字农业绿色生产

探讨数字农业绿色生产的演变历程，剖析其核心特征，并进一步分析当前发展中面临的挑战。基于对相关政策发展轨迹的分析，预测未来的发展重点，并通过农产品可追溯性的成功实例，彰显数字农业绿色生产实践的成效。

（二）数字乡村绿色生活

回顾数字乡村绿色生活的历史演变，分析其基本特征和面临的主要挑战。在介绍相关政策的演变过程后，展望未来政策的重点方向，并通过农村人居环境数字化整治的典型案例，展示其成功实践经验以供参考。

（三）数字乡村生态保护

在梳理数字乡村生态保护的发展历程之后，提炼其核心特征，并探讨发展中面临的主要挑战。基于数字乡村生态保护政策的演变轨迹，展望未来政策的重点。通过数字秦岭等典型案例，介绍数字乡村生态保护的成功经验。

七、数字乡村文化管理

（一）数字乡村文化平台建设

回顾数字乡村文化平台建设的历史变迁，深入分析其基本特征和面临的主要挑战。在详述相关政策发展演变的基础上，展望未来政策重点，并通过山西晋中的典型案例，展示数字乡村文化平台建设的成功实践。

（二）数字乡村网络文化供给

回溯数字乡村网络文化供给的发展历程，分析其基本特征和面临的主要挑战。在梳理数字乡村网络文化供给相关政策演进的基础上，展望未来发展重点，并通过建立数字化乡村风俗志的典型案例，展示数字乡村网络文化供给的成功经验。

（三）数字乡村网络文化监管

分析数字乡村网络文化监管的基本特征，探讨其发展过程中面临的问题和挑战。在详细阐述数字乡村网络文化监管相关政策的发展历程后，展望未来政策的重点方向。通过防电诈的典型案例，展示监管成功的宝贵经验。

八、数字乡村基层组织管理

（一）数字乡村党建

从数字乡村党建的历史变迁出发，对其核心特征进行总结，揭示当前发展过程中面临的挑战。通过对相关政策的系统梳理，探讨数字乡村党建未来的发展趋势。最后，提炼出内蒙古鄂托克前旗智慧党建的典型案例以供借鉴。

（二）数字乡村政务

以数字乡村政务的历史演进为开端，对其基本特征进行分析概括，指出当前发展中面临的多个问题。在对相关政策演变进行分析的基础上，明确数字乡村政务未来的发展方向，并总结张家港市农村政务一网通的典型事例以供参考。

（三）数字乡村村务

从乡村村务管理的历史变迁角度切入，提炼数字乡村村务管理的基本特征，着重分析当前发展过程中面临的问题。通过追踪相关政策的演变，探索数字乡村村务未来的发展趋势，并对浙江省织里镇“三务 e 公开”的先进经验进行提炼和总结。

九、数字乡村应急管理

（一）数字乡村应急管理历史变迁

在阐释数字乡村应急管理内涵的基础上，依据应急管理的方法和理念等特征，将应急管理的发展阶段划分为以下四个阶段：传统依赖密集投入资源的“人海战术”阶段、数字乡村应急管理的起步阶段、加速阶段和升级阶段。

（二）数字乡村应急管理的现状与特征

在说明我国乡村应急管理机构设置的基础上，介绍实际业务操作中实施的一些关键措施，并对数字乡村应急管理的特点进行归纳总结，具体表现在信息集成化、响应迅速化、决策智能化以及公众参与度的提升等方面。

（三）数字乡村应急管理存在问题

探究数字乡村应急管理的核心要素，包括应急理念、应急方法、应急体系和基础设施建设等，发现存在以下问题：上下管理联动不协调、重救援轻预防、重视平台建设而忽视应用，以及数字乡村应急管理基础设施不足等。

（四）数字乡村应急管理政策演变

回顾数字乡村应急管理政策的初步探索与发展，重点探讨促进智慧应急管理的政策框架，涵盖了《数字乡村建设指南》及其他相关政策文件，明确这些政策在应急管理方面的定位和作用。

（五）数字乡村应急管理未来发展

以数字乡村应急管理的现状、问题及政策演变为基础，展望未来广电 5G、物联网、大数据等数字手段在数字乡村应急管理领域可能的应用场景，并探讨数字技术如何提升数字乡村应急管理的效能。

（六）数字乡村应急管理的典型案例

选取浙江省新昌县、重庆市綦江区以及广西桂林作为典型案例，详细探讨其在数字乡村应急管理领域的具体实践。这些地区通过建立“乡村大脑”“智慧应急平台”和“5G数字乡村应急宣传平台”，为其他地区提供了宝贵的经验借鉴。

十、数字乡村民生服务

（一）数字乡村教育

系统梳理数字乡村教育的发展历程，提炼其核心特征及面临的挑战。在分析相关政策演变的基础上，提出数字乡村教育未来的发展趋势，并以浙江省诸暨市艺术课堂直播为例，介绍其在缩小城乡教育差异方面的有效实践经验。

（二）数字乡村医疗

在对数字乡村医疗发展历程进行系统性梳理的基础上，剖析其基本特征及存在的问题，对相关政策的演变和未来发展趋势进行深入分析，并以江西省赣州市“数字村医”项目为例，阐释其在推进“健康乡村”建设中的实践与探索。

（三）数字乡村养老

通过对我国数字乡村养老发展历程的梳理，探讨其基本特征、面临的挑战和相关政策变迁，预测未来发展方向，并介绍了浙江省安吉县“天翼康康”智能腕表的典型案例，为其他地区乡村养老数字化转型提供经验借鉴。

第一章 乡村起源与发展

第一节 乡村概览

一、乡与村的起源

（一）乡的起源

“乡”，古文写作“鄉”，与“向”“享”“饗”等字通用，意指“像两人相对坐，共食一簋的情况”，其本意表达了众人共享的情景，并无固定地域的含义。自西周开始，“乡”逐渐具有了地域性的意义。《说文解字》写道：“乡，国离邑，民所封乡也。啬夫别治，封圻之内六乡，六卿治之。”这里的乡指的是距离国都较远的城邑，由百姓开荒定居，并由乡官啬夫进行管理。到了春秋战国时期，“乡”的功能逐渐从以军事为主转向理民组织，逐步向郊区和农村扩展，成为当时诸侯治民的重要行政单位。战国后期的《墨子·尚同》和《吕氏春秋·怀宠》提到了里、乡两级，泛指各国的地方行政系统，说明当时地方行政组织已经统一演变为乡、里两级制度。自秦汉时期起，“乡”作为一级行政组织被正式固定下来，成为稳固的政治制度。《汉书·百官公卿表第七上》载：“大率十里一亭，亭有亭长。十亭一乡，乡有三老，有秩、啬夫、游徼。”此后的历代王朝，尽管“乡”所管辖的人数和区域有所变化，但其基本的政治和行政功能已趋于程式化，成为稳定的基层治理模式。

（二）村的起源

“村”这一概念最早出现在东汉中期。秦汉以前并没有明确的“村”概念或组织，但其前身“邨”已经出现，基本指代野外的聚落。在早期，“村”的称谓各不相同，代表性的有庐、丘、聚等。到了东汉中期，“村”这一名称开始明确并被广泛使用，如魏伯阳在《周易参同契》“鼎器妙用”章第 33 中提道："得长生，居仙村。"魏晋南北朝时期（包括隋朝），"村"概念进入了泛化阶段，此时名为"村"的聚落大量涌现，"村"的使用与分布范围逐步扩大，并逐渐取代了其他聚落称谓。自唐代起，"村"成为所有野外聚落的统称，指代一个以农业生产资源为基础、以农业为主要生产方式的居民群体。此后，"村"不仅具备了经济生产的意义，还被赋予了社会制度的属性，成为正式的一级行政单位。

二、乡村概念辨析

（一）我国的乡村概念

"乡"为野域，"村"为聚落，由于乡、村均为县以下的基层组织，因此在我国古代，乡与村常常连用，以指代城镇之外的区域，古代也常写作"乡邨"。"乡村"一词最早见于南宋文人谢灵运的《石室山诗》："乡村绝闻见，樵苏限风霄。"此后，"乡村"逐渐成为一个具有地域含义的固定词语。如宋朝苏舜钦在《谘目五》中写道："又不可全依汉制，人人尽取，恐下户贫民难以应给，况乡邨之间徭役已多。"《儒林外史》第三十六回也写道："应天苏州府常熟县，有个乡村，叫做麟绂镇。"这些例子表明，乡村多作为城市的对比参照物，体现了乡村作为一个相对概念的抽象与动态性，不同视角可以对乡村进行不同解读。

《辞源》将乡村解释为主要从事农业、人口分布较城镇分散的地方。学术界对"乡村"概念的理解主要从三个视角出发：

（1）社会文化视角：基于该视角的学者认为，乡村固守传统的地方性价值观，社会生活以大家庭为中心，家庭观念和血缘观念比城市更为重要。

（2）行业职业视角：从该视角出发，学者认为乡村的经济活动以第一产业，尤其是农业和林业为主，经济结构相对简单。

（3）景观生态视角：基于该视角的学者认为，乡村是土地利用方式较为粗放、郊外空间开阔、聚居规模较小的地区。

相比之下，景观生态视角下的乡村定义与人们对乡村的现实理解更为接近，能够更好地反映乡村的地理与生态特征。

（二）国际上的乡村定义

美国学者R·D·罗德菲尔德（R. D. Roderfeld）将乡村定义为人口稀少、相对封闭、以农业生产为主、居民生活方式大体相似，且与社会其他部分，尤其是城市存在差异的地区。不同国家对乡村的界定标准各异：法国将人口不超过 2 000 人的居住区定义为乡村；美国则以 2 500 人以下为划分标准；俄罗斯则将人口在 2 000 人以下且农业人口占比超过三分之一或一半的居住区视为乡村。在中国，学术界通常将常住人口不超过 2 500 人、非农业人口占比不超过30%的居住区称为乡村。

（三）本书的乡村定义

本书将乡村定义为以农业经济为主导，社会结构相对简单且稳定，以人口密度较低的集镇和村庄为聚落形态的区域总称。乡村可以根据是否具有行政功能，被划分为自然村和行政村两种类型。

三、自然村与行政村

（一）自然村

自然村是农民日常生活和交往的基本单位，在南方有时也被称为“屋场”。它是由一个或多个因家族、户族、氏族或其他社会联系而自然形成的居民聚居点。这些村落通常是村民在特定自然环境中长期居住而自发形成的。自然村往往以单一姓氏为主，居民之间存在血缘关系，如大李庄、高家庄、刘家湾等。自然村的规模和分布因地域而异，北方平原地区的自然村往往较大，而南方丘陵水网地区的自然村则相对较小。自然村的经济结构相对单一，居民主要从事农业、林业、畜牧业、副业和渔业。

（二）行政村

行政村是根据《中华人民共和国村民委员会组织法》设立的农村基层管理单位，其组织形式为村民委员会，是农村村民自治的组织。行政村下设若干个村民小组，这些小组通常以自然村为划分基础。行政村是政府为了方便管理而确定的乡村一级的管理机构，是中国行政区划体系中最基层的一级。它设有村民委员会或村公所等权力机构，可能包含一个或多个自然村，或者是一个大型自然村分为若干个行政村。

（三）两者的区别

第一，组成不同。自然村是由村民经过长时间聚居而自然形成的村落；行政村是县政府管理的一个村级行政单位，一般由一个大一些或几个小一些的自然村组成。第二，隶属关系不同。自然村隶属于行政村；自然村受行政村村委会和村党支部的管理和领导。第三，管理不同。行政村实行村民自主管理，权力在村民委员会；自然村不存在村民委员会。

四、乡村与农村的异同

（一）相同之处

乡村与农村在概念上具有相似之处，主要都指以从事农业为主要生活来源、人口较分散的地方。第一，均强调以农业为主要经济基础，人口分布相比城镇更为稀疏。乡村主要指从事农业人数多、人口分布较城镇分散的地方，农村主要是指以第一产业为主的人口聚落经济单位。两者都强调了农业的生产功能，并且在一定限度上反映了乡村的自然特征和社会特征。第二，都涵盖了广泛的地理和社会范畴，包括但不限于自然环境、文化传统、社会经济活动等。都是相对于城市而言的，指以农业生产为主导、人口分布较为分散的地区。

（二）不同之处

乡村和农村在范围和功能、人口结构、文化背景以及发展定位等方面均存在差异。第一，范围和功能不同。乡村体现着行政级别，是我国最基层的行政单元，农村主要指以农业生产为主的自然村。乡村不仅包括乡镇、村庄、城市郊区等众多区域，而且包含了农村，其范围更广。第二，人口结构不同。乡村除了传统的种植业和养殖业，还包含特色农业、农产品加工、手工业、乡村旅游、电子商务等新兴产业，农村更加侧重农业生产。第三，文化背景不同。乡村更接近于城市文明的边缘，拥有丰富的历史文化和传统，而农村则更接近于自然环境的边缘，文化特色可能不如乡村鲜明。第四，发展定位不同。乡村发展的目标定位涵盖农业发展、文化繁荣和生态宜居等多个方面，而农村的发展目标主要聚焦于农业发展。

第二节 我国乡村变迁

马克思主义唯物史观认为，社会变迁的根本原因在于生产力发展导致的社会经济基础变动，是一个自然的经济社会发展过程。费孝通在《乡土中国》中描述了一个典型的“乡土社会”，作为历史悠久的农业大国，乡村社会结构建立在农业生产和传统秩序之上。近代的工业化将中国从世界农业大国转变为“世界工厂”，农民从世代耕作的土地上解放出来，从传统农业生产中解放出来，不断向非农职业分化。农民结构由此发生了全新的变化，乡村社会结构处于不断变化之中。在这个过程中，乡村逐渐演变为经济多元化、利益多元化、阶层多元化的社会，各种社会力量和民间组织逐渐发展，乡村社会基础结构经历了前所未有的变迁。

一、乡村经济发展变迁

在中国城镇化进程中，得益于农村改革的强大动力，乡村经济发展取得了举世瞩目的成就。以最根本的土地制度改革为发端，经历了“改革商品流通体制、资源要素配置、城乡二元分割的体制及建立城乡统筹发展的体制机制”的过程，实现了土地制度从集体所有制的单一形式向多种形式的演变，经营方式从自然经济向社会化生产的演变，并因此催生了大规模的乡村人口流动。随着数字化的不断推进，乡村不再只是提供农产品的生产基地，其生态、文化、社会价值优势对满足人民的美好生活需要发挥着越来越重要的作用。互联网极大地改变了城乡空间距离，为乡村发展开辟了广阔道路，加速了新技术、新业态、新模式在乡村的发展，催生了中国乡村经济发展的历史性变迁。

（一）土地集体所有制从单一形式向多种形式演变

土地对人类社会生存发展的重要性决定了土地制度对经济社会发展的重要性。新中国成立后，乡村全面建立了土地集体所有制形式，农民集体是农村土地的所有者，这是“农民集体”最为基本的法律内涵。家庭承包经营是我国农村土地制度的重大转折，集体经济组织将土地承包给农户经营，农民依法享有承包地的使用权、收益权。它的施行实现了农村土地所有权与使用权的分离，赋予了农户配置生产要素的自主权，农民拥有的土地承包经营权也可以流转，这为农村土地集体所有制的实现形式由单一向多元演变奠定了基础。

我国各地乡村资源禀赋多样、经济社会发展水平和人地关系各异，农村土地集体所有制的实现形式不可能是统一的。随着农业经营主体的多元化、适度规模经营形式的多样化，基层干部群众发挥着无尽的创造力，在土地承包关系稳定的基础上，形成了集体统一经营、家庭承包经营、反租倒包、股份合作等多种农村土地集体所有制实现形式并存的格局，并且在这些形式的基础上通过经营权流转又衍生出“家庭农场制”“农业共营制”“全托管、半托管”等多种新形式，推动了产权制度由“身份关系”向“契约关系”转变，形成了由集体所有制的单一形式向多种形式不断演变的态势。

码 1-1

（二）经营方式从自然经济向社会化生产演变

新中国成立到改革开放之前，中国在探索农业现代化的道路上经历了农业合作化、“大跃进”、“人民公社化”等几个时期。计划经济时期，国家实行重工业优先发展战略，农产品实行统购统销制度，城乡间的要素流动几乎停滞。尽管农业“四化”——“农业机械化、水利化、化肥化、电气化”有了不同限度的发展，但农业以服务城市工业为主要目标，生产经营受国家直接控制，本质上仍然是自给自足的自然经济。党的十一届三中全会以后，实行家庭联产承包责任制，逐步放开农村市场，取消统购统销，农民成为自主的商品生产者。改革开放初期，农村专业户和多种形式联合生产开始出现，农业经济由半自给自足的自然经济逐步向商品经济转化。

伴随着市场化取向改革进程的不断深化，农业产业化逐步兴起，种养大户、农业企业、农民专业合作组织、家庭农场逐渐发展壮大，农业经营主体由改革初期农户家庭经营占主导的格局转变为多类型经营主体并存的格局。与市场化相适应的是，具备组织化、规模化、专业化等特征的农业社会化生产逐渐取代传统的自然经济经营方式。

（三）收入构成从单一经营收入向收入多元化演变

农民收入水平既是衡量乡村经济发展水平的重要指标，也是衡量经营管理制度优劣的重要标准。在计划经济时代，乡村经济处于封闭发展状态，农户的非农就业机会几乎为零，农业收入成为农民收入的唯一来源。改革开放之初，家庭联产承包责任制的实行和农产品价格的提升，极大地激发了农民生产积极性，农民经营收入迅速增长，并一度成为农民收入的主要来源。农村改革不仅激活了农业，也打破了乡村单一的产业结构。农民可以到乡镇企业、小城镇甚至大中城市从事非农就业，工资性收入不断增加、其占农户的收入比重不断提高。统计数据显示，1983 年以来，农村居民收入中工资性收入所占比例持续增长，最终在 2015 年超过了农业经营性收入的占比。2004 年以来，中央连续出台 1 号文件，持续加大对农业的支持保护力度，不仅对农民不“取”，还不断增大“予”的力度。农村居民家庭转移性收入的比重明显提升，直接促进了农民增收，形成了收入来源多元化的态势。

码 1-2

2013 年党的十八届三中全会提出“赋予农民更多财产权利”，农村承包地征收、集体经营性建设用地入市、宅基地制度改革等试点推进，农村承包地“三权分置”改革、农村集体产权制度改革全面推开。2018 年中央 1 号文件明确提出农村宅基地“三权分置”改革的思路，

2020 年《中华人民共和国民法典》明确农民对宅基地享有用益物权，农民财产性收入也将在农民收入结构中占据越来越重要的位置。

（四）消费结构从传统温饱生存型向小康生活的现代化演变

消费既是经济发展的动力，也是经济发展的目的。从新中国成立到改革开放的 40 多年，农村居民消费水平有所提高，但食品消费一直位居首位，文化服务消费一直排在最后，是一种典型的温饱生存型消费结构。改革开放以来，农村居民家庭收入持续增长，消费能力不断增强，快速的城镇化进程更是推动了需求结构的迭代升级。党的十八大以来，随着收入的快速增长和消费水平迅速提高，发展型、享受型消费的比重大幅增长，实现了由单一消费结构向多元消费结构的转变，具有了发展型消费结构的基本特征。

农村居民消费结构的演变不仅与农民收入水平相关，还与消费习惯、经济环境、政策环境紧密相关。在快速工业化、城镇化的进程中，市场体系不断完善，城乡经济持续发展，国家一系列强农惠农富农政策逐步落地，农民的消费结构快速变动。家用汽车、空调、电脑、手机等消费品进入寻常农户家庭；农民住房从追求有房住向住得更宽敞、更舒适转变；食品消费由追求温饱向追求营养、健康转变。同时，农民对文教娱乐、医疗保健之类的消费也在快速增长，注重教育、追求精神文化消费、重视身体健康投资成为主流，消费需求呈现多样化和个性化的特征，消费结构从传统温饱生存型向小康生活型演变。

二、乡村社会结构变迁

农村人口在城乡之间快速流动是我国近代以来最为突出的社会结构变迁特征。历史上，只有在战争和发生重大自然灾害时才会发生大规模、非正常的人口流动，而改革开放使得和平年代产生了数以亿计人口的大规模流动，欠发达的乡村、低收入的农民成为社会大流动的主力军，在书写“中国制造”历史传奇的同时，也深刻改变了长期稳定的乡村社会结构和中国整个社会结构。

（一）人口结构从一元聚居向三元混居演变

传统乡村，聚居着世代以土地为生的农民，社会结构具有一元性与稳定性。一方面，随着家庭承包经营的实施，农业生产效率不断提高，产生了越来越多的农业富余劳动力，需要寻求新的发展空间。另一方面，随着改革开放的不断推进，农民有了出售农产品的权利和自由择业的权利，乡村劳动力尤其是优质劳动力不断流向城市，形成了人类工业发展史上独一无二的“农民工”群体。因此，改革开放将农民从土地上分离出来，成为城乡流动的“自由人”，这是市场机制对人力资源的有效动态配置，是社会发展转型的重要现象。

乡村人口结构由农业居民的一元聚居演变为从事农业的村民、户籍在乡村的城市人、城乡两栖人的农民工的三元共存。一是主要工作在农村．社会关系在农村、家庭结构完整的乡村居民；二是主要工作在城市、社会关系在城市，而户籍在乡村、只在传统节日回到乡村的村民；三是频繁在城乡之间流动的候鸟式农民工。无论是在乡村常年居住的村民，还是在城市定居的村民，抑或在城乡之间常年流动的农民工，都处于动态变化中。在乡村常年居住、从事农业的村民，仍可能创造条件让自己或下一代流向城市；在城市定居的村民，受城乡二元结构及经济发展大气候的影响，未能融入城市，很可能随时回归乡村；在城乡之间常年流动的农民工，会根据政策环境和经济环境在城乡之间作出理性选择。因此，乡村人口结构既有动态性，更有复杂性。

（二）家庭结构从主干家庭向核心家庭演变

历史上，村庄是聚族而居的，并据此形成具有共同血缘纽带的、家族型的乡村社会组织，再加上皇权不下乡的传统下国家和乡村社会之间的权力边界，村庄成为自主发展和自我循环的社会共同体。这一稳定的社会结构与东方先进的精耕细作技术、家族制度紧密结合在一起，家庭结构由家族制度所决定，由家庭与家族构成的社会共同体是中国乡村社会最重要的特征。家庭结构以主干家庭为主要形式，祖父母、父母和未婚子女三代以上同堂成为普遍现象。改革开放以后，乡村治理逐渐向村民自治和国家法治转变，乡村社会的自治和基层组织的权威代替家族权威在乡村治理中发挥作用。随着市场经济在乡村的不断推进、乡村利益的多元化和利益主体的多元化，乡村社会基本摆脱了对家族制度的依赖，家族成员也从家族中分离出来走向阶层聚集和产业集聚。

工业化和城镇化进一步推动了乡村社会利益结构和治理秩序的重构，传统家庭经济功能为工业化的社会分工所取代，单一的家庭养老被传统与现代合力下的多元化养老所取代。多子多福的观念也随之改变，婚姻的传宗接代功能被不断弱化。国家对婚姻家庭的法律规范，在制度上推动了传统家庭结构的现代转型。家庭结构由传统农业社会的主干家庭转变为工业社会的核心家庭，由夫妇与未婚子女组成的家庭结构逐渐成为主要形式，标志着中国乡村社会向现代化转型已经成为趋势。

（三）人际结构从熟人社会向“熟悉的陌生人”社会演变

传统乡村是“熟人社会”，是一起成长的人际关系社会，家庭和宗族在人际关系中起着重要作用，具有血缘与地缘合一、地理范围与生活空间合一等基本特征。在熟人社会，同一血缘关系或同一姓氏的人集中居住在一个村庄，形成了以血缘为基础、以地缘为形式的长期稳定的社会结构，也就是所谓的“差序格局”和“伦理本位”。个体之间的人情交往与互助合作，是推动人际结构密切而稳定的黏合剂，乡里乡邻是最基本的社会人际关系。每个人都以自己为中心按照亲疏远近结成人际网络，并在这个特定的网络圈内建立人情关系，维持着自己的利益结构。在熟人社会，人际交往主要集中在熟人圈子，由身份认同形成较为密切的情感与道义联系，社会关系建立在亲缘、血缘和地缘基础之上，具有排他性和封闭性。

今天的中国乡村社会已经不是熟人社会了，但也不是陌生人社会。村庄是乡村社会存在和继续的物质基础和空间载体，是乡村社会及其村落共同体的时空基础，村落共同体内的各家各户长期生活于这个时空场域，使得乡村社会仍然具有熟人社会的特质，人际关系仍然由熟人关系构成。当人际交往圈子失去了封闭性，当有摆脱熟人关系约束的机会，熟人关系的约束力也就失去了效力，其实质是“利益格局”替代了“差序格局”，利益的需要大于人情关系的需要，乡村熟人社会演变为相互脸熟而不相互了解的“半熟人社会”。与此同时，农民流动频繁长年累月缺乏共同活动，且越来越多的异地婚姻和异地定居带来血缘与地缘不再合一，地理范围与生活范围不再相同，熟悉程度不断降低，人情关系变得越来越淡化，相互关系不断疏松，熟人社会不断陌生化，并向“熟悉的陌生人”社会变迁。

三、乡村文化观念变迁

具有几千年农耕文明的传统中国乡村社会还受到了以现代、后现代为主要特质的“城市社会”的冲击，以人身依赖关系为基础的传统乡村正向以经济利益独立性为基础的现代乡村转变，实现由集体主义到个人主义、伦理本位到个体本位的变迁。

（一）价值观念从一元向多元交织演变

中国传统农业社会，没有国家权力和外在力量的嵌入，秉持“日出而作，日入而息”的逻辑重复着循环的社会节奏，形成了以人伦次序为基础的差序格局、以“家本位”为核心的“熟人社会”、以“礼治秩序”为代表的传统文化价值规范，共同遵守着村庄社会共同体中百年难易的权威伦理。新中国成立后，全面推进农业合作化和集体化运动，建立了集体所有制的农村制度基础，强调乡村社会的全局观念与国家意识，形成了一元化的乡村治理结构。改革开放以后，中国乡村实现了从自然经济的小农社会向商品经济的现代社会的转型，社会流动加快，社会分化加剧，社会价值变迁加速，乡村社会的思想观念也随之发生了深刻的结构性变化，构成了中国农业社会向工业社会转型的基本内涵和独特景观。

乡村社会在经历了现代工业文明的洗礼之后，传统的小农生产方式被现代化的农业生产方式所取代，乡村人口频繁流动与迁移，社会生活方式处于不断变化之中。农民不再像过去那样具有共同的身份、进行共同的生活或劳动，传统意义上的乡土社会“差序格局”以及相应的“家本位”乡村社会共同体与文化基础随之瓦解，价值观发生了四个方面的变迁：从一元价值观向多元价值观、整体价值观向个体价值观、理想价值观向世俗价值观、精神价值观向物质价值观的变迁。

（二）道德观念从乡土伦理向市场伦理演变

道德观念在调整人与人、人与社会行为规范中发挥着重要作用，而道德观念的产生和变化与社会生产生活有紧密关联。在中国改革开放进程中，经济体制、社会结构、生活方式发生了急剧变化，乡村道德观念经历着从“乡土伦理”向“市场伦理”的演变过程。新中国成立后，社会新道德建设稳步展开，并深入乡村社会逐步为农民所接受。人民公社制度建立后，乡村生产力有所发展，伦理道德新秩序不断强化，但乡村道德观念仍然处于“乡土伦理”的范畴之中。改革开放后，家庭联产承包责任制的实施使得大量农民从土地束缚中解放出来，催生了大规模的农民流动，极大地改变了乡村社会结构，并引发了乡村伦理的巨变。

乡村道德观念的变迁也与市场经济的冲击紧密相连。在工业化的影响下，建立在地缘、血缘、亲缘基础上的熟人社会不断瓦解，“身份信任”不断弱化。乡村社会互助式人际关系逐步向利益化人际关系变化，乡村社会人与人之间的交往不再以情感关系为主，而更多地变成了实现个体利益的手段。这是农业社会的熟人“身份认同”到工商业社会的陌生人“契约认同”的逻辑转换，是中国几千年农耕文明“乡土伦理”到现代文明“市场伦理”的历史转轨。

（三）习俗观念从乡土本色向现代性多元化演变

习俗历代相袭、积久而成，又称习惯与风俗，是有一定流行范围、一定流行时间或流行区域的意识行为。习俗作为乡村重要的“地方性共识”对农民的家庭生活与社会交往起着引导作用。习俗是农村社会中一种强大的传统力量，

也是农民认识新事物、应对社会变迁、延续社会生活的经验凭借，它将多变的生活简化为可预测的模式，并赋予民众一种控制命运的感觉。乡村习俗是“土生土长”的乡村文化，具有浓厚的“乡土本色”。几千年以来，农民被土地束缚着，很少有机会出门“见世面”和“长见识”，世世代代居于村庄，耕种着村庄的土地，因为农业的主要生产资料——土地是固定不动的，乡村习俗也“土生土长”具有天然的稳定性。因此，乡村社会习俗因其稳定性而具有独特的运作逻辑，能够自我延续，而这种自我延续的韧性，就来自乡村社会主体——农民。

随着城镇化的加速推进，乡村常住人口结构发生变化，农民流动带来城镇文化与乡村文化的交流碰撞，乡村习俗受到了外来习俗的巨大冲击，乡村的习俗观念也从“乡土本色”向现代性多元化演变。城镇化带来的人口流动，实际上伴随着文明教化与文明重构的过程，是一个人口流动与文化交流逐渐走向文明的复杂过程。在这个过程中，乡村习俗的“乡土本色”随着农民工代际传递逐渐褪色，但乡村传统习俗跟着农民工进城也为强大的城市文明融进了一抹亮色；同时，城市文明也通过各种途径渗透和改造着乡村习俗，加速了乡村习俗的现代变迁，“乡土本色”逐渐向“城市本色”转型。

四、乡村治理秩序变迁

传统的中国乡村，社会流动性小、结构单一，社会治理相对简单。改革开放后，城镇化和工业化有力推动了乡村社会阶层结构的变迁和乡村治理秩序的改变。当代中国，乡村治理正式进入国家行政体系，其演变具有三方面重要特征：治理目标从资源汲取向新农村建设、乡村振兴演变，治理模式从村民自治向“乡政村治”“多元共治”演变，治理理念从传统礼治向“依法治理”“复合治理”演变。

（一）治理目标从资源汲取向乡村振兴的演变

资源汲取能力是国家的一项基础性能力，是国家机器运作的物质基础。农业社会的资源汲取是国家实施乡村治理的出发点和落脚点，是千百年来国家与农民关系的历史延续。税赋是国家与乡村、国家与农民关系的最主要形式，“皇粮国税”是乡村治理目标的直接体现。家庭联产承包责任制实行后，资源汲取模式发生了具体形态上的变化，但依然延续了资源优先配置给工业和城市的内在逻辑，城乡二元体制和乡村治理制度的各种安排都围绕着这一目标展开。2006 年，中国几千年的农业税赋正式终结，标志着我国已经跨越了依托农业积累推进工业化发展的阶段，国家与乡村、国家与农民的关系发生了全新的变化。中国乡村治理实现了由资源汲取向资源赋予的转变，工农城乡的资源配置关系发生重大逆转。

党的十九大作出实施乡村振兴战略的重大决策部署，把解决好“三农”问题作为全党工作重中之重，要求在城镇化进程中绝不能忽视乡村的战略地位和城乡关系的平等地位。这就从根本上改变了乡村从属于城市的发展轨道，乡村治理目标由工业化、城镇化优先的发展战略转向农业农村优先发展的乡村振兴战略，乡村振兴成为国家现代化的战略重点，城乡融合成为新时代发展的主题。

（二）治理模式从政社合一向多元共治的演变

新中国成立后，中国乡村社会治理实现了从“皇权不下县”的乡绅自治，到人民公社的政社合一，再到现代村民自治的制度演进。1980 年广西合寨村率先在全国成立第一个“村委会”，农民以按手印的方式选举村委会主任。1982 年村民委员会作为农村基层群众性自治组织被写入《中华人民共和国宪法》，农民从被管理者演变为乡村治理中的民主管理者，正式进入现代民主政治体系之中。村民自治的发展历程经历了三个阶段：第一阶段，自我管理、自我教育、自我服务的发展阶段，主要是以自然村为基础自生自发的村民自治；第二阶段，民主选举、民主决策、民主管理和民主监督的发展阶段，主要是以建制村为基础规范的村民自治；第三阶段，有效实现形式的发展阶段，是建制村以下内生外动的村民自治。乡镇人民政府对村民委员会的工作具有指导、支持和帮助的权利和义务，村民委员会有协助乡镇人民政府开展工作的职责。因此，村民委员会和乡镇一级政府这种权力结构和功能配置，共同构成了乡村治理的组织架构。

近年来，乡村社会不断转型，由封闭走向开放，逐步形成基层党组织领导、行政组织、自治组织、社团组织、农村集体经济组织和其他组织、乡村居民等多元主体参与治理的格局，实现乡村治理的政府权威与社会权威相结合，推动乡村社会事务管理多元共治，建立更为有效的乡村治理结构。2018 年中央 1 号文件提出，“建立健全党委领导、政府负责、社会协同、公众参与、法治保障的现代乡村社会治理体制”。2019 年中共中央办公厅、国务院办公厅下发了《关于加强和改进乡村治理的指导意见》，进一步明确要求构建共治共享的社会治理格局。2019 年发布的《全国乡村治理典型案例》和 2021 年发布的《农业农村部办公厅 国家乡村振兴局综合司关于印发乡村治理典型方式工作指南的通知》均强调要以党组织为领导，充分发挥村委会自治功能和社会力量协同作用，强化多元共治协同管理机制，动员村民和辖区单位依法理性参与乡村治理，整合乡村社会的治理资源，构建乡村治理的多重权威。

（三）治理理念从传统礼治向依法治理的演变

传统的乡土社会秩序是以“长老统治”或“贤人政治”的礼治权威形式实现的。礼治权威依靠道德权威力量维持组织结构，是维护乡村社会秩序的地方性治理资源，起着最为基础的治理作用。商品经济条件下，“外乡人”以“商人”身份进入熟人社会，实现本地人与“外乡人”的直接供需交换，打破传统乡村社会的封闭性和稳定性，快速推进超越特定“身份信任”的社会经济交往。基于地缘、血缘、亲缘关系所维系的“身份信任”被利益关系所维系的“契约信任”所取代，在依法治国理念下，现代法治意识越来越广泛地渗透到乡村。无论是村民选举还是村民自治组织行为，都按照相关法律法规运行，礼治秩序约束力日趋弱化，乡村“法治权威”不断得到强化。

党的二十大报告指出，完善社会治理体系，要健全共建共治共享的社会治理制度，提升社会治理效能；要畅通和规范群众诉求表达、利益协调、权益保障通道；要建设人人有责、人人尽责、人人享有的社会治理共同体。乡村治理是国家治理体系的重要组成部分，要着力提升农村基层治理能力和水平，充分发挥法治引领作用，助力构建“法治、德治、自治、共治”相融合的基层治理体系，推进乡村治理体系和治理能力现代化，积极服务全面推进乡村振兴。法治是乡村振兴的基础与保障，要用法治思维和法治方式引领乡村治理。德治可以引领乡村文明建设，推动优秀传统文化和法治社会建设相辅相成。自治有助于增强村民自我管理和自我教育的能力，增强村级权力有效监督。共治是凝聚乡村振兴合力的有效途径，它有助于融入乡村治理社会大格局。

第三节　乡村公共产品供给

公共产品消费上的非竞争性和受益上的非排他性，要求公共产品的生产必须有公共支出予以保证，乡村公共产品的供给更是如此。

一、乡村公共产品供给重要性

任何人都可以消费公共产品，但不同个体从公共产品中获得的满意程度可能是不同的，这意味着每个人愿意支付的价格并不一样。一般来说，收入越高对公共产品的要求越高，也愿意支付更高的价格。农业是弱质产业、农村发展相对滞后、农民生活相对困难，因此，政府增加乡村公共产品的供给是非常必要的。

（一）促进农业生产的稳定发展

农业在国民经济中处于基础地位，具有自然和市场双重风险，投资回报率低，具有“公共产品”属性。为加强农业的重要地位，改变其弱质产业特性，需要加强乡村公共产品的供给，不断提升农业生产效率和市场价值，促进农业与其他产业协调发展。产前环节，乡村公共产品的稳定供应，可保证农业生产要素的有效投入；产中环节，乡村公共产品的及时供给，可提高要素组合能力，提升资源配置效率；产后环节，乡村公共产品的有效供给，可提高对接加工和流通的能力，提升农产品市场价值。

（二）促进乡村现代化发展

乡村公共产品的有效供给，将降低生产成本、运输成本、销售成本、风险成本和决策成本等，从而减少农村居民家庭的经营成本，提高生产效率。而自来水、交通、电力、通信和环保等基础设施的有效供给，有助于非农产业在乡村的发展和集中，社会保障的有效供给能解除农民离开土地、从事非农产业的后顾之忧。因此，乡村公共产品供给可以有效促进乡村现代化发展。

（三）促进农民生活条件改善

乡村基础设施的建设，可有效改善农村居民的生活环境。乡村教育的有效供给，可提高农民的科学文化素质，增强非农就业和从事现代农业生产的能力。乡村社会保障的有效供给，有利于缓解农村欠发达状况，稳定乡村社会发展。因此，乡村公共产品的有效供给，有助于改善农民生活条件，缩小城乡居民生活差距，促进乡村社会和谐发展。

二、乡村公共产品供给面临的挑战

（一）供给总量不足，无法满足需求

我国乡村公共产品供给数量与实际需求存在较大差距，无法满足农业生产、农民生活的需要。第一，大型农业固定资产、大型水电灌溉设施等农业生产性公共产品供给不足，制约了农业生产和农村经济发展。第二，与农村生活条件改善相关的公共产品，如供水、供电、道路桥梁、环境相关的公共产品在

部分地区和村庄仍然比较欠缺。第三，有关农民自身权利类的公共产品，如文化教育、医疗保障等公共产品和服务存在一定的缺口。

（二）供给结构失衡，供求不匹配

第一，乡村公共产品在供给总量不足的同时，也存在部分公共产品供给过剩的问题。有些基层政府过多投入于道路、沿街绿化、广场等建设，没有优先解决乡村发展迫切需要的公共产品问题，造成了供给不足与供给过剩并存的结构失衡局面。第二，文化、科技等“软”公共产品的供给落后于需求。伴随着经济高速发展和社会快速进步，农村居民对文化、教育、培训、科技、环境等公共产品的需求日益增强，诸如乡村图书馆、影院等文化设施显得较为匮乏，科技成果转化应用、农业技术培训、信息获取等耗资大、见效慢的设施和服务比较欠缺。

（三）城乡间、区域间供给不均衡

第一，乡村公共产品供给受到城乡分割“二元”体制的制约。我国城市公共产品的供给由国家财政负担，但乡村公共产品的供应大部分靠农民自己解决，这种城乡分割造成了公共产品供给的城乡间差距。第二，乡村公共产品供给的区域差距明显。我国东、中、西部地区经济发展水平存在很大差异，当东部经济相对发达的乡村提出差异化和高层次的公共产品需求时，西部某些落后的乡村尚缺乏基本公共产品的供给和服务。

三、乡村公共产品供给的基本策略

（一）市场机制配置资源

市场机制是伴随商品经济产生和发展而形成的一种资源配置方式，它通过竞争机制和价格机制来调节市场供求关系和市场主体行为，进而达到资源有效配置目的。采用市场机制配置资源实现乡村公共产品的供给，与乡村公共产品的非竞争性和非排他性有关。持续优化的制度安排和技术进步可以基本消除乡村公共产品的非竞争性和非排他性，这为乡村公共产品供给中实现市场机制配置资源提供了条件。在乡村公共产品供给中，市场机制配置资源的基本特征是：以营利为目的，以经济组织为供给主体，以追求效率为首要目标，以企业利润和使用者付费进行成本补偿。

（二）政府机制配置资源

自从人类社会进入国家阶段以来，政府就发挥着资源配置的作用。政府机制是指通过政府强制力来规范社会主体行为，调节社会主体关系，配置社会资源。为了实现社会公共利益，满足乡村基本公共需求，就需要政府为社会提供基本乡村公共产品，比如大型水利设施、农田灌溉等。在乡村公共产品供给中，政府机制配置资源的基本特征是：以非营利为目的，以各级政府为供给主体，以促进社会公平为首要目标，以税收弥补和使用者付费进行成本补偿。

（三）社会机制配置资源

社会机制是在政府机制和市场机制发生作用基础上进行资源配置的“第三层次”，它以社会主体自愿为基础，以非营利为目的，通过各种公益形式实现资源配置。这种机制把经济行为和人文关怀结合为一体，是政府机制和市场机制的有益补充。在乡村公共产品供给中，社会机制配置资源的基本特征是：坚持利己和利他相结合，以个人、社会组织及经济组织为供给主体，坚持社会公平和效率相统一，以部分有偿、自我服务和志愿者行动进行成本补偿。

政府机制、市场机制和社会机制的区别具体见表1-1。

表1-1　政府机制、市场机制和社会机制的区别

	政府机制	市场机制	社会机制
主体	政府	个人和经济组织	个人、社会组织和经济组织
供给	利他	利己	利他与利己相结合
主要目标	公平	效率	公平与效率相结合
成本补偿	税收弥补使用者付费	企业利润使用者付费	部分有偿、自我服务和志愿者行动

本章思考题

1. 当前中国乡村经济发展体现出哪些特点？
2. 详述中国农村的社会结构变迁。
3. 乡村文化观念变迁体现在哪些方面？
4. 详述中国乡村治理秩序的变迁。
5. 乡村公共产品的供给有哪些基本策略？

第二章 乡村管理

第一节 古代乡村管理

古代中国的乡村管理有两种基本模式：自上而下的中央权威和自下而上的精英主导，这两种模式并存，互为补充，形成了一种具有约束性与激励性的传统乡村柔性治理制度，但各朝代对权力分配的强弱程度有一定差异。

一、古代乡村管理的历史沿革

（一）先秦时期的乡遂制

乡遂制是先秦时期我国地方基层社会组织的主要形式，以血缘和地缘关系为基础。它将居住区域划分为“国”和“野”两个部分，“国”是指国都及其近郊地区，其居民是享有较高社会地位和政治权利的“国人”；“野”是指郊外地区，其居民主要从事农业生产，社会地位较低，被称为“野人”或“庶人”。在乡遂制下，“国”内部的组织结构按层级划分为：“五家为比，五比为闾，四闾为族，五族为党，五党为州，五州为乡”；而“野”的组织结构则为：“五家为邻，五邻为里，四里为酂，五酂为鄙，五鄙为县，五县为遂”。每一层级都设有相应的负责人，如邻长、里胥、酂师、鄙正、县长和遂大夫等，负责管理各自区域内的事务。乡遂制旨在维护社会秩序和促进农业生产，不仅是行政管理的需求，亦是社会等级与身份制度的体现。乡遂制下的官员由中央任命，负责教化、征税和治安等职责，体现了早期国家对乡村的直接管理。

（二）秦汉时期的乡官制

秦汉时期，随着郡县制的确立，乡官制逐渐取代了乡遂制。乡官制是我国古代国家对基层社会进行管理和控制的一种方式，属于县以下基层行政区划制度，具有宗法性与行政性高度整合的特点。乡官制下，县下设乡、亭、里等基层组织，乡官由国家任命，主要包括乡啬夫、乡佐、乡史等职。乡啬夫是乡级行政组织的负责人，负责征收赋税、管理户籍和维护治安，乡佐和乡史则作为乡啬夫的助手，协助处理乡级事务。乡官与县廷之间具有较强的从属关系，县廷与乡的政务运行构成了"廷—官"模式。乡官制的实施增强了中央对地方的控制，但也使乡村社会处于一种半自治状态。

（三）隋唐时期的职役制

隋唐时期，乡里制度发生了较大变迁，职役制取代了乡官制，乡官的角色由官职转变为职役，即由地方民众轮流担任。这些职役人员没有固定的俸禄，其职责也从行政管理转向了赋税征收和劳役组织。这一转变意味着乡官的角色更多依赖于民众的参与，而非国家正式任命的官僚。职役制下，乡村治理的职能逐渐下放给地方士绅和民众，形成了一种"以民治民"的新模式。此时，乡村治理更多依赖于地方精英的自发组织和民众的自我管理，国家对乡村的直接控制相对减弱，转而依靠地方社会的自我管理。从乡官制到职役制的转变，反映了我国古代基层社会治理方式的变化，这一过程不仅涉及行政体制的变革，也与国家权力的扩展和社会结构的变化密切相关。

（四）宋以后乡村自治的确立与发展

宋代以后，乡约制度正式产生，《吕氏乡约》的制定标志着乡村自治的开始。根据倡办者的身份，乡约分为官办乡约和民办乡约，官办乡约强调官府的强制性，民办乡约则侧重百姓的自主性。这一时期，乡村治理模式逐渐从官办乡约向民办乡约转变，体现了官府与民间的互动，以及对乡村社会控制方式的调整。在实践中，乡约逐渐与保甲、社学、社仓等治理方式结合，统合处理赋税收缴、治安维护、百姓教育、灾困救济等事务。国家通过乡里制、保甲法、都保制等制度，将农民组织起来，实行集体化管理，乡村治理单元也从乡里制逐步过渡到都保制，乡村治理更加精细化，乡村社会的稳定性与国家的控制力也得到了提升。

二、古代乡村管理的组织实施

（一）乡遂制的组织实施

乡遂制作为地方行政组织的基础，旨在发扬地方自治和民主精神，确保地方政治的稳定和发展，同时具有明显的阶级特征和地域差异。乡是地方政权的最基层单位，遂为中级单位。遂官由中央政府选拔，负责乡里的管理与秩序维护，同时还负责向中央政府上缴税赋和征集军役。居住在国都及近郊的“国人”享有参与政事、接受教育和选拔的政治权利，并承担服兵役的义务；而居住在郊外的“野人”属于被统治阶级，没有政治权利。在“国”中实行乡制，以家为基本单位，构建比、闾、族、党、州、乡六级行政体系，每级设有相应官职；在“野”中实行遂制，构建邻、里、酂、鄙、县、遂六级体系，同样设有相应的官职。乡制下的居民由国家供养，主要承担保卫国家的任务；遂制下的农民则获得国家分配的土地，并承担缴纳田赋的义务。乡遂制通过分级的行政管理体系，确保中央政权能够有效控制地方，并便于征税和征兵，这一组织原则和管理精神在后世各朝代中均得到一定限度的保留和传承。

（二）乡官制的组织实施

乡官制包括乡、亭、里三级组织结构，十里设一亭，十亭设一乡。汉代对里以下的组织进行了细化，建立了什伍制度，即五家为一伍，设伍长；十家为一什，设什长。此外，汉代还设立了里魁、亭长等职务，负责地方治理。隋开皇九年后，乡里制从三级制简化为“乡、里”二级制，规定一百户为里，设一名里长；五百户为乡，设一名乡正。唐代进一步弱化了乡的功能，里村成为基层组织的核心，负责户籍、农桑、赋役等事务。宋代开始，乡里制度从乡里制演变为保甲制，保甲制是一种以户籍管理为基础的治安系统，也是乡里制度的变体。明清时期，乡里制度进一步演变为里甲制和保甲制，里甲制规定以一百一十户为一里，设一名里长，余下一百户分为十甲，每年轮流由一名里长负责。清代还规定，城中之里称为“坊”，近城之里称为“厢”，其他农村的里才称为“里”。太平天国时期，乡官制成为一种准军事化的社会组织形式，试图颠覆传统行政体制，实现政治权力对地方资源的控制。乡官制在不同朝代都有所变化，但其核心目标始终是加强中央对地方的控制，确保税收和徭役的有效征收，维持地方治安。

（三）职役制的组织实施

宋代职役分为乡役和州县役两类。乡役是指在乡村基层组织中担任头目和一般办事人员的职务，如里正、耆长、户长、壮丁等；州县役是指在州县官府中担任公吏的职务，包括衙前、人吏、承符、散从、步奏官、弓手、手力、院虞候等。宋代职役一直采用差法和雇法并行，但各时期的比重有所不同。宋神宗时期，开始实行新役法，改差法为雇法，即过去的当役人户缴纳免役钱，坊郭户、官户等以前无役者需交助役钱，新役法统称为雇役法或募役法。元代以后，职役通称为“差役”，并重视社制，规定“凡五十家立一社，择高年晓农事者一人为长”，承担教化职责。明代则创立了以登记人口为主的“黄册”和以登记土地为主的“鱼鳞册”，依靠严格的户籍制度，实行“一百十户为一里，推丁粮多者十户为长，余百户为十甲”。清朝初期继续实行保甲、总甲制，后逐渐由保甲制取代。职役制的推行，使封建国家能够通过乡村基层政权控制农村，同时使乡村上户承担了官府规定的部分义务。

（四）乡村自治的组织实施

乡约是宋明时期乡村自治的一种形式，由士绅等精英倡导，秉承儒家道德教化的社会理想，旨在引导基层群众治理乡村。乡约注重道德教化，通过定期聚会表彰善行、纠正恶行，提升民众的道德修养。保甲制度是明清时期另一种乡村自治形式，这是一种以户为单位的地域性组织，每户派出一人组成保甲，负责维护当地治安与秩序。随着宗族的发展，族规、族长与祠堂成为核心，形成了对家族内部的有效管理，并建立了较稳固的家族社会秩序。明清时期的乡里组织，如里甲与保甲等，表现出“地域化”倾向，尽量与地缘性的村庄结构接近，以适应村社实际。乡里组织在乡村治理中起到了桥梁和纽带作用，连接国家权力与乡村社会。这些组织和制度在一定限度上体现了乡村社会的自治特征，同时反映了国家权力与乡村社会的互动关系，逐渐形成了一种既有国家权力介入、又有民间自治特色的治理模式。

三、古代乡村管理的演变特征

（一）政府管控基层化

秦汉时期，乡里和宗族具备相对完整的自治功能。隋朝时，乡官的判事职能被废止。唐朝，乡的功能进一步被削弱，基层权力逐渐向州县集中。北宋王安石变法后，县以下的保甲组织成为皇权的载体，乡里自治色彩再次被削弱。明朝，国家对基层社会的渗透进一步增强。随着权力的集中，基层行政逐渐僵化，为宗族势力和地方士绅的兴起提供了空间。

（二）乡规民约宣教化

乡规民约是由士人阶层倡导、村民集体遵循的道德教化规范，是传统乡村管理中的一种自治形式。北宋时期，乡约实际上只是地方性的民间约定。到明朝朱元璋时期，圣训六谕问世，成为各种教化的依据，乡约逐渐带上了官方宣讲的色彩，成为一种具有强制性的治理手段。社学是乡村重要的教化机制，其社会教化功能远大于人才培养功能。元朝末期，社学开始得到官方认可，逐渐具有了官办性质。从实际运行效果看，由于治理能力有限，社学并未受到严格的政府管理与控制，部分社学仍然受地方豪强的支配。

（三）乡官制度差役化

秦汉时期，乡里长专门负责督课农桑等基层事务，听讼与赋役事务相对独立，乡官有官秩和地位。隋唐时期，里正开始负责赋役事务。唐朝中期，乡里工作逐渐从乡官制向职役制转变。同时，乡里领袖的选任标准从注重道德和能力转向注重财力和背景。宋朝王安石变法后，推行保甲制度，三十户设甲头一名，由民户轮流担任，以确保完税纳粮，乡里长进一步从有官秩、领俸禄的乡官转变为强制性的差役。明朝张居正推行一条鞭法，将田赋、徭役及其他杂征合并征收，按亩不按人丁折算缴纳，但未改变差役化的趋势。清朝雍正年间，开始推行摊丁入亩制度，里甲成为事实上的催征工具，负责承办差徭等法外科派，里甲长、保长的地位逐步下降。

四、古代乡村管理

（一）乡里两级是乡村管理的基础

秦汉至明清，县以下的基层行政组织多为乡、里两级。汉朝时实行“国家制度，大率十里一乡”，隋唐时期则规定百户为里、五里为乡。“里”既具备乡约自治功能，也是赋役征收的基本单位，而乡（管、都、保）是介于县与里之间，由若干村落组成的地域性行政单元。乡、里两级的有效合作对于乡村社会的稳定、经济发展和文化繁荣至关重要，有助于实现乡村治理的目标。乡、里两级负责将国家政策和法规落实到乡村层面，推动乡村经济发展，解决村民纠纷、维护社会稳定，并承担乡村基础设施建设和维护，如道路、水利和电力的管理，改善乡村生产生活条件。同时，乡、里在乡村环境保护、污染治理和文化传承等方面也发挥重要作用。乡、里两级组织的建设与完善，对于提升乡村管理水平具有重要意义，有助于更好地满足乡村居民的需求，促进社会和谐与经济发展。

（二）宗族组织是乡村管理的依托

《礼记》提出，“亲亲故尊祖，尊祖故敬宗，敬宗故收族，收族故宗庙严，宗庙严故重社稷”，这一论述体现了中国传统社会中宗亲情谊与国家治理的紧密联系。“修身、齐家、治国、平天下”是儒家教义的核心，其中家族作为连接个人与国家的纽带，在互助合作、税收征缴、教化村民、维持治安、相互监督等方面发挥着基础作用，承担着维持乡村正常运转的重要职责。宗族组织通过内部规范与约束，维护乡村社会秩序与安全稳定；通过宗族内的互助合作，推动乡村协调生产与经济活动；通过祭祖、修谱等宗族活动传承和弘扬传统文化；并通过宗族力量促进乡村社会事业的发展。宗族组织还代表农民利益，参与乡村管理和决策，宗族内部的长者或权威人士作为调解员，化解矛盾与冲突。

（三）“朝野二元治理结构”是乡村管理的特色

“朝野二元治理结构”形成的基础是以国家法和以乡规民约为代表的民间法构成的“二元法律体系”。工官制度是国家层面的正式管理，等级森严、缜密有度。自治制度是基于以宗族组织为代表的非正式管理，朝廷借助思想渗透、德化普及、宗族约束和宗教教化等手段推进乡村治理。科举教育制度和告老还乡制度形成社会人才选拔和流动机制，宗族文化传承制度和宗教传播制度形成主流社会价值观和激励机制。乡村自治制度包括家族组织、会社组织和乡村组织三种自治组织形式，涵盖权威、秩序和场所三个制度核心，其中精英是乡村治理的主体、乡规民约是乡村治理的依据，书院、祠堂、寺庙等是乡村治理的场所。

第二节 当代乡村管理

新中国成立后，逐渐形成了以户籍制度为特征的城乡二元分治管理模式。

一、乡村管理行政制度

（一）集中管理阶段

按照乡村管理行政制度的变化，可分为三个时期：第一，1949—1957 年的土地改革与合作化时期，也是村组织行政化的初始期。新中国成立初期，国家首先向农民兑现了土改承诺，实现了耕者有其田。随后开展合作化运动，先后经历互助组、初级社、高级社等阶段。根据 1950 年的《乡（行政村）人民政府组织通则》，行政村作为最基层政权机构出现，隶属于乡一级政权，村长、副村长等职由乡一级政府任命。同时，党组织开始延伸到乡村，通过“界定精英”“输送干部”和“组织精英”，成为乡村权威的核心。第二，1958—1977年的人民公社政社合一时期，也是乡村行政进一步加强期。《农村人民公社工作条例修正草案》规定：人民公社组织可分为公社和生产队两级，也可以是公社、生产大队和生产队三级，生产队是基本核算单位。生产大队管理委员会在公社管理委员会领导下，管理本大队范围内生产队的生产和行政工作。第三，1978—1981年的人民公社政社分开时期，也是改革的孕育期。1978年11月，安徽凤阳县凤梨公社小岗村创造了分田到户的壮举。1980年9月，中央下发《关于进一步加强和完善农业生产责任制的几个问题》，肯定在生产队领导下实行的包产到户不会偏离社会主义轨道。1982年1月1日，历史上第一个关于农村工作的“1号文件”正式发布，明确指出包产到户、包干到户是社会主义集体经济的生产责任制。

（二）自治力量回归阶段

1982年12月，第五届全国人民代表大会第五次会议通过的《中华人民共和国宪法》规定，乡、民族乡和镇是我国最基层的行政区域，乡镇行政区域内的行政工作由乡镇人民政府负责，实行乡长、镇长负责制，乡长和镇长由乡镇人民代表大会选举产生。农村居民居住地区设立的村民委员会是基层群众性自治组织，村民委员会的主任、副主任和委员由居民选举产生。1983年10月，中共中央、国务院下达《关于实行政社分开建立乡政府的通知》（以下简称《通知》），要求村民委员会积极办理本村的公共事务和公益事业，协助乡人民政府搞好本村的行政工作和生产建设工作。按照统一部署，大多数地区以原人民公社为单位成立乡政府，以生产大队为基础建立村民委员会，生产队改为村民小组。在1982年《中华人民共和国宪法》和1983年《通知》颁布后的一段时间内，村委会的干部基本上仍由乡镇政府指定或任命，尚未实行以民主选举为核心的自治。1987年11月，第六届全国人民代表大会常务委员会第二十三次会议通过《中华人民共和国村民委员会组织法（试行）》，1988年2月民政部下发《关于贯彻执行〈中华人民共和国村民委员会组织法〉（试行）的通知》后，国家行政权力的垂直延伸由村一级收回至乡镇级别，各地开始实质性地推进村委会自治建设。“乡政村治”作为乡村社会秩序建立的基础和基本社会组织形式，其核心是乡村管理中的“村民自治”，体现了在市场经济背景下对村民个人权利的承认和保护，促使基层生产资源控制结构出现分化，乡属机构、乡镇等基层治理组织呈现多中心化，生产资源支配的中心从县、公社逐步下移到村庄层次。

（三）协同共治阶段

码 2-1

构建乡村治理体系，发挥各类治理主体作用，实现协同共治，是实施乡村振兴战略、走中国特色社会主义乡村振兴道路的必然要求。农村基层党组织是新时代乡村治理的领导者和组织者，必须加强农村基层党组织建设，提升党建质量，为乡村振兴提供坚强的政治和组织保障。政府作为贯彻落实党的乡村治理路线方针政策的责任主体，需全面实施乡村振兴战略，紧扣乡村现代化发展目标，推动乡村治理现代化。要加强村“两委”和村集体经济组织的建设，村党支部要领导村民和各类村级组织开展治理工作，村民委员会要积极践行“三个自我”和“四项民主”，村集体经济组织应探索集体经济的新实现形式和运行机制。新时代乡村治理要积极推进法治建设，健全法治保障体系，做到依法治村，并实现法治、自治与德治的有机结合，还要不断深化乡村治理方式改革，依靠制度引导和规范治理，用法治思维推进治理，灵活运用政策调控乡村治理。制度、法律和政策作为乡村治理的主要工具，必须具有科学性、规范性、实效性和可操作性。

二、乡村经济运行制度

（一）家庭联产承包责任制

1978年的家庭联产承包责任制改革，将土地产权分为所有权和经营权。所有权仍归集体所有，经营权则由集体经济组织按户分包给农户自主经营，集体经济组织负责监督承包合同的履行，统一安排、使用和调度公共设施，以及进行土地调整和分配，形成了一套统分结合的双层经营体制。家庭联产承包责任制的推行，纠正了长期存在的管理高度集中和经营方式单一的弊端，使农民在集体经济中不仅是劳动者，也成为生产者和经营者，大大调动了农民的生产积极性。

农村推行家庭联产承包经营后，农村生产力迅速发展，农村面貌发生了翻天覆地的变化。然而，随着市场经济在中国的深入发展，家庭联产承包责任制的“经营规模过小”这一局限性逐渐显现。到20世纪90年代中期，中国农户平均拥有的耕地减少到6亩*，户均承包土地9～10块，三分之一的省、市人均耕地不足1亩。如此细碎分散的农田结构导致农户耕作不便，无法进行大规模投入，农业技术进步难以显现。

---

* 1亩=1/15公顷。

（二）耕地保护制度

耕地保护是关系我国经济和社会可持续发展的全局性战略问题。由于非农业建设占用、农业结构调整、自然灾害等原因，我国耕地面积持续大幅减少，直接威胁农业发展。因此，必须确保耕地的数量和质量。《中华人民共和国土地管理法》明确提出了耕地保护的目标，即实现耕地的总量动态平衡，要求在满足人口和经济发展对耕地产品数量和质量不断增长的情况下，确保耕地的数量与质量在供需之间保持动态平衡。耕地数量保护的具体措施包括：严格控制耕地转为非耕地，实行占用耕地补偿制度和基本农田保护制度，并推进土地开发、复垦和整理。质量保护措施包括：制定防止水土流失、沙化、盐碱化和贫瘠化的耕地保护政策，并实施耕地环境保护。

严格守护18亿亩耕地“红线”是我国在工业化、城市化与农业现代化协同发展背景下作出的长远战略决策。实施严格的耕地保护制度，关键是在城乡转型发展中优化人、地、业三者的关系，妥善处理土地收益的管理与分配，推行耕地数量、质量、生态、时间和空间的全方位保护。政府的主要任务是制定合理的发展战略与规划，综合考虑征地规模、补偿安置能力及社会保障水平。作为土地承包经营的主体，农民既享有权益，也负有责任。要创新土地管理机制和政策，根本扭转抛荒、压损和侵占耕地的现象，探索建立激励性的耕地保护责任机制，真正使耕地保护者受益，耕地占用者尽责，确保农民保护和利用耕地的长远生计得到保障。

传统与当代乡村经济基础分异具体见表2-1。

表2-1　传统与当代乡村经济基础分异

	传统乡村	当代乡村
生产方式	农耕	农工
社会保障	农业保障、家庭保障	农业保障、国家保障
收入状况	均衡、收入差距不悬殊	较低，收入差距加大
收入构成	农业生产经营＋外出经商＋手工业	农业生产经营＋非农经营＋外出务工
生活方式	田园生活方式，男耕女织	家庭分散，老幼留守
微型种养空间	存在	随着宅基地迁移并消失
宅基地	购买	福利供给，一户一宅
耕地	购买	分配承包
自住房屋	自建	自建
公共服务设施	共同建设，投工投劳	政府建设，一事一议

三、乡村社会管理制度

（一）城乡二元体制

城乡二元管理体制是中国特有的一种社会经济结构，核心是户籍制度，这种制度设置把城市与农村人为分割，使得非农业户口附带了各种特权和福利，形成了城乡不对等的二元经济社会结构。城市规模控制与对流动人口实施人性化管理成为一对难以化解的矛盾，城乡接合部成为外来流动人口的集聚地，城乡地域交叉、农（民）居（民）生活交叉、街乡行政管理交叉，这种“交叉”对我国现行基层城乡分治的社会管理模式提出了严峻挑战。

在城乡二元体制下，公共资源配置和基本公共服务等向城镇和城镇居民倾斜，农村得到的公共资源和农民享有的基本公共服务滞后于城镇和城镇居民，国家在基础设施和科教文卫等公共服务设施投入上，持续向城市倾斜，农村却在一定限度上依靠自我积累，由此带来城乡在基础设施和公共服务设施等各方面的差距。党的十九大以来，国家明确提出建立健全城乡融合发展的体制机制和政策体系推动城乡要素自由流动和公共服务均等化。乡村振兴战略的实施，进一步推动了城乡资源的双向流动，促进了城乡产业协同发展。

（二）基层民主

1982 年修订的《中华人民共和国宪法》第 111 条规定“村民委员会是基层群众自治性组织”，具有基层行政的独立性和自治性。1994 年，民政部下发通知，开展村民自治示范活动，将“村民自治”提升为“四个民主”，即民主选举、民主决策、民主管理、民主监督，逐步完善了对基层民主的认识。

乡村基层民主的实践形式多样，包括村民会议、村民代表会议、村民议事会、村民理事会、村民监事会等。这些平台让村民能够直接参与到村庄公共事务的讨论和决策中，如基础设施建设、产业发展、村集体资产管理等。通过这些形式，村民可以表达自己的意见和建议，参与到村庄的管理和服务中，实现自我管理、自我服务、自我教育和自我监督。

乡村基层民主的发展也面临着一些挑战，如村民的文化程度、农村人口流动、基层干部素质、传统文化的影响等。为了解决这些问题，需要加强教育和培训，提高村民的民主意识和参与能力，同时也需要完善法律法规，确保民主制度的有效实施。

四、乡村公共服务

（一）公共服务供给制度演变

码 2-2

我国乡村公共服务供给制度的演变可分为三个阶段：一是 1983 年以前的计划经济时期，乡村公共服务供给与人民公社制度紧密相关。人民公社掌握着人、财、物的支配权和管理权，以计划方式推进公共基础设施建设，并以政府分配形式保障公共服务的基本供给。然而，在实际过程中，供给与需求常常脱节。二是 1984—2004 年，乡村公共服务供给采取自上而下的系统性安排。县、乡、村各级组织主要任务是完成上级下达的目标，出现了农村公共产品供给过剩与不足并存的矛盾。三是 2005 年以后，乡村公共产品供给采用“一事一议”的决策制度。农业税取消后，中央政府加大了对农村公共事业和公共产品的投入，依然通过自上而下的部门完成决策和实施。农村税费改革逐步取消了乡统筹费、农村教育集资等面向农民的行政性收费和政府性基金，并取消了劳动积累工和义务工制度，改革了村提留征收和使用办法，减轻了农民负担，改变了农村公共资源的筹集制度。“一事一议”成为乡村公共产品供给的主要决策方式。

（二）公共服务改革方向

公共服务关乎民生，连接民心，是提升乡村治理水平的重要环节，也是全面推进乡村振兴的重要基础，必须优化公共服务供给，合理配置资源，提高公共服务可及性，进而提升乡村治理水平。首先，提升公共服务供给水平。整合涉农专项资金，探索财政资金竞争性使用制度，以有效应对资金投入不足的问题，建设一批公共服务基础设施。引导社会组织介入普惠性非基本公共服务项目，增强公共服务供给力量，扩大公共服务市场。其次，创新公共服务供给模式。以科技助力公共服务发展，实现智慧化、精准化供给。探索具有农村特色的服务模式，依托村委会、村卫生所等机构，将助餐、日托、日间照料、医养结合等服务整合，打造农村公共服务综合体。最后，优化公共服务供需关系。加强对乡村公共服务需求的调查研究，以需求分类和分层为基础，结合自上而下的决策机制，建立群众参与和反馈机制，提升群众参与度与获得感，精细化推进公共服务供给，切实提升乡村治理水平。

第三节　乡村管理理论基础

理论基础是各种物质性和精神性实践活动中的思想观念基础或出发点。理论基础为解决问题或作出决策提供依托和根据，本节重点阐述公共产品理论、市场失灵理论、协同理论和内源式发展理论等与乡村管理密切相关的理论。

一、公共产品理论

（一）公共产品的内涵

公共产品也称为“公共财货”或“公共物品”，指具有消费或使用上的非竞争性和受益上的非排他性的产品。首先，消费的非竞争性。公共产品具有共同消费的特点，任何人对公共产品的消费都不会影响他人从中获得的收益。一方面，产品消费者的增加不会导致边际成本的增加，即生产者无须追加资源投入。另一方面，在未达到拥挤状态时，消费者的增加也不会降低其他人的满足程度，不会产生“拥挤成本”。以路灯为例，每增加一位消费者并不会影响现有消费者的利益，也不会增加成本。乡村道路、桥梁、公园、晒谷场和互联网等都具有共同消费的特性。其次，受益的非排他性。公共产品具有共同受益的特点，一旦提供出来，就无法阻止不付费者的免费使用。对于私人产品，购买者支付货币后可排斥他人对该产品的消费，而公共产品则不同，不付费者同样能享受该产品带来的益处，生产或技术上无法排斥未付费的消费者，或排斥成本过高，导致排他性行为不经济。

（二）公共产品的类型

首先，纯公共产品。纯公共产品是指能够严格满足非竞争性和非排他性条件的产品，如乡村社区的公共管理、公共安全服务等。乡村的公共文化、健身设施、基础教育、医疗卫生、社会保障、防灾减灾救灾、小流域防洪防涝、农业科技推广、农田防护林、病虫害防治等也属于纯公共产品。只要乡村建立了警务体系，辖区内的所有居民都将享受公共安全保护。其次，准公共产品。准公共产品是指仅满足消费的非竞争性或受益的非排他性，它又可以分为俱乐部产品和公共资源。俱乐部产品在消费上具有非竞争性，但可以轻易实现排他性，如实行收费的乡村职业教育、高中教育、水利灌溉系统、中低产田改造、道路建设、电网建设、农民公园、水电气设施、乡村娱乐设施、农家书屋及其延伸服务等。俱乐部产品的消费具有共享性，未出现拥挤状况时，消费者增加的边际成本为零；但当拥挤状况发生时，增加一个消费者会带来负面效应，生产和消费成本都会增加。因此，俱乐部产品既需收费，也要限制消费者数量。公共资源则在消费上具有竞争性，但无法有效实现排他性，如农业机械设备投入、公共草坪、矿产资源、公共牧场、公共池塘、公共河流、公共渔场等。公共资源是公有的，具有向任何人开放的非排他性，但资源总量有限，若不加限制，可能出现过度消费。严格来说，大多数乡村公共产品都属于准公共产品。乡村产品的类型见表 2-2。

表 2-2 乡村产品的类型

竞争性	排他性	
	无	→有
↓无	纯公共产品	俱乐部产品
有	公共资源	私人产品

(三) 公共产品理论的历史沿革

19 世纪末，奥地利和意大利学者将边际效用价值论应用于财政学研究，为公共产品理论奠定了基础。托马斯·霍布斯在《利维坦》中提出了国家与公共产品的关系，大卫·休谟通过“公共草地排水”论述了“搭便车”现象，亚当·斯密在《国富论》中提到了政府在提供公共产品方面的作用。1919 年，埃里克·林达尔系统研究公共产品理论，提出了“林达尔均衡”，认为公共产品的价格应反映个人对其的评价。保罗·萨缪尔森在《公共支出的纯粹理论》和《公共支出理论的图式探讨》中定义了公共产品，并探讨了公共产品供给的效率，奠定了现代公共产品理论的基础。1956 年，查尔斯·蒂鲍特在“地方支出的纯理论”中提出了“蒂鲍特模型”，解释居民如何通过“用脚投票”选择他们偏好的地方政府服务。1965 年，詹姆斯·布坎南在“俱乐部的经济理论”中探讨了准公共产品，扩展了公共产品的概念。20 世纪 70 年代后，公共产品理论的发展集中于设计机制以保证公共产品决策与供给的效率。布坎南及其“公共选择学派”发展了公共选择理论，研究非市场决策。克拉克和格罗夫斯等人探讨了如何设计激励机制，诱导个人真实显示其对公共产品的偏好，这对于解决公共产品供给中的“搭便车”问题具有重要意义。近年来，公共产品理论的新发展方向之一是新公共服务模式，强调政府在公共产品供给中的监管作用，以及供给效率和监管质量的提升。

码 2-3

码 2-4

码 2-5

二、市场失灵理论

(一) 市场失灵理论的内涵

市场失灵理论认为，完全竞争的市场结构是资源配置的最佳方式，但市场并非万能，其自发调节机制具有滞后性和不确定性。在现实经济中，完全竞争市场结构只是理论假设，前提条件过于苛刻，难以完全实现。由于垄断、外部性、信息不完全及在公共物品领域中，单靠价格机制无法实现帕累托最优，市场失灵随之出现。

传统狭义的市场失灵理论认为，垄断、公共物品、外部性及信息不完全或不对称的存在导致市场难以实现资源配置效率的最大化，市场因此失灵。为提高资源配置效率，政府干预成为必要因素，这些明确了政府调控经济的边界。然而，广义的市场失灵理论认为，市场无法解决的社会公平和经济稳定问题同样需要政府介入，从而扩展了政府调控的范围。政府干预的扩展一方面强调其在市场经济中的重要性，但另一方面也要求对政府行为加以规范，以提高管理效率。

（二）市场失灵的表现

码 2-6

第一，公共产品问题。公共产品具有非排他性，个人即使不付费也能享受其好处，因此“搭便车”现象普遍存在，人们希望由他人提供公共产品，自己则坐享其成。因此，仅依靠市场机制难以实现公共产品的有效供给。第二，外部效应问题。外部效应是指交易双方的经济活动对第三方产生的有利或不利影响，导致额外收益或损害。外部效应分为正外部效应和负外部效应。具有正外部效应的行为常导致供给不足，而缺乏外部约束时，负外部效应的行为则会受到激励。第三，市场垄断问题。市场垄断指市场中只有少数几家供应商，甚至出现独家垄断的局面。垄断使得厂商可以通过控制产量来提高价格，形成远远高于实际成本的产品价格。独家控制市场，没有竞争压力，也会抑制技术创新，降低经济效率。第四，信息不对称问题。传统经济学假定在市场交易中，与产品有关的所有信息都是完全公开的，生产者和消费者拥有充分信息，并据此进行理性决策。然而，市场交易中各方占有的信息是不对称的，一方处于信息优势，另一方处于信息劣势。信息不对称不仅不能被消除，反而会越来越大。在信息不对称的情况下，一方就会利用自身的信息优势侵害另一方的利益，进而导致“逆向选择”（劣质产品驱逐优质产品）问题和“道德风险”问题。第五，分配不公问题。由于天赋和能力存在差异，即使个人被赋予相同的发展权利和机遇、其收入水平也可能相差很大。市场机制会扩大收入差距，导致贫富分化。市场不均衡导致不同生产要素的收入存在差距，也会引发分配不公问题。第六，经济波动问题。市场经济建立在分散决策的基础上，各种经济主体依据市场发出的价格信号进行自主决策。市场供求关系引起的价格变化具有时滞性，决策者做出的反应也有时滞性，这些会引起市场总供求失衡。虽然市场可以自发地进行调节，但这种调节具有滞后性。在市场机制的自发作用下，宏观经济难免会发生周期性的波动。

（三）公共管理的作用和政府失灵问题

市场失灵问题为政府管理提供了正当性。政府管理的基本作用在于，弥补市场失灵，提供公共产品和公共服务；对具有正外部效应的行为提供激励，遏制具有负外部性的市场行为；监管市场垄断现象，遏制不良影响；矫正信息不对称带来的不良影响，整治虚假广告，打击假冒伪劣产品；提供社会保障，维护社会公平；通过财政、税收、货币等政策工具，保障宏观经济稳定。

与市场失灵一样，政府行为也存在失灵问题。在一些领域，人们期望政府能够办好市场办不好的事情，结果发现政府干预反而进一步降低了资源配置效率。政府由政治家和公务员组成，他们也是经济人，追求自身利益最大化。在高度复杂的社会环境下，政治家即使主观上希望把事情办好，也可能好心办坏事。政府失灵具体表现为：第一，政府部门扩张。政府干预市场需要设置一定机构，安排专职人员。行政学研究早就发现，政府具有一种天然的扩张倾向，这导致机构膨胀、人员增加、财政预算规模越来越大。第二，公共决策失误。科学的公共决策需要充分的信息支持，而信息往往分散在无数个人之间，政府无法全面掌握市场信息，决策也会出现失误，还可能受到决策者偏好的影响。第三，政策执行低效。即使政策本身良好，但在执行环节可能会失灵。执行方法不当、人员素质不足、沟通与协调不到位，都会影响执行效果。第四，再分配不公平。市场机制导致初次分配中收入差距扩大，然而政府干预也存在再分配不公平的问题。利益集团为了谋取小团体利益，常常与政治家和官员形成联盟，政治家批准项目，官员实施，利益集团从中获益。第五，政府腐败。政府部门和官员利用职权谋取私利，腐败问题常见于经济管制、行政审批、特许经营、配额限制等领域。

三、协同理论

（一）协同理论的内涵

协同理论由德国学者赫尔曼·哈肯于 1977 年提出，旨在反映复杂系统与子系统之间，以及子系统之间的相互影响与合作的协调关系。协同理论揭示了从自然界到人类社会各种系统的共同演变规律，为推动系统性建设提供了根本性指导。哈肯认为，协同效应源自系统内部的差异性。正是这些差异性的存在，使得子系统之间的相互合作与协调能够在系统中产生出微观层次无法实现的新结构和新功能。协同的结果是自组织地产生有序的时空结构和功能，或者从较低水平的有序状态迈向更高水平的有序状态。系统越复杂，其内部子系统之间的协调越重要，要求也越高，因此产生的协同效应也越强。

（二）协同理论与数字乡村管理

协同理论是数字乡村管理的重要理论基础之一。数字乡村管理是一个庞大而复杂的系统性工程，其内部存在非常多的差异性，具有巨大的协同潜力。国家提出数字乡村战略，就是要统筹推进农业农村信息化，充分挖掘蕴含其中的协同效应，形成数字化协同创新和数字化协同治理两大核心驱动力，创造出数字化时代的农业农村新秩序和新结构（图 2-1）。

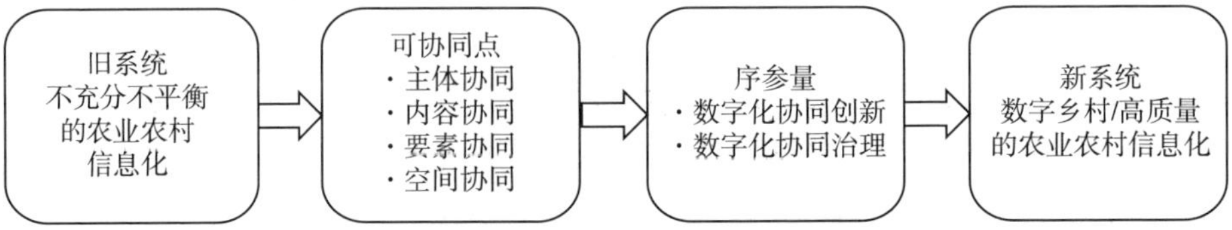

图 2-1　中国数字乡村管理的协同逻辑

根据系统内部的现实差异性，中国数字乡村管理可从以下几个方面挖掘协同效应：首先，主体协同。数字乡村管理是多元主体共同参与、协同推进的发展过程，需促成各主体的广泛参与，明确角色定位和职责，激发主体的积极性与创造力，形成协同共进的局面。主体协同不仅包括政府、企业、合作社、行业协会、高等院校、科研机构、村集体、农村居民等主体之间的协同，还包括同类主体内部的协同，如中央与地方政府、地方政府之间以及政府部门间的协同。其次，客体协同。数字乡村管理强调综合发展，目标是实现农业农村全方位、高质量的信息化。数字乡村管理过程需推进数字基础设施建设、数据资源开发、产业数字化与治理数字化等内容的协同演进，形成互促合力与叠加效应。再次，要素协同。数字乡村管理中需加大要素投入，尤其是要实现设施建设、土地供给、资金投入、技术引进、人才支撑、组织保障等同步协调推进，避免要素冗余与不足并存。此外，同一要素内部也需协同发展，以技术协同为例，需统筹推进互联网、物联网、云计算、大数据、人工智能、区块链等技术的综合应用，产生最大赋能与外溢效应，不应偏重某些技术而忽视其他技术的发展。最后，空间协同。优化空间结构是数字乡村管理的重要内容，通过加强基础设施、产业园区、服务中心等硬件的空间布局，提升硬件载体间的空间协同性，建立更加开放协调的空间格局，促进区域、城乡、县城与乡镇间的顺畅衔接和联系。

在推进主体协同、客体协同、要素协同和空间协同的过程中，乡村由私营部门主导的数字化协同创新能力和由公共部门主导的数字化协同治理能力将不断提升，持续推动乡村重构，直至数字乡村新系统的最终形成。

四、内源式发展理论

（一）内源式发展理论的内涵

内源式发展理论的提出，源于对 20 世纪 60—70 年代盛行的外源式发展模式的反思和批判。在经济全球化的推动下，以逐利为导向的资本为各国工业化和城市化注入动力，城市的中心地位被不断强化，而农村日益面临边缘化、空心化、内卷化等问题。在此进程中，外源式发展模式被广泛运用于农村发展的具体实践中，其核心思想是外部力量介入能够刺激农村发展。外源式发展模式指在发展过程中主要依赖外部因素和市场环境带来的机遇改变发展状况，但具有依赖外部因素、发展机遇不确定、风险较大、发展速度较快等特点，因此，要根据自身特点和市场环境，合理运用外源式发展模式，提高管理水平，提升应对风险能力的逐利本质使其演变为一股掠夺农村资源、加剧农村凋敝的力量。在外源式发展模式中，外部力量的介入可能会限制农村本土的自主性，忽视地方人文、生态等非经济因素，导致农村发展过程中深陷主体迷失与作用异化的困境。

（二）内源式发展理论与数字乡村管理

1976 年，日本学者鹤见和子提出内源式发展理论，认为乡村管理应走内源式发展道路，即“不同地区的人们立足于其固有的资源和遗产，借鉴外来的知识、技术、制度，自律地创造出来”。此后，联合国教科文组织出版《内生发展战略》一书，指出“内源式发展是从内部产生、为人服务的发展”。与外源式发展不同的是，内源式发展本质上是一种自我导向型发展，实现了乡村发展“自下而上”的转换，突出地方的自主性和能动性，充分发挥社区的作用，强调地方对发展选择的决策权，对发展过程的控制权，对发展收益的享有权。内源式发展的实现路径包括：一是注重地方参与，二是培育地方认同，三是保护性开发地方资源。学者们认为，乡村面临的发展困境可以通过自己的行动加以改善，但在全球化背景下，仅依靠内源性力量实现“纯粹”的内生发展是理想化的。内源式发展除了依赖地方参与、认同和资源，还要注重地方与外部环境的互动。

内源式发展理论为数字乡村管理的地方实践提供了重要方法论指导。数字乡村管理是内外部力量综合作用的过程，单靠内部力量难以实现。现代信息技术的研发主要集中在发达城市，智慧城市的建设先于乡村，因此，数字乡村管理需要城市信息资源向乡村下沉，注入新动能。数字乡村管理必须注重内部主体与外部主体的互动，以及资源的整合。同时，数字乡村管理应坚持地方参与、地方认同和地方自愿的原则，立足实际资源，因地制宜，以人为本，做好规划与对外合作。以社区为单位，动员居民参与，培育本土居民的理念认同和角色认同，通过数字赋能，共同实现资源的合理利用和增值，最终具备对外输送价值创造和信息共享的能力（图 2－2)。

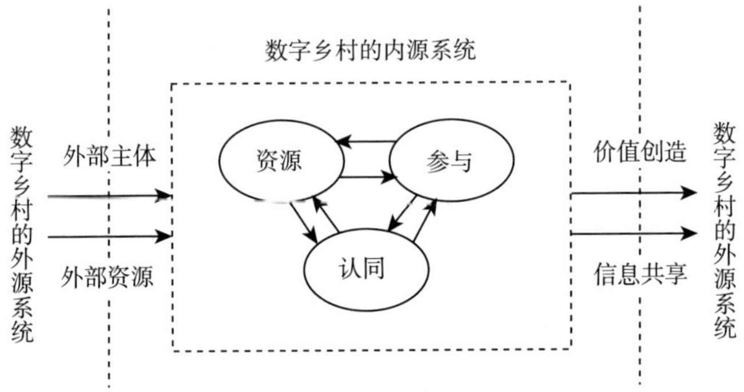

图 2－2　中国数字乡村管理的内源式发展逻辑

数字乡村管理需要借助外部力量，但要避免三个误区：一是选择错配的外部力量，导致本地数字化转型形式化、浮于表面，无法带来实际发展；二是过度依赖外部，忽视本土力量培育，导致自我进化能力不足，难以实现可持续发展；三是外来资本利用数字乡村管理的机会，以补贴为支点掠夺当地资源和利益。

本章思考题

1. 请描述古代乡村建设与管理制度的特征。
2. 中国的乡村经济运行制度有哪些?
3. 当前乡村公共服务存在哪些问题?
4. 协同理论在乡村治理中的应用有哪些?
5. 详述内源式发展理论在数字乡村治理中的应用。

第三章 数字乡村管理

2022 年，全球 51 个主要国家数字经济增加值规模达到 41.4 万亿美元，同比名义增长 7.4%，占 GDP 比重为 46.1%。其中，中国数字经济规模达到 7.5 万亿美元，占 51 个国家总量的 18%以上，仅次于美国，位居世界第二。从增速来看，2012 年至 2022 年，我国数字经济的平均增速为 16.39%；从占比来看，数字经济占 GDP 的比重由 2012 年的 20.9%提升至 2022 年的 41.5%，年均提升约 2 个百分点。此外，中国数字经济的全要素生产率从 2012 年的 1.66 上升至 2022 年的 1.75，生产效率显著提高，数字经济已成为驱动我国经济发展的关键力量。

2022 年，中国农业数字经济渗透率为 10.5%。随着网络覆盖率、光纤通达率和接入速率的提升，农村数字经济基础不断完善，遥感卫星、北斗卫星导航系统在农业生产和农村生活中的应用，显示出我国农业农村数字化转型加速推进。智慧农业和农机装备智能化转型全面推进，农村电商推动农产品生产向标准化、专业化、品牌化发展，“互联网＋乡村旅游”、直播农业、认养农业、定制农业等新业态蓬勃发展，农业数字经济的渗透率有巨大发展空间，将继续推动乡村数字经济的进一步发展。

第一节 “三农”数字化转型

数据已经成为新的生产要素，大数据、人工智能、互联网、物联网等新一代信息技术改变了农业生产、经营和组织方式，给农业农村的发展带来新的动力，并使乡村公共服务供给、治理现代化水平得以全面提升。

一、农业数字化转型

（一）农业生产方式发生变化

2022 年，我国农作物耕种收综合机械化率已达到 73%，但与发达国家

90％以上的比率相比，仍有较大差距，农业生产效率还有较大的提升空间。农民在种植农作物、饲养畜禽时仍主要依靠个人经验，抵御自然灾害的能力不足，依然处于“看天吃饭”的生存状态。对于种植何种农作物、饲养何种畜禽，农民大多依靠个人判断。由于个体农民缺乏获取市场供求信息的渠道和能力，常在选择种植和养殖项目时盲目跟风、一哄而上，农产品积压，经济损失严重。信息技术正在深刻改变农业生产方式。通过农业物联网，可以精准测量土壤墒情、酸碱度、养分等数据，进行精准施肥和灌溉，并根据土壤分析确定高产量、高收益的农作物种类。互联网农业机械实现了自动播种、自动收割，大大降低了劳动强度，提高了生产效率。通过建立农产品价格信息收集发布平台，汇总并发布全国各地农产品的供求关系，为农民提供科学的种植和养殖指导，有效减少盲目决策，降低风险。

（二）农业经营方式发生变化

我国农村基本上以自给自足的小农经济为主，生产的农产品除自用外，大多在本地销售。许多地方的农特产品因缺乏必要的销售渠道，往往“养在深闺无人识”。在丰收年份，销路不畅时，价格下降，蔬菜水果会烂在地里，给农民带来一定的经济损失。然而，农村电子商务的出现改变了这种局面。借助数字技术，天南海北的客户可以了解农产品，配套完善的农村物流体系，农产品可以销往全国各地。电子商务通过其特有的传播效应，带动了观光农业、体验农业、创意农业等新型农业经营方式蓬勃发展。同时，数字技术与农业的融合应用还催生了订单农业、共享农业等新型业态。

（三）农业生产组织方式发生了深刻变化

码 3-1

我国人均耕地面积少，农业生产大多采取一家一户的小农经济管理方式，大型现代化农业机械难以推广，导致农业生产效率低、抗风险能力差。农业生产组织方式的数字化转型，通过建立智慧农业信息平台，提升农业企业、家庭农场、合作社等规模化生产主体的产销对接水平，促进分散的小农户集中连片，形成“农户＋合作社”“农户＋企业＋合作社”等多种现代农业组织形式，推动农业生产、流通、销售方式的变革和发展方式的转变。

二、农村数字化转型

（一）乡村治理方式转型

数字化技术显著提高了政务服务的便捷性，通过搭建扁平化的对话交流平台，拓宽居民自治渠道，提供高效便捷的政务服务，推动基层治理模式的转型，进而加强农村基层工作，构建共建、共治、共享的现代社会治理格局。数字化技术为农民办理政务带来了便利，通过电子政务向县乡一级延伸，并广泛设立农村政务服务站，农民无须出村即可办理宅基地申请等业务。村民自治是我国农村民主政治的重要体现，数字化技术强化了村民自治手段，提高了村民参与乡村治理的便捷性，网络村务公开、网络村民互助、网络选举等形式让村民真正参与到村务的自主决策中。

（二）乡村文化传播方式转型

数字化技术在乡村文化传播中也发挥了积极作用，构建了开放的网络公共信息空间，打破了过去相对封闭的传播模式，助力乡村文化从同质化向异质化开放发展，促进了多元文化形态的形成。随着互联网在乡村的普及，网络成为传播优秀文化的重要渠道。通过新媒体技术，有效宣传社会主义核心价值观，推动“三农”政策和惠农举措深入人心。利用网络宣传孝老爱亲、诚实守信等优秀传统文化，促进农村形成积极向上的社会风气。我国农村积累了丰富的传统文化遗产，通过数字化技术可以记录和保存具有历史价值的文化资源和非遗项目，保护和传承优秀的农村传统文化。

（三）乡村生态环境转型

随着大数据、物联网、人工智能等数字技术与农业装备的融合，智慧农牧场建设得以推进，推广精准农业、精细农业，推动化肥农药的减量使用，建立再生资源循环利用机制。无人机、高清视频等技术的360度全程监测优势，有助于建立农村生态系统监测平台和人居环境监测平台，实时监测污染物和污染源，维护良好的农村环境。无人巡逻车与卫星遥感、走航监测相结合，实现了PM2.5、PM10等气态污染物的精准监控。无人驾驶环卫车自动清扫道路、洒水降尘，有效减少乡村道路尘土残留。“AI+”生态环境保护的创新正在赋能生态文明建设，助力蓝天碧水和净土常在。

码 3-2

三、农民数字化转型

数字化技术改变了农村居民的消费、休闲和社交方式，缩小了农村与城市居民的差异。随着农村电子商务渠道的快速下沉，农村居民学会了通过网络购买物美价廉的生活用品，提升了消费的便利性。受信息化影响，农村居民的休闲方式从单一化向多元化发展，借助网络学习、休闲娱乐，极大地丰富了他们的休闲生活。互联网的发展扩展了农村居民的社交范围，农民通过微博、微信等工具从封闭走向开放，形成了文明和谐的新型农村社会关系。通过智慧乡村微官网，农民直接对接市场，寻找产品销售的突破口，供需双方无须依赖第三方中介，以最直接的方式解决信息不对称问题。在推动数字化转型的过程中，应特别重视我国“大国小农”的基本农情，实施“互联网＋小农户”计划。同时，要创新农民培训体系，多渠道提升农民的数字素养，增强他们在数字化转型中的获得感。

（一）改善农民生产状况

数字技术使乡村资源得以更加高效利用，农业生产效率持续提高，农民的生产状况得到改善。首先，提供了更广阔的市场和销售渠道。通过电子商务平台，农民可以将农产品直接销售给全国乃至全球的消费者，打破了传统市场的地域限制。这不仅扩大了农产品的销售范围，提高了附加值，也为农民带来了更多收入。其次，提供了更加便捷的金融服务。通过移动支付、在线贷款等方式，农民可以更加灵活地管理资金，满足生产经营和生活消费需求，降低资金成本，提高资金使用效率，为乡村经济发展注入了新的活力。

（二）提升乡村教育水平

教育是提高农民生活质量的重要途径，数字技术为乡村教育发展提供了有力支持，提升了乡村教育水平。首先，为乡村学校提供了更加丰富的教学资源。通过在线教育平台，乡村学生可以接触到更优质的教育资源，学习先进的知识和技能，有助于缩小城乡教育差距，提高乡村学生的综合素质。其次，改善了乡村学校的教学条件。借助多媒体设备、网络教室等现代化教学设施，教师可以更加生动、直观地教学，提高学生的学习兴趣和效果。同时，数字技术为乡村教师提供了更多培训和学习机会，提升了教学能力。

（三）优化乡村医疗体系

医疗卫生是保障农民生活质量的重要领域，数字技术为乡村医疗体系优化提供了有力支撑。引入数字化医疗技术显著提升了乡村医疗服务水平。首先，乡村医疗机构通过电子病历、远程诊疗等系统实现了更加便捷的信息管理和服务，提供了更加精准的诊疗服务，提升了服务质量和效率。其次，数字技术为农民提供了更加便捷的医疗服务渠道，农民通过移动医疗应用、在线问诊等方式，随时随地获取医疗服务，解决了乡村医疗资源不足、就医难的问题，提升了农民健康水平，降低了因病致贫的风险。

（四）丰富乡村文化生活

文化生活是农民生活质量的重要组成部分，数字技术为丰富乡村文化生活提供了更多可能性。首先，数字化技术为农民提供了更加便捷的文化获取渠道。通过数字阅读、网络视频等方式，农民可以随时接触各类文化产品，满足精神文化需求，提升文化素养和审美水平。其次，数字技术为乡村文化活动提供了更多创新形式，通过线上文化活动、数字文化创作等方式，乡村文化活动变得更加生动有趣，激发了农民的文化创造力，推动了乡村文化的繁荣发展。

第二节　数字乡村起源

随着经济全球化和社会信息化的深入发展，以 5G 网络、大数据、云计算、物联网、人工智能、区块链等为代表的新一代信息通信技术迅猛发展，正在成为农业农村发展的新引擎，有助于激活农村的劳动力、土地、资金等要素，提升数字化生产力。信息流带动技术流、资金流、人才流和物资流向乡村流动，优化资源配置，提升农村全要素生产率，从而有效弥补农村的短板，推动农村数字经济的发展，促进农村经济、政治、文化、社会、生态等各领域的全面进步。

一、数字经济时代的基本特征

数字经济是指以数字化的知识和信息作为关键生产要素、现代信息网络为重要载体、信息通信技术的有效使用作为效率提升和经济结构优化的推动力的一系列经济活动，它已经成为全球经济增长的重要动力。

（一）数据成为推动经济发展的关键生产要素

在农业经济时代，关键的生产要素是土地和劳动；在工业经济时代，关键生产要素是资本和技术；而在数字经济时代，数据成为关键的生产要素。数据是未来国家和企业竞争的核心资产，被誉为“未来的新石油”。农业和工业经济时代的生产要素受稀缺性的制约，但在数字经济时代，随着数据成为生产要素，数据的生产是无穷尽的，且数字化技术可复制和共享，从根本上打破了稀缺性生产要素的限制，成为推动经济持续发展的重要保障。

（二）数字基础设施成为新的基础设施

数据已成为推动经济发展的关键生产要素，承载数据流动的数字基础设施则是支撑数字经济发展的重要基础。数字基础设施既包括新型信息基础设施，也包括经过数字化改造的部分传统物理基础设施，大致分为四类：一是以5G、6G、卫星互联网为代表的新型网络基础设施；二是以云计算、大数据中心、工业互联网和物联网平台为代表的信息服务基础设施；三是超级计算中心等算力支撑基础设施；四是用于社会治理和公共服务的信息化应用的新型基础设施。数字基础设施实现供需双方的有效互动，提高企业全要素经济效率，降低生产损耗；推动数字产业化和产业数字化，促进数字经济发展，培育新动能；推动产业链提质增效，激发数据市场价值；提高社会经济环境透明度，优化营商环境。

（三）供给和需求的界限日益模糊

传统经济形态下，供给侧和需求侧相互分离。早期工业化阶段，物质稀缺，供给自动创造需求，供需关系基于产品供给决定需求。即使在物质不再稀缺时，技术和效率层面的供需分离依然存在。然而，在数字经济时代，随着数字技术成熟和互联网的普及，定制化生产和服务化转型逐渐成为主流，数字技术成为连接供给侧与需求侧的桥梁，供给与需求逐渐趋同。

二、数字技术赋能农业农村发展的内在机理

以大数据、云计算、物联网、移动互联网、人工智能等为代表的信息技术不断取得新突破，并逐步与实体经济融合，推动社会经济转型。信息化具有全域渗透性、交织性和融合性，对社会生产生活各方面赋能，深刻影响农业、农村和农民。

（一）物联网是数字农业发展的基础

农业物联网是物联网的重要应用领域，是传统农业转型中数据的主要来源，已被欧洲列为物联网18个重要发展方向之一，也是我国物联网9大重点示范工程之一。物联网广泛应用于农业，通过实时数据采集和分析，提高运营

效率、扩大收益、降低损耗。基于物联网的可变速率、精准农业、智能灌溉、智能温室等应用将改进农业流程，解决农业领域特有问题，打造智慧农场，实现质量和产量双丰收。

农业物联网的典型应用包括精准农业、智能灌溉、农业无人机、智能温室、收成监测等。例如，基于物联网的智能灌溉系统通过采集和分析空气湿度、土壤湿度、温度和光照等参数，精确计算灌溉用水需求，提升灌溉效率，减少水资源浪费。再如，智能温室可持续监测气候条件，自动调整以保持最适宜的农作物生长环境，最大限度减少人工干预。

（二）人工智能在农业领域应用潜力巨大

知名的埃森哲专业服务公司结合行业规模数据，对中国 15 个行业的人工智能应用前景进行了深入分析。结果显示，农林渔业将成为人工智能应用获益最多的 3 个行业之一，其他两个行业为制造业和批发零售业。到 2035 年，人工智能将推动农林渔业年增长率提升 1.8%。人工智能尤其擅长利用大数据优化农作物产量提升、疾病预防和成本效益控制等关键问题。

在种植领域，机器学习可分析无人机、卫星图像及气象数据、土壤样本等信息，帮助优化播种、施肥、灌溉、喷药和收割的方法，提高了粮食产量并减少了资源浪费。在养殖领域，人工智能技术可以提前诊断牲畜疾病，预防损失。研究人员还通过分析鸡群的声音数据，并利用神经网络模式识别算法，成功识别出感染疾病的个体，进一步降低了养殖损失。人工智能技术的引入还加速了农业科研进程，它在实验室中帮助科研人员培育更优质的植物基因，开发更加安全高效的农作物保护产品、化肥和农药等。

（三）通信网络提供数据交换和业务应用的通道

通信网络利用光缆电缆、无线或电磁系统，通过标准化协议和控制系统，实现信息交换和资源共享，是数字化农业发展的重要基础设施。通信网络不仅为农业生产中的信息采集提供了高速、精确、及时的传输通道，也广泛应用于农业的多个环节，从信息传递、精准农业管理到农产品溯源，通信网络都有重要作用。通过通信网络，农民可以实时获取农业专家的技术指导，及时作出决策，提高生产效率。此外，通信网络还支持远程监测和农田遥感，获取农作物的水分、温度、光照等关键信息，从而优化灌溉、施肥等操作，减少资源浪费。农产品溯源系统则为消费者提供了透明的产品生产信息，确保食品安全，并为消费者提供可信赖的购买决策依据，提升了农产品的市场竞争力。

三、数字乡村发展的战略定位

（一）实现乡村全面振兴的迫切需要

码 3-3

实施乡村振兴战略，是新时代“三农”工作的总抓手。实施乡村振兴战略就是按照“产业兴旺、生态宜居、乡风文明、治理有效、生活富裕”的总要求，全面实现乡村产业振兴、人才振兴、文化振兴、生态振兴、组织振兴。乡村振兴是一项系统性工程，而数字技术能够渗透到乡村经济社会的方方面面，发挥对资源配置的集成与优化作用，带来颠覆性创新，助力挖掘不同类型乡村的特色和优势，拓宽乡村振兴的通道。数字乡村建设是乡村振兴的新阶段、新形态、新引擎、新基座，数字技术创新是乡村振兴的核心驱动力，数字化赋能有助于加速重构乡村经济社会发展模式，促进乡村经济社会完成转型升级。

（二）促进城乡融合发展的有效途径

促进城乡融合发展是乡村振兴战略的重要组成部分，是推动新型城镇化和实现全面建成小康社会的关键举措。城乡融合发展不仅追求城乡共生共建、共享共荣，还强调双向互动和深度融合。在此过程中，数字技术的广泛应用将成为城乡融合的重要推动力。通过打通城乡商品流通和服务贸易，数字技术可以促进资金、人才、技术在城乡之间的双向流动，进一步推动农村居民的思想观念、生活方式发生深刻变化。通过数字化手段，农村居民能够更好地共享国民经济发展红利和现代科技进步的成果，逐步缩小城乡发展差距。

（三）实施数字中国战略的主要根基

习近平总书记明确提出，加快数字中国建设，就是要适应我国发展新的历史方位，全面贯彻新发展理念，以信息化培育新动能，用新动能推动新发展，以新发展创造新辉煌。当前我国数字乡村建设与智慧城市相比，进展相对滞后，数字经济在农业中的渗透率远低于工业和服务业。《中国数字经济发展研究报告（2023 年）》显示，2022 年中国数字经济规模占 GDP 比重达 41.5%，而农业数字经济的渗透率仅为 10.5%。因此，必须加快数字乡村建设，推动农业农村的数字化转型，催生更多新业态和新模式，为实现网络强国和农业农村现代化提供有力支持。数字乡村建设不仅能够推动乡村经济的现代化，还能够强化基层治理，提升乡村治理体系和治理能力现代化水平，筑牢数字中国的建设根基。

(四) 增强国际竞争实力的必要举措

国际竞争归根结底是科技与人才的竞争。当前，全球经济增长乏力，数字经济凭借其在提高生产率和促进传统产业转型升级中的卓越表现，被认为是全球经济增长的新源泉。多个国家已将数字乡村建设列为战略重点，推动数字经济与农业农村的深度融合。我国应积极抓住这一历史机遇，抢占数字经济的新制高点。建设数字乡村不仅能够扩大数字技术的商业化应用市场，还将激发信息产业的深度发展，培育更多数字化人才，吸引外出务工人员返乡创业，促进农村劳动力结构优化，提升农村人力资本水平，推动农业生产方式的转型升级，进一步提升农业科技含量和国际竞争力。

第三节　我国的数字乡村

数字要素只有和具体的环境相联系，与治理体系、治理资源和治理机制相适应，才能发挥出其应有的价值。即不能以“先进”的理念为所有的乡村设计所谓“标准化”的建设方式，而应具体地分析时空条件，把握好技术与文化、理性与感性、现代与传统之间的张力，避免乡村治理沦为冰冷的技术和制度机器。

一、我国数字乡村管理层级

(一) 国家层面的数字乡村建设

根据发展脉络，我国数字乡村发展可以大致分为八个阶段。

第一，2019 年 2 月，农业农村部印发《2019 年农业农村市场与信息化工作要点》，明确提出推进数字农业和农村建设，以重大工程为抓手，全面推进农业农村信息化。

第二，2019 年 5 月，中共中央办公厅、国务院办公厅印发《数字乡村发展战略纲要》，部署了数字乡村发展的重点任务，强调要立足国情和农情，将数字乡村作为数字中国建设的重要组成部分，加快信息化发展，推动农业农村现代化进程。

第三，2020 年 1 月，农业农村部和中央网络安全与信息化委员会办公室印发《数字农业农村发展规划（2019—2025 年）》，提出通过数字赋能乡村振兴。

第四，2020 年 5 月，中央网信办、农业农村部、国家发展改革委、工业和信息化部联合印发《关于印发〈2020 年数字乡村发展工作要点〉的通知》，明确了 2020 年数字乡村发展的工作目标。

第五，2020 年 9 月，中央网信办印发《数字乡村将进入全面推进阶段》，正式公布国家数字乡村试点地区名单，标志着数字乡村发展作为乡村振兴战略的重要组成部分，进入全面推进阶段。

第六，2020 年 11 月，《中共中央关于制定国民经济和社会发展第十四个五年规划和 2035 年远景目标的建议》对外发布，“十四五”规划明确提出要实施乡村建设行动。

第七，2021 年 2 月发布的中央 1 号文件《中共中央 国务院关于全面推进乡村振兴加快农业农村现代化的意见》明确要求全面推进乡村振兴，实施数字乡村建设发展工程。

第八，2022 年 4 月，中央网信办、农业农村部、国家发展改革委、工业和信息化部以及国家乡村振兴局联合印发《2022 年数字乡村发展工作要点》。

（二）省、市级层面的数字乡村

省级层面也提出了推进数字乡村建设的规划和目标。例如，江苏省计划实现 4G 网络的深度覆盖，并对乡村基础设施进行智能化改造；浙江省明确了数字乡村建设的“总路线”；广东省提出以点带面深入推进数字乡村发展，并推出了数字乡村试点设施方案，确定了 10 个试点县和 20 个试点镇；四川省发布了数字乡村建设的分工方案；河南省力争在农业信息化和数字乡村建设方面走在全国前列；云南省着力推动农业数字化转型；河北省推进数字红利加速向乡村溢出，计划确定约 10 个县（市、区）开展数字乡村建设试点。

市级层面也有发展数字乡村的具体规划，如杭州打造数智乡村新标杆；郑州加快推进农业信息化和数字乡村建设；潍坊着力缩小城乡“数字鸿沟”；迪庆藏族自治州为邮政快递业末端发展注入新动力。

（三）数字乡村试点

开展数字乡村试点是深入实施乡村振兴战略的具体举措，是推动农业农村现代化的重要抓手，也是释放数字红利、催生乡村内生发展动力的关键措施。应按照乡村振兴战略的总体部署，重点解放和发展数字化生产力，激发乡村振兴的内生动力，以弥合城乡数字鸿沟、促进农业农村经济社会数字化转型为主攻方向，积极探索数字乡村发展的新模式，加快推进农业农村现代化建设，推动农业全面升级、农村全面进步、农民全面发展。

2020 年 10 月，中央网信办、农业农村部、国家发展改革委、工业和信息化部、科技部、市场监管总局、国务院扶贫办联合发布了《关于国家数字乡村试点地区名单的公示》，公布了首批国家数字乡村试点地区名单。2024 年 7 月，江苏省盐城市射阳县、山东省济南市、河南省开封市、兰考县等 35 个县（市、区）被列为领域特色型、区域综合型、机制共建型等三种类别的第二批国家数字乡村试点地区。这些地区将探索不同区域条件下的数字乡村发展路径和方法，为推进乡村全面振兴、加快建设农业强国提供有力支撑。

码 3-4

码 3-5

二、数字乡村建设的关键环节

（一）开展数字乡村整体规划设计

落实党中央、国务院关于乡村振兴、网络强国、数字中国等决策部署，坚持农业农村优先发展，按照产业兴旺、生态宜居、乡风文明、治理有效、生活富裕的总要求，结合实际、因地制宜地编制县域数字乡村建设规划，做好整体设计，明确建设目标、重点任务和实施步骤，完善配套政策措施，统筹推进数字乡村与智慧城市建设，有效发挥信息技术创新的扩散效应、信息与知识的溢出效应，以及数字技术释放的普惠效应，促进城乡融合发展。

（二）完善乡村新一代信息基础设施

加强基础设施共建共享，打造集约高效、绿色智能、安全适用的乡村信息基础设施。加快推进农村光纤宽带、移动互联网、数字电视网和下一代互联网的发展，提升 4G 网络覆盖水平，探索 5G、人工智能、物联网等新型基础设施的建设与应用。加快农村水利、公路、电力、冷链物流、农业生产加工等传统基础设施的数字化、智能化转型，推动智慧水利、智慧交通、智能电网、智慧农业、智慧物流的建设。

（三）探索乡村数字经济新业态

深化制度机制创新，加快农业农村数字化转型步伐，加强技术研发、组织创新和制度供给，推进现代信息技术与农业农村各领域各环节深度融合，推动农业生产智能化、经营网络化，提高农业土地产出率、劳动生产率和资源利用率。强化农业农村科技创新供给，推动信息化与农业装备、农机作业服务和农机管理的融合。推进农业生产环境的自动监测、生产过程的智能管理，探索农业农村大数据的管理与应用，积极打造科技农业、精准农业、智慧农业。大力培育一批信息化程度高、示范带动作用强的生产经营组织，培育形成一批叫得响、质量优、特色显的农村电商品牌，因地制宜培育创意农业、认养农业、观光农业、都市农业等新业态。

（四）探索乡村数字治理新模式

促进信息化与乡村治理深度融合，补齐乡村治理的信息化短板，提升乡村治理智能化、精细化、专业化水平。提升疫情监测分析与预警能力，提高突发公共事件的应急处置能力。探索“互联网＋党建”、智慧党建等新模式，建设“网上党支部”“网上村（居）民委员会”，完善党组织领导下的自治、法治、德治相结合的乡村治理体系。推动“互联网＋政务服务”向乡村延伸，推进涉农服务事项在线办理，实现“网上办”“指尖办”“马上办”，提高群众满意度。

（五）完善“三农”信息服务体系

聚焦农民生产生活需求，积极采用符合“三农”特点的信息终端、技术产品和移动互联网应用 App，提升精细化管理与人性化服务水平。推进“互联网＋医疗健康”，推动远程医疗服务延伸至乡镇卫生院和村卫生室。通过信息化推动基本公共服务向农村下沉，协同推进教育、生态环保、文化服务、交通运输、快递物流等各领域信息化，推动智慧广电公共服务建设，深化信息惠民服务。

（六）完善设施资源整合共享机制

加大统筹协调与资源整合力度，打通已有的涉农信息系统，推进县级部门业务资源、空间地理信息、遥感影像数据等涉农政务信息资源共享与整合。研究制定乡村信息服务资源整合共享的规范，充分利用农业农村、科技、商务、交通运输、通信、邮政等部门的已有站点资源，整合利用系统、人员、资金、站址和服务等要素，统筹建设乡村信息服务站点，推广“一站多用、一机多用”的模式。

（七）探索数字乡村可持续发展机制

推动网络增收致富行动与数字乡村发展战略的无缝衔接，探索与乡村人口知识结构相匹配的数字乡村发展模式。建设新农民新技术创业创新中心，促进产学研用合作。充分调动市场积极性，培育数字乡村发展的良好生态，激发乡村自我发展动力与活力。加强基层干部与农民信息素养的培训，利用多种渠道开展数字乡村专题培训，加快培育一支热爱农业、懂技术、善经营的高素质农民队伍，支持农民工和返乡大学生利用网络和信息技术开展创业创新。

三、数字乡村管理的基本特征

（一）推进农业农村现代化是本质属性

码 3-6

农业农村现代化是社会主义现代化建设的重要组成部分，其核心是将传统农业和落后农村社会转变为现代农业和先进农村社会。现代化理论认为，现代化进程具有阶段性，其内容、方式和路径随着时代变化而动态调整。在“四化同步”的理论框架中，农业农村现代化是基础，信息化是关键，信息化贯穿于农业农村现代化的全过程。自20世纪80年代电脑广泛应用以来，人类社会先后经历了以单机应用为主和以互联网应用为主的两次信息化高速发展浪潮。如今，信息化正处于第三次浪潮，数字资源已成为基础性和关键性战略资源。数字乡村本质上是以数字技术和产业为引领的农业农村现代化综合体，其建设将推动中国农业农村现代化取得新突破。

（二）综合应用现代数字技术是基本特征

随着信息产业的快速发展和数字技术的持续创新，互联网、物联网、云计算、大数据、人工智能、区块链等现代信息技术逐渐成熟，并开始相互融合，使农业农村信息化从单一技术的局部应用转向多元技术的大范围综合应用成为可能。与单一领域的农村电商信息化不同，数字乡村建设旨在通过现代信息技术的全面应用，实现农业全产业链和农村社会全方位的信息化。只有通过现代信息技术产品的集成开发与综合应用，贯穿农业产业的全要素、全过程及农村社会的各个方面，才能真正实现农业全产业链的升级改造和农村社会的整体质变，从而推动农业农村现代化向高质量发展的方向迈进。

（三）加强整体规划与配套是必然举措

数字乡村战略的实施，标志着我国农业农村信息化进入统筹推进的新阶段。这意味着政策设计将从注重单一技术提升，转向注重多元技术的综合应用；从单方面数字化转型，转向全方位的数字化转型。这不仅涉及更广的范围、更高的标准，还要求更快的进度和更好的实际效果。推进数字乡村建设，首先要加强整体规划，出台更多全面部署的综合性政策文件，而专项政策必须基于整体规划。其次，要加大财政与人力的投入力度，大幅增加公共财政支持，推动数字产业资本下乡，合理安排资金，优先保障重点项目，加强资金监管，明确部门职责，增加专业人员配置，吸引并培养相关专业人才。

（四）提高农村居民信息素养与技能是重要内容

数字乡村建设应坚持以人为本，农村居民应是建设的主要参与者和受益者。然而，由于多种因素制约，农村居民使用现代信息技术的素养和能力普遍较低。相比城镇居民，农村居民在信息获取、经营管理、在线教育、远程医疗和互联网理财等方面的能力明显不足。特别是中西部偏远地区的群众，对信息技术的了解和利用意识较弱，缺乏个人隐私保护、防范网络诈骗以及有序参与虚拟社区的意识，容易出现非理性甚至非法行为。中国家庭追踪调查数据显示，2022 年城镇居民在上网人数、上网时长、互联网活动频率以及网上购物支出等方面显著领先于农村居民。因此，推进数字乡村建设，必须将提高农村居民的信息素养与技能作为重要任务，积极创造条件，满足农村居民的信息需求，利用信息技术提升其人力资本，增强其在生产、管理、学习、社交、理财等方面的能力，让他们切实分享到信息红利。

（五）增强乡村内生发展动力中起关键作用

技术的外部性和人力资本的溢出效应能够内生地促进技术进步，从而推动经济在不依赖外力的情况下实现可持续增长。加快数字乡村建设，就是要通过推动数字技术下沉到乡村，发挥其对产业、空间、主体、资源的强大赋能作用，激发乡村内生发展动力，形成良性循环和累积效应，促进乡村振兴和可持续发展。通过数字乡村建设，加快开发和利用乡村数字资源，做到数字资源源于农业、用于农业，源于农民、用于农民，源于农村、用于农村，增强乡村自我发展能力，使乡村的发展选择、发展过程和发展收益由本地掌控，并充分获取外部市场的利润。

四、我国数字乡村管理的基本原则

（一）以人为本

技术在社会治理中既有促进乡村发展的仁慈面，也因缺乏约束和平台固化而带来乡村社会风险。因此，数字乡村建设需要坚持以人为本的理念，强调技术的优良一面，以满足村民需求、保障村民利益、促进乡村高质量发展。

首先，坚持以人为本，满足村民需求。数字乡村管理通过构建数字化生活平台，将事务办理、文化教育、交通播报、生活服务等迁移到平台上，能够有效满足村民的多元化需求。

其次，坚持以人为本，保障村民切身利益。通过加快构建包括网络行为规范、安全生活机制和生产管理守则在内的制度体系，规范网络社会秩序，为维护村民利益提供制度支持。

最后，坚持以人为本，促进乡村高质量发展。数字乡村管理运用数字技术优化乡村治理资源，推动乡村与城市的协调发展。

例如，浙江省龙游县开发了“村情通”平台，结合全民网格制度，形成共建、共治、共享的治理格局。

（二）以成效为导向

数字乡村管理以长远、全面、可持续的发展理念为指导，追求涵盖经济、社会、生态的高效能乡村管理目标。

首先，数字乡村管理以提高治理效率为基本要求。通过将数字技术引入产业发展，构建高效、集约、绿色的现代产业模式。

其次，数字乡村管理以优化治理效益为发展目标。通过完善数字化基础设施，建设数字医疗、社会保障等城乡一体化的公共服务体系，确保村民获得便捷的公共服务，提供民生保障。

最后，数字乡村管理的成效还体现在乡村发展的可持续性上。通过创新“数字＋生态”“数字＋旅游”等模式，推动乡村经济与环境的协调发展。

例如，浙江省衢州市柯城区建立数字农业孵化园，引入核心技术，形成高效农业农村发展模式。

（三）坚持统筹集约

数字乡村管理通过运用互联网技术，构建便捷有效、开放共享、绿色协调的乡村治理模式，推动乡村社会发展方式由粗放运营向统筹集约转变。

第一，便捷有效的治理技术能够减少乡村治理过程中的资源不足问题。数字乡村管理通过运用信息技术统筹乡村发展诸多资源，将不同区位的资源统一到同一发展项目中，从而实现乡村资源的整合优化。

第二，开放共享的治理平台有效拓展了乡村发展空间。数字乡村将数字技术的特质——自由，转化为乡村场域开放和主体功能集合，运用互联网连接不同 IP 地址，以此实现乡村社会发展要素的自由流动，为产业集聚、区域合作发展打好基础。

第三，绿色协调的发展模式是农业农村现代化的必然要求。数字乡村管理兼顾经济理性和生态理念，以高附加值的要素投入与集中作为生产发展的核心，形成精细农业发展型、特色文化旅游型、网络电商带动型等多元发展模式，在促进经济发展的同时也强调发展模式的协调可持续。

例如，重庆石柱万胜坝村与盒马鲜生合作，利用大数据、人工智能等数字技术把握市场需求，并进一步统筹原料、人工、市场等要素，打通石柱莼菜线上线下一体化的产业链条，同时还推出莼菜面膜、莼菜饮料等产品，打造品牌经济，实现产量、销量双增长。

（四）坚持协同创新

码 3-7

协同创新是立足整体治理绩效，对创新主体及要素进行系统整合、创新开发的过程，包含主体协同、平台整合、治理创新等三个维度的内容。第一，主体协同为数字乡村管理提供持久动能。数字乡村管理是一项复杂的系统工程，需要各个主体在数字乡村建设实践中相互配合，通过正确处理好城市意志与乡村立场、政府权威与基层主权、现代技术与传统习惯等多对矛盾，强化和提升数字乡村管理效能。第二，平台整合为数字乡村管理提供统一场所。数字乡村管理以数字化平台为载体，设置生活服务、行政办事、社区自治、意见咨询等基层治理内容的不同板块，以一站式平台规整以往基层“千条线”的复杂境遇，从而提高数字乡村管理效率。第三，治理创新是数字乡村管理进程不断前进的实践基础。数字乡村以网络建构为基础，创新“线上＋线下”的协同方式，简化乡村治理步骤，提高治理效能。例如，浙江湖州长兴县各乡村打造电商平台，推动电商、直播平台与县内种植基地、旅游项目深度合作，创新“企业＋政府＋媒体＋农户”的协同运营模式，有效提升了数字乡村管理绩效。

第四节　我国数字乡村未来

一、数字乡村管理的演变逻辑

从发展趋势来看，数字乡村管理展现了从传统管理到数字治理、从平台建设到资源整合、从技术服务到赋能共享、从适度收益到长效发展的实践逻辑。这一发展过程凸显了以人为本、成效导向、统筹集约、协同创新的优势特点，从而成为乡村振兴中推动高质量乡村发展的重要路径。

（一）从传统管理到数字治理

我国乡村传统管理模式依赖于“熟人社会”中的关系网络，形成了以村规民约和宗族制度为依据的“人治”模式。虽然这种经验导向和精英决策的传统管理方式具有“礼治”和“集智”的优势，但在民主性和科学性方面，已无法完全适应现代化发展的要求。数字乡村管理则通过将数字技术的物理规律、固有价值与社会治理相结合，形成主体协同、技术提升的“数治”模式。

首先，主体协同是乡村社会网络优化和村民行为方式调整的结果。数字乡村通过技术理性打破了乡村社会中的伦理束缚，建设了一体化的平台和完善的新型基础设施，村民能够通过互联网即时互动，平等参与治理过程。

其次，技术提升是规范乡村治理程序、优化治理方式的关键驱动因素。一方面，大规模的数据计算和分析为科学决策提供了依据，尽管这不一定会得出乡村建设决策的最优解，但它为决策者提供了更多思考空间和理性启示。另一方面，广泛的网络架构为村民委员会和上级政府提供了统一指挥和精准施策的物质基础，促进了精准、集约的现代乡村治理。

例如，贵州省开发了“数字乡村建设监测平台”，通过该平台，村务处理、民情监测都可以在一个 App 上进行。平台还通过代码确定各治理主体在不同场景中的行为规则，设计了区域化的分级权限管理，实现了村民、政府和市场主体之间对乡村事务的协同治理。

（二）从平台建设到资源整合

“平台化”治理是数字技术优化政府形态与职能重组的结果，符合数字时代政府治理的发展趋势。然而，过去的数字乡村管理更多地停留在平台的构建阶段，而忽视了数字治理平台的实际运作，未能实现“平台生态化”，导致数字乡村管理平台与村民的现实生活脱节，服务需求与资源供给不匹配。因此，完善组织、经济及政治规制系统，规范数字乡村资源整合，成为平台建设管理的下一步重点。

首先，政府应根据村民的现实需求对治理平台中的各项服务进行整合，形成类似“上下政府层级—横向主体联结—附属资源网络”的治理资源体系，以确保各层级和各主体之间的有效联动。其次，数字乡村管理应加强符合资源整合逻辑的制度建设，为乡村数字化治理中的资源配置提供必要的依据和框架。

例如，浙江德清全域构建了数字乡村的“一图一端一中心”治理应用体系，重点升级了村内的监测终端，能够实时捕捉如养老事务、危房监测、污染排放等方面的数据，精准把握治理需求。此外，将公交出行、城市活动、乡村预警等功能整合到“浙里办”“我德清”等应用程序中，促进各部门之间的协调合作，进一步提升了综合管理能力。这一治理模式通过数字平台的资源整合和协作机制，有效提升了治理效率，促进了乡村与城市发展的同步和协调，为乡村的数字化治理奠定了坚实基础。

（三）从技术服务到赋能共享

传统的乡村治理往往呈现出政府本位的行为逻辑，数字技术在这种模式下被视为单一的服务工具，是政府向社会输出的单向治理方式，难以有效满足村民多样化的现实需求。相较之下，数字乡村管理遵循以人为本的治理理念，将技术视为一种赋能共享的手段，从村民的多元需求出发，提供多样化的服务，从而更好地维护村民的合法权益。这种技术赋能贯穿于个人、组织和社区各个层级，发挥了重要的价值效用。

在个体层面，技术赋能的重点在于提升村民的数字素养，帮助他们获取并掌握生产生活、学习发展和公共参与的技能。在组织层面，技术赋能为组织之间的互动和资源共享创造了良好条件，包括构建完善的网络架构、提供丰富的数据资源和坚实的实施保障。在社区层面，技术赋能则要求塑造法律制度保障完善、主体结构合理的治理环境。通过营造城乡均衡、智能系统的乡村服务环境，推广平等协同、共建共享的治理理念。通过这些方式，数字乡村在传统基层自治的基础上强化了村民的治理主体地位，提升了村民共同体的治理水平。

例如，广东揭阳上寮村通过大数据赋能农村实体店，完善了农村电商公共服务体系。该村聚集了 1 000 多家网络批发实体店，销售高峰期每日可发出超过 10 万个包裹，成为普宁市的网络服装批发集聚区。过去 10 年间，普宁的电子商务交易额增长了 80 多倍，成为著名的“中国淘宝村”。这一例子展示了技术赋能对个人、组织和社区层面的多层次影响，推动了乡村经济的发展，并显著提升了村民的生活质量和参与治理的能力。

（四）从适度收益到长效发展

现代信息技术的嵌入在乡村经济和治理等方面带来了短期效益，但这种效益往往没有注重未来的长远发展，呈现出片面和短期的特点。建立现代技术的长效机制，可以从以下三个层面进行深入探索：

第一，推进乡村“五位一体”的发展格局。数字乡村致力于构建经济发展、政治文明、文化复兴、生态保护和治理有效的“五位一体”发展格局，强调激发乡村发展的内生动力，推动乡村从依赖外部资源转变为依靠技术投入，以实现长远发展目标。

第二，坚持城乡统筹发展的治理格局。数字乡村管理的目标是推动区域农村与县域协同互动，打造城乡一体化的数据资源库，建立涵盖城乡、政治、社会和生态在内的网络布局。通过这种统筹格局，数字乡村能够显著提升乡村治理效能，促进城乡融合，缩小城乡差距，增强乡村在数字化背景下的整体发展能力。

第三，构建“政府—市场—村庄”三位一体的发展格局。数字乡村管理强调将村庄的发展纳入政府建设和市场运行的体系，通过资源置换和项目运营来保证村庄发展符合社会发展的长期规律。这样的三位一体模式有助于释放持续发展的活力，推动村庄在现代化进程中保持竞争力和持续性。

例如，山东德州平原县通过数字技术发扬村庄传统文化，启动了“印记乡村平原文化工程”，通过建立线上乡村档案连接市场，既吸引了城市资本，也带动了乡村能人返乡创业创新。该工程不仅促进了相关乡村旅游和文化产业的发展，还在保护传统文化的同时增加了农民收入，形成了长效发展模式。这种模式展示了数字技术如何为乡村发展注入新的活力，推动乡村实现内生动力驱动的可持续增长，确保乡村振兴在多个维度上取得长效成果。

二、数字乡村管理的政策导向

（一）发挥市场主体的作用

我国的数字乡村建设步伐相对缓慢，因此在发展过程中需要形成多主体共同参与、各自发挥作用的格局。

第一，更好地发挥政府在数字乡村建设中的作用。政府充分发挥宏观调控作用，统筹推进信息化与农业现代化的融合发展，加快提升农村信息化的硬件建设和软件应用水平，以确保乡村振兴战略的顺利实施。政府应加大资金支持力度，划拨“数字乡村”专项资金，并设立专职人员监督资金的落实与使用情况。同时，国家应规范化、体系化地管理农业信息化问题，例如统一农业技术推广站的职能，以提高技术推广的效率和覆盖面。

第二，鼓励企业积极履行社会责任。电信运营商、互联网企业等市场主体应在数字乡村建设中发挥重要作用。电信运营商应加大电信普及服务的推进力度，提升农村和偏远地区的信息化水平，缩小城乡数字鸿沟。电子商务企业、互联网金融、互联网教育等企业应深入乡村，帮助发展农村电商和信息服务，促进乡村经济的发展与现代化进程。

第三，充分发挥相关行业组织的作用。行业协会等相关组织应为农业生产和消费主体提供高效便捷的维权服务，保障各方权益。行业协会在数字乡村建设过程中也能有效发挥监督作用，维护和规范市场环境，确保数字乡村发展在一个公平透明的环境下运行。这将有助于创造一个更为健康的市场生态，为农业现代化和数字化提供支持。通过政府、企业和行业组织的协调合作，我国数字乡村建设将更加稳步推进，形成政府主导、企业参与、行业监督的多主体合作模式，从而为乡村振兴战略的全面实施奠定坚实的基础。

（二）提高数字化技术的水平

先进的信息化技术是推动数字乡村建设快速发展的关键，各国在这一过程中都高度重视信息化技术的应用。例如，荷兰借助信息化技术进行高效管理，实现了农产品的高产、优质、安全；以色列的现代农业科技广泛应用于灌溉、施肥、种子培育、栽培管理和节水设备等环节。在推进数字乡村建设的过程中，必须大力提升农业信息化技术水平，推动现代农业转型升级。

第一，应用信息化技术，推动农产品生产产业化和品质化。国家应加大对农业技术研发的资金投入，并出台政策支持农业信息化技术的应用与推广。科研部门应注重农业研究成果的转化和推广应用，针对农业生产中的具体需求开展相关研究，逐步实现以科研促发展的目标。科技推广部门在这一过程中发挥着至关重要的作用，应加快推广现代农业技术的步伐，助推农业生产的产业化和品质提升。

第二，加强农业信息服务体系的建设。创新农业信息传播方式，建立规范化的信息发布机制，并制定农业信息资源共享的法律法规，着力解决信息传播“最后一公里”问题。通过构建包括电视、电台广播、电话、电脑和乡镇农业信息服务站在内的“四电一站”综合信息服务平台，可以确保农业信息的及时传播和广泛覆盖，为农民提供更精准、更高效的农业信息服务。

第三，运用科技手段有效利用水资源。国家应通过出台政策或利用市场手段，鼓励农民采用喷灌、滴灌等现代灌溉技术，逐步淘汰水渠漫灌等落后的灌溉方式。与此同时，应采取措施降低污水处理成本，支持和鼓励农民使用净化处理后的污水进行农田灌溉，以提高污水的利用效率，减少对水资源的浪费，实现资源的可持续利用。

（三）强化法治保障

在发展数字乡村的过程中，各国普遍重视相关法律体系的建设，及时出台农村信息化建设的法律法规，并根据发展形势进行政策更新和补充，以规范数字乡村的发展。例如，日本政府制定了《食品安全基本法》《食品标识法》《农药取缔法》等法律法规；德国也出台了《食品法》《食品和日用品管理法》等一系列法律法规。这些法律为农业信息化和食品安全提供了有力的保障。相比之下，我国尚未出台专门针对农产品电子商务的法律法规，交易活动缺少法律监管，亟须填补这一法律空白。

具体而言，可以从以下几个方面进行法律体系的构建和完善：

第一，构建促进农业农村领域信息技术发展的法律保障体系。信息技术的进步是推动农产品及数字乡村发展的关键技术支撑。政府应通过法律形式明确支持农业信息技术发展的具体措施，如资金扶持、技术研发激励、人才培养等。这将有助于为农业农村领域的信息化发展提供制度性保障。

第二，健全农产品质量安全法律体系和电子商务交易规范。以《中华人民共和国农产品质量安全法》为核心，完善相关配套的法律法规。法律应明确农产品质量安全的标准和要求，并推动与国际标准的接轨，以确保中国农产品在国际市场中的竞争力。此外，针对农产品电子商务的迅速发展，必须建立相应的法律监管体系，规范电子商务交易中的生产、销售、物流等各环节，确保消费者权益和市场秩序的维护。通过完善法律法规体系，确保农业信息化和农产品电子商务的健康发展，为我国数字乡村建设提供更加稳固的法治基础。

(四)加强专业人才培养

国外经验表明，培育农民的信息素质是建设数字乡村的重要途径之一。通过鼓励农民有效利用社交网络媒体，不仅能提升劳动技能，还能改善生产生活。例如，日本通过农民易于接受的方式推广农业信息技术，德国则在农业院校和职业学校开设了计算机及信息化课程。这些举措成功提升了农民的数字化能力和生产效率。相比之下，我国农业劳动力平均年龄超过 50 岁，且受教育程度普遍较低，这不仅制约了农业生产效率的提升，也影响了农业创新技术的推广与应用，无法满足现代智慧农业的要求。

提升农业劳动力整体素质和保持农业劳动力队伍的可持续性是我国农业持续健康发展的关键。

第一，国家应高度重视农业从业人员素质的提升。国家应将农业和农村信息化人才的培养纳入国家信息化培训的总体规划，并从制度层面保障这些计划的顺利实施。特别是要加大对新型经营主体、返乡大学生及创业人员的培训力度。同时，财政支持也应增加，鼓励龙头企业、专业合作社和物流公司等组织积极开展农村信息化人才培训，打造一支适应现代农业需求的人才队伍。

第二，充分发挥高校及科研机构等社会力量的作用。高校和科研机构可以为农业从业者提供职业技能指导，推动教育信息化的发展。通过网络远程教育等方式，这些机构能够为乡村居民提供灵活、便捷的学习途径，帮助他们掌握最新的农业技术和信息化技能。

第三，丰富人才培训手段。国家应采取多样化的培训方式，包括学校教育、继续教育和社会教育，并结合远程教育和线上培训，加强对农业从业人员在计算机应用、经营管理和农业科技方面的培训。通过这一系列举措，我国能够有效提升农业劳动力的整体素质，推动农业信息化进程，并保障农业可持续发展，为乡村振兴和现代农业建设打下坚实的基础。

三、数字乡村管理的应用场景

充分应用数字乡村虚拟空间的增强效应，实现数字为农业生产、农村流通、社会治理、生活形态、文化观念等场景赋能，并形成相互促进的合力，共同参与乡村管理以此来发展农业、服务乡村、重塑农民，促使乡村发生了根本性变革。

（一）农业生产智能化

传统农业生产常受到自然环境的严重影响，“靠天吃饭”的现象较为普遍。发展智慧农业，利用数字化信息技术对传统农业进行全产业链改造提升，是推动现代农业发展的重要举措。

在生产环节，智能催芽、智能灌溉、测土配方施肥等大田种植模式，大大提高了农业生产的精确性和效率。同时，网络选育、精准投喂饲料和废弃物循环处理等技术设备在畜禽水产养殖领域得到了广泛应用，推动了养殖业的现代化进程。

在监测环节，各类农业物联网设备得以广泛应用，通过个体感知和环境监测设备，实时监测温度、湿度、光照度和土壤含水量等重要数据。通过有线或无线网络，这些数据会传递到数据处理系统，帮助农民精确掌握作物的生长环境。

在监控环节，数字化技术更是极大拓展了农业生产的监控能力。利用在轨卫星、地面移动式监测平台、高低空无人机遥感等资源，用户可以在任何时间、任何地点通过上网终端远程监控农作物的生长进程，极大提高了生产的可控性和反应速度。

在数据分析环节，系统将收集到的数据通过报表等直观的形式呈现给用户，并对历史数据进行存储，形成知识库，供用户随时查询和处理。通过大数据分析，农业生产者能够更好地制定生产决策，预见潜在问题，优化生产流程，提高农业效率和可持续性。

总体而言，数字乡村显著提高了农业生产的精确性、可控性和效率，推动了农业从传统模式向现代智慧农业的转型升级，提升了农村经济的竞争力与可持续发展能力。

（二）农村流通高效化

传统农产品流通往往经历生产者、经销商、批发市场、超市等多个中间环节，存在流通组织化程度低、环节多、损耗大、成本高以及信息不对称等问题。数字技术的引入为解决这些难题提供了有效的技术支撑。

首先，以互联网和信息技术为支撑的线上信息平台，将农户、中间批发商、经销商等流通环节中的各方紧密连接起来，使得农产品市场信息能够快速、准确地传达到各个节点。通过提高农产品供应链的透明度，这种方式大大降低了流通中的交易成本，并减少了信息不对称的情况。

其次，基于大数据和智能算法的多种类电商平台，不仅能减少中间商所带来的流通损耗，还能扩大农产品交易规模，形成规模效应。这些都有助于进一步开发农产品的市场潜力，推动农村经济增长。

此外，智慧冷链物流技术通过对生鲜农产品进行全程温控，确保了产品在流通过程中的质量，大幅减少了由于腐败和损坏带来的损耗。这种技术对生鲜农产品的流通具有极大的促进作用，使得农产品能够更高效地运达市场。

与此同时，电子商务进农村综合示范项目持续推进，通过网络直播、微商、社群等新兴渠道推动了农产品营销模式的快速迭代。这种创新的营销方式不仅拓展了农产品的市场覆盖面，还大幅提升了农产品的流通效率，使得更多农产品能够直接从产地快速进入消费市场。

综上所述，数字技术为农产品流通中的各个环节提供了强有力的支撑，不仅提高了供应链的透明度，降低了交易成本，还通过智慧物流和电子商务平台优化了流通效率和产品质量，推动了农产品市场的快速发展。

（三）社会治理精准化

由于乡村地域广阔、人口众多，乡村治理涉及的事务繁多，管理压力较大，常常面临找人难、信息传递不畅、办事烦琐等问题。在这种背景下，数字乡村管理成为乡村治理数字化的重要助推器。

首先，数字化手段的应用可以感知农村社会的动态趋势，畅通沟通渠道，并辅助科学决策。通过信息化技术，农村资产、资源、生态、治安等各个领域的管理可以实现精准化，大幅提高治理效率，推动信息化与乡村治理体系的深度融合，进而实现乡村治理的精细化和智能化。

其次，利用大数据技术进行精准施策，可以覆盖乡村的全范围、全领域治理。大数据的分析与应用，不仅可以帮助基层干部提前预测治理中可能出现的问题，还能提供科学依据，促使他们更有效地处理村民的实际需求，提升决策的精准度和效率。

再次，数字技术的引入推动了治理模式的创新和治理能力的提升。通过先进科技的应用，乡村治理逐步实现数字化转型，例如基于互联网平台的电子村务系统，使得传统的单向度治理模式向双向、多向度的互动模式转变，增强了村民的参与感和自治能力。这一转变不仅有助于提升农村的民主自治建设水平，也为推动农村基层治理现代化奠定了基础。

总之，数字乡村管理通过信息化手段大幅提升了乡村治理的效率和精确度，解决了传统治理中的许多难题，使得基层治理更加科学、民主、及时，有效推动了乡村治理模式的创新和农村民主自治能力的提升。

（四）生活形态智慧化

数字乡村管理不仅推动了农业生产的智慧化，还大幅提升了农民的生活智慧化水平，满足了亿万农民对美好生活的需求。随着数字化技术的不断深入，网络在乡村中的应用场景日益扩大，体现在医疗、购物、宽带上网和交通网络等各个方面。

首先，数字为农民生活形态赋能。随着互联网的普及，村民通过电脑、手机获取信息已经成为常态。这种信息化的便利，不仅让农民能够及时了解农业生产相关资讯，还增强了他们对社会信息的获取能力，进一步丰富了农村生活。

其次，基于“互联网＋”战略，“互联网＋党建”“互联网＋政务”等新模式的兴起，实现了乡村服务的一门式办理和一站式服务。政府通过政务公开平台，推动更多涉农服务事项在线办理，提升了公共服务的效率。数据流通的便利性减轻了农民的跑腿负担，使得广大农民也能像城市居民一样享受高效、便捷的公共服务和生活便利。

此外，信息技术类企业积极进军农村市场，开发各类便民应用程序，为农民提供智慧化的生活服务。这些服务涵盖了智慧医疗、智慧教育、智慧交通、智慧党建、数字社会保障和数字文化娱乐等多个方面，极大地丰富了农民的日常生活，也提升了农村的生活质量。

通过数字乡村管理，互联网在农村的普及为农民带来了全面的生活便利，不仅促进了农村经济的发展，也让农民更好地融入数字化社会，享受到信息技术带来的现代化生活方式变迁的优势。

（五）文化观念现代化

在数字乡村管理的背景下，农民可以通过数字平台接触到更多的外界信息，学习现代信息技术，这不仅有助于缩小城乡之间的数字鸿沟，还能显著提升农民的数字素养，改变他们在生产、消费和就业等方面的观念。

国家数字乡村战略的实施，对于繁荣乡村网络文化、增强乡村文化自信，打造具有文化自信的新农村，具有重要的意义。长期以来，乡村文化建设滞后、乡村文化自信缺失等问题，已成为制约我国乡村发展的重要因素。数字文化的引入为乡村带来了传统传播媒介无法比拟的优势，扩展了乡村文化的内涵和外延，突破了乡村文化资源的限制，并促进了乡村文化与经济的深度融合。这一过程不仅丰富了乡村的文化生活，还增强了农民的文化认同感与自豪感，有力支持了乡村文化振兴。

新一代信息技术的出现及其在农业和农村中的广泛应用，使得信息作为生产要素，深度参与到乡村发展的组织、管理和决策过程中。通过信息流带动资金流、技术流、人才流和物资流，呈现出匹配效应、协同效应、乘数效应、溢出效应和公平效应，激活了乡村发展的各类要素。

四、推进数字乡村管理面临的现实挑战

推进数字乡村管理，虽然是大势所趋、人心所向，但从经济、社会、技术和政策这四大视角来看，当前和今后一段时期，推进数字乡村管理仍然面临资金缺口大、乡土人才支撑弱、科技创新供给少、政策体系不健全等严峻挑战。

（一）资金缺口大

推进数字乡村管理涉及面广、任务繁重、周期长，且我国乡村人口众多且分布不均，加上许多地区长期处于发展滞后状态，短板问题突出，因此推进数字乡村管理需要长期持续的资金投入，且资金需求量巨大。推进数字乡村管理是一个系统工程，既包括诸如乡村道路建设、科技服务等公共产品，也包含教育、医疗、农林技术推广等准公共产品。这意味着推进数字乡村管理不仅需要政府的大力支持与资金投入，也离不开市场和民间资本的积极参与。然而，各级地方政府的财政状况并不乐观。尽管《关于开展国家数字乡村试点工作的通知》已出台，数字乡村管理进入了全面推进阶段，但地方政府的投入仍较为有限。

据农业农村部信息中心测算，2019 年县域数字农业农村的财政投入仅占全国农林水财政支出的 0.8%。《2021 全国县域农业农村信息化发展水平评价报告》显示，2020 年这一比例增至 1.4%，而根据《中国数字乡村发展报告（2022 年）》，2021 年该比例达到 1.8%。尽管有所增长，但总体上县域财政投

入仍然较为有限。此外，农业农村信息化年财政投入不足 1 万元的县（市、区）多达 310 个，不足 10 万元的县（市、区）有 536 个。如此有限的投入，难以支撑数字乡村的全面发展。这一局面不仅受制于农村发展环境和政策制度不完善，还因为数字乡村投资回报周期长、回报率低，且存在“软硬失衡”、设施设备浪费等问题，导致社会资本的投资意愿受挫。很多民间资本虽然有投资兴趣，但往往面临“想投却不敢投”或“不知道投向何处、如何投”的困境。

（二）乡土人才支撑弱

从当下乡村社会的现状来看，乡村人口结构和村民的信息化素质仍难以完全适应数字乡村管理的需求，主要体现在以下几个方面：

一是中青年劳动力流失严重。根据《2022 年农民工监测调查报告》，2022 年农民工总量达到 29 562 万人，其中跨省流动的农民工达 7 061 万人。在所有农民工中，男性占 63.4%，女性占 36.6%。农民工的平均年龄为 42.3 岁，外出农民工的平均年龄为 37.4 岁，其中 50 岁以上的比例达到 16.4%，比上一年提高了 1.2 个百分点。大规模的农村人口外流，尤其是青壮年劳动力的外流，导致农村社会主体逐渐老化，村庄建设用地空废化等问题。这种现象不仅对乡村经济造成了冲击，也给推进数字乡村管理带来了巨大挑战。劳动力的短缺使得信息化技术的推广和应用受限，阻碍了乡村整体数字化转型的步伐。

二是留守老年人普遍存在“数字鸿沟”。目前，留守在乡村的老年人口由于受教育水平、认知能力和学习能力相对较弱，难以适应使用现代信息化和智能化设备。他们在日常生活中常常遇到不会使用智能手机、无法上网等问题，尤其是在出行、就医、消费等场景中，无法享受数字化服务带来的便利。这种“数字鸿沟”不仅影响了老年人生活质量的提升，也对数字乡村管理的推广造成了障碍。老年人口的广泛存在，意味着数字乡村的管理和技术应用需要更加贴合他们的实际需求，设计适应性更强的数字产品和服务。

三是“新农人”群体规模相对较小。尽管返乡入乡创业的新农人群体正在逐步扩大，但相对于广阔的乡村，人才供给仍然不足。根据农业农村部的数据，截至“十三五”末，返乡入乡创业人员达到 1 010 万人，预计到 2025 年，这一数字将超过 1 500 万人。这在一定限度上缓解了乡村人才短缺的局面，但乡村仍面临着有文化、懂技术、善经营的人才缺口。“新农人”作为数字乡村管理的推动者，尽管有着较高的文化素质和技术能力，但受限于乡村的基础设施、市场条件和生活环境，许多人难以真正扎根农村，最终不得不返城，这进一步限制了乡村现代化的进程。

（三）科技创新供给少

推进数字乡村管理必须立足于我国的国情农情，以创新引领、技术先导为核心。然而，相较于智慧城市、工业互联网等建设，当前推进数字乡村管理面临诸多挑战，如基础研究不足、应用成果匮乏以及技术人才短缺等。具体问题可以从以下几个方面分析：

一是缺少数字乡村科技支撑的顶层设计。目前，数字乡村战略的科技创新体系缺乏清晰的框架，整体性不强。科技创新的组织领导、财政投入、工作考核和人才培育等方面的配套制度设计尚不完善，缺乏具体的行动方案和清晰的建设路线图。此外，科技创新的统筹部署不够全面，没有形成成熟的顶层设计方案，导致各地在推进数字乡村管理时难以协调一致，技术支持和战略部署存在脱节现象。

二是面向世界前沿的数字农业基础研究薄弱。我国在数字农业领域的基础研究相对滞后，特别是在农机装备专用传感器、农机导航、精准作业和农机智能运维管理等核心技术方面存在显著差距。例如，在农业传感器的研发上，我国自主研发的传感器数量不到全球的10%。这一基础技术的薄弱限制了农业数字化的深入发展，使得我国在全球数字农业竞争中处于劣势。

三是立足我国农情的数字农业应用成果不多。我国农业的特征是规模大而分散，且农村气候、地理条件、种植设施和技术水平差异较大。当前数字农业的研究成果大多较为泛化，无法很好地应对各地农业农村的复杂实际问题。此外，科研人才大多脱离乡村，深入基层的研究较少，导致数字农业的应用成果难以落地，与实际农情的结合度不够。

四是推动科技成果转化的复合型人才匮乏。长期以来，科研考核机制偏向理论研究，科技成果转化激励机制不完善，导致从事科技成果转化的人才队伍发展缓慢。特别是在农村电商的发展过程中，精通商业、了解农业、熟悉互联网的复合型人才是推动农村电商成效的关键。然而，这类复合型人才在推动科技成果落地、促进农业与数字技术的深度融合方面严重不足，制约了农业科技成果的广泛应用和产业化。

（四）政策体系不健全

在推进数字乡村管理过程中，政策体系仍存在立法滞后、统筹协调难度大、监管不足等一系列问题。

一是数字乡村立法相对滞后。目前，数字乡村的许多具体实践和规则尚在探索和完善阶段，部分领域甚至处于空白状态。比如，网络隐私、网络安全、电子商务、网络直播等方面亟须法律支持，但相关法律法规尚未制定完善。特别是关于乡村数据开放共享、治理主体权责划分等与数字乡村管理密切相关的政策法规缺失，导致在数据主体的权责边界、数据产权归属以及数据开放共享标准等方面存在突出问题。这使得推进数字乡村建设时，相关法律依据不足，难以保障数据安全和合理使用。

二是部门之间、政企之间、政社之间的协作难度大。推进数字乡村管理涉及多个政府部门、企业及社会力量的协调与合作。一方面，由于不同层级政府、职能部门及社会组织对数字乡村管理的认识和重视程度不一致，行动力和积极性存在差异，容易出现不协调、不合理的现象，建设进程缓慢。另一方面，缺乏专门的组织协调机构使得资源错配、重复建设、条块分割等现象较为常见，难以形成合力推进数字乡村管理。

三是数字乡村网络空间监管不足。随着社交媒体、短视频平台等新形式的快速发展，数字乡村中的网络空间监管面临挑战。虽然这些平台为村民生活带来了更多便利和丰富的娱乐方式，但也加剧了监管的难度。目前，数字乡村管理中的网络空间监管制度不够完善，缺乏专门处理网络信息的机构。此外，监管执法力度不足，存在取证难、固证难等问题。例如，直播带货中常见的夸大宣传、以次充好等问题，由于监管体系尚未健全，针对平台、经营者及主播的审核与监管力度不足，消费者权益受到侵害，市场秩序不稳定。

五、推进数字乡村管理的策略

随着数字乡村管理的推进，乡村的数字化发展潜力得以展现，推进乡村振兴也取得了一定成效。作为通向农业农村现代化的优选路径，数字乡村仍存在顶层设计不完善、系统集成未畅通、技术支撑待融合、应用创新不全面和保障机制不健全等方面的缺陷，应从这些方面系统推进数字乡村管理系统的优化升级，从而促进乡村振兴高质量发展。

（一）优化数字乡村建设的顶层设计

2019 年 5 月，中共中央办公厅、国务院办公厅发布的《数字乡村发展战略纲要》将数字乡村确立为乡村振兴的战略方向，标志着我国数字乡村发展的顶层设计开始形成。随后，2020 年 1 月发布的《数字农业农村发展规划（2019—2025 年）》明确了以产业数字化、数字产业化为主线的农业农村发展思路。同年 5 月，《2020 年数字乡村发展工作要点》提出了包括新型基础设施建设和乡村数字经济发展在内的 8 个方面 22 项任务，这些文件初步明确了数字乡村发展的阶段性战略布局，为实践提供了理论指导。然而，由于数字乡村战略仍处于探索阶段，当前存在结构性缺失和顶层设计落实不到位的问题。2021 年发布的《数字乡村建设指南 1.0》涵盖了 5 大领域及 21 个子领域，包括乡村数字经济、智慧绿色乡村、乡村网络文化、乡村数字治理和信息惠民服务，系统性地为各地推进数字乡村建设提供了指导。2024 年 4 月，中央网信办等六部门联合修订、发布了《数字乡村建设指南 2.0》，进一步完善了指导省、市、县三级政府推进县域数字乡村建设的内容，强调因地制宜、分类施策，避免盲目跟风和重复建设。

顶层设计的优化是确保推进数字乡村管理的重要手段，它为进一步探索更具体的数字乡村蓝图奠定了制度基础。一方面，地方政府在吸收上级政府制度设计的基础上，应结合本地的乡村发展现实，将国家层面的顶层设计与当地的地域条件、发展阶段和资源优势相结合，细化县域乃至乡村范围的数字化治理顶层设计。这种分区、分类、分级的设计能够使数字乡村管理更加精准、有效。另一方面，在推进数字乡村建设的过程中，乡村各治理主体应结合自身的实际需求，形成组织化的战略诉求，推动数字乡村从地方性分散实践向战略性整体改革转变。这意味着乡村治理主体不仅要积极参与战略的实施，还要在执行过程中总结经验、优化方法，确保数字乡村建设与乡村振兴战略的高质量推进。

总体而言，数字乡村的顶层设计为全国范围内的乡村数字化发展提供了方向和框架。在此基础上，地方政府和乡村治理主体必须结合实际，灵活落实和深化数字化治理战略，以推动城乡一体化发展，实现共同享有“数字红利”的目标。

（二）形成数字乡村管理的系统集成效应

系统集成是提升数字乡村管理效能的核心动能，涵盖了主体协同、部门联动、区域协调等方面，其核心体现为治理平台的一体化。当前，虽然数字乡村管理通过平台提高了治理效率，但在实际运作中仍面临平台僵化、运作断层等问题。一方面，纵向沟通存在障碍。乡村数字化治理平台在村庄与村民、村庄与上级政府之间的纵向沟通不够顺畅，导致信息传递效率低下。基层工作人员在使用这些平台时，常常面临过多的操作步骤和烦琐的流程，反而增加了工作负担，削弱了平台的有效性。另一方面，横向互动不足。当前的数字乡村管理平台大多侧重于村庄内部的治理，而在村庄之间、村庄与市场之间的横向互动中，缺乏必要的认证技术和安全技术支持。这种技术缺失阻碍了跨村交流与经济社会活动的顺利进行，造成了线上交流的断层，限制了数字乡村发展的潜力。

实现数字乡村管理的系统集成不仅是一个技术问题，还是一个行政问题和理念问题。具体可以从以下三个层面进行优化：

第一，技术层面的多技术耦合与整合。为了提高平台运作的灵活性和效率，必须将多种数字技术进行有机耦合。例如，将地理信息技术、智能物联技术、信息分析技术整合在一起，以构建实时、动态的乡村发展图景。同时，电子政务、电子商务、电子农务等技术应全面融入乡村治理平台，打破多元治理主体之间的隔阂，促进社会活动的顺畅运行。这种整合能够帮助村庄与村民、村庄与市场之间实现无缝衔接，提升数字乡村管理的整体效率。

第二，行政层面的职能整合与信息共享。在行政管理方面，各职能部门应加强协作，共享信息库和数据库，避免信息孤岛现象，使治理平台中的功能设置更符合村民的实际需求。例如，简化办理流程，优化部门协作，减少冗余工作。同时，推动职能优化，建立更加高效的乡村治理体系，确保平台能够灵活、便捷地满足村民的各种需求。

第三，理念层面的数字文化建设与素质提升。在数字化治理的理念层面，需通过宣传和教育，增强村民对数字文化的认知，推动数字素养的提升。通过广泛的宣传教育和技能培训，培养具备现代技能和公共意识的“数字公民”，让村民在数字乡村管理中扮演积极角色。这不仅能提升村民对平台的使用效率，还能为数字乡村管理提供长远的智力支持和组织基础。

实现数字乡村管理的系统集成，需要从技术、行政、理念三个方面同时发力。通过技术整合、部门协作和数字文化建设，可以克服当前平台存在的僵化和断层问题，推动数字乡村管理更加智能化、精准化和高效化，为乡村振兴战略提供坚实的技术和管理支持。

（三）强化数字乡村管理的技术支撑

数字乡村管理体系的技术集合存在不完善的问题。一方面，技术体系局限于基础信息处理。当前，数字乡村管理的技术主要集中在信息的记录、传输和存储等层面。这些功能虽能记录和分析村内的环境、人口、安全等信息，以及处理乡村治理的行政事务，但缺乏对乡村产业发展和组织合作的高层次技术支持。这意味着，数字技术更多地被用于基础信息管理，而对产业发展如农业智能化、农产品供应链优化等领域的支持相对薄弱。另一方面，技术作为独立资源未充分发挥制度约束力。现有的乡村治理技术多作为独立的发展资源使用，虽然能在某些领域中发挥作用，但未能与法律、制度、社会习俗等传统治理框架结合，未能在乡村治理中发挥长期的制度约束力量。这使得技术在治理中的作用较为局限，未能成为治理规则的重要组成部分。

为了强化数字乡村管理的技术支撑，需要从技术补充和技术制度两个层面进行推进：

第一，技术补充层面：构建“软”“硬”结合的技术体系。技术补充方面，数字乡村管理应及时引入更先进的技术，如智能化农机具系统、数字复刻技术、供应链技术等，将“软技术”（如信息系统、管理软件）与“硬技术”（如农业机械、传感器设备）有机结合，形成综合性的数字管理体系。如：智能化农机具系统，提高农业生产效率，减少人工成本。数字复刻技术，用于文化遗产保护和乡村旅游开发，提升乡村文化吸引力。供应链技术，优化农产品的流通和销售，减少流通环节，提升市场竞争力。这种“软”“硬”结合的技术体系将不仅支持乡村治理，还能够助推乡村产业升级与发展，提升乡村经济的整体水平。

第二，技术制度层面：融合数据算法与治理制度。数字技术的使用应超越单纯的工具属性，成为治理体系的一部分。通过充分挖掘数据算法的理性价值，数据不仅能辅助科学决策，还应与法律、社会习俗等传统规范相结合，成为乡村治理规则中的一环。数据算法与法律制度结合，通过数据分析，制定符合乡村发展的决策规则，使数字技术在法律框架下发挥更大的治理作用。社会习俗与技术制度结合，通过技术手段推动村民遵守社会习俗和规范，提升乡村社会的治理效率。将数字技术与乡村治理制度的逻辑结合起来，可以增强技术的“智力结构”，开发其在治理中的“技术潜能”。这种融合不仅能够提高乡村管理效率，还能为数字乡村管理提供全方位的技术制度保障。

为实现数字乡村管理的高效推进，既要在技术层面引入更多先进技术，构建“软”“硬”结合的综合管理体系，也要在制度层面通过数据算法与法律、社会习俗相结合，赋予技术更高的治理地位。这将推动数字乡村管理从技术创新到制度完善的全面升级，确保乡村治理在技术支撑下更加高效、科学、可持续发展。

（四）推进数字乡村管理的应用创新

数字乡村管理的应用开发是一个与乡村治理实际不断适配和演进的过程，并随着乡村经济和社会的发展不断完善。当前，数字乡村管理的应用主要集中在生产领域和行政领域。然而，随着现代乡村治理理念的深化，乡村发展的新诉求越来越聚焦于“以人为本”的数字治理，这就要求数字乡村管理在民生和生态领域加大创新力度，特别是在“技术的供给与需求之间的匹配”方面。

推进数字乡村管理的应用创新，应从供需分析和功能发挥两个层面展开：

第一，供需平衡：供给与需求之间的匹配。在推动数字乡村管理创新的过程中，首先需要深入分析供给与需求之间的关系。具体而言，需回答两个关键问题：资源基数不足还是结构性不足？这涉及当前的数字技术是因资源总量不足而难以支持乡村的全面数字化，还是因为现有资源的结构不合理，导致资源配置不当。如果是资源总量不足，则需要通过统筹资源整合来满足需求；而如果是结构性不足，则需优先考虑资源合理配置，以优化现有资源的使用效率。通过这种供需分析，可以明确数字乡村管理的应用创新方向，是通过资源整合提高技术供给，还是通过资源合理配置更好满足需求。比如，基础设施建设滞后可能需要更多的资源投入，而技术应用不精准则可能需要通过优化配置来提升效率。

第二，功能发挥：创新应用与现代治理布局的结合。推进数字乡村管理的应用创新还需要把握数字乡村发展的规律，特别是与现代乡村治理的整体布局相契合。创新性应用的功能发挥，应符合乡村治理的整体架构，并驱动治理模式的优化。一方面，有助于数字乡村管理创新要素的参数具体化，从而有效优化要素结构，确保治理创新的生产价值最大化；另一方面，这种应用创新符合数字乡村管理发展规律，能够有效避免因治理结构调整和重组带来的巨额成本。

总之，推进数字乡村管理的应用创新，不仅要从供给与需求的匹配角度分析问题，还需在应用创新中充分考虑乡村治理的整体布局与功能发挥。通过深入分析技术供需关系，明确资源整合和配置的优先方向，并在功能发挥上结合现代治理需求，数字乡村管理可以更加高效地提升治理效能，推动民生、生态等领域的数字化发展，最终实现乡村治理效益的最大化。这一过程中，创新性应用能够降低治理的调整成本，同时提高资源使用的精准性和效能，使数字乡村发展更加可持续。

（五）推进数字乡村管理的保障机制

网络社会的实质是多元主体基于互联网技术而结成的新的社会关系格局和结构形态。因此，需要建立与数字乡村管理相匹配的保障机制。当前，数字乡村管理主要依赖《中华人民共和国网络安全法》《中华人民共和国电子商务法》《互联网信息服务管理办法》等宏观层面的互联网法规来保障乡村治理。然而，这些法规往往是针对互联网行为的广泛规范，与数字乡村管理的具体需求存在一定差异，难以有效应对乡村治理中的实际问题。因此，数字乡村管理亟须出台一系列符合实际需求的制度规范，以维护数字乡村管理的秩序和效益。

有效推进数字乡村管理的保障机制应包括组织机制、管理机制、参与机制和运营机制四个方面：

第一，组织机制：构建新型治理格局。应依托网格化管理制度，形成“党员带头、骨干支撑、村民积极参与”的治理格局。通过网格化管理，将乡村划分为若干网格单元，党员和骨干人员负责带动村民参与，推动集体行动的有效性。这一机制的核心是重塑乡村公共规则和村民协作规范，形成良好的协作文化，并建立集体行动的新秩序。通过明确各方的责任与权利，组织机制能够有效推动村民的广泛参与和协同合作，提升数字乡村管理的执行力和凝聚力。

第二，管理机制：融合传统管理与数字化管理。应将传统的乡村管理模式与现代数字技术结合起来。通过制定村“两委”负责、网格员执行、村民监督的管理体系，可以为数字乡村管理提供明确的管理指导。这一管理机制强调自上而下与自下而上的结合，既确保了村“两委”能够有效领导数字乡村的建设，又通过村民监督增强了管理的透明性和公正性。通过这种机制的运作，能够确保数字乡村的各项工作有序进行，同时兼顾村民的监督和反馈，增强管理的合法性和可信度。

第三，参与机制：保障村民平等参与。需要制定平等准入、资源共享、层级互联的参与机制，确保村民能够通过移动智能设备平等享受公共服务，并参与乡村公共事务。这一机制的核心是打破技术壁垒与信息鸿沟，通过智能手机等终端设备，提供平等准入的机会，保障每位村民都能接触到公共服务和数字资源。同时，通过资源共享机制，提升村民的参与感和自治能力，促进乡村公共事务的有序发展。

第四，运营机制：“资源、运行、目标”三步走。第一步，确定资源禀赋：全面评估村庄的自然资源、人口资源、社会资本等，以了解治理所需的基础资源。第二步，优化运行规则：根据资源情况，制定和优化运行规则，确保各项资源能够高效配置和使用。第三步，达成治理目标：通过最优的资源配置结构，以最小投入实现最佳治理效果，确保乡村治理目标的有效达成。这三步走的运营机制，强调资源与治理的匹配性和效率，确保数字乡村管理能够在成本控制的前提下实现高效运作，达到治理目标的最大化。

本章思考题

1. 详述数字技术赋能农业农村发展的内在机理。
2. 农民如何进行数字化转型?
3. 数字乡村建设的关键环节有哪些?
4. 数字乡村管理有哪些应用场景?
5. 数字乡村建设面临哪些现实挑战?

第四章 数字农业管理

数字农业管理是利用现代信息技术和数据分析工具，对农业各环节进行有效监控、分析和优化，实现生产、经营和管理的数字化，可显著提高农业管理的效率。近年来，党中央、国务院大力推进数字中国建设，实施数字乡村战略。我国科技创新能力不断提升，设施装备研发显著加快，遥感、物联网和大数据应用迅速发展，推动了传统农业和农村的数字化转型升级。

第一节 数字农业历史变迁

数字技术在提高农业生产效率、优化资源配置、保障农产品质量安全等方面发挥着日益重要的作用。改革开放以来，我国农业首先进入信息化建设阶段，逐步建立起数字农业管理体系。随着 2019 年《数字乡村发展战略纲要》的发布，数字农业的发展开始全面加速。

一、数字农业信息化阶段

1980—1999 年，计算机技术、遥感技术等开始应用于农业生产管理和农产品市场监测等领域，农业进入信息化阶段。同时，为适应农业信息化发展的需求，初步构建了农业信息化组织架构，推动了农业信息技术的普及和应用，为后续数字农业的发展奠定了基础。

（一）信息技术开始应用到农业领域

码 4-1

信息技术在农业领域的应用始于计算机技术和遥感技术的引进和推广。首先，计算机技术在农业中的应用取得了早期突破。1979 年，我国从罗马尼亚引进第一台大型计算机 Felix－C－512，用于农业科学计算、数学规划模型和统计分析等方面。1981 年，中国农业科学院开始筹建我国农业领域第一个计算机应用研究机构——计算中心，利用计算机技术根据农作物的品种、灌溉和施肥情况，优化生产管理，指导农民科学种田。到1990年，中华人民共和国科学技术部通过“863”计划，支持研究“农业智能应用系统”，如“鱼病防治”和“苹果生产管理专家系统”等5个专家项目平台，开发了200多个实用专家系统，应用于全国22个示范区。其次，3S技术（遥感技术、全球定位系统和地理信息系统）逐步引入农业。自1979年首次引进遥感技术后，其在农业资源调查、农作物估产、灾害监测及损失评估中发挥了重要作用。然而，受当时经济社会条件和信息技术水平的限制，这一时期的农业信息化建设尚处于起步阶段，主要集中在推动计算机技术在农业研究和管理中的应用方面，以提升信息收集、统计分析和规划模拟的能力。

（二）农业信息化组织架构初步形成

随着国家信息化建设进程的推进，我国建立了适应信息化发展的组织架构，并建设了部分农业信息网站。首先，初步建立了适应农业信息化的组织架构。1987年，农牧渔业部成立信息中心，推进计算机技术在农业和农村统计工作中的应用。1993年，农业部成立农村经济信息体系领导小组，标志着农业信息基础设施建设的启动，国家级农业数据库开始逐步完善，旨在通过优化农业信息管理与服务，推动农业领域信息化发展。1994年，成立市场与经济信息司，初步形成了由领导小组统筹协调、市场与经济信息司组织实施、信息中心提供技术支持，各专业司局及直属单位共同参与的信息化建设组织体系。其次，初步建成了农业信息网站。1996年和1997年，中国农业信息网和中国农业科技信息网相继开通，标志着信息技术在农业中的应用进入快速发展阶段，该网站为农业科研教育机构、农业科技推广部门、广大农户及涉农企业提供农业政务公开和综合性信息服务。此阶段，31个省（自治区、直辖市）建立了农业信息网站，多数省份设立农业信息中心，约1/3的省份具备较好的农业信息化基础。同时，我国还建立了100多个农业数据库，如由中国农业科学院作物科学研究所等单位研制的“国家作物种质资源数据库系统”，涵盖141种作物、27万份种质信息和1 259万个数据项，总数据量达590兆。

二、数字农业体系构建完善阶段

2000—2018年，我国在推动农业数字化转型方面取得了显著进展，数字农业管理的软硬件设施逐步完善，具体表现为乡村互联网基础设施不断升级、农业资源数据库建设持续优化、农业数字化技术全面升级，以及农业装备的数字化稳步推进。

（一）乡村互联网基础设施不断提升

实施“宽带中国”战略，加速推进宽带乡村工程建设和电信普遍服务补偿试点，农村互联网基础设施迅速发展，达到世界领先水平。截至2018年年底，我国行政村光纤覆盖率已从电信普遍服务试点前的不足70%提升至96%，行政村4G网络覆盖率达到95%。欠发达乡村宽带覆盖率提升至97%，其中固定宽带用户数增至4 522.9万户，移动宽带用户数增至16 854.6万户，提前实现了《“十三五”国家信息化规划》提出的宽带网络覆盖90%以上欠发达乡村的目标。自然村电话普及率达到99.7%，有线电视信号普及率为98.1%。我国农村网民规模达2.22亿人，农村互联网普及率为38.4%，较2017年提升了3个百分点。农村网民数量逐年增加，农村及偏远地区宽带网络基础设施的不断升级，为乡村振兴和脱贫攻坚提供了坚实的网络保障。

（二）农业资源数据库建设持续完善

首先，已建成新型农业经营主体数据库。集经营主体身份、就业、生产管理、补贴发放等多种信息于一体，逐步实现经营主体全覆盖和生产经营信息动态监测。其次，建设农业自然资源数据库，构建耕地基本信息数据库，形成覆盖内陆水域及全球重要海域和渔场的渔业水域资源大数据，搭建全国草原基本信息大数据，绘制全国农田建设一张图。再次，建设重要农业生物资源数据库。加强对农作物、畜禽等重要农业生物资源的动态监测，绘制全国遗传资源分布图，健全重要畜牧品种遗传评估信息系统。最后，推进重点农产品全产业链数据库建设。完善农业监测统计发布制度，提升信息服务综合能力，推动大数据建设，强化对社会服务和政府决策的支撑。出台农业农村大数据指导意见，推动单品种全产业链大数据建设，打通数据“信息孤岛”，建立覆盖全产业链的信息共建共享机制。

（三）农业数字化技术应用全面强化

首先，构建农情监测体系。建立全国统一的农情信息调度平台，建设省级农情调度远程视频会商系统。开发数据分析功能，提升了田间定点数据的自动化比对分析水平。扩展经济作物监测信息系统，完善蔬菜生产信息监测系统和花卉产业综合统计系统，实现网上填报的全覆盖。实施园艺作物数字农业试点，仅2018年试点总数就达16个。其次，丰富农业技术指导服务。科学施肥信息服务成效显著，自测土配方施肥补贴项目启动实施以来，积累了大量数据和信息，建立了县域科学施肥专家咨询系统。升级全国农作物重大病虫害监测预警信息系统，完善物联网监测设备及数据接入功能。最后，上线农业行政管理服务平台。推出中国农药数字监管平台，初步建立全国农药质量追溯体系，实现“一瓶一码”全程可追溯。开发农资进销存系统，建立电子进销台账，14万家单位已注册并安装农资进销存系统。肥料登记审批系统不断完善，实现肥料登记全程网上审批和信息公开，并向社会公众开放查询与监督功能。

（四）农业装备数字化技术应用稳步推进

首先，有序推进农业装备数字化发展。加速推进农机装备信息化应用，在全国范围内实施大田种植数字农业试点项目。建设基于“北斗”定位的农机精准作业系统、“天空地”一体化大田农情监测系统、农业生产精准管理决策系统以及农业高效生产公共服务系统，农机装备的数字化水平显著提升。其次，实现农机作业服务的精准对接。开发“农机直通车・全国农机化生产信息服务平台”及手机App，推广“嘀嘀农机”App，促进农机作业服务的供需对接。再次，进行“智慧农场”试点，集成作业智能监测技术，支持高速精量播种、变量施药、精准施肥和高效灌溉，提升农业生产管理的精准化水平。最后，推广农机装备数字化管理服务。在拖拉机和深松机上安装传感器，利用信息化手段开展农机作业辅助监管，信息化监测率达到90%。上线运行全国农机试验鉴定管理服务平台，全面公开农机鉴定信息。

三、数字农业全面加速阶段

2019年5月，中共中央办公厅和国务院办公厅印发了《数字乡村发展战略纲要》，提出要加快推进农业数字化转型，推动数字农业进入新的发展阶段。自2019年至今，随着云计算、大数据、人工智能等技术的迅速发展，数字农业的发展全面加速。

（一）数字农业基础设施建设成效显著

首先，农村网络基础设施实现全覆盖。截至2021年底，全国行政村通宽带比例达到100%，通光纤和4G的比例均超过99%，基本实现了农村与城市“同网同速”。5G网络加速向农村延伸。截至2022年8月，全国已累计建成并开通5G基站196.8万个，5G网络覆盖所有地级市城区、县城城区和96%的乡镇镇区，实现了“县县通5G”。2021年，农村居民平均每百户接入互联网移动电话229部，同比增长4.4%。截至2022年6月，农村网民规模达到

2.93 亿人，互联网普及率达到 58.8%，是“十三五”初期的两倍。其次，农村公路数字化管理不断完善。2021 年，已完成 446.6 万千米农村公路电子地图数据更新工作，并同步制作专项地图，全景直观展示全国农村公路路网分布情况。再次，智慧水利建设进入全面实施阶段。截至 2021 年底，全国县级以上水利部门应用智能监控的各类信息采集点达 24.53 万处，其中 66.4%已纳入集控平台。截至 2022 年 6 月，已有 2 766 个县的 53.04 万处农村集中供水工程建立了电子台账。然后，农村电网巩固提升工程深入推进，2021 年全国乡村供电可靠率达到 99.8%。最后，农产品上行的基础设施显著改善。截至 2022 年底，3 年间共支持约 3.6 万个家庭农场、农民合作社及农村集体经济组织，建设 6.9 万个产地冷藏保鲜设施，新增库容超 1 800 万吨。

（二）农业数字化多点突破

码 4-2

首先，种植业数字化率显著提升。物联网、人工智能、卫星遥感、北斗导航等数字技术在种植业生产中加快应用，精准播种、变量施肥、智慧灌溉、环境控制、植保无人机等技术和装备得到大面积推广。2021 年，全国大田种植数字化率达 21.8%，设施栽培数字化率达 25.3%。无人或少人农场在安徽芜湖、北大荒建三江、广东佛山、内蒙古兴安盟等地成功落地。其次，畜牧业数字化成效凸显。2021 年，全国畜禽养殖信息化率达 34.0%，畜牧业综合信息平台、饲料和生鲜乳质量安全监管系统已实现对全国 18 万余个规模猪场、4 200 多个生鲜乳收购站、5 800 多辆运输车、300 余个牧场和约 1.3 万家持有饲料生产许可证企业的全面监管。再次，渔业数字化稳步推进。养殖水体信息在线监测、精准饲喂、智能增氧、疾病预警与远程诊断等数字技术和装备在渔业行业中不断推广，数字技术支撑的工厂化养殖、稻虾养殖和鱼菜共生模式相继投入生产，渔业生产信息化逐步推进。2021 年，全国水产养殖数字化率为 16.6%，沿海省份持续推进海洋渔船北斗和天通卫星终端等装备建设，积极推动“插卡式 AIS”更新换代和渔业“宽带入海”。依托渔船动态监控管理系统，构建了海洋渔船动态船位信息全国“一张图”。

（三）智能农机装备研发应用不断突破

首先，加快农机装备数字化发展，制定并发布智能农机产品鉴定大纲。目前已发布自动挤奶设备、自动推料机、设施环境监控设备、挤奶作业监控设备、奶牛行为监控设备等 5 项推广鉴定大纲，2020 年还下达了农机辅助驾驶导航监控终端、畜禽养殖场巡检机器人、农机耕整地作业监测终端、农机播种作业监测终端等 4 项推广鉴定大纲的制定任务。其次，智能农机装备不断推广。通过实施农机购置补贴政策，加快智能农机装备的推广应用，农机自动驾驶系统功能已从直线行走升级为自动避障、自主停车和自主线路规划。截至2021年，已有超过60万台拖拉机和联合收割机配置了基于北斗定位的作业监测与智能控制终端，其中安装辅助自动驾驶系统的拖拉机超过10万台，北斗终端应用已从拖拉机、联合收割机和植保无人机扩展到插秧机、大型自走式植保机和秸秆捡拾打捆机等设备。2021年，全国植保无人机保有量达12.1万架，年作业面积10.7亿亩次。数字技术和智能装备在农产品分级包装、贮藏加工和物流配送等环节得到广泛推广应用。

（四）农业管理数字化转型初步形成

码 4-3

首先，基本建成农业农村资源数字化平台，数据资源不断完善。全国自然资源三维立体“一张图”持续完善，耕地和永久基本农田、生态保护红线、城镇开发边界划定成果已上图入库。全国数字农田建设“一张图”、第三次全国土壤普查平台、全国农田建设综合监测监管平台等基本建成，为相关工作高效开展提供支撑。“空、大、地”立体化新型农作物对地调查体系初步建立，能够准确获取主要农作物的播种面积、空间分布及作物长势等数据。大豆、苹果等8类15个品种的全产业链大数据建设试点稳步推进，生猪产品信息数据平台已上线运行，并发布生猪全产业链数据。其次，农产品和农业农村资源市场监测预警体系初步建立。数字化监管模式不断创新，探索利用数字技术支撑耕地用途管制、制种基地监管和宅基地改革试点等工作。最后，已经全面实行农机购置补贴辅助管理系统，35个省级实施单位实现了农机购置补贴辅助管理系统与农机安全监理牌证系统的数据互联互通，已经全面实行补贴受益信息和资金使用进度的实时公开。大力推广使用手机App，简化程序、提高效率，全国已有超过35%的补贴申请通过手机App提交，其中北京、浙江、青岛的提交率已超过99%。继续开展农机购置补贴“三合一”试点，支持北京、上海、江西、四川等试点省份运用物联网、大数据等信息化技术，打通补贴申请、机具识别和作业轨迹监测等数据通道，探索更加安全、高效、便民的补贴机具核验与资金申领模式。截至2020年9月底，试点省份已办理补贴试点机具2.2万台（套），监测作业轨迹面积达545万亩。

第二节 数字农业管理基本特征

数字农业是现代农业与信息技术深度融合的产物，通过引入先进的信息技术和数字化设备，对农业全产业链进行精细化管理，旨在提高农业生产效率、降低资源消耗，并保障农产品质量安全。经过多年的试点和实践，我国数字农业逐步呈现出农业生产、经营和管理的全链条数字化趋势。

一、农业生产数字化

（一）种植业数字化

码 4-4

首先，建成适合数字化的高标准农田。农田建设是数字农业的重要基石，严格按照高标准农田建设要求平路、修渠整地，使农田“渠成网、田成方、路相通”。截至2022年底，我国基本建成全国数字农田建设“一张图”、第三次全国土壤普查平台和全国农田建设综合监测监管平台，为相关工作的高效开展提供了有力支撑。其次，建设农作物数字管理平台。建立农业数字化服务体系，开发决策支持系统，帮助农民优化生产管理。这些系统可整合气象、市场和生产数据，提供种植建议和市场预测。例如，吉林松原市双子公司应用“吉农云”平台，并部署智能设备，实现生产和经营的全程数字化，关键生产环节智能化管理。再次，智能感知与实时监测。通过物联网技术，种植业可实时收集土壤湿度、气候变化和作物生长状态等数据，为精准施肥、灌溉及病虫害防治提供科学依据。同时设施管控实现了智能化。针对农作物生长初期的浸种催芽、育秧和种植过程进行智能化管理。通过智能浸种水箱，全自动完成农作物浸种催芽。GPS精准定位设备支持远程数字化作业。最后，建立可追溯的质量管理体系。通过农产品质量安全追溯管理信息平台和合格证制度等数字化手段，实现农产品质量可追溯，确保农产品的质量安全。

（二）畜牧养殖数字化

畜禽养殖的数字化、规模化和标准化同步推进，数字技术在畜禽养殖全过程中得到广泛而深入的应用。首先，建立养殖数据管理平台。许多养殖场开始使用综合数据管理平台，借助机器学习和算法分析，帮助养殖户做出更加科学的管理决策，优化生产流程。其次，畜牧业精准化。通过先进的传感技术和数据管理系统，实时监测和管理个体动物的健康与生产状态。传感器收集动物的体重、体温、呼吸率和采食量等数据，并基于这些数据进行定时、定量饲喂和健康监测，以提高生产效率。科学的数据分析可以优化养殖管理，减少资源浪费，促进生态循环发展。再次，养殖技术智能化。通过自动喂养、饮水系统和环境控制设备，减少人工干预，提高养殖效率。同时，人工智能视觉技术可监测动物的健康状况，及时发现疾病，降低损失。最后，养殖过程的生态化与标准化。提高养殖废弃物的综合利用率，减少环境污染。通过标准化流程确保畜产品质量安全，提升市场竞争力。近年来，数字技术的集成应用逐渐成为规模养殖场的标配，通过无人环控平台、自动巡检报警系统和智能饲喂系统等技术，部分数字畜牧养殖试点企业的劳动生产率提高了30%以上，每头出栏生猪成本降低约150元。

（三）渔业生产数字化

首先，优化水产养殖生产管理系统。通过建设物联网设备及信息化平台，实现生产在线可视化、管理规范化、农事档案记录全程化，并精准管理水产品的生长过程。利用数字化技术实现农事信息的定位、定时、定量记录和管理，全面掌控农情，实现水产品基地生产过程的可视化、数据化和标准化管理。其次，完善水产品仓储加工管理系统。通过对订单、拣货、收货、移库、补货、盘点、岗位、流通、供应商等环节的科学决策，获取并共享全流程数据，规范化、便捷化和精细化管理加工与仓储环节。再次，升级水产品流通管理系统。冷链运输车基于物联网技术，结合GPS、无线传输、温度检测、电子地图等技术，实现冷链车运行的全程、全天候、实时无线监控，确保冷链作业的安全与稳定。流通管理平台接收、存储和分析冷链车传输的数据，并通过手机端、PC端进行分析和判断，对异常数据发出警报。建立农业产业一体化管理平台，实现全链条可追溯。为涉农主体建设具有服务功能的模块，根据生产、加工、仓储、物流、销售等环节的不同需求，提供有针对性的产业资源服务、技术服务、便民服务。消费者可通过数字化平台查询水产品从生产到加工和销售的全过程数据，确保产品的真实性和安全性。最后，生产管理数字化。通过渔船渔港管理系统，实现对渔船和渔港的实时监控，确保渔业活动的透明性和安全性。

二、农业经营数字化

（一）农产品电商蓬勃发展

数字农业通过建立电商平台和农产品溯源系统，实现农产品的直销和精准营销。经历20多年的持续创新发展，我国已成为世界第一大农村电子商务国。2023年全国农产品网络零售额达5 870.3亿元，比上年增长12.5%，连续多年保持较快增长，呈现出东中西部竞相发展、各类农产品销售加速覆盖的良好态势。第一，东中西部农产品电商全面发展。网络零售规模方面，2020年华东地区县域农产品网络零售额达1 481.7亿元，占全国县域农产品网络零售额的 42.2%，排名第一。而从增速来看，东北地区县域农产品网络零售额增速最快，同比增长 69.8%。第二，农村电商瓶颈不断突破。2020 年，全国共建成县域电商公共服务中心和物流配送中心 2 120 个，村级电商服务站点 13.7 万个，进一步降低了快递成本。全国在基本实现快递网点乡镇全覆盖的基础上，将快递直投到村比例提升至 50%以上，有助于解决物流配送“最后一公里”的问题。第三，品牌效应持续彰显。阿里数据显示，2020 年阿里平台 300 个区域公用品牌的农产品交易总额超过 41 亿元，交易总单数首次突破 5 000 万单，消费者对区域公用品牌农产品复购率高于 25%，农业品牌消费者忠诚度不断提升。打造了包括褚橙、阳澄湖大闸蟹、湖北小龙虾等一大批知名农产品品牌。第四，新型电商落地乡间田头。直播电商、网红带货、社区团购、农旅直播等新模式新业态在县域掀起热潮，手机变成了“新农具”，数据变成了“新农资”，直播变成了“新农活”。

（二）数字农村普惠金融快速发展

码 4-5

数字农业通过数字普惠金融技术提供农村金融服务，解决了农民融资难、融资贵的问题。现代信息技术的广泛应用，使农村普惠金融服务的可得性和便利性不断提升。首先，乡村金融服务的可得性持续增加。截至 2021 年，我国村镇银行机构覆盖率达 98.17%，行政村基础金融服务覆盖率达到 99.2%，乡镇保险服务覆盖率超过 90%，银行卡助农取款服务点约 81 万个，乡村累计开立个人银行结算账户 48.7 亿户，基本实现了人人拥有银行结算账户、乡乡有 ATM 机、村村有 POS 机。其次，乡村移动支付业务快速增长。截至 2022 年 6 月，我国乡村网络支付用户规模达到 2.27 亿。2021 年，银行业金融机构和非银行支付机构分别处理了 173.7 亿笔和 5 765.6 亿笔乡村移动支付业务，同比分别增长了 22.2%和 23.5%。优化传统金融业务模式，提供适合互联网场景的多元化高效金融服务，扩大对广大农户和新型农业经营主体的金融服务供给。最后，农业经营主体信贷服务显著改善。“农业经营主体信贷直通车”构建了“主体直报需求、农担公司担保、银行信贷支持”的高效农村金融服务新模式，截至 2022 年 4 月，已完成授信 27 496 笔，授信金额突破 200 亿元。例如，浙江农商联合银行搭建了“农创客”共享交互平台，不断加大对“农创客”的普惠金融支持力度。截至 2024 年 7 月，该行已累计为 600 余名回村创业大学生提供 1.8 亿元资金支持，帮扶成立了 15 个农创品牌。

（三）数字乡村物流建设持续推进

物联网技术在农产品冷链物流领域发挥着至关重要的作用。农产品冷链物流的核心是通过数字化手段有效延长农产品的保鲜期，减少损耗，提高食品质量，满足消费者对高品质农产品的需求。首先，感知层能够实时获取农产品运输状态信息。物联网技术通过各种传感器，如温度传感器、湿度传感器和GPS定位器，收集农产品在运输和存储过程中的环境数据。这些传感器可以安装在冷藏车辆、冷库、包装箱甚至单个产品上，持续监测温度、湿度、光照和振动等关键指标，确保农产品在适宜条件下保存，最大限度地减少品质损失。其次，网络层可传输感知数据。感知层收集的数据被传输至云端或本地服务器进行集中存储和处理。借助物联网技术，冷链物流中的所有数据可实时上传和分析，包括温度、湿度监控及车辆位置、行驶路线和预计到达时间等信息。平台将数据转化为易于理解的可视化界面，供物流管理人员、农场主、零售商和消费者查看。最后，物联网技术支持农产品全程可追溯。通过为每个产品分配唯一的电子标识，如RFID标签或二维码，消费者可以通过手机扫描轻松获取产品的来源、加工和运输历史信息，增强透明度和信任度，同时便于监管部门进行质量控制。例如，江苏南京浦口区通过生产、流通、消费全环节的数字化，打造了青虾订单生产、透明供应、信任消费的产业体系，节省了15%以上的养殖人工成本，降低了20%以上的仓储加工物流成本，养殖收益提高了15%以上。

三、农业管理数字化

（一）农业资源管理数字化

农业资源管理数字化主要从加强农用地管理、规范土地流转、稳定和完善农村基本经济制度、保障农民土地承包权益等方面入手。通过对农村耕地、草原、水面、农垦国有土地等自然资源的数字化管理，建设农村集体土地承包经营权流转平台，逐步实现农用地流转和经营管理的规范化、数字化。首先，建设农用地资源管理信息系统。登记农用地的空间分布、面积、质量等自然属性信息，以及使用权和承包权的动态变化信息，同时将农用地基础设施等经济属性信息转化为数字资源登记管理系统。其次，采用现代技术对农地进行动态管理。利用“3S”技术和现代网络通信技术，采集农用地权属管理、农用地经营管理、农用地使用者管理及农用地设施管理等信息，实现土地信息化和动态化管理。再次，建立农村产权流转交易管理服务平台。通过管理平台，统计和实时查询农村土地承包和流转信息，实现农村土地承包合同、经营权流转合同及经营权证书变更登记等业务的网上办理。最后，建立农业资源共享机制和校核机制。实现农业资源信息跨部门共享，为解决耕地面积减少、资源利用率低、农产品供给压力增大及生态环境恶化等问题提供保障。目前，我国对农地的数字化监管模式不断创新，正在探索利用数字技术支撑耕地用途管制、制种基地监管和宅基地改革试点等工作的路径和措施。

（二）农业行业管理数字化

农业行业管理数字化主要依托农业行业信息资源，建立农、牧、渔、垦、机指挥调度系统和农业安全生产管理信息系统。通过实时动态信息采集、信息分析和指挥调度，对农业生产和市场信息进行动态监测与趋势预测，提供综合分析报告和对策建议。首先，对渔船和农机进行数字化管理。截至 2022 年，沿海省份持续推进海洋渔船北斗和天通卫星终端等设备建设，依托渔船动态监控管理系统构建海洋渔船动态船位信息全国“一张图”，形成了完备的“渔船＋船港＋船员、近海＋远洋”捕捞业数据库，并开展伏季休渔期渔船疑似违规作业、疑似跨海区作业等识别分析，为伏季休渔管理和渔船监管提供有力支撑。其次，建立农产品市场分析平台为产业发展提供参考。目前，我国大豆、苹果等 8 类 15 个品种的全产业链大数据建设试点稳步推进，生猪产品信息数据平台已上线，发布生猪全产业链数据。农产品市场监测预警体系初步建立，农产品市场分析与研判能力显著提升。再次，为农业数字化转型提供全方位服务。依托全国家庭农场名录系统，开展家庭农场“一码通”管理服务，已为首批约 3 000 个家庭农场赋予唯一标识码，便利家庭农场产品销售、贷款和保险等服务。最后，建立国家科技特派员信息管理服务系统。例如，陕西省的科技特派员登记备案工作按照“属地管理、应登尽登”的原则进行，旨在完善国家科技特派员信息管理系统，实现科技特派员在行政村的全覆盖，推动科技特派员工作的规范化和制度化。

（三）农业综合执法数字化

利用先进的信息技术和管理手段实现农业综合执法数字化，可有效提高政府办事效率和透明度，为农民及涉农机构提供及时的政府服务支持。首先，建立行政许可审批管理信息系统。通过实现行政许可审批数字化，优化种子、饲料、兽药等经营许可证的审批流程，建设农作物种子、兽药、草种、捕捞许可证、农作物基因安全管理等行业的执法信息管理系统。其次，建立综合执法指挥平台。实现远程指挥与现场执法的无缝对接，该平台支持线上线下巡查互动，确保执法过程透明高效。通过大数据分析技术，执法机构可实时展示执法工作进展，利用动态图表分析执法数据，一些地区开发了智能分析研判模块，能够生成违法案件的热力图，帮助执法机构识别高发区域和薄弱环节，从而科学安排执法巡查计划。再次，使用移动执法系统。借助移动执法箱和执法记录仪，执法人员能够在现场进行实时记录，确保执法行为的全程可追溯，使得证据收集、程序流转和文书生成均可在线完成。最后，建立数据监管平台。结合物联网技术，农业执法部门通过视频监控设备实现对农业生产和经营主体的实时监管，确保农产品质量安全。例如，江苏省连云港市建立的“互联网＋农业”大数据综合监管平台，汇集了监管对象信息和农产品追溯数据，实现了对农业执法的全面监控和管理。

第三节　数字农业管理存在的问题

随着云计算、大数据、人工智能等技术的发展，我国数字农业取得了一定的成效，但仍处于相对早期发展阶段。在实际推广和应用过程中，面临乡村数字化基础设施建设水平有待提升、数字农业技术体系不够完善以及数字农业人才相对匮乏等问题。

一、乡村数字基础设施建设有差距

尽管近年来乡村数字基础设施的投资和建设步伐日益加快，但农业生产经营相关的数字化设施仍不够便捷有效。

（一）乡村网络设施覆盖存在不足

尽管乡村宽带和光纤网络覆盖有所提升，但部分地区仍存在信号微弱、带宽受限和网络不稳定的情况。特别是在数字化服务日益普及的背景下，农民在参与社会事务时面临一些障碍。首先，乡村网络质量和服务应用水平亟待提升。一些偏远山区和农村由于地处偏僻、地势险峻，不利于基站建设。即便在已覆盖网络的乡村，网络质量和服务应用仍有改进空间。网络信号不稳定、带宽不足、上网速度缓慢等问题依然存在，限制了农民利用网络进行农业数字化转型的可能性。其次，地区差异显著。例如，4G 网络覆盖率在不同地区差异较大，东北地区相对落后，西部地区 4G 网络覆盖率较低。尽管 5G 网络已覆盖所有县城城区，但行政村的覆盖率仍然较低。最后，应用水平亟待提升。一些村庄面临人口老龄化和空心化问题，数字化、智能化设备的利用效果尚需提高。网络应用主要集中于手机上网、收发短信、打电话等基本功能，高级应用如网上购物、网上银行、网上办事等普及率较低。

（二）农业物联网设备普及率低

传感器是农业物联网的“神经末梢”，是获取农业物联网所需数据的主要手段，但目前我国农业物联网设备的普及率仍远未满足实际需求。首先，农业物联网设备的实施成本较高。无线传感器的购买、设置、维护以及对设备设施的控制都需要较大的资金投入。例如，智能化灌溉和土壤监测设备，平均每亩地的设备成本约为 8 000 元，预计使用寿命为 10～15 年，但首次投入成本过高，且难以与最终的实际效益平衡，导致大多数个体农民和部分农业企业难以承受。仅导航设备改装一项，黑龙江省红卫农场在 2020 年和 2021 年分别支出 350 万和 468 万元，升级成本较高。其次，物联网技术储备不足。目前，许多地方的农业物联网基础设施主要依靠政府投资，民间资本参与度较低，导致整体农业物联网基础设施不足，进而抬高了数据采集成本并增加了维护难度，基础设施方面的缺陷限制了技术的研发。最后，当前的农业生产经营模式限制了物联网技术的应用。我国农业仍以包干到户、分散经营的小农经济模式为主，不适合大规模推广物联网应用。个体农户部署物联网设备的成本高、风险大，且效益不明显。

（三）农业大数据的应用不够广泛

目前我国农业大数据的应用仍处于起步阶段，数据的收集、分析和应用能力有待提升。首先，农业大数据标准体系不完善。目前，我国尚未建立完整的农业物联网技术标准体系，导致技术产品质量参差不齐、稳定性差，难以确保可靠性。其次，存在农业大数据的孤岛现象。农业大数据资产主要分布于政府部门、涉农企业和合作社、农业高校和科研机构、农业网站等，但数据分散在不同省市县、单位和科室，形成数据孤岛，影响数据共享，增加了数据开放和整体利用的难度。再次，农业大数据的质量较低。已开放的数据平台中，经常出现数据无法浏览、无法下载或链接失效等问题，平台的便捷性和可访问性较差。同时，存在关键数据缺失、关联性差等问题。最后，农业大数据的获取成本较高。农业大数据获取的成本，包括技术投入、数据采集、人才、研发、运营等，前期均需大量资金投入，导致目前缺乏成熟的产品。同时，不同用户的需求各异，进一步增加了农业大数据应用的难度和成本。

二、数字农业核心技术体系不完善

改革开放以来，尤其是最近十几年，我国在农业领域引进和研发了许多先进的信息科学技术，并在一定限度上得到了应用。然而，与发达国家的农业数字化技术体系相比，我国当前的农业数字化核心技术体系仍然相对落后。

（一）农业数字技术标准体系不规范

农业数字技术标准化问题一直是制约我国数字农业发展的重要障碍。首先，我国数字农业标准存在滞后性。随着农业大数据的快速发展，现有标准体系难以及时适应新技术和新应用的需求，导致标准更新滞后。其次，部分地区缺乏市级层面的整体统筹和顶层规划设计。由于各地标准不统一，难以形成互联互通的生态系统。目前，多数部门和乡镇各自为政，多头建设、重复建设，不仅造成资源浪费，实际应用的推广效果也不够理想。最后，研发单位各自为战可能导致技术服务的分割。多家数字技术公司、高校、科研单位分别开发各自的农业数字技术，虽然在早期有助于技术创新和多样化，但如果长期缺乏协同，容易导致数字设备不兼容，限制数字农业的发展。例如，各地的数字农业试点数据库通常基于自身标准建设，导致数据库之间的兼容性差，无法满足数据共享的需求，同时还造成了数据库的重复建设和资源浪费。

（二）数字农业技术创新能力有短板

首先，相关硬件和软件技术发展滞后。目前，我国农业传感技术相对滞后，高端产品对外依赖度较高，原始创新能力不足，难以满足农业物联网对农田数据获取的需求。例如，天空地一体化的数据获取能力较弱、覆盖率低，数据要素的价值挖掘和利用尚显不足。其次，农业生产中传感器的使用因具体环境的差异而存在特殊要求。某些农业生产常在高温、多水和腐蚀性较强的环境下进行，要求农业传感器具备防水、抗腐蚀等特性，这对传感器制造材料提出了更高的要求。最后，在软件技术层面，我国在支撑农业智能决策控制的模型和算法方面也存在差距。例如，我国基于国外作物生长模型研发并实现商业化的智能种植决策软件，在北方地区由于大田种植条件与国外相似，经过大量实测数据校准后，模型的预测准确度较为理想，但在南方地区，由于作业条件与国外差异较大，模型的适用性较差。

（三）数字农业技术的应用场景有限

首先，数据共享与整合不足。农业相关数据的开放与共享程度较低，缺乏有效的数据管理和共享机制，导致农民难以获得所需的信息与服务。农业生产、加工、流通等环节之间的衔接不够紧密，数字技术的应用难以形成闭环，整体产业链的数字化水平较低。其次，数字技术应用场景单一。数字技术在农业中的应用主要集中于农产品电商领域，虽然在生产环节进行了一些数字农业的尝试，但产业链其他环节的数字化程度较低，仍局限于单一技术或单一场景的应用，如温室大棚的自动化控制、精准浇灌等。再次，缺乏数字农业综合服务。虽然部分企业已开始利用物联网技术进行数据采集和服务扩展，但整体而言，农业服务仍停留在传统模式，缺乏多功能的综合服务体系，难以有效整合生产、销售、物流等环节。最后，技术采纳意愿不足。许多农民对数字技术的认知和理解有限，导致其对新技术的采纳意愿不足。此外，由于小农户支付能力的限制，数字农业的应用范围受到制约。

（四）数字农业技术采用存在不均衡

尽管数字农业技术已取得一定成果，但其在农业生产中的普及率和应用比例仍然较低。首先，我国数字农业技术的采用存在明显的区域差异。尽管农业数字化整体发展速度在加快，地区之间的差异依然显著。互联网巨头在数字农业领域的布局主要集中在广东、北京等地区，这些地区的农业数字化企业数量较多，展现出较高的活跃度和领先优势，数字农业技术的采用程度也相对较高。同时，发达地区和城市周边的农业更容易获得技术与资金支持，而偏远和欠发达地区的农业则面临更多困难与挑战。其次，农业数字经济的渗透率远低于工业和服务业。2022 年，农业数字经济渗透率仅为 10.5%，而同期工业和服务业的渗透率分别为 24.0%和 44.7%，表明农业在数字化进程中与其他行业仍有较大差距，提升空间广阔。

三、数字农业相关人才相对短缺

发展数字农业，数据是核心，但关键在人才。然而，当前数字农业发展面临技术人才、经营人才和管理服务人员短缺的问题，导致数字农业发展受到一定限制。

（一）数字农业专业技术人员短缺

现行农业教育主要聚焦于传统种植业和畜牧业的人才培养，而数字农业技术研发与管理服务的复合型人才严重不足。首先，乡村较难吸引并留住数字技术人才。乡村内部难以培养专业技术人才，也很难吸引外部专业人才加入，一些地方甚至无法保障数字化设施的基本运行和维护。技术创新和推广人员大多受过高等教育，并生活在城市中，即便他们愿意下乡，生活环境的差距往往会让他们产生心理落差，降低他们扎根乡村的意愿。其次，数字农业技术教育的人才培养还存在较大缺口。缺乏具备深度学习与人工智能技术的人才，如算法工程师、数据科学家；缺乏具备大数据处理与分析能力的人才，如数据工程师、数据挖掘工程师；缺乏具备软件开发能力的人才，如后端开发工程师、前端开发工程师；也缺乏具备项目管理能力的人才，如项目经理、技术总监等。最后，缺乏兼具农业专业知识和数字技术能力的复合型人才。数字农业的发展需要既懂农业又精通数字技术的复合型人才，但目前高校培养的人才往往知识结构单一，难以胜任这一要求。

（二）新型数字农业经营主体不足

人才是数字乡村建设的关键因素，而农民是农业农村现代化的主体。首先，农村劳动力流失严重。由于我国城乡发展差距依然较大，城市提供更多就业机会和更高的经济收入，因此大多数农村青壮年劳动力选择进城务工，放弃土地耕种。留守乡村的多为老年人、妇女和儿童，这对科技推广极为不利。其次，数字化发展意识薄弱。乡村居民对数字技术和数字经济缺乏深入理解，数字化意识尚浅，推动数字化发展的动力不足。最后，乡村居民对数字农业知识的学习意愿普遍不高。农民面临年龄结构老化、知识储备不足和操作技巧有限等问题，这些因素共同导致他们在应用数字农业时遇到诸多挑战。例如，在对四川省眉山市 3 个县的柑橘产业社会化服务调研中发现，数字化应用主要集中在为农民提供果园管理解决方案，通过数字手段识别病虫害和检测土壤中微量元素含量，以帮助果农更好地管理果园。例如，丰农控股旗下的大丰收平台为果农提供解决方案，甚至将农药和化肥送到田间，但部分农户仍难以完成生产环节的最后一步。

（三）数字农业政务服务人才缺乏

对数字农业进行管理是乡镇政府的重要职责，但在管理过程中存在熟悉数字农业的人才短缺等问题。首先，部分基层政府领导和工作人员对数字政务的理解不足。对数字乡村政务服务的定位、目标、实施策略和途径等缺乏全面认识。这种情况在年轻、受过较好教育的人群中有所改善，但在年纪较大、教育水平较低的人群中尤为突出，不仅影响了数字化服务的推广效率，也影响了服务的质量。部分工作人员认为，只要政府建立网站并通过网站发布公文，就已经实现了数字政务管理，缺乏利用数字技术提升政府服务的意识。其次，乡村政务服务人员缺乏必要的数字技能和信息技术知识，尤其是缺乏与数字农业相关的专业监管知识，难以有效使用和维护数字政务系统。产生这些问题的原因有两方面：一是乡村基础条件相对城市较为落后，吸引力不足。乡村在交通、教育、医疗等方面条件较差，难以吸引和留住高素质的数字技术人才。二是乡镇电子信息产业市场对专业技术人才的需求有限，难以形成人才集聚效应。这在电子政务信息系统建设中尤为明显，关键岗位如软件开发、网络维护、软件测试等领域的专业人才严重短缺。

第四节　数字农业管理政策演变

数字农业政策在中国的推进最早可追溯到改革开放后计算机在农业领域的应用。此后 40 多年间，相关政策的颁布和实施推动了我国农业从信息化起步期到数字农业体系建设期，再进入当前的数字农业全面加速期。

一、农业信息化起步阶段

1978—1999 年，随着党和国家工作重心转向经济建设，现代科技在“四个现代化”建设和经济发展中的重要地位得以确立。国家开始高度重视电子信息技术的发展与应用，并大力推动经济信息管理系统的建设。

（一）重视计算机技术应用

1978 年，全国科学大会通过的《1978—1985 年全国科学技术发展规划纲要（草案）》将电子计算机技术明确列为 8 个重点发展的科技领域之一。1982 年，国务院成立了计算机与大规模集成电路领导小组，后更名为电子振兴领导小组，推动我国电子和信息产业的发展及其在国民经济中的应用。1985 年，农牧渔业部提出了《建设农牧渔业信息系统的方案意见》并制定了《农牧渔业部电子计算机应用规划》。1986 年，国务院确定在“七五”规划期间重点建设国家经济信息管理主系统，先后批准了经济、金融、铁道、电力、民航、统计、财税、海关、气象等 12 个国家级信息系统的建设。在此背景下，我国农业农村的信息化建设进入起步阶段。1987 年，农牧渔业部成立了信息中心，推动计算机技术在农业和农村统计工作中的应用。该时期的重点是推动计算机技术在农业研究和管理中的应用，充分发挥其在信息收集、统计分析和规划模拟等方面的积极作用。

（二）信息化支持体系初步形成

首先，国务院成立国家信息化机构并颁布了国家信息化规划。1993 年 12

月，国家经济信息化联席会议召开，正式拉开了国民经济信息化的序幕。1996年1月，国家信息化领导小组成立，进一步加强了对全国信息化工作的统一领导和组织协调。1997年4月制定的《国家信息化“九五”规划和2010年远景目标（纲要）》，明确了国家信息化建设的总体思路和信息化体系的基本构想。1998年，信息产业部组建，并成立信息化推进司。其次，农业部成立了信息化机构，推动农业信息化规划。1993年，农业部成立农村经济信息体系领导小组，1994年成立市场与经济信息司，初步形成了农业信息化建设的组织机构体系。1994年底，为加速和推进农业和农村信息化，国家经济信息化联席会议第三次会议提出了建立“农业综合管理和服务信息系统”，即“金农”工程。1996年，农业部召开首次全国农村经济信息工作会议，提出了《“九五”时期农村经济信息体系建设规划》，提出农村经济信息体系建设的基本构想。最后，农业信息化基础建设开始起步。中国农业信息网和中国农业科技信息网分别在1996年和1997年开通运行。1998年，国家广电总局和国家计划委员会启动了广播电视“村村通”工程，旨在解决边远乡村收听广播、收看电视的难题。

二、数字农业体系建设阶段

（一）国家信息化建设全面布局

进入21世纪以来，国民经济和社会信息化上升至“覆盖现代化建设全局的战略举措”的高度并成为优先发展领域。首先，信息化政策全面布局。2002年10月发布的《国民经济和社会发展第十个五年计划信息化发展重点专项规划》，强调推进信息技术应用是信息化发展的首要任务。同年，印发的《国家信息化领导小组关于我国电子政务建设指导意见》，要求加快包括“金农”在内的8个政府业务系统工程建设。2006年颁布的我国信息化发展的第一个中长期战略——《2006—2020年国家信息化发展战略》，在“三农”服务方面提出了提高农村网络普及率、建设城乡统筹的信息服务体系等目标。其次，互联网农业开始启动。2013年，国务院印发《“宽带中国”战略及实施方案》，提出将宽带纳入电信普遍服务范围，重点解决宽带“村村通”问题。2015年，“十三五”规划提出实施网络强国战略、“互联网＋”行动计划及国家大数据战略。国务院发布《关于积极推进“互联网＋”行动的指导意见》，将“互联网＋”现代农业纳入11项重点行动之一。2016年启动的《网络扶贫行动计划》，通过三级网络扶贫工作机制推进相关政策措施的落地实施。

（二）农业信息化体系加速建设

2001 年，农业部启动《“十五”农村市场信息服务行动计划》，为农业发展提供全方位的信息化服务。2006—2007 年，相继出台《农业部关于进一步加强农业信息化建设的意见》《“十一五”时期全国农业信息体系建设规划》《全国农业和农村信息化建设总体框架（2007—2015）》《关于开展全国农村信息化示范工作的通知》等重要文件，确立了以信息基础设施和人才队伍为基本要素的总体建设框架。2011—2013 年先后发布的《全国农业和农村经济发展第十二个五年规划》《关于加快推进农业科技创新持续增强农产品供给保障能力的若干意见》，要求推动“十二五”时期农业农村信息化全面发展，并在先进制造技术、精准农业技术等方面取得突破，进行信息化试点。2015—2018 年，中央 1 号文件连续多年聚焦“数字农业”，该阶段进入具体实施阶段。农业部会同相关部门出台《关于推进农业农村大数据发展的实施意见》《2015 推进农业电子商务发展行动计划》《“互联网＋”现代农业三年行动实施方案》《“十三五”全国农业农村信息化发展规划》《农业部关于全面推进信息进村入户工程的实施意见》《关于深入推进农业供给侧结构性改革加快培育农业农村发展新动能的若干意见》《关于做好 2017 年数字农业建设试点项目前期工作的通知》等政策文件，先后启动一系列重点项目建设，包括信息进村入户、电子商务进村综合示范、电信普遍服务试点、农业物联网示范、数字农业试点、农村“雪亮工程”“互联网＋”农产品出村进城工程、国家数字乡村试点、数字农业和智慧农业建设试点等。2018 年，中共中央、国务院在《关于实施乡村振兴战略的意见》中首次提出“实施数字乡村战略”。

三、数字农业全面加速期

2019 年以来，数字农业管理政策进入加速期，该阶段最大的政策特点是着力推动数字农业向智慧化转型。从国家政策到地方落实执行，从基础设施建设到技术推广应用，以及社会化服务的完整政策体系，促进了智慧农业快速发展。

（一）数字农业政策全面推进

数字农业管理得到快速推进，政策文件数量大幅增加，内容更加丰富，涵盖了数字农业的多个方面。2019 年 5 月发布的《数字乡村发展战略纲要》，为数字农业发展提供了政策指引。同年，印发的《数字农业农村发展规划

(2019—2025 年)》明确了未来几年数字农业农村建设的总体思路、发展目标和重点任务，5 项主要任务包括：构建基础数据资源体系、加快生产经营的数字化改造、推进管理服务的数字化转型、强化关键技术装备创新、加强重大工程设施建设。2020 年，中共中央、国务院发布《关于抓好“三农”领域重点工作确保如期实现全面小康的意见》，强调依托现有资源建设农业农村大数据中心，加快物联网、大数据、人工智能、第五代移动通信网络、智慧气象等现代数字技术在农业领域的应用。同年，印发的《2020 年数字乡村发展工作要点》指出，要推动农业生产的数字化转型，推进数字农业及重要农产品全产业链大数据建设，构建农业农村大数据平台，围绕智慧农业、智能农机装备等开展关键技术攻关与创新应用研究，促进人工智能技术与农业的深度融合。

（二）智慧农业政策开始探索

自 2021 年以来，随着技术的成熟和政策的持续支持，数字农业开始向智慧农业转型。2021 年 4 月发布的《关于全面推进乡村振兴加快农业农村现代化的意见》，提出要发展智慧农业，建立农业农村大数据体系，推动新一代信息技术与农业生产经营的深度融合。2022 年 1 月发布的《中共中央 国务院关于做好 2022 年全面推进乡村振兴重点工作的意见》强调，要大力推进智慧农业发展，促进信息技术与农机农艺的融合应用。2022 年 3 月发布的《“十四五”数字经济发展规划》提出，大力提升农业数字化水平，推进“三农”综合信息服务，创新发展智慧农业，提升农业生产、加工、销售、物流等各环节的数字化水平。2023 年 1 月发布的《中共中央 国务院关于做好 2023 年全面推进乡村振兴重点工作的意见》提出，要推动数字化应用场景的研发推广，加快农业农村大数据应用，推进智慧农业发展。2024 年 1 月，印发的《2024 年数字乡村发展工作要点》要求从加强农业科技创新与应用推广、提升农业全产业链数字化水平以及以数字技术深化农业社会化服务等方面大力推进智慧农业发展。

第五节 数字农业管理未来发展重点

我国数字农业已经具备一定基础，为传统农业注入了新的活力。未来，数字农业的发展需在支撑政策体系、农业数字基础设施、核心科技创新，以及人才培养等方面持续推进。

一、数字农业支持政策将持续完善

（一）创造农业数字转型包容环境

首先，提升数字技术对小农户的普惠性和包容性。目前，小农户仍是我国农业生产的主要力量，政府部门可以通过为各类市场主体提供“有条件的”支持政策，将带动小农户融入数字农业产业链作为获得支持的前提条件，增加小农户参与数字农业的机会。其次，创造高效赋能的商业环境，鼓励多样化市场主体发展。目前，农业数字技术的主要服务商包括高科技企业、农业投入企业、非农业硬件生产商、初创企业以及部分农业加工和贸易企业，这些企业推动了农业产业数字化转型，但其纵向合并对农业农村的影响具有不确定性，政府需要加强监管。最后，加快农业数据立法。虽然《中华人民共和国数据安全法》于2021年9月发布，但农业数据的安全性尤为关键，需明确农业数字产权边界，保障主体隐私权，降低数据被非法使用的风险。同时，应落实《中华人民共和国反垄断法》，防止平台垄断，维护数据主体的合法权益。此外，还应加快政府数字乡村政务平台建设，推动农业农村数据资源在各利益主体之间的协同管理与价值融合。

（二）完善数字农业补贴政策体系

建立差异化数字农业补贴机制是一项创新的政策工具，旨在激励和引导农业从业者采用先进的数字技术，提高农业生产效率和产品质量，同时促进农业的可持续发展。首先，提高智慧机械补贴比例。将农业物联网成套设备和智能拖拉机配套测控终端纳入农机购置补贴范围，适度提高智能化高端农机购置补贴标准，推动数字农业发展，提高农业生产的智能化和精准化水平。其次，建立区域规模差异化补贴机制。根据区域和产业差异，建立支持各类规模农户应用数字技术的差异化补贴机制。按照生产规模给予适度规模经营主体定额或比例补贴，按照服务面积给予智能作业服务主体托管服务补贴。最后，发挥补贴的示范带动作用。例如，对生猪、奶牛、家禽等养殖大县实施智慧畜禽养殖试点补贴，对设施蔬菜标准园和水产健康养殖示范场给予重点补贴。

（三）持续推进数字农业标准化

实施标准化规划和作业是发展数字农业的基础和前提。发达国家的农田、果园和牧场通过标准化规划和精细化管理，为大规模高效利用智能农业装备创造了条件，大幅提升了作业效率、产量和品质。我国的农田、果园和牧场需尽快推进标准化规划，制定标准化作业规范，并研发高效配套作业装备，为大规模机械化作业创造条件。首先，制定数字农业的标准体系。建立涵盖术语、参考架构和评价模型的基础标准，为数字农业的各类应用提供统一框架。制定乡村网络基础设施、农业农村天空地一体化监测网络等方面的标准，确保基础设施的互联互通与有效运行。围绕涉农数据资源、数据治理和数据服务，建立数据标准，促进数据共享与利用，指导农业生产、经营和管理的数字化建设，确保数字技术的有效应用。其次，加强试点建设。在数字化水平较高的地区，如粮食生产功能区和现代农业示范区，继续建设数字农业试点，探索可复制的建设模式，推动种植业、畜牧业和渔业的数字化改造。最后，推动合作与协同。加强政府、科研机构和企业的多方合作，形成合力，共同推进数字农业的标准化工作。

二、需持续完善数字农业相关基础设施

（一）提升乡村网络基础设施供给能力

码 4-6

完善政府引导、市场主导、社会参与的协同推进机制，提高农业相关“新基建”的建设水平。首先，加强基础设施建设。根据乡村的实际需求，持续推进乡村宽带网络和 4G 网络的普及，加快“宽带边疆”建设，同时推动 5G 网络和千兆光网向乡村延伸。实施电信普遍服务，确保全国未通宽带的行政村实现动态清零，进一步提升乡村的互联网普及率，确保乡村生产作业区、农产品直播基地等重点场所的网络覆盖度得到提升。其次，优化乡村网络服务。提升乡村网络服务质量，确保农村居民享受到与城市同等的网络速度和稳定性，实现“同网同速”。再次，推动信息终端和服务供给。鼓励开发适应农业农村特点的信息终端、技术产品和移动互联网应用，满足农村居民多样化的网络服务需求。通过公私合营的方式推进农业数字平台建设，引导农业经营主体接入平台并采纳数字化应用场景。最后，加强网络安全监管。持续开展网络安全专项督查，加强涉农重点网站和业务信息系统的防护能力建设。

（二）加大农村基础设施改造升级力度

码 4-7

第一，实现乡村公路数字化管理。推进乡村公路“一路一档”数字化试点建设，稳步提升农村公路路况自动化监测比例，加快实现农村公路“一张图”管理。第二，重视乡村水利的数字化建设。通过数字孪生水利建设，推动水利基础设施的数字化和智能化改造，提升乡村水旱灾害防御能力和供水保障能力。第三，推进农村电网数字化建设。深入

实施农村电网巩固提升工程，鼓励有条件的地区稳步推进农村电网的数字化和智能化转型，提升农村供电能力和质量。第四，开展有线电视升级工程。持续推进有线电视网络的升级改造，加快广播电视直播卫星高清终端的推广普及，促进高清和超高清电视节目进村入户。第五，推进数字乡村物流发展。加强农产品仓储保鲜冷链设施建设，促进农产品冷链各环节的有序衔接与信息共享，推广冷链云仓、共同配送等模式，提升农产品冷链流通效率。

（三）构建适合我国实际的农业模型

数字农业的关键技术是数字化农业模型，因此模型的构建和应用是数字农业发展的基础性工作。首先，完善和推广农业生产过程模型。例如，中国农业大学冯利平教授及其团队研究开发了多种作物生长模拟模型，包括小麦、水稻、玉米等，这些模型能够模拟作物的生长发育、籽粒形成及产量等动态过程，为农业生产管理提供科学依据，值得进一步推广。其次，建立农业产业系统的管理知识模型。该模型集成农业生产、加工、销售等各个环节，通过系统分析原理和数学建模技术，对农业产业中的各类要素进行量化分析和模拟，以优化资源配置，提高生产效率和市场响应能力。其范畴包括作物生长模型、土壤管理模型、水资源管理模型和市场预测模型等，覆盖从田间到餐桌的全产业链，实现农业生产、管理设计和决策的智能化、科学化和数字化。最后，促进农业农村数据资源整合。需构建包括大数据中心和农业综合服务平台在内的基础信息共享平台，建立数据共享机制，拓展数据获取途径，不断提升乡村的数据获取与共享水平。

三、注重数字农业核心科技研发和推广

（一）加强数字农业核心科技研发

首先，核心技术需自主研发。依托国家重点研发计划和农业关键核心技术攻关项目，加快智能设计育种、智能农机装备、农业传感器与专用芯片、农业核心算法等技术和装备的研发。推动农机装备企业与电子信息等领域企业加强合作，开展基于北斗导航的植保无人机、自动驾驶拖拉机、无人插秧机、无人联合收割机等装备的研发制造。其次，推动数据模型国产化。随着大国科技竞争的加剧，科技成果引进的壁垒不断增高，而国内外农业业态差异较大，导致我国无法直接套用国外模式与模型。应积极鼓励科研成果的产业转化，深化产业与学术、农业与数据科学的跨界合作，实现产业核心数据模型的自主研发已成为必然趋势。最后，推动农业机械智能化。机械化与智能化之间的差距主要

在于“数据驱动”。中国制造2025战略明确将“智能制造”作为主攻方向，顺应市场趋势，农机厂商需要不断利用数据为机械赋能，适应数字农场的场景需求，实现从制造商向服务商的转型升级。

（二）加快推进涉农数据资源集成共享

推动自然资源数据、气象数据、金融数据、在线交易平台数据等农业农村数据平台建设，提高数据共享水平。首先，加强数字农业顶层设计。构建农业数据开放共享平台，明确国家层面农业大数据平台的建设任务，厘清不同层级平台的衔接配合关系，制定各部门数据共享的范围与边界，推动各级政府信息系统与公共数据的互联共享、制度对接与协作。其次，完善数字农业技术体系。包括数据标准化技术、共享系统对接技术、数据存储技术、海量数据检索技术以及共享数据安全技术，这些技术对实现跨平台、跨部门、跨系统的数据对接和共享至关重要。再次，建立数字农业信息共享机制。构建涉农部门、行业与领域的信息共享机制，逐步实现上下级、部门间、跨领域的农业数据信息共享、发布与开放利用。设立涉农数据资源共享协商机制，制定农业数据开放共享的时间表，提前向社会公告全年数据发布的具体内容、时间和渠道。最后，加强数字农业发展的法治保障。建立农业数据共享法律制度体系，明确各参与单位的职能定位，确保大数据平台及服务商的可靠性、安全性评估等得到有效落实。

（三）提升农业全产业链数字化水平

第一，通过农业技术推广体系传播数字农业技术。通过政府补贴，推动产业链各环节的数字技术应用，构建农业生产组织与数据平台之间的合作利益联盟，最终打造健康的农业数字生态。第二，持续推进国家智慧农业项目建设。通过数字农业试点，带动重点区域和重点品种的产业数字化转型。支持有条件的地区以县、市为单位规划建设智慧农业引领区，探索形成区域性的整体解决方案。第三，推进社会化全程服务。支持市场主体建设区域性农业全产业链综合服务中心，整合农资、农机、农艺、技术、信息和人才等生产要素及服务主体，提供全程专业社会化服务，提升农业生产经营的规模化、集约化、专业化、标准化和数字化水平。第四，鼓励农产品加工业的数字化转型。以拓展产业增值空间为重点，开发特色化、多样化产品，提升产业附加值，促进农户生产、企业加工、客户营销和终端消费的协同运作，实现上下游企业在采购、生产和物流上的协同合作。第五，持续推动农产品全过程可追溯系统建设。稳步推进有机产品等食品农产品认证制度的建设与实施，实现有机产品“一品一码”全过程信息追溯。加强国家农产品质量安全追溯管理信息平台的应用推广，推动县级以上农产品追溯平台逐级与国家追溯平台对接。

四、完善数字农业从业人才培养体系

（一）提高数字农业科技人才培养水平

首先，改革数字农业技术人才培养体系。加强普通高等教育智慧农业、农业智能装备等新农科专业建设，统筹推进现代农业技术、农业装备应用技术和智慧农业技术等职业教育专业的建设与改革。实施农村职业教育和成人教育示范县创建，加快培养服务乡村振兴的实用型、复合型高技能人才。其次，推进产学研结合与国际交流。通过与科研院所和专业机构的紧密合作，搭建技术交流、资源共享和创新协同的平台，促进农业数字化人才的培养。鼓励农业人才参与国际交流项目和科研创新，拓宽国际视野，提升实践技能，适应全球农业发展的新趋势。再次，建立政策支持与激励机制。构建符合农业科技发展规律的制度体系，完善农业科技创新人才的激励机制，设立人才津贴，释放农业科技人才的创新活力。最后，实施乡村振兴人才支持计划。继续组织实施高校毕业生“三支一扶”计划，引导包括数字人才在内的各类专业技术人才下乡服务。完善数字人才服务乡村的激励机制和保障措施，最大限度地激发人才内在活力。

（二）不断壮大数字农业经营人才队伍

首先，加强教育投入是提升农民数字素养的基础。当前，乡村居民的数字素养普遍跟不上新时代的发展步伐，需要增加对职业教育和培训的投入，尤其是针对直播带货技能、电子商务等现代农业生产方式的培训，以提高农民掌握和应用新技术的能力。其次，增加新型农业经营主体的来源。在国家鼓励农民工、大中专毕业生、退伍军人、科技人员等返乡下乡创业的政策引导下，以新型农业经营主体为核心，同时构建包容性数字农业人才培养体系，特别要兼顾小农户的发展需求。再次，帮助农民进行数字化转型。通过举办各类培训课程，如农村实用人才带头人培训项目和高素质农民培训课程，培养电商骨干人才，开展农村电商专题班，并结合线上线下的培训模式，为农民提供电商技能培训，提升其电商操作能力和数字化应用水平。最后，推动产学研合作。鼓励高校与企业、科研机构合作，共同开发课程、开展科研合作，实现资源共享和优势互补，提升学生的创新能力和实践技能。

（三）提高数字农业管理人才服务水平

首先，必须强化培训与教育工作。应定期组织针对乡村治理核心人员、乡村旅游与文化专业人才、农村数字化青年专业人才的培训班，提升他们的数字技能和专业知识，从而增强数字乡村管理的服务能力。其次，制定优惠政策以增强乡村对数字管理人才的吸引力。应为数字乡村管理人才提供具有竞争力的薪酬待遇、职业发展路径以及良好的工作环境，并根据数字人才的实际需求，出台包括税收减免、贷款支持、创业基金、职称评审和资格认定等在内的优惠政策。同时，完善乡村的教育、医疗、文化等公共服务设施，增强人才扎根乡村、服务农业的意愿和信心。再次，通过多种渠道增加数字乡村管理技术人才的数量。通过颁布优惠政策和增加职业发展机会，激发他们的创新活力与工作热情，吸引具备数字农业设备维护、数据处理与存储、平台维护等专业能力的人才，确保数字农业运行的安全性和可靠性。最后，必须加强资源整合工作。推动农业全产业链的精准化数字服务研究，提升数字资源整合的力度，拓展数字服务市场，为数字农业发展提供更加精准、高效的服务。

第六节 数字农业管理的典型案例

一、安徽省长丰县打造智慧种植新模式

长丰县充分利用物联网、大数据和人工智能等先进技术，建设大数据中心、草莓园区智慧管理系统、草莓品质品牌智慧管理系统等智慧化平台，构建涵盖“产业布局、病虫害识别、肥水管控、农产品质量安全追溯、销售网络”的全方位草莓产业管理体系，实现草莓生产过程中温度、光照、气候、土壤、肥料、农药的可视化与联动控制，打造草莓资源智慧化、生产智慧化、管理精准化、服务远程化、质量监管网络化的“五化”模式，形成可复制、可推广的智慧农业应用场景。

首先，建设草莓品质品牌智慧管理系统。在示范园区的温室大棚内安装智慧巡检机器人，结合AI识别传感器与算法，对草莓的生长、果形、裂果和成熟度等表型数据进行动态采集。基于各类传感器收集的数据，利用AI技术构建专业的本地化草莓大数据模型，形成标准化的草莓品质控制体系。通过统一的“长丰草莓”溯源标识及扫码系统，消费者和经销商可以在购买时查看农产品的质量等级，进一步提升“长丰草莓”国家地理标志农产品的品牌影响力。

其次，建设大数据中心。依托草莓品质品牌智慧管理系统和草莓园区智慧管理系统，对草莓相关数据进行梳理、整合和分析，为全县草莓产业的优化升级提供决策参考。大数据中心采集和汇聚了全县草莓基地在农业产业化、物联网应用、农产品质量安全、病虫害防控及市场销售等方面的数据，依据安徽省农业大数据综合信息服务平台的建设规范，全面实施智慧草莓数据集成。

最后，建设草莓园区智慧管理系统。推动草莓大棚的智慧化升级，配备自动气象站、土壤环境传感器、视频监控及水肥药一体化管理等设备，实时采集土壤湿度、温度、空气湿度、光照、二氧化碳浓度及高清图像等信息，利用大数据、图像识别和可视化技术，依托智慧水肥一体化、病虫害识别及远程专家服务系统，为农业管理和病虫害防控提供科学依据，实现温室大棚的自动化运行与管理。

二、江苏省泰州市仙岛蛋鸡智慧畜牧新尝试

泰州市仙岛农业科技有限公司成立于2003年7月，累计投资6 000万元，专业从事优质鸡的饲养和销售。公司位于泰州市姜堰现代农业园区，占地50亩，拥有10栋标准化装配式鸡舍，存笼商品蛋鸡达30万只。公司在2019年获评全国数字农业农村新技术新产品新模式优秀项目，2020年获评省级数字农业农村基地。

该公司注重环境保护和资源再利用，配备了自动清理系统，彻底解决了鸡场臭味问题，实现了“变废为宝”。建立畜牧养殖、粪便污水处理、有机肥生产、蔬菜种植的循环型生态农业产业链，采用环保发酵罐进行鸡粪资源化利用。发酵罐采用离心分离法、高温好氧发酵法及中温厌氧发酵法对鸡粪混合液进行无害化处理，鸡粪回收率达53%～91.8%，发酵后鸡粪含水率为31%～44%，污水中的有机污染物总去除率超过90%。

该公司还建设了鸡舍物联网系统，通过终端控制系统监控鸡舍内的环境变化，实现温度、湿度等参数的自动调节。同时，系统能够根据蛋鸡不同日龄阶段的习性，自动喂料和供水。管理者可以通过手机智能牧场平台实时监控鸡舍环境，并调取任意时间段的数据进行分析，为管理决策提供科学依据。

在生产技术创新方面，该公司采用自动化H型层叠笼饲养模式，摒弃传统A型蛋禽笼养，养殖数量在相同面积上翻了一番。若采用传统模式，该公司蛋鸡养殖量约为20万羽，现通过集约化发展，养殖容量接近40万羽。层叠式笼养模式的环境控制系统与电脑、手机终端对接，管理人员可以实时掌控系统运行状态，并快速处理设备异常，确保生产安全。

在运营模式创新层面，该公司以生产优质“仙岛绿壳鸡蛋”为主，采用“公司＋农户”模式，通过提供鸡苗、联系饲料、回收鸡蛋的方式与农户合作，实现共赢。为不断提升鸡蛋品质，公司通过杂交改良和日粮调整，确保绿壳蛋鸡的品质稳定。与上海、广州的蛋品公司长期合作，仙岛绿壳鸡蛋深受消费者喜爱，公司已成为蛋品销售公司的重要生产基地，成为长三角等地区的主打品牌。此外，公司还创立了淘宝店铺“仙岛生鲜旗舰店”，拥有专业运营和客服团队，店铺好评率达100%，年网络销售额超过百万元，实现了销售与宣传的双重提升。

三、江苏省南京市打造浦口智慧渔业示范区

永宁共兴青虾特色产业园位于南京市浦口区永宁街道联合村。园区现已形成以标准化青虾养殖为主导，农产品加工为提升，循环农业和休闲农业为特色的一二三产业深度融合体系。该园区运用大数据、人工智能、物联网、云计算等技术，打造生产标准化、全产业链数字化覆盖和智能化控制、渔业资源统筹管理和科学决策的浦口智慧水产示范区。

依托水产养殖生产管理系统，实现养殖生产过程的数字化管理。通过建设物联网设备，如水质监测设备、视频监控设备、气象监测设备、增氧机等，以及信息化平台，实现生产在线可视化、管理规范化、农事档案记录全程化以及水产品生长过程精准管理。利用数字化技术实现农事信息的定位、定时、定量记录和管理，以及对智能装备、农情整体情况的全面掌控和智能化控制，实现水产品基地生产过程的可视化、数据化、标准化管理。

建设水产品仓储加工管理系统。在加工、仓储环节进行科学决策运行手段的管理，对订单管理、拣货管理、收货管理、移库管理、补货管理、盘点管理、人员绩效、库位管理、流通管理、供应商管理及报表管理等环节的数据进行共享分析处理，实现涉农主体在加工、仓储环节管理上的规范化、便捷化、精细化。

采用水产品流通管理系统。基于物联网技术，结合GPS技术、无线传输技术、温度检测技术、电子地图技术等，公司可对冷链车的运行状况进行全程、全天候、实时、无线的监控，保证冷链车冷链作业的安全与稳定。流通管理平台接收、存储并分析冷链车传来的数据，同时通过手机端、PC端对数据进行分析、观察、判断，对异常数据进行报警。

推行农业产业一体化管理平台。围绕涉农主体在生产、加工、仓储、物流、销售等环节中的不同服务需求，建立涵盖产前、产中、产后全流程的农业

产业管理服务系统，提供产业资源服务、技术服务、便民服务，例如养殖池管理、实时监控、水质数据分析、养殖移动端应用等。

经过数字升级，该产业园区的水产品节省了15%以上的养殖人工成本，节约了20%以上的仓储加工物流配送成本，以精细化的生产和精准化的营销方式显著提高了产量品质和销售业绩。

本章思考题

1. 数字农业的主要特征是什么？
2. 数字农业在哪些农业生产环节得到了较好应用？
3. 当前数字农业发展面临哪些问题？
4. 综述数字农业的政策演进历程。
5. 结合本章三个案例，说明数字农业的主要做法及其社会效益。

第五章 数字乡村新业态管理

数字乡村新业态是基于互联网、人工智能、大数据等新一代信息技术在农村农林牧渔、旅游、文化、教育、康养等领域的应用，结合乡村一、二、三产业的融合发展而形成的新的产业形态。这些新业态包括数字乡村电子商务、数字乡村物流、数字乡村普惠金融等。当前，数字乡村新业态迅速发展，初步展现了新质生产力的巨大潜力，成为推动乡村振兴和城乡融合发展的重要力量。

第一节 数字乡村新业态

产业振兴是乡村全面振兴的基础和关键。新产业新业态则是盘活乡村传统要素资源、推动城乡要素双向流动的重要途径，同时也是强农惠农富农以及畅通国内大循环的有力依托。应立足于新发展阶段，准确把握数字经济的发展趋势和规律，充分认识新业态、新模式在“三农”发展中的重要意义。

一、数字乡村业态历史变迁

（一）乡村传统产业发展阶段

码 5-1

1949—1977 年是中国乡村传统产业的发展阶段。乡村产业仍以传统的种植业和养殖业为主，手工业在乡村经济中也占有一定地位，现代工业几乎处于空白状态。乡村的农业生产效率较低，整体产业结构相对单一。农业生产方式主要依赖人力、畜力以及简单的手工工具。尽管化肥、农药和农业机械等现代农业技术开始逐步引入农村，但由于技术水平有限和推广范围狭窄，未能有效提升农业生产效率。此阶段，中国乡村普遍实行“三级所有、队为基础”的农业集体经济体制，农业生产高度集中，农民个人的生产积极性受到抑制，农产品流通也被严格控制，实行统购统销制度。

这在一定限度上保障了国家对农产品的集中管理和分配，但由于国家对农业和农村的投入有限，乡村经济发展受到限制，产业结构始终未能实现多元化。乡村产业的发展停滞不前，经济增长乏力，农民生活水平提升缓慢。这种状况一直持续到改革开放，才逐渐得到改善。

（二）乡村工业化快速推进阶段

1978—2002年是中国乡村工业化快速推进的重要时期。在改革开放的推动下，乡村产业逐步走上了现代化和多元化的道路。首先，家庭承包经营的实施大幅提升了农业生产效率。改革开放后，农户得以自主经营土地，极大地激发了生产积极性，农业生产效率显著提高。随着化肥、农药、优良种子和农业机械等现代农业技术的广泛应用，农业科技水平迅速提升，农产品产量明显增加。其次，乡镇企业的崛起加速了乡村工业化进程。改革开放后，乡镇企业依托农村丰富的资源和廉价劳动力，逐步形成了具有中国特色的乡村工业化道路，成为推动乡村工业化的重要力量，并为大量农村劳动力提供了就业机会，显著提高了农民收入水平。最后，乡村产业向现代化和多元化的转型奠定了中国现代化的基础。乡村经济逐渐由传统的农业经济向现代化、多元化的产业结构转型，这不仅提高了农村经济的整体效率，也为全国经济的快速增长提供了有力支撑。

（三）乡村新业态萌芽发展阶段

2003—2011年是中国乡村产业多元化发展的关键时期。随着互联网的普及，一些乡村开始尝试利用网络平台销售农产品，这标志着数字乡村新业态的萌芽。我国制定并实施了“工业反哺农业、城市支持农村”的战略，为乡村经济的全面发展奠定了坚实的政策基础。首先，农业现代化进程加快，农村经济基础得到夯实。农业生产的科技化和机械化水平显著提高，从依赖传统手工和小规模种植，转向以大型机械操作和高效农业技术为主导的现代化模式。农业生产效率显著提升，农村经济基础更加稳固，为乡村产业的多元化发展提供了有力支撑。其次，农村二、三产业迅速发展，乡村经济结构更加多元。乡村工业和服务业迅速崛起，特别是农产品加工、农村旅游和物流配送等产业得到快速发展。这不仅为农村劳动力提供了大量就业机会，还推动了农村经济的繁荣，进一步提高了农民的收入水平。最后，政策制度的完善和城乡一体化发展加速了乡村经济的全面进步。通过农村税费制度改革，减轻了农民负担，城乡发展一体化进程加快，城乡资源双向流动也加速了。

（四）数字乡村新业态融合发展阶段

随着信息技术的迅速发展，尤其是互联网、大数据、云计算等技术的应用，中国乡村正在经历一场深刻的变革。随着智能手机的普及和4G网络的覆盖，农村电商迅速发展，数字乡村的新业态逐渐形成规模。近年来，5G、物联网、人工智能等新技术的广泛应用，使数字乡村新业态进入了成熟阶段，不仅包括电商，还涵盖智慧农业、乡村旅游、远程医疗等多个领域。我国已经进入了乡村一二三产业融合发展的新阶段，乡村非农产业蓬勃发展。这些新兴产业不仅丰富了乡村的经济结构，还为农民提供了更多就业和增收机会，推动乡村经济更加协调、可持续增长。

二、数字乡村新业态基本特征

（一）产业链横向拓展

数字乡村新业态通过拓宽产业链的横向维度，推动了农业向多元化、服务化方向发展。通过横向延伸产业链，催生了多种服务型农业新业态。这不仅拓展了农业的功能，还促进了农业与其他行业的深度融合，提升了农业的附加值。例如，休闲农业与乡村旅游将农业生产与旅游休闲结合，为城镇居民提供了体验式农事活动和乡村度假的选择。服务型农业新业态的形成，主要受到市场消费需求的驱动，通过提供更加个性化、定制化的服务，满足了消费者在休闲、娱乐、养生等多方面的需求，为农业带来了巨大的发展机遇和市场空间。

（二）高科技向农业渗透

高科技的渗透正在深刻改变农业，催生出一系列创新型农业新业态，如生物农业、智慧农业、农业大数据应用等。生物农业通过基因编辑、育种技术等手段，提高作物产量和抗病性，为农业生产注入了新的活力；智慧农业则依托物联网和人工智能等技术，实现精准种植、智能灌溉与自动化管理，大幅提升了农业生产的效率和效益。此外，农业大数据的应用通过收集与分析海量农业数据，为农民提供科学决策支持，从而优化生产流程，减少资源浪费。

（三）社会分工更细化

随着社会分工的日益细化，乡村社会的组织方式发生了深刻变革，催生出农业众筹、订单农业、社区支持农业、农村养老服务业、农业社会化服务业、农产品私人定制等新业态。例如，农业众筹和订单农业让农户能够直接面向市场需求，通过众筹平台或订单模式提前获得资金和销售渠道，减少了市场风险并提高了生产效率。农业社会化服务业通过提供专业的农业机械服务、技术支持和市场信息，帮助农户提升生产效率和产品质量，降低了生产成本。

三、数字乡村新业态存在问题

（一）发展定位不准确

乡村新产业新业态的发展定位不够准确，制约了乡村产业高质量发展的进程。首先，在开发设计上存在盲目性。一些地区为了追求园区建设的便利性，优先选择硬化道路，忽视了乡村独特的自然风貌和文化特色，导致乡土气息的缺失。过度城市化的设计风格不仅削弱了乡村的吸引力，还可能阻碍乡村旅游和文化产业的发展。其次，部分地区对乡村产业融合发展的认识不够清晰。在发展农村新产业新业态时，未能充分认识到“农”应是乡村发展的核心主题。农村新产业新业态的发展应紧密围绕农业展开，通过培育农业新型经营主体，实现联农带农的发展模式。在谋划发展方向时，应充分依托当地的自然资源和乡村文化，以农业为基础，结合独特的生态环境和文化遗产，推动乡村产业融合发展。

（二）示范影响作用有限

首先，发展规模有限。在农文旅融合方面，尽管存在田园乡村和多个高标准示范基地，但规模较小，布局分散，尚未形成强大的品牌效应，难以对周边村庄起到带动作用。其次，产业化程度低。特色田园乡村、共享农庄等依托当地优势生态资源，通过对种植业进行提档升级，融入乡土文化，扩展田园空间，形成了农文旅新结构，但由于农业的产业化和标准化程度较低，产、学、研结合不足，后期提档升级困难且品质不稳定。最后，品牌影响力弱。乡村新业态虽然促进了一批农产品品牌的建设，但品牌影响力仍然不足。目前一些较为有名的农特产品在品牌辐射范围上不够广泛，尚未形成具有全国竞争力和影响力的品牌。

（三）产业同质化严重

首先，产品类型雷同现象严重。随着休闲农业和乡村旅游的快速发展，许多地方在推进农文旅融合过程中互相模仿。不论是路牌标语、网红特色小吃，还是田园种植的作物品种，各地展示的内容往往大同小异，缺乏创新和差异化。这种雷同化现象容易让游客产生审美疲劳，削弱了乡村旅游的吸引力和竞争力。其次，文化资源挖掘不足，制约了乡村新业态的可持续发展。很多乡村在发展新业态时，往往过于注重表面景观的打造，而忽视了深层次的文化挖掘和传承。这不仅导致了文化资源的浪费，也限制了乡村新业态的潜在发展空间。尽管一些村庄拥有多个网红打卡点，但由于这些点位较为分散，整体脉络不清，难以形成连贯的旅游体验，进而影响了业态的可持续发展。

四、数字乡村新业态政策演变

（一）乡村产业恢复发展阶段

1978—1992 年是乡村产业发展的恢复阶段，政策逐渐从“以农为主”向“农工商”联合发展转变。首先，农村改革推动了乡村产业的复苏与发展。1978 年，家庭联产承包责任制的确立使农民重新掌握了土地的经营权，解放了农村生产力，促使大量农村劳动力从土地的束缚中被解放出来，为乡镇企业的迅速崛起提供了充足的人力资源。其次，政策调整为乡镇企业的发展提供了广阔的空间。原有的重工业优先发展模式逐渐转向支持以轻工业为主的乡镇企业，这不仅促进了轻工业的成长，也为乡村经济注入了新的活力。乡镇企业的兴起不仅带动了乡村经济的增长，还为农民提供了多样化的就业机会，提高了农村居民的收入水平。

（二）乡村产业优化调整阶段

1993—2005 年是乡村产业优化调整的关键阶段，政策重点推动乡村产业从快速发展向优化调整转变。首先，以提出建立社会主义市场经济体制为标志，乡村产业发展进入了市场需求主导的新阶段。1993 年，中国经济从计划经济向市场经济全面转型。乡村产业开始更多依赖市场需求进行调整和优化，政府政策也从鼓励产业快速扩展转向支持产业结构的合理化和市场化。其次，乡镇企业发展不均衡、产权制度改革和“脱农”现象突出，促使政策内容逐步深化和细化。2004 年，中央 1 号文件等政策文件相继出台，明确提出了优化乡村产业结构、推进产权制度改革的具体措施。为应对“脱农”现象的加剧，政策开始重视农村劳动力的再就业培训和农业现代化的推进，以减少劳动力流失对农业生产的负面影响。

（三）乡村新业态形成阶段

2006—2014 年是乡村产业融合发展的阶段，这一时期的政策文件集中于优化乡村产业结构和推动产业融合。首先，2006 年我国全面取消农业税，标志着对农业和农村经济的支持力度进一步加大。社会主义新农村建设等一系列支农惠农政策相继实施，逐步形成了“工业反哺农业，城市支持农村”的新格局。其次，政策逐渐加大对乡村旅游、农产品加工业等领域的支持力度。该阶段先后发布了《中共中央 国务院关于推进社会主义新农村建设的若干意见》《中共中央 国务院关于加快发展现代农业进一步增强农村发展活力的若干意见》等文件，明确了以乡村旅游和农产品加工业为抓手，推动乡村产业转型升级的战略方向。我国乡村产业逐步从传统的农业模式向多元化、现代化方向转型，为乡村新业态的发展奠定了坚实基础。

（四）乡村新业态体系化发展阶段

2015—2017 年是乡村新业态体系化发展阶段，政策重点在于延伸乡村产业价值链和推动产业融合发展。首先，国家在如何延伸乡村产业价值链方面进行了大量探索，推动乡村产业从传统农业向多元化和现代化转型。例如，通过支持农工商联合企业的发展，政府鼓励农业与工业、商业的深度融合，以提升农产品的附加值，推动农业产业化经营，使乡村产业逐步向更高效、更现代化的方向迈进。其次，首次提出了“乡村产业融合发展”，标志着国家在乡村产业发展政策上的一次重大创新。在这一阶段，国家不仅加大了对乡村产业的支持力度，还扩大了政策覆盖范围，涵盖了从农业生产到加工、流通和服务等多个环节，更有力地推动了新业态的融合发展。

（五）乡村新业态全面深化发展阶段

2018 年至今是乡村新业态全面深化发展的阶段。首先，2018 年中央 1 号文件明确提出了乡村振兴的总体要求和重点任务，特别强调产业兴旺是乡村振兴的核心。《乡村振兴战略规划（2018—2022 年）》提出，要抓住城乡发展格局发生重大变化的机遇，为乡村新业态的蓬勃发展提供坚实的政策基础。其次，强调乡村产业与市场需求的紧密结合。2019 年中央 1 号文件要求坚持农业农村优先发展的总方针，充分发挥乡村优势，推动乡村新兴产业壮大。同年 6 月，国务院发布《关于促进乡村产业振兴的指导意见》，明确指出产业兴旺是乡村振兴的重要基础，强调乡村产业必须根植于县域，注重地域特色、创新创业和业态多样化的发展路径。2020 年发布的《全国乡村产业发展规划（2020—2025 年）》进一步明确了乡村特色产业、休闲旅游业和新型服务业的发展目标。2023 年中央 1 号文件指出，我国乡村已进入追求高质量产业融合发展的阶段，强调通过“培育乡村新产业新业态”推动乡村产业高质量发展。

五、数字乡村新业态未来发展方向

（一）鼓励科技创新

数字乡村新业态作为乡村振兴的前沿产业，依赖于特色乡村、产业融合以及资源的开发利用，既需要科学的规划与市场研究，也需要资金雄厚、创新能力强的龙头企业进行示范引领。首先，促进融合发展。鼓励各类经营主体融合发展，推动现代农业“三园”——即“产业园”“科技园”“创业园”发挥示范引领作用，促进农业生产、精深加工、乡村文化和乡村景观的深度融合，形成农村新产业新业态集群。其次，延长产业链。推动农业产业链延伸，健全价值链，农村新业态的发展需要一系列配套产业的支持。发展农产品加工和流通，依托物联网、5G、大数据等技术，打造智慧生产园区，构建配套的物流和仓储体系，优化升级农产品电商营销系统，形成完善的全产业链，改善农业供给，提高农业整体效益。

（二）规避产业同质化

农村新产业新业态的发展应避免低水平的同质化，走特色化、精细化、集群化和品牌化的发展道路，以充分发挥各地的优势和特色。首先，强化品牌建设是推动农村新产业新业态发展的重要途径。品牌建设的核心在于提升产品质量，政府部门应支持和鼓励农业新产业新业态的经营主体，积极开展农业“三品一标”的认证工作。通过严格的质量控制和认证，提升农产品的知名度和市场影响力，增强其市场竞争力。其次，深入挖掘和利用乡村文化资源是农村新业态特色化发展的关键。乡村丰富多彩的文化资源，如传统民俗、建筑风格、饮食文化、手工艺品和非遗技艺，不仅能为农文旅融合提供丰富内涵，还能赋予农村新产业新业态独特的韵味和魅力。各地应充分认识和挖掘本土文化资源，突出其独特性和稀缺性，使农村的新产业新业态在全国范围内具备不可替代的竞争优势。

（三）构建良好人才培育环境

码 5-2

数字乡村新业态的发展需要人才支撑，应坚持人才内培外引、培养新型人才，并实施高素质农民培养计划，以构建良好的人才培育环境。首先，坚持人才内培外引。鼓励外出务工人员返乡创业就业，发掘本地能人、“土专家”“田秀才”，引导其参与乡村振兴建设队伍，鼓励“乡土人才”发挥专业特长驻村蹲点，发挥乡村能人在农业农村现代化中的引领作用，增强农户发展的信心。其次，培养新型人才。加大技术推广和培训服务力度，提升农民的综合文化素质，支持科研院所开发农业技术和行业发展课程，完善“新农人”教育培训体系，着力培养懂农业、爱农村的“新农人”。最后，实施高素质农民培养计划。通过农业职业技术院校和乡村振兴学堂，开展定向委托、职业技能培训、学历提升等方式，培养农业专业人才。

六、数字乡村新业态典型案例

苏州市谢家路村农文旅深度融合的典范

谢家路村位于苏州市吴江区震泽镇北部，是一个以蚕桑产业为特色的村庄。近年来，该村坚持农文旅深度融合，通过一系列创新举措，成功将传统的蚕桑产业与现代旅游业相结合，实现了产业的转型升级。

谢家路村通过生态修复和科学规划，打造了具有江南湿地水乡特色的风景区。村中的油菜花、稻草等自然景观与蚕桑产业相结合，形成了独特的乡村旅游资源。同时，村里投资运营民宿、餐饮和文旅项目，为游客提供了丰富的旅游体验。

该村以“水韵谢家”为旅游品牌，精心打造了一系列甜蜜假日产品。通过文创赋能，村里的蚕桑产业焕发出新的生命力。蚕茧的价格从原来的 0.1 元/个提升至 10 元/个，经济效益放大了近 100 倍。这种深度融合不仅提高了农产品的附加值，也为村民带来了更多的经济收益。

谢家路村积极拥抱智慧化转型，通过建设智慧农业平台，实现农业生产的智能化管理。例如，通过安装在田间的传感器和摄像头，农民可以实时监控作物生长情况，并通过手机远程控制灌溉、通风等操作。这种智能管理不仅提升了农业生产效率，也为乡村旅游增添了新的体验项目。

谢家路村已接待游客超过 50 万人次，成为远近闻名的网红度假村。村集体经济得到壮大发展，村民人均收入显著提高。通过农文旅融合与智慧乡村建设，谢家路村不仅实现了产业的高质量发展，还提升了村民的生活水平，展现了乡村振兴的显著成效。

第二节　数字乡村电子商务

数字乡村电子商务是指涉农生产经营主体通过电子化、网络化的方式完成产品或服务的销售、采购和电子支付等业务流程。近年来，我国乡村电子商务蓬勃发展，农村流通新模式、消费新场景不断涌现，为农村经济注入了新的活力，也有力地促进了农民就业创业和增收，成为推动“三农”高质量发展、助力乡村振兴的强劲动力。

一、数字乡村电子商务历史变迁

（一）初步发展时期

1990—1993 年是电子商务初步发展时期。我国自 20 世纪 90 年代起开始探索电子商务的应用，并将其纳入国家科技发展的重要议程。1990 年，国家计划委员会、国家科学技术委员会将 EDI 列入“八五”国家科技攻关项目，标志着电子商务技术在我国进入国家战略层面。这不仅推动了相关技术的研发与应用，也为后续的普及和推广奠定了科技基础。1991 年 9 月，中国促进 EDI 应用协调小组成立，开启了多部门协同推进电子商务的新阶段。同年 10 月，中国 EDIFACT 委员会成立，并积极参与亚洲 EDIFACT 理事会，加快了我国在电子商务领域的国际化进程，也意味着我国在全球电子商务标准化进程中逐渐发挥重要作用。短短几年间，我国电子商务实现了从无到有、从探索到初步发展的跨越，为后来的迅速崛起奠定了坚实基础。

（二）互联网时期

码 5-3

1994—1998 年是电子商务借助互联网迅猛发展的关键时期。首先，部分企业开始尝试通过互联网开展电子商务。1995 年，中国互联网开始商业化，各类基于商务网站的电子商务业务和网络公司纷纷涌现。1996 年 1 月，中国公用计算机互联网骨干网建成开通，大幅提升了我国的网络覆盖率和信息传输能力，为全国互联网接入提供了重要的基础设施支持。其次，电子商务发展逐步走向规范化和系统化。1997 年 6 月，中国互联网络信息中心正式组建，为电子商务的发展提供了重要的信息管理和服务支持。同年，依托现代信息网络的中国商品交易中心和中国商品订货系统等电子商务平台相继投入运营，标志着我国电子商务应用进一步深化。1998 年 3 月，国内首笔网上电子商务交易完成，标志着电子商务在我国进入实际操作阶段。同年 10 月，“金贸工程”启动，推动了电子商务在经贸流通领域的应用，标志着我国电子商务进入新的发展阶段，为后续发展奠定了坚实基础。

（三）商业应用时期

1999—2010 年是电子商务从起步到快速发展的关键时期。首先，政策出台和机构设立为电子商务的发展提供了外部条件。国家信息主管部门积极研究并制定相关政策法规，推动电子商务规范化发展。同时，启动政府上网工程，推动各级政府和公共部门的信息化管理。此外，国家还成立了计算机网络与信息安全管理中心，确保电子商务环境的安全与稳定。通过开展多项电子商务示范工程的试点推广，电子商务在各行业的应用得以推进，进一步促进了其普及和发展。其次，1999 年被视为中国电子商务的元年，标志着我国电商进入实质性的商业阶段。该年发生了多个具有标志性意义的事件，如 8848 网站和阿里巴巴集团的成立，为中国电子商务奠定了基础。2005 年，eBay 以 3 000 万美元收购易趣网 33%的股份，表明国际巨头对中国电商市场的重视。这些事件共同推动了中国电子商务的发展，为其未来的繁荣奠定了基础。

(四) 城乡市场一体化时期

2011 年至今是电子商务城乡市场一体化发展的重要时期。农产品电子商务成为重点发展领域，受到各级政府的高度重视和推动。随着互联网的普及，农产品电商逐渐成为投资热点，各类平台如淘宝、京东、苏宁易购、拼多多等巨头纷纷布局生鲜农产品业务，推动了这一领域的快速发展。通过优化供应链管理和物流配送网络，这些平台使城乡居民能够更加便捷地购买新鲜优质的农产品。同时，农产品电商不仅促进了农民增收，还推动了农村经济的发展，进一步缩小了城乡差距。电子商务的推动显著增强了城乡市场的联动性，农村市场的重要性和潜力得到了前所未有的重视和开发。

二、数字乡村电子商务基本特征

(一) 以农产品经营为主

首先，数字乡村电子商务可以提升农产品的知名度和品牌价值，有效解决农产品销售难题。电子商务为农产品提供了更广阔的平台，使更多消费者能够接触到来自乡村的优质产品。通过提供在线下单、物流配送等服务，极大地方便了消费者的购买过程。其次，数字乡村电子商务推动了农产品生产、仓储和运输的数字化转型。在生产管理方面，乡村电子商务通过智能系统实现了农产品加工环节的智慧化升级。仓储管理方面，基于统一标识码，利用系统严格监控每批产品的生产日期和保质期。在运输管理方面，统一标识码实现了产品装车管理，并借助 GPS 定位系统实现“来向可追溯、去向可查询”。最后，数字乡村电子商务不仅提升了农民的经济收益，还促进了乡村经济发展。通过电商平台，农产品销售市场得以扩大，减少了中间环节，增加了销售利润，从而提高了农民收入，增强了乡村经济活力。此外，乡村电子商务还创造了包括物流、包装、广告、营销等在内的更多就业机会，促进了乡村经济多元化。

（二）更好满足乡村消费需求

首先，乡村电商极大改善了乡村居民的生活质量。通过电商平台，农民可以购买到更多种类且价格实惠的商品，节省购物时间，使他们能将更多精力投入到农业生产和生活改善中。其次，乡村电商为农民提供了更加低价且高性价比的商品，提升了农村居民的消费体验。乡村电商平台直接连接生产者与消费者，并且经常推出各种形式的优惠活动，显著降低了商品价格。最后，完善的售后评价制度在保障商品质量方面发挥了关键作用，为乡村电商的健康发展提供了重要支持。乡村电商平台通过建立完善的评价体系，使消费者能够轻松查看其他用户的购买反馈，更好地判断商品质量和卖家信誉。平台还可根据消费者的负面评价，及时改进售后服务和商品质量，提升用户体验。这种消费者反馈与商家改进的良性互动，推动了乡村电商的健康发展，同时确保农村居民能够购买到质优价廉的商品。

三、数字乡村电子商务面临困境

（一）基础设施建设发展滞后

在国家乡村振兴战略的推动下，虽然我国乡村的交通、互联网和仓储物流基础设施有了显著改善，但与城市相比仍存在较大差距，制约了乡村电商产业的进一步发展。首先，乡村的网络覆盖率需要提升。相比城市，乡村的网络覆盖率相对较低，尤其是在西部和偏远地区，仍存在网络覆盖不足的死角。其次，乡村的公路网络密度需要提高。尽管乡村的道路交通状况有所改善，但公路网的密集程度仍未能完全满足农业产业和乡村电商的发展需求，可能导致配送成本增加，影响农产品的及时送达。最后，乡村的仓储中心建设和物流产业发展也亟须加快步伐。由于农产品多为生鲜品，对仓储中心建设、冷链运输和配送时效的要求较高，但目前乡村在这些方面的配置仍显不足，仓储中心的缺乏和冷链运输的不足导致了农产品运输过程中的损耗较大，增加了电商的运营成本。

（二）乡村电商模式单一

现有的乡村电商模式主要以传统在线销售为主，模式同质化严重且易于复制。首先，业务模式雷同。各电商企业推出的农村电商业务大同小异，缺乏创新和差异化，导致市场竞争激烈。大部分企业前期投入大量资源，但单点产出较少，难以实现规模效应，盈利能力偏低。其次，农产品上行的瓶颈制约了乡村电商的发展。农产品上行，即将农村的农产品销售到城市市场，受制于供应链不成熟等问题，进展缓慢。最后，乡村电商的宣传主体较为分散，影响了市场推广效果。许多农业企业采用自营网络销售模式，如通过自建独立平台（如公众号、网站等）进行推广营销。然而，这种方式的影响力有限，难以与大型电商平台的推广力度相抗衡。宣传资源的分散使乡村电商在吸引消费者方面处于劣势，难以形成规模效应，进一步削弱了市场竞争力和整体发展。要提升乡村电商的竞争力，需在模式创新、供应链优化和宣传整合等方面进行全方位改革。

（三）产品质量控制成本高

第一，农产品的特性导致销售成本较高。大部分农产品属于生鲜制品，保质期较短，运输和存储风险较大，而电商环境下频繁的周转无形中增加了农产品损耗，进而导致成本上升。第二，农业企业和农户管理能力不足，进一步提高了农产品的管理成本。由于缺乏系统的管理策略和流程，农产品在流通过程中因管理不善而损耗或质量下降，直接影响了电商活动的盈利能力。第三，管理技术滞后也是导致农产品损耗和物流成本偏高的重要原因之一。目前，许多农业企业和农户仍依赖传统方法进行订单整合和物流路线优化，未能充分利用计算机软件和数据分析工具等现代技术。这种技术滞后导致物流效率低下和不必要的资源浪费。第四，管理成本偏高还源于基础设施不足和冷链物流的缺乏。许多乡村缺少足够的仓库、物流中心和冷链运输工具，农产品在运输过程中易腐败变质，从而增加了乡村电商的管理成本。冷链物流的欠缺不仅影响农产品的保存质量，还导致运输过程中较高的损耗率，无形中增加了运营成本。

（四）电商产业人才严重匮乏

首先，人才引进困难是数字乡村电商人才短缺的主要原因之一。人力资源市场供需不平衡导致乡村电商领域难以吸引足够人才，加之乡村工作条件相对艰苦，薪资待遇低于城市，新毕业的电商类人才不愿意到乡村发展。许多年轻人更倾向于在城市就业，追求更好的职业发展机会和生活条件，这进一步加剧了乡村电商的人才短缺问题。其次，乡村电商对交叉型人才的需求较高，但这类人才的供给却十分有限。电商活动涉及技术型和管理型岗位，要求从业者不仅具备电商相关的理论知识和实践技能，还需掌握管理学、计算机、数据库及软硬件等相关知识。交叉学科的要求提高了岗位门槛，同时要求人才具备创新精神，能够在复杂的电商环境中持续优化业务流程。然而，具备如此广泛技能的人才本已稀缺，更不用说他们是否愿意到乡村工作。最后，电商产业中的技术和管理岗位门槛较高，使得内部人才培养的难度增大且周期延长。培养一名能够胜任电商类岗位的高能力人才需要长期的实践和学习，尤其是在乡村电商环境中，电商人才还需应对许多独特的挑战和问题。

四、数字乡村电子商务政策演变

（一）技术导向时期政策

2005—2013 年是电子商务发展的技术导向时期，相关政策文件为农村电商的发展奠定了基础。2005 年中央 1 号文件首次提到电子商务，标志着其在国家层面上被正式认可和推广，推动了乡村电商的初步探索。2012 年中央 1 号文件进一步强调了电子商务在农村经济中的作用，提出要充分利用现代信息技术手段，发展农产品电子商务等现代交易方式。这一政策强调了信息技术在推动农产品交易中的核心地位，鼓励利用电子商务平台将农产品直接连接到更广泛的市场。2013 年中央 1 号文件加大了对农村电商的政策支持力度，提出发展农产品网上交易、连锁分销和农民网店，并加快宽带网络等农村信息基础设施的建设。这些措施旨在推动农村电商的普及与深化，改善农村的信息化条件，促进农产品的市场化运作，使农村电商逐步成为推动农村经济发展的重要引擎。总之，这一阶段的政策为农村电子商务的发展提供了强有力的技术与制度保障，也为乡村振兴战略奠定了坚实基础。

（二）平台建设时期政策

2014—2015 年是电子商务平台建设的关键时期，国家加大了对农村电子商务发展的指导力度。2014 年，国家提出启动农村流通设施和农产品批发市场的数字化提升工程，强调要加强农产品电子商务平台建设。2015 年 5 月，国务院印发《关于大力发展电子商务加快培育经济新动力的意见》，进一步明确了电子商务在国家经济发展中的战略地位，并提出要积极发展农村电商，开展电子商务进农村的综合示范工作，支持快递服务网络向乡村延伸。同年，国家进一步提出支持电商、物流、商贸、金融等企业参与涉农电商平台建设。这一时期的相关文件显示出国家对农村电子商务的高度重视和全面支持，为农村电商的发展奠定了坚实基础，并为未来乡村经济振兴提供了强有力的支撑。

（三）完善乡村三级物流体系时期政策

2016—2017 年是完善乡村三级物流体系的重要时期，我国在农村电商和物流体系建设方面取得了显著进展。2016 年 12 月，商务部等多个部门联合发布《电子商务“十三五”发展规划》（以下简称《规划》），明确提出“电子商务促进农业转型升级”和“积极开展电子商务精准扶贫”的战略目标。《规划》强调要加强商贸流通、供销、邮政等系统的物流服务网络和设施建设与衔接，加快完善县、乡、村三级物流体系，特别是通过“快递下乡”工程打通农村物流的“最后一公里”。同年，还提出要建立健全适应农村电商发展的农产品质量分级、采后处理、包装配送等标准体系。支持地方和行业健全农村电子商务服务体系，促进线上线下融合，形成农产品进城与农资、消费品下乡的双向流通格局。2017 年，国家进一步推动农产品电商标准体系和冷链物流基础设施建设，促进商贸、供销、邮政、电商的互联互通，并加强从村到乡镇的物流体系建设，继续实施“快递下乡”工程。

（四）创新物流体系发展模式时期政策

2018 年至今是创新物流体系发展模式的重要时期。2018 年，国家提出要大力建设促进农村电商发展的基础设施，尤其是建立数字化农产品冷链仓储物流体系。支持供销、邮政及各类企业将服务网点延伸至乡村，进一步完善农村物流网络，打通“最后一公里”。2020 年，国家提出要有效开发农村市场，扩大电子商务在农村的覆盖面，推动农产品进城和工业品下乡的双向流通，并实施电商技能培训。同年，还提出要支持供销合作社、邮政快递企业等延伸乡村物流服务网络，加强村级电商服务站点建设，确保农村物流体系更加健全和高效。2021 年，国家提出要加快完善县、乡、村三级农村物流体系，改造和提升农村寄递物流基础设施。此外，还强调要深入推进电子商务进农村和农产品出村进城，推动城乡生产与消费的有效对接，促进城乡经济联系更加紧密。2022 年中央 1 号文件进一步加大了对农村电商的关注，特别在“聚焦产业促进乡村发展”和“扎实稳妥推进乡村建设”部分，提出要持续推进农村一二三产业融合发展，加强县域商业体系建设，并大力推动数字乡村建设。

五、乡村电子商务未来发展趋势

（一）激发农产品市场活力

首先，乡村电商显著降低了农产品的交易成本。随着区域化电商企业的崛起，农产品电商的效率不断提升，特别是生鲜农产品电商的区域化趋势日益明显。通过乡村电商平台，农产品可以直接从田间地头送达消费者手中，减少了传统销售模式中的多个中间环节。这不仅降低了交易成本，还对供应链进行了优化整合，提升了流通效率，为农民和消费者带来了更大的实惠。其次，乡村电商的发展促进了农产品市场的专业化分工。乡村互联网覆盖和物流配送体系的改善为电商发展提供了更加坚实的基础，使乡村商品能够更快、更低成本地进入市场，提升了农村经济效率。最后，乡村电商推动了农产品的品牌化和标准化发展。借助电商平台，农产品通过品牌包装和质量认证提升了市场竞争力，增强了消费者的信任度和忠诚度。随着品牌影响力的扩大，农民能够获得更加稳定的收入，农村经济也因此迎来了新的增长点。

（二）提高农民经营收入

首先，乡村电商的崛起大大提高了农产品的市场竞争力。新电商平台降低了农户直接对接消费市场的门槛，使农产品更容易进入市场。通过与平台商家的合作，农户可以将农产品直接出售给助农商家，商家负责将产品加工后在平台上销售，缩短了流通链条，降低了成本，有利于提升农产品的市场竞争力。其次，电子商务的发展有效推动了农产品上行，帮助偏远地区的农产品突破传统流通模式的限制。通过推动农业生产运营模式的转变，延伸农业产业链，促进农产品的品牌化和平台化发展。最后，乡村电商的营销方式不断创新。借助直播可视化场景，农产品得以全方位展示，改变了传统电商的图文销售方式，消除了传统电商营销中的“虚拟感”，极大增强了消费者的购买意愿。“直播+电商”等创新模式凭借互动式购物体验和多场景覆盖等优势，成为农产品上行的重要营销选择。通过直播，消费者可以直观了解产品特性和生产过程，拉近了与生产者的距离，进一步提升了农产品的品牌形象和市场接受度。

（三）助力乡村全面振兴

首先，乡村电商的崛起促进了产业链的整合。通过电商平台，农产品从种植、收获、加工到销售的完整产业链得以形成，这不仅提高了农产品的附加值，还推动了农产品的品牌化发展。其次，乡村电商的发展带动了人才回流，为乡村注入了新的思维方式和经营模式。人才回流不仅带来了新技术和新理念，还直接促进了当地就业市场的繁荣，有效缓解了乡村的就业压力，增强了农村经济活力和社会稳定性。最后，乡村电商的发展也大力促进了农村社区建设。乡村电商的发展符合可持续发展的要求，注重生态保护，实现了经济、社会、环境的协调发展。通过提升农产品附加值、拓宽销售渠道和促进产业升级，乡村电商不仅推动了当地经济的可持续发展，还为农村社区的整体进步提供了坚实支持。电商的兴起为乡村带来了新的发展契机，将乡村振兴从理念转化为现实，为农村的长远发展提供了强大的动力。

六、数字乡村电子商务典型案例

河北省肃宁县增强农村电子商务发展动能

肃宁县的裘皮服装、鱼竿渔具、民族乐器等传统优势产业均属于轻工业消费品，适合互联网销售。近年来，肃宁县为实现农民增收、企业增效、就业增加，将数字经济与乡村振兴战略结合，立足特色优势资源禀赋，强化组织领导和资源整合，积极搭建网络销售平台，让低收入群众搭上数字经济发展的快车。

肃宁县以拓宽特色产品网络销售渠道为目标，积极搭平台、育人才、促产业，快速提升乡村电子商务应用水平，增强乡村电子商务发展的动能。

夯基础、搭平台，激发数字经济集聚效应。肃宁县抢抓京津冀协同发展和雄安新区规划建设的重大战略机遇，规划建设总投资 3.6 亿元的肃宁科创中心项目，打造集电商直播、商务办公、酒店餐饮等于一体的多功能综合体，并在科创中心与互联网公司合作建立了电商调研基地、实训基地和新经济示范基地。同时，肃宁县打造了源发电商培训中心、乐海乐器新零售中心等电商直播基地，为电商发展筑巢引凤、培养人才。

重培训、树典型，催生数字人才裂变效应。肃宁县积极开展乡村电商创业孵化基地提升工程，邀请大学讲师和专家就理论知识、基础技能、直播带货等开展线上线下培训，邀请专家团队参加多场大型培训活动，着力培养高端电商人才。2020 年，肃宁县出台了培育电商产业集群实施方案，细化工作目标，不断促进电子商务产业链向乡村延伸。

广触网、强链接，释放产业发展乘数效应。肃宁县形成了传统特色产业与电商产业对接融合、相互促进、共同发展的新形势。鱼竿渔具产业率先触网，蹚出产销对接新路径。到 2020 年，全县鱼竿渔具产业已实现全面互联网化，11 个村专门从事鱼竿渔具的网络销售，年销售额近 16 亿元，直接或间接带动就业 2 万余人。

第三节　数字乡村物流

数字乡村物流是通过智慧软硬件、物联网和大数据等先进技术，实现农业物流各环节的精细化、动态化和可视化管理，提高系统的智慧化分析决策能力和自动化操作执行能力，从而提升农业物流运作效率的数字化模式。数字乡村物流实现了对农产品流通环节的实时监控和数据分析，缩短了流通时间，有效降低了损耗和成本，提升了物流服务质量，并确保了农产品的新鲜度和品质。

一、数字乡村物流历史变迁

（一）起步发展时期

2009—2013年是我国乡村物流发展的起步阶段，这一时期我国物流业，特别是乡村物流，逐步成型并发展。我国加入世界贸易组织后，进出口贸易量大幅增长，物流业也随之快速发展。然而，乡村物流起步较晚，直到2009年才真正进入加速发展阶段。2009年，国务院发布《物流业调整和振兴规划》，为我国物流业的发展提供了政策支持和指导，成为乡村物流发展的重要转折点。此后，国家陆续出台专业物流发展规划和政策，为物流业的快速发展创造了良好的环境，特别是在乡村，物流网络开始逐步扩展和完善。2009年修订的《中华人民共和国邮政法》为民营快递企业的发展提供了法律保障，推动了快递业的市场化和多元化发展，标志着乡村物流网络进入了快速发展的新阶段。随着民营快递企业的迅速崛起，乡村物流服务得到了显著改善，物流配送的时效性和覆盖范围大幅提高。该阶段是我国乡村物流从起步到初步成型的重要时期，为后续乡村物流的全面提升奠定了坚实基础。

（二）电商驱动发展时期

2014—2021年是电商下乡推动乡村物流快速发展的关键时期。首先，以阿里巴巴为代表的电商集团推出农村淘宝等一系列针对乡村的销售服务模式，标志着电商企业开始大规模向农村市场渗透。电商平台的进入使乡村物流需求迅速增长，促使物流企业加快布局乡村市场。其次，菜鸟网络的建立依托先进的智慧化物流技术，实现了物流管理的数字化和智能化，大幅提高了配送效率。随着“快递下乡”工程的实施，快递服务网络进一步下沉至乡村，乡镇快递网点的覆盖率达到98%，半数以上的服务直接投递到村，大幅缩短了农产品和日用品的流通时间，提升了乡村物流服务质量。乡村物流的快速发展为实现乡村振兴提供了重要支持，促进了城乡经济联系更加紧密，并为农业现代化和乡村全面发展奠定了坚实基础。

（三）服务模式创新时期

码 5-4

自 2021 年起，乡村物流在服务模式上不断创新，逐渐形成了商品下行和农产品上行的双向流通模式。通过加强基础设施建设、强化资源整合、降低物流成本等措施，农村物流的配送效率和服务能力得到了显著提升。双向流通模式打破了城乡物流的瓶颈，使城乡之间的经济联系更加紧密。此外，菜鸟乡村与淘宝直播发布的“百灵鸟”计划，为农产品销售开辟了新渠道。“百灵鸟”计划依托智能物流技术，建立了紧急智慧化供应链，提高了农产品上行的效率，确保农产品能够快速、安全地到达消费者手中，减少了流通过程中的损耗。通过优化物流配送体系，乡村的物流服务能力得到了显著提升，为农民增收和农村经济发展提供了有力支持。乡村物流的高质量发展不仅解决了农产品流通中的难题，也为实现乡村振兴战略提供了强大动力。

二、数字乡村物流基本特征

（一）数据化和智慧化

数字乡村物流通过运用大数据、人工智能、物联网等新技术，大幅提升了运输效率、降低了成本，并提高了物流的质量和安全，推动了农业物流的数据化和智慧化发展。首先，提高服务的精准性。农业智慧物流基于精确的数据采集和分析，实现了对物流需求的精确预测和物流资源的精准配置。其次，实行标准化操作，提升服务质量。农业智慧物流通过制定和遵循统一的物流操作标准和协议，进一步提高了效率和服务质量。最后，加强供应链协同。农业智慧物流加强了供应链上下游各环节的协同合作，实现资源共享和优势互补。通过智慧物流系统，各环节之间的信息能够实时共享，减少了信息不对称带来的问题，提升了整个供应链的透明度和运作效率。资源共享不仅降低了企业的运营成本，还增强了整体竞争力，推动了农业物流产业的发展。

（二）技术创新和应用

首先，技术进步提升了农产品运输的保鲜质量。随着制冷技术的发展，农产品在运输过程中得到了更好限度的保鲜和质量保障，减少了损耗，延长了保质期。其次，运输网络的不断完善提高了运输效率。农产品能够更快、更安全地到达市场，确保消费者获得新鲜的农产品。再次，物流数据共享。数字乡村物流通过大数据、云计算等技术收集和处理物流信息，实现了物流信息的实时共享和高效管理。物流信息的实时共享不仅提高了各物流环节的协调性，还为物流决策提供了及时准确的数据支持。最后，物流信息处理效率的提升。通过整合物流、信息流和资金流，形成一体化的供应链管理体系，不仅提升了农业物流的整体运作效率，还使供应链各环节的协同合作更加紧密，进一步推动了农业产业的现代化和可持续发展。

（三）可追溯性

首先，建立农产品质量追溯体系。该体系使每一批农产品在供应链中的流动都能被详细记录和监控，消费者可以通过追溯系统查看农产品的生产源头、加工过程和运输情况。这不仅增强了消费者对食品安全的信任，还为相关监管部门提供了有效的监督手段。其次，利用传感器、物联网和人工智能等技术，实现对物流过程的智慧监控和自动化操作。传感器和物联网技术能够实时监测物流环境中的温度、湿度等关键参数，确保农产品在运输和存储过程中保持最佳状态。人工智能的应用进一步提升了物流操作的自动化水平，减少了人为因素引发的风险，提升了物流效率和精准度。最后，智慧农业为消费者提供了全透明化的农产品质量安全追溯。通过记录农产品的生长环境、农事活动、气候和农残监测等信息，消费者能够全面了解所购买产品的生产背景，确保农产品的品质安全。这种全程可视化的追溯体系，不仅为消费者提供了更高程度的食品安全保障，还推动了农业生产的标准化和规范化。

（四）环保和可持续发展

首先，数字乡村物流注重环保和可持续发展。整个物流过程中强调环境保护，通过优化物流方案减少能源消耗和污染排放。例如，智能化的物流路线规划和调度系统能够根据实时数据调整运输路线，减少不必要的行驶里程，降低燃料消耗和碳排放。其次，数字乡村物流通过技术创新，如物联网、大数据分析和自动化技术，推动了农业生产的环保化。这些技术使农业生产过程中的资源利用更加高效，例如通过精准灌溉和施肥技术，减少了水资源和化肥的浪费，降低了对环境的污染。最后，数字乡村物流技术能够更好地管理农产品流通过程，减少因存储和运输不当导致的损耗，从而降低资源浪费和环境负担。数字乡村物流正在引领农业走向更加可持续的发展道路，既满足市场需求，也为环境保护和农业长期发展作出了重要贡献。

三、数字乡村物流面临困境

（一）管理技术落后

首先，乡村物流企业在物流工程技术方面存在明显不足。许多农产品企业出于初期投资成本的考虑，选择以人力替代设备来快速建立农产品物流网络。然而，随着乡村物流市场的逐步成熟，消费者对农产品物流质量的要求日益提高，手工化、低技术含量的物流方式已无法满足市场需求。目前，乡村物流系统在技术选择上未能充分结合农业企业和物流企业的实际需求，缺乏对先进物流技术的合理应用。其次，数字乡村物流企业在物流成本核算方法上也较为落后。许多企业仍采用传统核算方式，仅将成本局限于物流领域内部，忽视了物流投入带来的潜在收益。由于缺乏对衍生性物流收益的全面评估，企业管理者在物流技术投入上通常较为谨慎，物流技术升级的积极性不足。

（二）发展标准缺失

首先，当前物流产业标准的缺失严重制约了数字乡村物流的发展。农产品物流编码和信息传输格式等关键环节缺乏统一标准，导致数字乡村物流难以突破地域限制扩展到更广泛的市场。由于标准不统一，各地区农产品企业之间的物流信息交流面临障碍，增加了跨区流通的管理难度和行政监管成本。其次，物流产业存在多规并行的问题，进一步制约了农产品物流系统的运作效率。不同物流标准体系的集装箱和托盘尺寸存在显著差异，这种不一致性增加了物流运作的复杂性，降低了效率。最后，物流产业标准的不统一直接影响了农产品物流配送系统的运行效率。不统一的标准不仅使智慧物流系统难以充分发挥其优势，还增加了企业的运营成本，限制了整个行业的现代化进程。为解决这些问题，必须加快制定并推广统一的数字乡村物流产业标准体系，推动乡村物流的高效发展，促进农村经济的全面振兴。

（三）信息技术落后

首先，乡村企业的物流数字化基础设施配置不完善，成为制约智慧物流发展的重要因素。许多乡村企业缺乏支持大数据分析、云计算和移动互联网等先进技术的平台基础，无法有效利用现代信息技术优化物流管理并提升服务水平。其次，技术水平参差不齐加剧了信息壁垒问题。不同农产品企业在智慧物流信息技术发展水平上的差异，导致信息流通不畅，容易形成信息孤岛，严重影响农产品物流信息的共享与协同运作，降低了企业间合作和整体物流的效率。最后，各乡村物流信息平台之间缺乏有效联通，进一步限制了农业物流信息系统的功用。平台往往以行政区划为界，各自为政，缺乏跨区域的互联互通能力。这种区域性的限制导致农业物流信息平台无法发挥应有的作用，局限于区域经济范围内，未能实现更大范围的资源整合与信息共享。

四、数字乡村物流政策演变

（一）起步阶段政策

2014—2019年是乡村物流的起步阶段。国家邮政局启动了“快递下乡”工程，鼓励并支持快递企业在乡镇设立服务网点，积极推动快递服务网络向乡村深入覆盖。同时，快递企业与农村电商、农产品生产者等加强合作，提供定制化物流服务。快递企业的参与为农村电商提供了更加完善的物流支持，使农民能够更便捷地将产品销往全国各地，提升了农产品的市场竞争力。通过“快递下乡”工程，国家旨在将快递服务扩展到乡村，使农村居民享受到与城市居民相同的便捷服务，同时推动农村经济的发展。这一时期的政策推动了乡村物流从无到有、从点到面的快速发展，为后续乡村物流体系的完善和农村经济振兴奠定了坚实基础。

（二）战略部署阶段政策

2019—2022年是数字乡村物流的战略部署阶段，这一时期国家通过多项政策文件，明确了推动乡村物流体系建设的重点方向。2020年，《快递进村三年行动方案（2020—2022年）》出台，将农村物流体系建设纳入战略部署重点，通过一系列措施推动快递企业将服务网络延伸至农村，确保乡村居民享有与城市居民相同的服务便利。2021年发布的《关于加快农村寄递物流体系建设的意见》明确了农村寄递物流体系建设的指导思想、原则目标、体系建设和重点任务。2022年，国务院办公厅印发的《“十四五”现代物流发展规划》（以下简称《规划》）进一步深化了对乡村物流的战略部署，要求补齐农村商业设施短板，《规划》还鼓励具备条件的乡村探索发展智慧物流，以降低成本、提高效率。这一系列政策文件的出台，标志着我国在推进数字乡村物流建设层面进入了系统化、战略化的新阶段，为实现乡村振兴和农村经济现代化提供了坚实的物流保障。

（三）服务模式创新阶段政策

自2023年以来，国家开始推进数字乡村物流发展模式的创新，提升农村物流体系的现代化水平。2023年中央1号文件提出要加快完善县、乡、村电子商务和快递物流配送体系，发展共同配送、即时零售等新模式，推动冷链物流服务网络向乡村下沉。同时，地方政府和企业也积极响应国家政策，探索适合当地农村物流发展的新模式。例如，浙江省松阳县积极推进农村物流高质量发展，打造了客货邮融合发展的品牌，畅通了“工业品下乡、农产品进城”的双向通道。2024 年，商务部等 9 部门联合发布《关于推动农村电商高质量发展的实施意见》，提出要进一步推动乡村数字物流发展，提高农村物流设施的现代化水平，推动县级物流配送中心和乡镇快递网点的数字化改造，鼓励具备条件的地区发展智慧物流。通过这些政策的实施，乡村物流体系将更加完善，为乡村振兴战略的全面实施和农村经济高质量发展提供有力支撑。

五、数字乡村物流未来发展趋势

（一）智慧化升级

首先，数字乡村物流的发展需要探索新的模式和业态。例如，通过应用自动化装卸设备，可以显著提高农产品的装卸效率，降低人工成本。同时，自动驾驶技术的开发和应用为农产品的快速、安全运输提供了支持。其次，数字化变革是乡村物流的必然趋势。乡村物流企业应积极拥抱智慧化变革，借助智慧物流管理系统和行业经验，实现全面升级。最后，构建数字化物流平台是乡村物流企业迈向智慧化的关键。对于技术和资金条件较好、实力较强的物流企业，可以选择自建平台，利用智慧物流管理系统和深厚的行业经验实现智慧化升级。而对于技术和资源相对薄弱的个体经营者，他们可以通过与优秀的第三方平台合作，利用现有的数字化工具和平台，弥补自身在技术和资源上的不足。

（二）绿色化发展

首先，深入推进物流领域的节能减排是关键措施之一。加快新能源车辆的推广应用，特别是在配送领域广泛使用符合国六排放标准的货运车辆，可以有效减少物流过程中的碳排放。其次，推广使用循环包装和减少过度包装是数字乡村物流绿色发展的重要途径。标准化物流周转箱的推广和托盘循环共用系统的建设，有助于提升物流效率，减少包装材料的使用量。最后，利用可再生能源为农产品冷链物流提供清洁能源，是推动绿色发展的重要手段。通过广泛利用太阳能、风能等可再生能源，可以减少对传统石化能源的依赖，降低冷链物流的碳排放。对农产品冷链物流过程中产生的废弃物进行回收和再利用，不仅减少了环境污染，还推动了资源的循环利用。

（三）服务模式创新

首先，要补齐乡村物流设施和服务的短板，推动快递服务直达建制村，并支持优质消费品的供给。此外，应加快建立覆盖冷链物流全链条的动态监测和追溯体系，确保食品药品的消费安全，提升物流服务质量。其次，要推动现代物流向供应链上下游延伸。通过加快运输、仓储、配送、流通加工、包装、装卸等领域的数字化改造、智慧化升级和服务创新，补齐乡村物流、冷链物流、应急物流以及航空物流等专业物流的短板，增强专业物流服务能力。最后，需要与现代农业融合，共创产业链增值的新空间。发挥现代物流在生产和消费之间的连接作用，推动农业生产与物流服务的紧密结合，提升农产品的市场竞争力，实现产业链增值。

六、数字乡村物流典型案例

盒马鲜生科学运输抢出鲜味

在江苏连云港，一艘满载东海梭子蟹的捕捞船返港。“虽然比往年晚了几天，但梭子蟹个头比之前更大更饱满。”一位正在码头卸货的船员边忙边对记者介绍。

东海梭子蟹，因其鲜美的口感成为餐桌上的美味佳肴。然而，从深海到餐桌，如何最大限度地保持梭子蟹的鲜味，考验着全链条物流配送的水平。记者跟随盒马鲜生的生鲜采购团队，体验了一次与时间赛跑的物流“抢鲜”。

梭子蟹的捕捞船队航行约 10 小时后抵达渔场，开始下网捕捞。接着，接鲜船将梭子蟹迅速运回码头。到港后的梭子蟹被“请到”装有冰水的中转水车中“休息”，低温环境能让它们安静下来，以便更好地适应即将到来的远程运输。

30 分钟后，中转水车抵达位于港口附近的盒马梭子蟹直采中心。现场，几十名“挑蟹官”早已就位，他们的任务是根据梭子蟹的重量、饱满度和鲜活度等标准分拣，秘诀在于“稳、准、轻”。有经验的“挑蟹官”能单手准确挑出符合标准的肥美螃蟹。

挑选好的梭子蟹被装回筐中，准备装车发往各地。如何确保长途运输更加稳妥？智慧化设备起到了关键作用。“我们按‘移动水族馆’的标准升级了货车，配备了加氧、温控、二级过滤、气动海水循环和海水蛋白分离等设备，通过 6 条活鲜配送线路，覆盖全国近 20 个城市。”盒马水产采购负责人介绍说。配备这些设备的目的是最大限度地保持运输过程中的海水新鲜度，提高梭子蟹到达目的地的成活率。

经过 30 分钟的准备，第一车东海梭子蟹启程，目标为上海、杭州、青岛等城市的盒马鲜生门店。满载梭子蟹的“水族馆”货车在运输过程中必须避免急加速和急刹车，匀速行驶以确保梭子蟹的“旅途”舒适。

几个小时的长途跋涉后，梭子蟹抵达上海各个盒马鲜生门店。门店内拥有全套的海产养殖设备能保证梭子蟹的鲜活。距离较远的城市如北京、广州、深圳、成都、重庆、西安等，东海梭子蟹也会通过生鲜供应链陆续安全送达。

第四节　数字乡村普惠金融

数字乡村普惠金融是指通过金融科技手段，为缺乏或无法获得金融服务的乡村居民提供一系列正规金融服务的行动，主要包括便捷金融服务、涉农信贷服务、新型农业保险等内容。数字乡村普惠金融是数字技术与普惠金融的有机结合，是推进普惠金融高质量发展的重要探索。发展数字普惠金融对优化资源配置、提升新质生产力、实现共同富裕具有重要意义。

一、数字乡村普惠金融历史变迁

（一）小额信贷阶段

20 世纪 90 年代是中国普惠金融的初始阶段，主要以小额信贷为主。该阶段的普惠金融主要依靠非政府组织的捐赠资金或政府的扶贫资金进行有针对性的项目运作。1993 年，中国社会科学院研究员杜晓山将“孟加拉乡村银行模式”引入中国，在河北省易县率先成立了第一家具有扶贫性质的小额信贷机构——扶贫经济合作社，标志着小额信贷模式在中国探索的正式开始。随后，国际组织陆续在陕西、四川、云南等地建立了小额信贷机构，世界银行也在四川蜀中开展了小额贷款扶贫项目试点，为小额信贷在中国的推广奠定了基础。自 1996 年起，我国越来越重视小额信贷在扶贫中的作用，并制定了一系列支持小额信贷的政策。1997 年，我国开始依托中国农业银行和中国农业发展银行等正规金融机构，通过扶贫贴息贷款的方式，向中低收入群体提供信贷支持，推动小额信贷项目的发展。

（二）微型金融阶段

2000—2004 年是乡村微型金融发展的阶段。金融服务的重点不仅限于帮助低收入群体，还扩展到了扶持一般农户及小微企业。农户无需提供合格的抵押担保物品，仅凭自身信誉即可在核定额度和期限内，向农村信用社等金融机构申请贷款。这一模式极大简化了贷款审批流程，缩短了放贷时间，增强了农户贷款的可得性。2000 年初，中国人民银行在借鉴小额信贷成功经验的基础上，为促进“三农”发展，开始在乡村合作金融领域试点并大力推广“农户小额信用贷款”和“农户联保贷款”业务，降低了农户获取金融服务的门槛。商业性金融机构也开始涉足小额信贷业务，扩大了微型金融的覆盖范围，微型金融的目标由“单一扶贫”向“商业可持续发展”转变，为普惠金融的发展开创了新局面。

（三）传统普惠金融阶段

码 5-5

2005—2013 年为传统普惠金融阶段，从以信贷为主的传统金融服务逐步转向提供汇款、支付、结算等一揽子金融服务的综合支持。2005 年中央 1 号文件提出，“有条件的地方，可以探索建立更加贴近农民和乡村需求、由自然人或企业发起的小额信贷组织”。同年，联合国召开“国际小额信贷年”会议，提出“普惠金融”的概念，标志着我国进入普惠金融发展阶段。商业银行等金融机构纷纷成立专门的微型金融部门，如中小企业客户部等，以更好地服务小微企业和个人客户。2006 年 12 月发布《中国银行业监督管理委员会关于调整放宽农村地区银行业金融机构准入政策更好支持社会主义新农村建设的若干意见》，放宽了民营资本进入乡村金融业的限制，一大批新型农村金融机构如农村资金互助社、村镇银行等相继成立，丰富了农村金融市场的供给，增强了金融服务的多样性和灵活性，为乡村提供了更便捷的金融支持。

（四）数字普惠金融阶段

自 2013 年至今，数字普惠金融进入快速发展阶段。2013 年，党的十八届三中全会首次将普惠金融上升为国家战略。数字技术以普惠、平等、兼容与协作为理念，贴近普惠金融追求的可得性与包容性目标，催生了数字普惠金融。随着数字基础设施的不断完善，数字金融服务深入乡村，为农民、小微企业和低收入群体提供了价格合理、便捷安全的金融服务。数字普惠金融凭借其强大的数据分析能力和广泛的覆盖网络，能够精准匹配农户的资金需求，降低融资成本，减少金融服务中的信息不对称问题。数字普惠金融对农户的创业行为也产生了深远影响，农户能够更便捷地获得所需资金支持，提升了金融服务的可得性、多样性和灵活性。数字普惠金融的发展不仅加速了农村经济的转型升级，还使更多的农村居民参与到现代金融体系中，为实现共享经济和全面建成小康社会作出了重要贡献。

二、乡村数字普惠金融基本特征

（一）担保要求较低

数字普惠金融通过区块链和大数据技术搭建的数字农业金融模型，显著提高了信息的可获得性、降低了成本并提升了效率。首先，基于涉农服务企业的历史数据构建科学模型，金融机构能够预测农户的生产情况和现金流，并对其经营数据进行交叉验证，进而形成高质量的动态数字农业资源池。其次，对于与涉农服务企业没有合作关系的农户，数字普惠金融依托其日常手机支付记录、互联网平台的消费记录以及在线缴费记录等信息，利用特定模型对其信用进行评估，帮助那些没有传统抵押物的农户获得金融支持。最后，数字普惠金融不仅提供金融支持，还激发了农户的创业热情和数字农业的创新。借助信息、大数据、云计算等新技术，数字普惠金融推出了如移动支付、网络信贷等创新金融服务方式，大大改善了金融服务的可得性和便利性，为传统金融未覆盖的群体创造了更加平等的创业机会。

（二）服务效率高

数字普惠金融依托互联网、云计算、大数据和移动终端等技术，不仅能够及时捕捉各种场景下的金融服务需求并创新产品，还提升了金融服务的效率和质量，满足了数字农业快速发展的多样化融资需求。首先，数字普惠金融借助数字技术简化了服务流程。这一变革不仅提高了金融服务的效率，还能让资金更快地到达有需求的农业生产者手中，满足其快速融资的需求，从而更好地支持数字农业的发展。其次，数字普惠金融通过数字技术实现了金融产品和服务场景的创新，为新型农业经营主体和中小微农业科技企业主提供了更便捷的融资渠道。这些主体可以在足不出户的情况下，通过在线平台快速获得贷款，大幅提升了客户体验。数字普惠金融的灵活性和创新性，不仅满足了数字农业日益多样化的融资需求，为农业生产提供了更广泛的金融支持，还推动了农业经营模式的转型升级。

（三）服务成本低

数字普惠金融依托人工智能、互联网、大数据等技术，不再依赖人工和物理网点，在降低服务成本、提高收益的同时，推动了传统金融机构的创新，增加了普惠金融服务的供给。首先，数字普惠金融具有更强的地理穿透性。随着网络、移动通信等技术的广泛应用，以及移动智能设备的普及，大部分金融业务都可以线上完成，无论是在偏远乡村还是城市边缘，客户都能通过智能手机等设备获取金融服务。其次，智能化技术使数字普惠金融的成本更低、效率更高。通过人工智能技术，减少了人员投入，例如客服机器人能够在无人工干预的情况下处理跨渠道的多个任务，提供贷款申请、账户管理、客户咨询等多项服务。最后，数字技术在传统金融领域的应用与发展，显著降低了普惠金融的运营成本，同时提升了利润空间。

三、乡村数字普惠金融面临问题

（一）金融资源供给不足

首先，乡村普惠金融资金供给不足，无法满足乡村经济发展的需求。截至2022年末，我国金融机构人民币各项贷款余额为213.99万亿元，其中普惠型农户生产经营贷款余额仅为7.83万亿元。只有少数农户能够获得乡村普惠金融服务，大部分只能以高成本从民间借贷等非正规渠道获取资金支持，这可能恶化乡村金融生态。其次，乡村普惠金融产品种类单一、同质化严重，无法满足乡村经济多元化的金融需求。随着新型农业经营主体的增多，经营模式由单一转向多元，资金需求从生产环节扩展到农业活动的各个环节。乡村对金融服务的需求不断增长，并呈现出多样化趋势。金融机构为降低交易成本和控制金融风险，往往提供标准化的基础产品，难以满足这些多元化需求。最后，乡村数字普惠金融的风险较大。由于农业经营主体资信不足、缺少优质抵押资产等原因，乡村金融潜在风险较高。为了达到风控要求，乡村金融服务一般要求提供商业担保、互助联保等担保方式，增加了金融交易成本，最终导致涉农贷款的准入门槛和融资利率双高。

（二）服务体系不够健全

首先，现有的数字普惠金融在乡村的覆盖广度不够。乡村分散的经济社会形态和信息不对称问题突出，金融机构难以获取和评估农户的信用信息，因此不得不提高服务价格和准入门槛，增加了农户融资的难度。其次，覆盖深度不足。乡村普惠金融业务面临较高的风险，而现有的风险分担机制不够完善，导致金融机构在定价上需要更高的风险溢价，甚至采取“惜贷”策略。例如，自然灾害的突发性强、损失大且难以准确预测，使得农业保险赔付率较高，难以通过提高保费来补偿损失。各保险公司通常会缩小农业保险的覆盖范围，最终导致农业保险未能充分发挥分担和补偿信贷风险的作用。最后，缺乏有效抵押。在乡村金融市场中，可用于抵押的资产主要包括土地使用权、土地收益权、乡村房产和农机具等，但在现有机制和条件下，这些通常不被金融机构视为优质抵押物。缺乏有效抵押担保的情况下，金融机构为控制风险，不得不提高金融服务的准入条件和风险定价标准，这些进一步加剧了农业经营主体“融资难、融资贵”的问题，阻碍了乡村经济的发展。

（三）普惠金融人才不足

首先，乡村居民的金融素养水平整体偏低。金融知识具有一定门槛，难以通过日常生活经验获取，这使得乡村居民缺乏基本的金融知识和技能，金融素养较低，难以享受到优质的金融服务。其次，金融人才培养和教育力度不足。金融机构对乡村“用户教育”的投入有限，金融知识普及不够，对金融政策、金融服务和产品的宣传、培训、指导不到位，导致乡村居民对金融机构提供的服务和产品缺乏清晰认知。最后，乡村金融机构面临严重的人才流失问题。乡村金融机构人员流动性大，尤其是高素质业务人员的流失，导致这些机构缺乏稳定的“专业型熟练人才”。随着乡村振兴战略的实施，乡村产业不断发展，经济形态日益多元化，乡村金融机构需要更多懂金融知识、熟悉乡村经济形势、了解地情民情，并愿意为乡村金融发展服务的高素质人才。然而，乡村的生活工作环境、待遇水平及职业发展前景等因素，使乡村金融机构难以吸引并留住优秀人才。

四、数字乡村普惠金融政策演进

数字乡村普惠金融政策的演进过程体现了我国金融改革的深化，以及对农村金融服务重视程度的逐步提升。

（一）起步阶段

1978—1990 年是我国农村金融服务的起步阶段。改革开放初期，我国金融业开始恢复和重建，农村金融服务业也逐步发展。1978 年，中国人民银行从财政部独立出来，随后成立了中国农业银行等专业银行，专门为农村提供金融服务。两种脱胎于集体经济体制的民间融资渠道成为农村金融的重要力量：一是农村信用社，二是农村合作基金会。首先，农村信用社虽然被划归中国农业银行管理，但其原有的公社隶属关系在乡镇建立后仍有深远影响。乡镇政府对农村信用社具有一定影响力，信用社为乡镇企业提供资金支持，推动了乡镇企业的迅速崛起和乡村的工业化进程。其次，农村合作基金会自 20 世纪 80 年代试办后规模迅速扩大，极大地满足了农民日益增长的资金需求。随着农业产业化进程的推进，农民对资金的需求不断增加，农村合作基金会为其提供了必要的资金支持，助推了农业现代化和产业化的发展。同时，基金会也为乡镇企业提供了资金支持，进一步促进了乡镇企业的发展壮大。这两大机构的运作有效满足了乡村的金融需求，推动了农业和乡镇企业的快速发展。

（二）发展阶段

1991—1999年，农村金融服务进入了快速发展阶段，乡村金融需求迅速扩大。随着经济的不断发展，农村金融服务的供需矛盾日益突出，农村信用社的改革成为解决这一问题的关键。农村信用社的改革在经济上行的背景下展开，宏观经济环境较为有利，货币资金相对宽松，改革成本较低，促进了改革的顺利推进。改革的核心思路是通过体制创新和政策调整，化解体制限制和历史遗留问题所带来的经营风险。1996年，《国务院关于农村金融体制改革的决定》明确了农村信用社的合作属性，标志着其改革进入了新阶段。该决定强调了农村信用社作为合作金融机构的性质，要求通过股份制形式明晰产权关系，建立硬约束机制。同时，改革需兼顾合作性质和商业化目标，既要保持为农村和农民服务的初衷，又要提高市场竞争力，实现可持续发展。此外，这一时期国家不断加强政策性金融机构和民间金融组织的规范性，确保农村金融市场的健康发展。通过改革，农村信用社的管理体制逐步完善，经营风险逐步化解，为农村经济的稳定发展提供了有力的金融支持。

（三）转型阶段

2000—2014年是农村金融服务转型阶段，这一时期标志着农村金融体系向多元化和市场化方向进行深度调整。进入21世纪，特别是2003年后，国家逐步放宽了乡村银行业机构的准入条件，新型农村金融机构如村镇银行、农村资金互助社等逐渐涌现，为农村提供了更加多样化和灵活性的金融服务。自2005年起，农村金融改革进入微观改革阶段，着重优化布局并强化金融服务功能。在政策引导下，改革更加注重市场自发的内生制度创新与机制创新，减少对政府强制性制度变迁的依赖，辅之以诱致性制度变迁。随着改革推进，更多金融机构参与到农村金融服务中，更好地满足了农民和乡村企业的金融需求。此后，农村金融改革更注重市场导向，以增量改革取代原有的存量调整，旨在最大限度激发农村金融市场活力。改革措施集中于金融产品创新等微观层面，以适应农村经济的多样化发展需求。通过创新金融产品和服务方式，金融机构能够为农民和农村企业提供更具针对性的金融支持，如微贷产品、农业保险、农产品期货等。

（四）深化阶段

2015 年以来，农村金融服务进入了深化发展阶段。随着数字技术的迅猛发展，数字普惠金融成为推动乡村振兴的重要力量。2015 年，国务院印发《推进普惠金融发展规划（2016—2020 年）》，强调要发展乡村数字普惠金融，提高农民、涉农小微企业和农村低收入人口等群体的金融可得性和满意度。2021 年，中央 1 号文件首次提出发展数字普惠金融，支持市县构建域内共享的涉农信用信息数据库，推动农村信用体系建设。此外，中央 1 号文件还鼓励开发专属金融产品，以支持新型农业经营主体和农村新产业新业态的发展，尤其是在首贷和信用贷方面的创新。2024 年，中央 1 号文件再次强调“发展农村数字普惠金融”，并提出要“推进农村信用体系建设”。通过全国农业信贷担保体系和政府投资基金等手段，发挥财政与金融的协同作用，为农村经济发展提供强有力的金融支持。这一阶段，数字普惠金融不仅继续深化在农村经济中的应用，还特别注重乡村信用体系建设，旨在通过完善的信用体系和强劲的金融支持，推动乡村振兴战略的全面落实。

五、数字乡村普惠金融未来发展方向

（一）微型金融机构不断增长

数字乡村普惠金融的发展需要通过建设微型金融机构和加强人才队伍建设来实现。首先，针对欠发达地区的弱势产业和中小型产业，有必要多层次地建立和发展微型金融机构。微型金融机构能够为弱势产业和低收入人群提供小额信贷服务，帮助他们拥有平等的发展机会，使他们能更好地融入主流经济活动，并在激烈的市场竞争中立足。其次，科学合理地增加小城镇的营业网点数量是推进数字乡村普惠金融发展的关键。需要深入分析和评估东西部省份小城镇营业网点的分布情况，并根据各地区的发展需求，合理布局和增设营业网点。最后，建设专业金融人才队伍是实现数字乡村普惠金融发展的重要保障。目前，我国涉农金融机构，特别是新型乡村金融机构普遍面临人力资源短缺问题，迫切需要培养一批既具备专业金融知识技能，又能将职业发展与国家乡村振兴战略紧密结合的专业人才。

（二）提供更具地方特色的金融服务

首先，通过精准的数据分析提升普惠金融服务水平。不仅需要准确评估各类普惠金融需求的风险，还应运用科学的风险分析模型对这些风险进行量化确认，增强金融定价能力。精准的数据分析有助于更好地理解和满足乡村居民与企业的金融需求，从而提升金融服务的质量和效率。其次，要因地制宜地创新金融产品与服务，提供更多对弱势产业的贷款支持。通过分析当地产业结构与发展水平，针对性地扩大小额信贷规模，合理设置贷款额度与还款期限，为中小企业发展注入一定的经济活力。此外，还可以推广中小企业集体信贷模式，使多家企业共同分担风险，扩大乡村普惠金融服务的覆盖范围。最后，充分发挥地方政府的调控作用，对欠发达地区的中小企业进行税收优惠，确保它们拥有充足的资金支持。地方政府还可以通过引导发达地区的金融机构或服务进入欠发达地区，增加这些地区金融机构网点的数量，同时调整农业贷款利率，尽量减轻低收入人群的经济负担。

（三）金融服务供需更加均衡

首先，降低用户准入门槛是扩大乡村普惠金融覆盖面的关键。目前的金融服务体系门槛较高，顾客资质审核较为严格，导致部分乡村居民和小微企业难以获得所需的金融支持。金融机构应根据顾客的实际需求，适度提升服务供给能力。通过构建全面的乡村信用征信体系，对乡村金融发展状况进行全方位核查与评估，从而有效降低金融服务的准入门槛。这些措施不仅能扩大金融服务的覆盖范围，还能充分发挥金融在促进乡村经济发展中的积极作用，助力乡村振兴。其次，定期开展金融知识宣讲活动是提升乡村居民金融素质的重要途径。相关主管部门应积极推动金融知识普及活动，深入乡村，为农民提供金融教育。宣讲活动不仅能够提升农民的金融素养，还能帮助他们更好地理解和运用各类金融产品与服务，从而更有效地满足自身的投资和消费需求。此外，通过普及金融知识，金融服务的供需双方能力将进一步提高，推动数字乡村普惠金融的深度实施和全面覆盖。

六、数字乡村普惠金融典型案例

湖南农信系统双轮驱动乡村振兴

湖南省山区广布、乡村人口分散，且中老年人群基数较大，加之乡村振兴具有涵盖领域广泛、支持对象多、持续时间长等特点，实现数字金融服务助力乡村振兴的确面临诸多挑战。为此，时任湖南省农村信用社联合社党委书记张世平多次率领团队赴省乡村振兴局、省农业农村厅等部门，就金融服务乡村振兴展开合作交流。湖南农信系统专门成立了乡村振兴金融部和信贷管理部，负责巩固拓展脱贫攻坚成果与乡村振兴有效衔接，精准施策，高效推进相关工作。

湖南农信系统已在多个乡村推出“福祥 e 站”“智慧门牌”等特色金融服务，为湖南乡村振兴注入了农信力量。“没想到我们村子也有了‘小银行’，现在取钱真是太方便了。”溆浦县统溪河镇白竹坡村的董大娘手里拿着在外打工的儿子寄来的“孝敬钱”，连连称赞。

董大娘口中的“小银行”正是溆浦农商银行在白竹坡村设立的“福祥 e 站”站点。“过去取钱办业务都要跑到镇上，一来一回得花大半天，现在几分钟就能办好。”村民们在“站点助农服务终端机”前办理业务时，纷纷赞不绝口。在“福祥 e 站”，村民不仅可以办理支农惠农补贴支取、账户余额查询、交易明细查询，还能完成电费水费缴纳、存取款等各项金融业务。这不仅让村民享受到便利，还大大填补了乡村金融服务的空白。为进一步扩大服务覆盖面，提高普惠金融数字服务的效率和水平，溆浦农商银行在“福祥 e 站”基础上，因地制宜推进产品创新，先后推出“兴猪贷”“创业贷”“柑橘贷”“惠农担保”和乡村振兴卡等信贷产品，支持生态农业发展，助力乡村振兴。

本章思考题

1. 数字乡村新业态发展历程以及未来趋势如何？
2. 数字乡村电子商务包含哪些内容？
3. 数字乡村电子商务应该从哪些方面进行监管？
4. 数字乡村物流有哪些特征？
5. 数字乡村普惠金融未来发展趋势是什么？

第六章 数字绿色乡村管理

数字绿色乡村管理通过数字技术实现对环境的实时监测和资源的优化利用，促进了生态保护与农业可持续发展，同时推动了智慧农业和绿色旅游，提升了乡村经济水平和农民生活质量。其核心涵盖三个方面：数字农业绿色生产、数字乡村绿色生活以及数字乡村生态保护。数字农业绿色生产利用先进技术提升生产效率，减少资源浪费，推动农业朝着环保与高效方向发展。数字乡村绿色生活的推广，使乡村居民能够享受智能化、环保化的生活方式，进一步提高他们的生活品质。数字乡村生态保护则通过精准的环境监测与管理，确保自然资源的有效保护与可持续利用。

第一节 数字农业绿色生产

在数字农业绿色生产过程中，广泛应用了各种先进技术。例如，借助农业投入品追溯管理平台，可以实现农药、兽药、化肥、饲料等投入品的流向可追踪、责任可追究，从而规范农业企业的生产经营，推动农业的绿色发展。数字农业绿色生产通过精准的管理手段，不仅促进了环境保护与可持续发展，还增强了农业应对气候变化的适应能力，同时提升了农业的经济效益，增加了农民的福祉。

一、数字农业绿色生产历史变迁

从初步应用信息技术到全面实现智能化与生态化管理，数字农业绿色生产的历史变迁不仅显著提高了农业生产的效率和效益，还积极推动了农业的可持续发展与环境保护。

（一）信息管理技术初步应用期

20 世纪 70 年代至 90 年代，农业开始引入信息技术，进入了信息管理技术初步应用期。这一时期的特点是信息技术在农业绿色生产中的初步应用，以及农业生产的机械化发展。信息管理系统在推动农业绿色生产和可持续发展方面发挥了重要作用。例如，在美国加利福尼亚州的葡萄园中，许多农场采用了先进的灌溉管理系统。这些系统利用传感器实时监测土壤湿度和天气条件，通过信息管理系统精准控制灌溉时间和水量，不仅减少了水资源浪费，还提高了葡萄的品质。荷兰的温室种植广泛应用精准施肥技术，能够根据植物的生长需求自动调节肥料投放量，避免过量使用化肥，减少土壤和水体的污染，保护当地的生态系统。第一，资源管理。信息管理系统可以精确跟踪和控制农田中各种资源的使用，如水资源、化肥、农药等。通过系统化管理，农民能够避免资源的过度使用或浪费，确保每一滴水、每一克肥料都得到有效利用。这不仅降低了生产成本，还减少了环境污染，有助于保护生态系统。第二，供应链优化。信息管理系统优化了农业供应链，实时监控和调整从生产到市场的各个环节。例如，通过预测和分析市场需求，农民可以合理安排种植计划，避免产量过剩或不足的情况发生。系统还能够帮助管理物流、储存和配送等环节，提高供应链的整体效率，减少损耗，确保农产品能够及时到达市场。例如，在我国浙江省的茶叶生产过程中，许多茶农采用了基于大数据的供应链管理系统。通过精准预测市场需求，茶农可以调整茶叶的种植规模和采摘时间。同时，信息系统还能实时跟踪茶叶的采摘、加工、包装和运输过程，确保每批茶叶都在最佳时间送达市场，最大限度地保障了茶叶的品质。同样，肯尼亚的鲜花产业通过优化从采摘到出口的每一个环节，有效减少了运输中的损耗，使更多优质鲜花能够及时进入国际市场。

（二）互联网技术广泛采用期

1990—2005 年，互联网和计算机技术逐渐渗透到农业领域，进入互联网技术的广泛应用期。互联网和现代科技的运用显著改变了传统农业生产方式，农民能够利用互联网信息资源和数据驱动决策，提升生产效率和收益。第一，信息的广泛获取。传统的农业生产决策主要依赖农民的经验和直觉，而如今，互联网为农民提供了丰富的信息资源。通过访问农业网站、在线论坛和社交媒体平台，农民能够获取实时天气预报，帮助他们合理规划播种和收获，规避不利天气带来的影响。第二，市场价格透明化。通过及时了解市场价格，农民可以调整销售策略，以获取更高的收益。此外，在线视频教程可以帮助他们学习最新的种植技术和实践经验，进一步提高作物的产量和质量。第三，农田管理系统和数据分析工具的应用。这些系统帮助农民收集并分析土地、作物及环境数据，以便做出更合理的生产决策。通过简单的数据分析工具，农民可以追踪作物生长的各个阶段，评估土壤肥力，并优化施肥和灌溉方案。这种基于数据的决策方式提高了资源利用效率，降低了生产成本，并减轻了环境负担。

（三）物联网技术的应用期

2005—2010 年，农业绿色生产进入了物联网技术的应用阶段。物联网和遥感技术的广泛应用推动了精准农业的发展，使农业生产更加高效和可持续。首先是物联网技术的应用。通过智能传感器、网络连接和实时数据采集，农民可以全面监控农业生产，提升管理能力。传感器可以安装在农田、温室、灌溉系统和农业机械上，实时监测土壤湿度、温度、光照强度、风速和降水量等环境参数。这种实时监控有助于农民根据农田状况及时调整管理策略。例如，精准灌溉系统通过传感器获取土壤湿度数据，智能化控制水泵，确保农作物在得到足够水分的同时减少水资源浪费，从而提高了水资源的利用效率。其次是遥感技术的应用。遥感技术通过卫星和无人机对大面积农田进行观测，提供作物健康状况、病虫害分布和生长趋势等信息。这些数据被整合并转化为可操作的管理方案，帮助农民优化施肥、喷洒农药和收获计划。遥感技术使农民能够更全面地了解农田状况，从而作出更精准的管理决策，提高农作物的产量和质量。

（四）人工智能技术的运用期

码 6-1

2010 年至今，农业绿色生产进入了人工智能技术的应用期，人工智能、区块链和智慧农业体系得到了广泛应用。首先是机器学习和计算机视觉技术的应用。通过机器学习和计算机视觉技术，农业实现了作物识别、病虫害预测和智能灌溉等功能。这些技术能够准确识别不同作物的生长状态，提前预测病虫害，并根据实际情况智能化控制灌溉系统，提高了农业生产的效率和精准度，减少了资源浪费。其次是基于区块链技术的农产品溯源。区块链技术被用于农产品的全程溯源，显著提高了食品安全和透明度。通过区块链，消费者可以追踪农产品从生产到销售的全过程，确保每个环节的信息真实可信，增强对食品安全的信任感，同时为生产者提供更透明的市场竞争环境。最后是数字认证平台的建设。数字认证平台是推动数字经济发展和保障信息安全的重要基础设施。随着数字化转型的加速，网络身份和信息验证面临身份盗用和数据泄露等问题。因此，建设具备多重身份验证机制的平台尤为重要，包括生物识别、多因素认证等，以确保数据安全和用户隐私。同时，平台建设需推动行业合作与标准化，促进互信互通，增强数字化转型的安全性和信任感。

二、数字农业绿色生产基本特征

预计到2025年，我国农业数字经济规模将达到1.26万亿元，约占中国农业增加值的15%，展现出巨大的市场潜力。

（一）数字技术提升农业资源利用效率

数字技术与现代信息技术相结合，深度融合了传统农业生产要素，显著提升了农业资源利用效率。首先，精准感知与优化策略。数字技术能够精准监测农业生产的关键环节，如测土配方、选种育种、病虫害防控及水肥状况等。基于这些数据，农民可以制定优种、精播、精施、精控等高效化策略，实现对农业生产各环节的精准管控。这不仅优化了生产要素的配置，还降低了生产成本，减少了环境污染，促进了增产增效。其次，数据作为生产要素的引入。将数据作为新的生产要素融入农业生产，改进了传统的生产流程和组织形式。数字技术使农业生产能够根据市场需求动态调整生产规模和供应量，解决了生产要素配置不合理的问题。这种基于数据的决策过程，显著降低了农业资源的消耗，提升了资源配置效率，推动了农业绿色发展。最后，提升信息交互效率与降低搜寻成本。数字技术的应用大幅提升了信息交互效率，缓解了信息不对称问题。关于农民与市场之间的数据快速流通，帮助企业和用户更快、更准确地获取所需信息，降低了搜寻成本，提高了农业生产的整体效率，促进了农业经济的可持续发展。

（二）数字技术改善农业生态系统

生态系统的管理和保护是绿色生产的关键组成部分，通过数字技术和生态农业实践，我国正推动生态资源的可持续利用和生态产品的价值实现。首先，数字技术在资源信息数据库上的应用。我国通过建立土地资源、水资源和气候资源数据库，并结合田间采样、GPS定位和多平台遥感技术，推动生态农业的发展。同时，借助农业数据资源，如中国农林文献数据库、农牧渔业科技成果数据库和中国畜牧业综合数据库等，全面支持生态农业的发展，提升了生态系统管理的科学性和精细化。其次，数字技术在生态管理中的应用。物联网、大数据和人工智能等数字技术广泛应用于乡村土壤、森林、空气和水等环境要素的数字化采集、存储和分析。这些技术贯穿于生态补偿、生态产权界定、价值核算、产品增值和市场交易等环节，增强了生态产品供需的适配性，推动了生态资源的保护与修复，促进了生态产品价值的实现。

（三）数字技术提升农产品质量

码 6-2

数字技术作为一种新型投入要素，全面赋能传统农业各环节，推动农产品生产的精细化、标准化和科学化，提升产品质量和标准化水平。首先，优化生产条件提升农产品质量。通过监测土壤状况，数字技术能够为农作物提供最佳生产条件，并筛选优质种子。针对土壤养分和施肥时间，数字技术实现了精准施肥。借助计算机图像识别技术，能够迅速识别并祛除病害作物。通过实时监测土壤水分并进行精准灌溉，有效控制外部环境因素，减少生产中的不确定性，从而提升农产品的质量与绿色化水平。其次，通过质量认证和溯源提升农产品质量。数字技术在农产品的质量认证和溯源方面也发挥了重要作用。通过建立农产品新“三品一标”认证平台，数字技术规范了认证机构的资质，并及时向消费者传递农产品质量信息，保障其安全。在农产品溯源中，应用物联网等先进技术记录和追踪农产品的种植、生产和运输数据，确保质量安全。消费者可以通过扫描产品上的溯源信息，了解产品的来源和生产过程，实现信息透明与共享，进一步提升对绿色农产品的认可度。

（四）数字技术提升农业生产效率

数字技术在实时数据收集、监测和数据分析处理中发挥了重要作用，为农业生产经营者提供了更多有益的信息和工具，推动了农业生产效率的提升。首先，实时数据收集与监测。通过监测设备和传感器，数字技术能够实时反馈农业生产过程中各类关键参数。农民依托数字平台，将这些数据传送给农业专家，通过在线沟通获取农业生产建议，在灌溉、施肥、喷药等方面做出更优决策。数字技术还可以帮助优化种植计划，提供应对自然灾害的策略，从而提升农业生产效率。其次，数据分析与智能化管理。数字技术通过控制系统对农业生产过程进行反馈控制，优化生产策略。农民可以利用自动化控制技术，精确管理灌溉和施肥，控制土壤水分和氮气含量等关键数据。结合大数据分析和机器学习技术，数字技术能够深入分析不同因素对作物生长的影响，从而优化灌溉和施肥策略，提升农业生产效率和产量。

三、数字农业绿色生产面临基本问题

（一）数字化区域差异

乡村数字化基础建设在过去几年取得了显著进展，但仍存在一些薄弱环节和区域差异，部分地区尤其是欠发达地区仍存在网络覆盖不足、速度较慢、稳定性差等问题。这种区域差异性制约了数字乡村建设的整体推进。物联网发展整体发展水平仍处于初期阶段，部分地区网络信号不稳定，带宽不足等问题也影响了物联网设备的数据采集和传输。此外，农村居民和生产者对物联网技术的认知和应用能力有限，数字素质有待提升。同时物联网技术在农业领域的应用仍处于探索阶段，尚未形成系统化的解决方案。

（二）信息安全存在隐患

数据开放共享是数字农业发展的关键基础，提升信息安全意识和完善内部控制制度是保障数字农业绿色生产安全与可持续发展的必要条件。当前我国数字农业绿色生产领域的信息安全状况令人担忧，主要原因包括：首先，小规模农业生产主体缺乏信息安全意识。受限于知识和资源，许多小型农业经营者容易忽视自身的信息安全。据调查，约有 70%的小型家庭农场未定期更新智能农业设备的软件，使这些设备容易受到网络攻击或数据泄露。农户在市场竞争中更专注于提高生产效率，而忽视了信息安全，导致潜在安全隐患的存在。其次，部分农业企业内部控制不完善。许多企业尚未建立内部信息访问的分级控制制度，存在信息泄露的风险。缺乏对全产业链的完整风险评估，导致对信息安全薄弱环节认识不足，同时内部信息沟通机制不健全，使决策层无法及时掌握信息安全情况。

（三）农业生产组织模式分散

模式限制了数字农业绿色生产的发展。首先，资源投入不足。我国以小农经济为主，分散的生产模式难以满足数字农业绿色生产对大量人力、财力和物力投入的需求。由于以一家一户为经营主体，小农生产难以承担数字农业所需的基础设施建设成本，资源支持不足，进而制约了数字农业的发展。其次，规模化运营困难。土地承包经营权的分散阻碍了农业的规模化运营。这不仅影响农产品质量，也难以通过规模化运营降低单位产品的生产成本，从而阻碍了数字农业绿色生产的推进。最后，人力资源限制。目前，传统农业生产者多为留守老人和妇女，他们的知识水平相对较低，缺乏数字农业所需的技能。数字农业的发展可能使这些弱势群体面临失业风险，这也是数字农业绿色生产发展中亟待解决的社会问题。

（四）政府支持不足

数字农业绿色生产的自身动力不足，政府对数字农业的扶持力度相对较弱。首先，财政支持的局限性。政府的财政补贴主要面向大型农业产业集团和农业合作社等机构，普通农户难以获得直接支持。这种偏向性的补贴政策限制了普通农户在数字农业绿色生产中的发展潜力，导致整体发展动力不足。其次，基础设施和资金投入不足。数字农业绿色生产的发展需要在传统农业基础设施（如土地平整、水利、电力等）基础上，进一步投入大量资金建设物联网、智能设备和信息平台。然而，由于资金需求巨大且投资回报周期较长，许多地方政府的财政投入不足，特别是在西部地区发展更加缓慢。基站和物联网基础设施建设仍处于初级阶段，后续资金缺乏导致维护和升级难以保障，已建成的数字农业项目运营效率低下，甚至部分地区无法按时上传数据或缺乏原始数据记录，远远达不到数字农业的需求标准。

（五）人才短缺

人才短缺是我国数字农业绿色发展面临的主要挑战之一，在很大限度上制约了该领域的可持续推进。首先，乡村缺乏对高素质人才的吸引力。大部分乡村的生产和生活条件相对艰苦，基础设施落后，社会保障体系（如医疗、养老等）不完善，这些因素严重影响了乡村对高素质人才的吸引力。许多年轻人和专业技术人员不愿扎根乡村，导致数字农业绿色生产领域的人才流失严重，难以形成稳定的专业团队。即使部分地区能够引进人才，但受限于生活和工作环境，也难以长期留住他们。其次，地方政府对高素质农民的培养力度不足。乡村从业者的教育水平普遍较低，接受新技术的能力有限，缺乏系统的培训和指导，难以适应数字农业绿色生产的发展需求。此外，地方政府职能部门在推广和普及新技术、新理念时，缺乏长远规划和有效措施，导致高素质农民的培养滞后，进而影响了农业现代化的整体进程。

四、数字农业绿色生产政策演变

（一）支持乡村信息化推动农业绿色生产

2000—2015 年是我国支持乡村信息化、推动农业绿色生产的重要阶段。2000 年 10 月，党的十五届五中全会审议通过的《中共中央关于制定国民经济和社会发展第十个五年计划的建议》明确指出，“大力推进国民经济和社会信息化，是覆盖现代化建设全局的战略举措”。2007 年 7 月，农业部发布《农业科技发展规划（2006—2020 年）》，特别强调要“全面提升农业科技自主创新能力，利用信息化手段，加快发展现代化农业，为推进社会主义新农村建设提供有力的科技支撑”。2011 年 11 月，农业部印发《全国农业农村信息化发展

“十二五”规划》，提出“加快农业基础设施、装备与信息化的深度融合。研制和推广智能节水灌溉系统，积极发展节水农业，不断提高农田水利信息化水平。研发和推广基本农田整理、复垦和耕地质量监管保护的信息化技术与装备，扩大测土配方施肥信息系统的建设，提高耕地利用率和产出率。建设一批集智能感知、智能传输、智能控制为一体的设施化畜禽、水产养殖场，提升畜禽水产养殖的智能化和自动化水平，促进畜禽水产的增产增效。加快农机及农业装备与信息技术的融合，发展智能作业机具及装备”。2012 年 1 月，国务院发布《全国现代农业发展规划（2011—2015 年）》，强调“大力推进农业节能减排。树立绿色、低碳发展理念，积极发展资源节约型和环境友好型农业，大力推广节地、节水、节种、节肥、节药、节能和循环农业技术，淘汰报废高耗能的老旧农业机械，加快老旧渔船的更新改造，推进形成‘资源—产品—废弃物—再生资源’的循环农业方式，不断增强农业的可持续发展能力”。

（二）支持互联网发展推动农业绿色生产

2016—2019 年，国家政策逐步转向支持互联网发展，推动农业绿色生产的转型升级，互联网技术在现代农业中得到了深度应用。2016 年 5 月，农业部与多部门联合印发《“互联网＋”现代农业三年行动实施方案》，强调“鼓励家庭农场、合作社、龙头企业等新型农业经营主体运用互联网新思维、新技术、新模式，改造传统流通方式、管理方式和经营方式，在现代农业建设中发挥引领作用”。随后，2016 年 10 月，国务院发布了《全国农业现代化规划（2016—2020 年）》，提出“加快实施‘互联网＋’现代农业行动，加强物联网和智能装备的推广应用，推进信息进村入户，提升农民手机应用技能”。2016 年 12 月，农业部印发《农业资源与生态环境保护工程规划（2016—2020 年）》，明确要加强重要资源的保护，强化重点区域的环境治理，促进农业废弃物资源化利用，发展资源节约型、环境友好型、生态保育型农业。2019 年，中央 1 号文件进一步提出“深入推进‘互联网＋农业’，扩大农业物联网示范应用，推进重要农产品全产业链大数据建设，加强国家数字农业农村系统建设”。在这一系列政策的引导下，互联网技术全面应用于农业生产，通过科技创新大力推动了农业绿色转型。

（三）支持大数据、人工智能推动农业绿色生产

自 2020 年起，我国加大了对农业绿色生产的政策支持力度，中央和各部委相继出台了一系列文件，推动数字农业和智慧农业的快速发展，促进绿色生产与现代科技的深度融合。2020 年 1 月，中央 1 号文件《中共中央 国务院关

于抓好“三农”领域重点工作确保如期实现全面小康的意见》率先提出，要依托现有资源建设农业农村大数据中心，加快物联网、大数据、区块链、人工智能、5G 和智慧气象等现代信息技术在农业领域的应用。同月，农业农村部与中央网络安全和信息化委员会办公室联合发布了《数字农业农村发展规划（2019—2025 年）》，提出实施农业机器人发展战略，研发适应性强、性价比高、智能决策的新一代农业机器人，并加快其标准化和产业化发展。规划中强调，要攻克运动控制、位置感知、机械手控制等关键技术，开发适应不同作物和作业环境的普适性机器人及专用机器人，如用于嫁接、扦插、移栽、耕地等操作的机器人，并以提升畜牧生产的高效自动化为目标，研制放牧、饲喂、挤奶、分级、诊断、搬运等自动作业辅助机器人。2022 年，中央 1 号文件进一步强调推进农业农村绿色发展，明确提出治理农业面源污染、减少农业投入品使用，推动农业生产向更加绿色、可持续的方向迈进。

五、数字农业绿色生产未来政策重点

数字农业绿色生产是农业领域贯彻绿色发展理念的重要体现。推进数字农业绿色生产应从强化乡村信息化基础设施入手，加大政策、资金和人才的帮扶力度，完善数字农业绿色生产的资源政策体系。

（一）夯实数字农业绿色生产的信息化基础

首先，加大乡村信息化基础设施建设力度。乡村基础设施建设不仅包括农田水利、道路、电力等硬件设施，还应涵盖宽带和移动互联网等软件设施。数字农业绿色生产的发展是农业信息化的高级阶段，提升乡村信息化基础设施建设水平是其发展的重要前提。地方政府应制定区域内乡村信息化基础设施的发展规划，并在年度财政预算中为其预留资金，提供物质保障。同时，积极开展数字农业绿色生产试点，探索农业绿色发展的新模式。其次，提高数字农业绿色生产的信息安全水平。数字农业企业应完善信息安全内部控制制度，加强信息安全风险评估，并针对重要风险领域采取有效防控措施。企业决策层应定期与信息安全控制部门沟通，及时掌握信息安全防控情况，制定改进措施，确保信息安全管理更加有效。

（二）完善数字农业绿色生产的资源政策体系

完善数字农业绿色生产的资源政策体系是推动现代农业发展的关键措施。首先，推进乡村土地经营权流转政策的落实。土地经营权流转是继家庭承包经营后，政府在农业领域的一项重要探索。但随着城镇化进程的加快，乡村青壮年劳动力大量外流，传统土地经营模式面临挑战。应优化土地流转机制，促进土地规模化经营，从而有效提高农业生产效率和资源利用率。通过数字化手段，如土地管理信息系统和流转平台，实现对土地资源的精确管理和配置，增强农业生产的可持续性。同时，村民自治组织应将解决失地农民就业作为新型农业经营主体获得土地经营权的前提条件。地方政府也应为失地农民缴纳养老保险，提供基本生活保障，确保政策顺利实施。其次，加大资金和人才扶持力度。数字农业绿色生产是农业发展的新阶段，需要大量资金和人才的支持。农业部门应注重农业信息化建设，争取发展改革委和财政部门的支持，推动数字农业项目，如农业示范园、农用设施采购和耕地水利灌溉等。鼓励中央企业和科研院所积极参与数字农业建设或研发物联网设备，并通过奖励机制，如以奖代补或优先安排课题资金等，推动相关研发。数字农业发展的关键在于人才，必须通过多种形式培养中高端和技能型人才，提升其综合素质，助力实现数字农业发展目标。

（三）推动科技创新和跨界合作促进可持续发展

为促进数字农业绿色生产的长远发展，需要建立一个以创新驱动的政策支持体系。政府应积极鼓励科研机构和企业开展前沿技术研发，特别是在人工智能、大数据、区块链等领域。这些技术在农业中的应用将显著提升生产效率、资源管理和环境保护能力。具体措施包括实施专项科技基金，用于支持创新项目的研究和开发，确保前沿技术的持续投入和应用。同时，建立科技成果共享平台，推动技术转化，促进创新资源的开放交流，缩短科技成果的转化周期，提高实际应用效果。此外，政府还应推动农业企业与高等院校、研究机构的合作。通过联合研发和技术攻关，开发适应绿色生产的技术和工具。这种跨界合作不仅能引入多方资源和专业知识，还能加快技术的应用和推广，推动数字农业绿色生产的全面升级。

六、数字农业绿色生产典型案例

（一）山东实施农产品合格证制度

山东省作为农业大省，为保障农产品质量安全，全面实施农产品合格证制度，确保全程可追溯。由于农业生产主体繁多且规模差异较大，山东各地因地制宜，结合当地农产品生产特点，形成多种做法。

例如，青岛市级财政累计安排专项资金近 1.2 亿元，完善农业投入品追溯体系和农产品质量追溯体系。目前已将 4 329 个产品和 1 257 家农产品生产主体纳入追溯系统，生产主体在追溯平台上输入农产品生产信息，进行备案，统一编码，自动生成带有二维码的农产品合格证，防止假冒仿制。同时，全市 3 300 家规范化农资经营店已全部纳入统一的农药经营追溯平台，实现对“谁在卖药、卖什么药、药卖给谁”的全程追溯和实时监管。

再如，济宁市根据产品类别，将农产品电子合格证划分为四个等级，合格证级别越高，代表产品的质量安全水平越高、市场竞争力越强，从而鼓励生产主体逐步提高产品的质量级别。聊城市茌平区则以韭菜为特色农产品，探索“一户一码、一捆一证”的合格证制度，通过签订《韭菜安全生产承诺书》，为韭菜种植户发放和管理二维码合格证。

这些措施不仅提升了农产品质量安全水平，还增强了市场竞争力，切实保障了消费者的权益。

（信息来源：山东：实施合格证制度加强信息化管理，农业农村部网站，2020 年 8 月 5 日）

（二）上海实施“一网、一图、一库”工程

多年来，上海围绕乡村振兴战略的实现和都市现代绿色农业的发展，按照农业生产智能化、管理数据化的要求，全力打造了“一网、一图、一库”工程。其中，“一库”是指将农业农村的所有生产、管理、服务等信息汇聚到一个大数据中心；“一图”是指构建农业农村的地理信息系统（GIS）地图，清晰呈现全市农业农村的发展现状；“一网”是在此基础上构建农业农村的综合管理信息网络。

2019 年，上海对全市农用地进行了详细的摸底调查，按照最小单位对全市农用地进行了划分并统一编码，为每块地赋予了唯一的身份标识，全面掌握了农业生产现状、用地数量以及农用地的耕作情况。2020 年，围绕农产品质量安全追溯体系建设，上海市 9 个涉农区在粮食、蔬菜、瓜果、水产领域全面应用了生产作业信息系统，近 6 000 家经营主体入网直报，覆盖面积超过 70%，为全市农产品质量安全监管打下了坚实的数据基础。此外，为保护长江生态资源，打击非法捕捞，上海还应用北斗、AIS、视频、雷达、无人机等信息技术，将技防与人防相结合，构建了长江口禁渔智慧监管系统。

这些举措不仅提升了农业生产的智能化和数据化水平，还为实现乡村振兴和绿色农业发展奠定了坚实基础。

（信息来源：上海推动农业数字化转型，将打造 13 个绿色田园先行片区，澎湃新闻，2022 年 1 月 12 日）

第二节 数字乡村绿色生活

数字乡村绿色生活通过物联网、人工智能、云计算、无人机和高清视频监控等现代信息技术，对乡村生活空间及环境质量进行综合监测，实现对乡村人居环境、饮用水水质和生态系统等多方面的智能化管理，为乡村振兴和可持续发展提供数据支持与决策依据。数字乡村绿色生活不仅能应对环境挑战，提升生态恢复力，还通过改善基础设施和技术提高居民生活质量和社区参与感。

一、数字乡村绿色生活历史变迁

数字乡村绿色生活的历史变迁可以分为以下几个阶段：

（一）初步信息化探索期

20 世纪 80 年代初至 90 年代末是中国数字乡村绿色生活的初步探索期，这一时期以初级信息化为主要特点。首先，乡村生活开始引入基础的信息技术。政府逐步推广初级信息化措施，如建立农业技术推广站和开通农业服务热线，帮助农民获取生产和生活信息。其次，乡村居民逐渐意识到生态保护的重要性。这不仅是技术引入和基础设施建设的关键阶段，也是乡村生态意识的萌芽时期。随着环境问题日益凸显，乡村居民开始重视生态保护，并探索可持续农业发展模式。部分地区推广使用有机肥料，减少化学农药的使用，推动生态种植和养殖。这些实践改善了土壤和水源质量，同时增强了农民的环保意识。

（二）互联网发展期

2000—2015 年，我国的数字乡村绿色生活开始迈入互联网发展的重要阶段。这一时期的显著特点是互联网和基础设施建设的快速推进。截至 2010 年，我国网民数量已达 4.2 亿，互联网普及率为 31.8%。尽管互联网的普及仍主要集中在城市，但乡村也逐渐接入网络，逐步缩小了城乡数字鸿沟。截至 2015 年 12 月，我国乡村网民规模达 1.95 亿，占全国网民总数的 27.9%。随着智能手机的普及，移动互联网成为乡村居民获取信息的重要渠道，不仅改变了他们的生活方式，也为乡村经济发展和社会进步注入了新动力。互联网的普及还为乡村生态保护带来了新机遇，政府和各类机构大规模投入建设乡村信息基础设施。这些基础设施不仅为乡村居民提供了便捷的网络服务，还为环境监测和生态管理等方面提供了技术支持。通过互联网平台，乡村居民能够及时获取农业生产、生态保护、气象灾害预警等信息，从而更加科学地进行生产和生活安排。这一阶段的互联网发展为后续的数字乡村建设奠定了坚实基础，也推动了乡村绿色生活方式的进一步普及和提升。

（三）智能化发展期

2015 年之后，数字乡村绿色生活进入智能化发展期。人工智能、大数据、云计算等技术快速普及，提升了公共服务的可及性，并推动了绿色生活方式的推广。首先，提升公共服务的可及性。在人工智能、大数据和云计算等技术的支持下，各类公共服务变得更加便捷和普及。通过云平台，乡村居民能够更方便地获得医疗、教育、社会保障等服务，大大缩小了城乡服务差距，提升了乡村生活的便利性和质量。其次，推动绿色生活方式的普及。智能家居、绿色能源、智能交通等技术在乡村的推广，显著提高了乡村居民的生活质量。智能家居技术为乡村生活带来了便利和高效，绿色能源的应用减少了对环境的依赖和污染，智能交通改善了出行条件。这些技术的普及不仅提升了居民的生活水平，还将乡村打造成生态友好、宜居宜业的美丽家园。

二、数字乡村绿色生活基本特征

数字乡村绿色生活是一个多维度的概念，涵盖可持续农业生产、智能技术应用、社区参与和文化发展等多个方面。

（一）实施可持续资源管理

码 6-3

数字乡村绿色生活的核心在于推动可持续的农业生产和资源管理，采用环保和节能技术是实现这一目标的关键。首先，发展精准农业。通过运用先进的灌溉系统和水资源管理技术，实现水资源的循环利用，减少浪费。积极推广太阳能和风能等可再生能源的应用，降低农业生产中的碳排放，推动实现环保和节能目标。例如，在新疆昌吉市，农民利用传感器和大数据实时监控土壤湿度和气象条件，实现了水资源的高效循环利用，大幅减少了灌溉用水浪费。同时，安装太阳能发电设备，为农业生产提供清洁能源，降低碳排放，实现了环保节能的目标。其次，发展循环农业。通过将农业废弃物转化为肥料和能源，促进农业生态系统的可持续发展。这种模式不仅减少了废弃物的排放，还为农业生产提供了可持续的资源循环利用途径。例如，甘肃省庆阳市在传统农业基础上探索绿色低碳转型，发展“三元双向”循环农业模式，将种植业、养殖业和菌业的废弃物循环利用，形成有效的废弃物处理路径，提升了资源利用效率，推动了农业绿色转型和产业升级。最后，推广有机耕作与生态保护。通过减少化学肥料和农药的使用，保护土壤健康和生物多样性。这种方法有助于保持农田的生态平衡，提高土壤肥力和作物质量，促进长期可持续的农业生产。例如，安徽省岳西县通过成立有机食品发展中心、出台激励政策、推广全域有机农业和全产业链模式，推动有机农业发展。岳西县结合生态建设，促进有机农业与深加工和乡村旅游的融合，践行“绿水青山就是金山银山”的理念，保护生物多样性，推动生态补偿。通过防治农业面源污染和提升农产品品牌价值，岳西县实现了农业绿色发展和经济效益的同步提升。

（二）加强智能技术的应用

数字乡村绿色生活的核心在于推广可持续的生活方式和生产模式，利用智能技术全面提升乡村的生活质量和环境水平。首先，智能化管理能源、水资源和垃圾。通过智能家居和智能社区建设，推动能源、水资源和垃圾管理的智能化。截至 2023 年，全国乡村卫生厕所普及率超过 73%，90%以上的行政村实现了生活垃圾的有效处理，14 万个村庄进一步实现了绿化美化。95%以上的村庄有序开展了清洁行动，村容村貌整体得到提升，乡村环境从干净整洁逐步迈向美丽宜居，居民的生活环境和条件显著改善。其次，提升数字化服务与基础设施建设水平。通过提供高速互联网和数字服务，提升乡村居民的信息获取能力和数字素养，推动教育和医疗服务的现代化，促进乡村全面发展。数字化服务的普及显著改善了乡村居民的生活质量。

（三）社区参与和社会治理

数字乡村绿色生活的发展离不开社区居民的积极参与和有效的社会治理。首先，鼓励社区参与，增强凝聚力。通过建立社区参与机制，鼓励居民积极参与乡村规划、环保项目和社区活动，增强社区凝聚力和居民的参与意识。这种广泛的参与不仅提升了社区的整体氛围，还确保了乡村发展的方向更加符合居民的实际需求。其次，加强乡村治理与基层民主。通过实施村民自治和社区决策，提高社会治理的透明度和效率，赋予居民在决策过程中更多的发言权，使政策的实施更加公平有效。最后，增强环境意识与社会参与。数字乡村注重提升居民的环境意识和社会参与意识，通过环保教育活动和培训项目，增强环境保护意识和能力，形成可持续的社区文化。具体措施包括举办环保教育活动和工作坊，帮助居民更好地理解环境保护的重要性；推动社区团体和志愿者参与植树造林、清洁水源和野生动植物保护等环境保护项目；并鼓励居民参与社区发展项目的规划和管理，确保这些活动既符合当地需求，又能促进可持续发展目标的实现。

三、数字乡村绿色生活面临基本问题

（一）动态监测机制与信息化手段缺乏

乡村人居环境问题复杂多样，涉及生活垃圾、人畜粪便、污水处理等多个方面。然而，现有的监测体系不够完善，缺乏先进的动态监测机制和信息化手段。首先，数据积累不足。长期以来，环境数据的收集和监测不足，导致相关部门难以准确预测环境变化，并及时采取应对措施。其次，隐患预判困难。由于缺乏实时监测和分析工具，乡村难以及时发现潜在的环境问题，往往在问题暴露后才采取补救措施。最后，信息化手段缺失。物联网、大数据等现代信息技术在乡村环境监测中的应用有限，难以实现对环境数据的精准收集和分析。

（二）高效社会监督监管手段缺乏

乡村人居环境整治是一项重大民生工程，直接关系到广大农民群众的福祉，但由于缺乏高效的社会监督和监管手段，政策执行过程中常出现偏差。首先，标准执行不一致。不同地区对整治标准的理解和执行存在差异，导致整治工作的实际效果参差不齐。例如，一些地区在推行公厕建设时，未能严格按照国家或省级标准进行施工和维护，导致设施质量不达标。其次，管理程序不明确。项目实施缺乏清晰的流程和步骤，致使工作推进缓慢，执行不力。再次，服务水平不均衡。在乡村环境整治过程中，各地服务质量不尽相同，公共服务设施的建设和维护质量参差不齐，尤其在乡村饮水安全和垃圾处理设施的运行方面，效率较低。最后，政策红利未能惠及群众。一些旨在提升农民生活质量的政策和项目，由于管理不善和执行不力，未能达到预期效果，进而未能实质性改善农民的生活品质。

（三）农民群众参与积极性不强

农民是乡村人居环境保护的主体，乡村人居环境承载着他们对美好生活的期望。然而，农民在乡村人居环境整治中的知情权、参与权、申诉权和监督权未得到有效保障，导致他们的意见易被忽视，参与积极性不高，主体作用未充分发挥，进而影响整治效果。首先，思想观念陈旧。在乡村环境治理过程中，许多农民仍持有传统的生产和生活观念，缺乏对现代环境保护和可持续发展理念的理解与认同，导致他们对环境整治的参与度和积极性较低。其次，政府与群众互动不足。政府在推行环境整治政策时未能充分调动群众的积极性和主动性，农民对参与环境整治的实际收益认识不足，参与意愿不强，影响了政策的有效实施。最后，缺乏有效的激励机制。未能充分利用奖励和补偿机制来鼓励农民参与，进一步削弱了农民的参与积极性和责任感，影响了整治工作的推进。

四、数字乡村绿色生活政策演变

改善乡村环境不仅是城乡居民对美好生活的追求，也是乡村振兴的应有之义。在推动数字乡村绿色生活的过程中，国家出台了一系列重要政策文件，展现了从初步探索到全面实施的发展历程。

（一）生态环境保护期

2000—2010 年，是生态环境保护期。这一阶段政策的重点是加强乡村生态环境的保护。2000 年 11 月，国务院发布《全国生态环境保护纲要》（以下简称《纲要》），明确提出要建立健全生态环境保护监管体系，确保生态环境保护措施得到有效执行。《纲要》指出，重点资源开发区的开发活动必须严格按照规划进行，并显著提高生态环境破坏的恢复率。同时，《纲要》强调要加强生态示范区和生态农业县的建设，部分县（市、区）基本实现了秀美山川和自然生态系统的良性循环。2007 年 11 月，国务院发布《国家环境保护“十一五”规划》，进一步强调要按照“生产发展、生活宽裕、乡风文明、村容整洁、管理民主”的社会主义新农村建设要求，实施乡村小康环保行动计划。该规划提出要开展乡村环境综合整治，特别是加强土壤污染防治，控制农业面源污染，发展生态农业，优化农业增长方式。

（二）绿色生活形成期

2011—2015 年是绿色生活方式形成期。这一时期，信息化技术在生态环境保护和乡村发展中得到广泛应用。2011 年 11 月，国务院发布了《国家环境保护“十二五”规划》（以下简称《规划》），明确提出要开展乡村饮用水水源地的调查评估，推动饮用水水源保护区或保护范围的划定工作。同时，加强对饮用水水源环境的综合整治，并加大执法检查力度。通过环境保护宣传教育，提升乡村居民的水源保护意识。《规划》还强调要加强乡村生活垃圾的收集、转运和处置设施的建设，推动垃圾源头分类、就地减量和资源化利用。这些举措推动了绿色生活方式的初步形成，并促进了乡村生态环境的改善。2011 年 12 月，农业部发布了《全国农业农村信息化发展“十二五”规划》，指出要构建国家级草原固定监测网络，监测我国养殖水域面积、养殖结构和水质，特别是加强渔业水域生态环境的监测能力建设，提升我国渔业水域生态保护的能力。

（三）数字乡村与绿色生活的融合发展期

2016 年至今是数字乡村与绿色生活的融合发展期，绿色乡村生活政策体系全面实施。2016 年 4 月，国务院发布的《“互联网+”现代农业三年行动实施方案》提出，将互联网思维融入乡村经济建设、政治建设、文化建设、社会建设和生态文明建设，完善美丽乡村建设标准，促进乡村绿色生态发展，并推动社会管理和公共服务的升级，进而形成乡村绿色化生产生活方式。2019 年 5 月，中共中央办公厅、国务院办公厅印发《数字乡村发展战略纲要》，强调建设乡村人居环境综合监测平台，强化乡村饮用水水源水质监测与保护，实现对乡村污染物及污染源的全时全程监测。纲要还鼓励公众积极参与乡村环境网络监督，共同维护绿色生活环境。2022 年 1 月，中央网信办发布《数字乡村发展行动计划（2022—2025 年）》，进一步提出加强乡村人居环境的数字化监管。该计划提出建立乡村人居环境问题的在线受理机制，引导居民通过 App、小程序等方式参与环境网络监督。计划还强调完善乡村环境监测体系，选择重点和一般类监控村庄开展环境监测，综合运用无人机、高清视频、物联网等技术手段，对乡村房屋、道路、河道和特色景观等公共生活空间进行监测，为村容村貌的维护提供管理依据。同时，建立乡村供水工程数字管理平台，打造全国乡村集中供水信息化管理的“一张图”，提升千吨万人供水工程的自动化监测覆盖率。

五、数字乡村绿色生活未来政策重点

（一）加快推进数字化治理平台建设

推动数字化管理平台建设，以县域为单位，实现乡村基础设施的全面数字化管理。首先，建立数字化管理平台。针对乡村公厕、生活污水处理、垃圾处置设施等，构建涵盖数量、技术模式和运行情况的数字化管理平台，以提升管理效率。通过结合源头预防、过程控制和末端治理，完善对流域小微水体、畜禽养殖废水等的在线监测，提供污染溯源和风险预警的数据支持。其次，推进环境监测体系的覆盖与联网。推动乡村人居环境和生态环境保护的监测体系实现全覆盖，突破远程动态监测的技术瓶颈，加快制定统一的数据标准，确保监测数据全面且精准。通过互联网、移动 App 和二维码等信息化手段，强化用户与管理端的信息交流，提升乡村厕所维修、粪污处理的效率和资源化利用的精准度。

（二）建立完善数字化治理保障体系

构建数字化治理保障体系是推动数字乡村绿色生活的重要举措。首先，发挥数字化技术在管理和维护机制中的保障作用。通过应用数字化技术，提升长效管理机制的运行效率，确保线上线下协调发展。以县域为单位制定乡村治理规则，明确监管与服务的界限，落实各项任务的主体责任，确保乡村治理的高效性和可持续性。其次，完善信息化管理与市场化运作机制。健全信息化管理平台的运营机制，拓宽社会资本的投入渠道，引入实力雄厚的互联网企业提供技术支持，构建政府引导、企业运营、农户参与的数字乡村治理体系。推动信息化服务与监督机制的建设，鼓励农民和市场主体参与平台建设，培养信息技术人才，并开通“互联网＋监督申诉”平台，畅通问题反馈渠道，提升问题解决的时效性。最后，强化考核机制以提升治理水平。将数字化监管与服务效果纳入考核标准，督促地方政府加强数字技术的应用，不断提升数字乡村的治理水平。

（三）灵活运用数字化宣教引导方式

灵活运用数字化宣教手段是提升乡村环境治理效果的关键。首先，加强政策宣传。通过互联网、移动终端 App 等信息化工具，打造交互式线上平台，广泛宣传乡村厕所革命、污水垃圾治理、村容改善、生态保护和健康知识等内容，将政策举措传递到每个家庭。其次，提高技能与参与度。持续开展互联网和移动终端应用的技能培训，提升乡村居民和基层干部的信息化素养，增强他们参与环境整治的能力。最后，激发农民积极性。定期举办数字化评选活动，推举先进人物，推广典型经验，探索乡村治理积分制，量化考核村庄环境表现，增强村民的责任感和参与意识，保障他们的知情权、参与权和监督权。

六、数字乡村绿色生活典型案例

（一）江西省武宁县打造武宁县人居环境整治长效管护平台

近年来，随着乡村人居环境管理中重建设轻管理、责任不清、力量不足等问题日益突出，中共中央办公厅、国务院办公厅印发了《农村人居环境整治三年行动方案》，要求大力推动乡村人居环境整治工作。武宁县认真落实这一行动部署，将改善乡村人居环境作为实施乡村振兴战略的重要任务，着力补齐短板、强化薄弱环节，使全县乡村环境面貌得到持续改善。武宁县的“万村码上通”长效管护平台畅通了农民群众监督和投诉渠道，实现了村庄环境的“一网统管”。939个一类村庄已接入该平台，累计上报事件6 343件，已解决6 025件，完结率达到94.56%。该平台显著提升了武宁县乡村人居环境整治效果，推动全县人居环境从“一时美”向“持久美”转变，成为助力数字乡村建设、促进乡村振兴的重要信息化手段。

武宁县以实现乡村管理精细化、群众上报便捷化、问题处理及时化和长效管护科学化为目标，遵循“镇村联动、产村一体、景村融合、建管并重、普惠共享”的思路，积极探索信息化、数字化手段，深入推进乡村人居环境整治。其主要经验如下：

一是建立平台抓管护，探索运用数字化、信息化手段加大管护力度。武宁县投入2 000余万元，联合运营商运用物联网、云计算、大数据、5G和AI等新技术，打造了乡村人居环境整治长效管护平台。该平台通过“一平台一中心一张图一个端”的运行模式，涵盖垃圾处理、污水处理、厕所革命、村容村貌和长效管护等板块。平台通过“一图全面感知”实现对全县乡村人居环境整治工作的统一指挥调度、物联预警分析研判和长效管护综合管理。物联网终端设备可提供垃圾桶满溢监测、污水水质监测、厕所气味监测、人员车辆定位、村容村貌监控和大喇叭广播等功能。通过大数据的标准化采集、存储、处理和管理，分类汇聚信息资源，减少资料收集和数据采集方面的重复劳动和投入。

二是充分发挥群众监督作用。武宁县的“万村码上通”平台与省农业农村厅的“万村码上通”平台实现数据互联互通，形成了“上报、整改、监督、反馈、考核”完整的群众监督机制。村民可一键上报发现的乡村人居环境问题，省、市、县、乡、村五级响应，协同处理，实现共治共管。

通过这些措施，武宁县在乡村人居环境整治方面取得了显著成效，为其他地区提供了可供借鉴的经验。

（二）山东胶州构建乡村厕污管理智能系统

在我国乡村生态环境基础设施日益完善、乡村人居环境整治有序推进的背景下，乡村逐步引入信息化技术，以提升乡村人居环境管理水平。在山东胶州市，管理员在发现卫生厕所存在破损、渗漏等问题后，可通过胶州厕污智能管理系统第一时间安排人员进行修缮。

该智能管理系统由“一个中心，三个终端”组成，即数据中心、村居端、中控端和作业端。村民家中的化粪池满溢时，可通过微信、电话等方式向村管理员提出申请，管理员通过村居端将信息上报至街道管理中心的中控端和物业公司的作业端。作业端接到申请后，及时安排车辆前往作业，中控端则通过车载 GPS 及无线实时视频监控对作业过程进行全程监管。抽厕工作完成后，村管理员还可对作业人员的表现进行评价。

通过这一智能管理系统，胶州市显著提升了乡村人居环境的管理效率，确保问题能够及时被发现和解决，为乡村居民提供了更加便捷和高效的服务。

[信息来源：乡村环境越来越美（小康路上·绿色力量），《人民日报》，2020 年 2 月 18 日]

（三）江苏苏州推出乡村生活垃圾分类四级信息化管理系统

2019 年 7 月，苏州率先在全国推出了首个乡村生活垃圾分类四级信息化管理系统，覆盖市、区、镇、村四级信息化网络，实现了对生活垃圾分类全流程的信息化监管。通过手机，管理人员可以直观查看各行政村的垃圾分类收集情况，不同颜色标识便于快速了解每个农户的垃圾收运是否到位及其原因，管理部门可以迅速向相关区镇反馈信息。

在苏州的 1 000 个行政村中，单靠管理人员推动乡村生活垃圾分类工作极为困难。该信息化系统显著提升了管理效率，减轻了基层管理的负担。收运人员通过扫描垃圾桶上的二维码，能够对农户的垃圾分类进行实时评价和打分，这些数据会实时上传至苏州市乡村垃圾分类管理平台，系统自动生成积分和质量评定。村民可以根据积分兑换生活用品，这一举措激励了他们参与垃圾分类的积极性。

截至 2019 年底，苏州市已在 908 个行政村启动了生活垃圾分类工作，超过 55 万户农户参与，行政村覆盖率和农户参与数均位列江苏省第一。

（信息来源：苏州：四级信息化管理系统实现垃圾分类长效管理，央广网，2019 年 12 月 8 日）

第三节　数字乡村生态保护

数字乡村生态保护旨在利用信息技术对环境进行监测和管理，实现自然资源的保护与合理利用，促进公众的广泛参与，增强人们的环境保护意识。

一、数字乡村生态保护历史变迁

数字乡村生态保护通过与科技的深度融合，实现了生态保护的精细化、智能化和全民化，助力中国乡村走向更加可持续、生态友好的未来。

（一）传统环保措施期

20世纪80年代中期至2000年，我国乡村环保主要依赖传统措施，特点是基础设施和技术手段相对落后，重点应对显著的环境问题，如水土流失和农业污染。首先，乡村环保工作主要集中在水土保持和农业污染防治方面。为应对日益严重的水土流失，国家开展了大规模植树造林行动，并在部分地区实施了退耕还林还草政策。同时，为了减少农业污染，我国开始推广农药和化肥的减量使用方法。其次，随着环境问题对乡村发展的影响逐渐显现，我国制定了初步的环保法规和政策，但这些措施通常缺乏系统性，更多依赖行政命令和政府推动，尚未形成完善的法律体系和社会共识。最后，环保问题的加剧促使各地通过宣传教育初步培养乡村居民的环保意识，鼓励他们参与环保行动。然而，由于技术手段有限和信息传播渠道不足，公众参与度仍然较低。

（二）数字乡村生态保护兴起期

2000—2010年，随着数字技术的发展，数字化逐渐融入乡村生态保护领域，这标志着数字乡村生态保护的兴起，并为传统环保措施注入了新的活力。首先，数据驱动的环境监测通过物联网、遥感技术和大数据分析，使乡村能够实现对环境的实时监测与管理。例如，智能传感器可用于监控水质、土壤状况和空气质量，使得乡村环保工作更加精准高效。其次，生态保护的数字化治理强调利用信息化手段构建生态环境治理体系，从源头预防到末端治理，实现全链条管理。数字技术不仅提高了环境治理的效率，还促使政策执行更加透明和科学。最后，数字技术的普及推动了公众参与度和社会共治水平的提升。环保信息能够快速传播，公众可以通过互联网和移动端App参与生态保护，村民通过数字平台进行环保监督和改善等行动，显著提升了乡村生态保护的参与度和执行力。

二、数字乡村生态保护基本特征

数字乡村生态保护的基本特征涵盖多个维度，包括数据收集、决策支持、平台运行、智能技术和基础设施等方面。

（一）生态环境监测和数据收集

数字化技术在生态环境监测和数据收集中发挥了关键作用，通过多种手段实现对环境的全面监测和管理。首先，遥感技术与卫星图像应用。通过遥感技术、卫星图像和无人机等手段，监测森林覆盖、土地利用变化和水资源状况。例如，江西省井冈山市利用无人机进行定期巡查，拍摄高清图像，及时发现生态问题，帮助当地政府迅速采取保护措施，提高了生态监测的精度和管理效率，促进了乡村的可持续发展。其次，物联网技术的实时监测。在乡村部署传感器网络，实时监测土壤湿度、水质和空气质量等环境参数，为生态保护提供实时数据支持，使生态管理更加科学和精准。最后，生态环境信息系统的建设。农业农村部建成的畜禽规模养殖场直联直报信息系统，实现了对规模以上畜禽养殖场生产、设施改造和资源化利用情况的统计监管。生态环境部建立的国家生态环境科技成果转化综合服务平台，涵盖畜禽养殖污染防治和乡村生活污水治理等专题，动态更新乡村环保信息，促进政府、企业和公众之间的供需对接。通过这些数字化手段，能够及时发现并应对生态问题，实现生态环境的科学管理和精准干预。

（二）资源管理和生态保护决策支持系统

数字化工具在资源管理和生态保护决策中发挥了关键作用。首先，地理信息系统（GIS）和生态数据库帮助管理和规划自然资源，如森林、湿地和生物多样性区域。例如，我国的“天地图”平台整合了全国地理空间数据，帮助政府和研究机构实时监测生态环境变化，优化资源管理策略，提高了生态保护的科学性和效率。其次，各地通过开发污染防治平台，如江苏省的污染防治综合监管平台和重庆市的环保云服务体系，实现了乡村环境整治和资源管理的信息化、动态更新和统一管理，极大地提高了环保工作的效率。最后，大数据分析与模型模拟技术用于预测和评估环境变化，规划生态恢复项目。例如，气候数据分析可以指导乡村水资源管理和农业生产调整，以应对气候变化的影响。通过这些数字化工具的应用，资源管理和生态保护的科学性、精准性和效率得到了显著提升。

（三）公众参与和环境教育平台

数字化技术在促进公众参与和环境教育方面起到了重要作用。首先，公众能够便捷地获取环境信息并参与活动。通过移动应用和在线平台，公众可以轻松获取环境信息并参与相关活动。例如，我国的“蓝天卫士”项目实时发布空气质量和水质监测数据，并提供环境污染举报和

码 6-4

植树活动报名功能，提升了公众的环保意识和参与积极性。其次，数字化推动了环境教育。数字媒体和在线平台，如联合国环境规划署的在线课程，提高了公众对环境问题的认知。在乡村，在线监测平台和应用让公众更方便地获取生态信息，并上报环境问题，增强了环保透明度和公众监督力度。最后，提升了公众环境保护意识。通过在线课程、互动游戏和数字媒体内容，信息技术有效推动了环境保护教育，增强了公众的环保意识，促进了环保理念的传播和对生态问题的讨论。

（四）智能农业和可持续生产实践

智能农业和可持续生产实践是乡村生态保护数字化的关键组成部分。首先，智能农业技术，通过精准灌溉、智能施肥和病虫害监测系统等技术，智能农业减少了农业生产对环境的影响，提高了资源利用效率。例如，我国浙江省的“智慧农场”项目利用物联网和大数据技术，实时监控农田水分、肥力和病虫害状况，优化水肥使用，减少化肥和农药用量，降低了污染程度，推动了农业的绿色可持续发展。其次，可持续农业实践，有机耕作和生物多样性友好型农业实践进一步保护了乡村生态环境，促进了农业的可持续发展。

（五）基础设施和服务数字化

乡村基础设施和服务的数字化是推动数字乡村生态保护的关键因素。首先，提高资源使用效率。通过建设智能电网、可再生能源系统以及数字化水务管理系统，乡村能够更加高效地利用能源和水资源，从而减少环境污染。其次，数字化垃圾处理系统。贵州省开发的乡村建设监测平台能够实时监控并动态记录生活垃圾处理情况，同时通过多渠道提高管理效率。最后，污水处理的智能管理。江苏、浙江等省份建立了污水治理在线监控和智能运维平台。对于点多面广的分散式污水处理设施，采取视频在线监控；对于规模较大的集中式污水处理设施，探索使用物联网、卫星遥感数据和无人机航拍技术进行远程监控。数字化管理平台通过“一张图”管理，实现了实时监控和智能预警，确保设施的长期有效运营和维护。

三、数字乡村生态保护面临基本问题

尽管乡村生态环境信息化工作已取得初步成效，但在数字化飞速发展的时代，数字生态保护仍然面临一系列问题和挑战。

（一）数据资源体系不完善

乡村生态环保领域的信息管理面临多重挑战，亟须建立统一的信息资源中心和数据管理体系。许多基层环保部门仅以文档形式存储数据，缺乏对数据全生命周期的管理，导致数据丢失和获取困难。具体表现为：首先，数据存储方式零散。目前数据主要以文档形式分散存储，缺乏统一的数据库，增加了数据填报、维护和统计的难度，降低了管理效率。其次，缺乏统一规划。不同级别之间的数据传输不一致，导致出现信息孤岛现象，限制了数据的共享与有效利用。再次，基层数据获取困难。现有许多信息平台仅限于县级及以上操作，未能建立下沉至乡镇的数据管理机制，使得基层数据获取和更新非常困难。最后，缺乏统一数据标准。由于数据标准不一致，数据质量参差不齐，影响了数据分析的准确性，削弱了环境治理的科学性和决策的有效性。

（二）报送管理体系未理顺

乡村数据报送管理体系尚未理顺，存在诸多问题。首先，传统数据收集模式效率低下。数据收集主要依赖自上而下的政府调度，乡镇需查阅资料并手工填报，通过邮件等方式报送，上级部门再进行人工审核和汇总，整个过程烦琐且效率低。其次，数据溯源难题突出。直联直报体系尚未健全，数据审核工作量大，无法实现动态更新，且报送主体难以追溯。再次，数据更新和质量存在问题。数据更新周期较长，质量参差不齐，影响了数据分析的准确性和应用效果。此外，乡村环境整治项目的线下报送方式进一步加大了审核和统计的工作量，延缓了决策和实施进程。

（三）开放和共享不够充分

生态环境保护涉及多部门协同，但由于数据开放和共享不足，整合困难、沟通不畅，增加了基层管理的复杂性。首先，多部门协同不顺畅。乡村相关数据分散在不同部门或同一机构的不同职能部门，整合度较低，导致各部门各自为政，沟通效率低下。生态环境保护需要多个部门协同合作，如工信、公安、自然资源、住建等，利用信息化手段实现跨部门、跨业务的互动和资源共享至关重要。其次，协议落实程度不足。尽管生态环境部与农业农村部等十部门已签订《生态环境保护信息化工程信息共享协议》，但在实际操作中，资源共享仍在协调中，尚未完全落实。最后，重复调度与数据冲突。由于不同机构的管理需求不同，数据重复调度，且调度口径差异可能造成数据不一致，增加了基层管理的复杂性和工作负担。例如，畜禽养

码 6-5

殖禁养区划定相关数据曾被农业农村相关部门和生态环保相关部门多次重复调度。

四、数字乡村生态保护政策演变

（一）拓展应用阶段

2001—2010年是生态环境信息化拓展应用阶段。党的十七大从贯彻落实科学发展观的高度，对推进信息化作出了新的部署，积极推动信息化与工业化的融合，并将“建设生态文明”作为全面建设小康社会的新要求。首先，在机构设置方面，1998年国家环境保护局升格为国家环境保护总局，2006年设立了东北、华北、西北、西南、华东、华南六大督查中心，2008年进一步升格为环境保护部，成为国务院组成部门。其次，在规划和标准方面，编制了《国家环境信息化中期发展规划（2008—2015年）》等文件，提出了“信息强环保”战略，明确了“数字环保”的总体目标；山东、福建、深圳等地率先开展了“数字环保”的探索与实践；同时制定了《环境信息化标准指南》《环境信息分类与代码》等8项环境信息标准规范。最后，在数据资源方面，初步形成了生态环境质量监测网络，国控重点污染源自动监控项目实现了对7 800多家企业的自动化监控；环境一号卫星HJ－1A、HJ－1B及环境与灾害监测小卫星的成功发射，逐步实现了大范围、快速、动态的生态环境监测数据采集和突发环境污染事件的跟踪预警；固体废物管理首次实现了与海关的跨部门数据交换。尽管这一时期的数字化手段仍处于初级阶段，但为乡村生态保护的现代化奠定了坚实的基础。

（二）规模建设阶段

2011—2017年是生态环境信息化的规模建设阶段。党的十八大以来，以习近平同志为核心的党中央高度重视生态文明建设，并将其纳入“五位一体”总体布局。“十二五”期间，《中共中央关于全面深化改革若干重大问题的决定》对推进生态文明建设作出了全面安排和部署。随后，国务院陆续出台了《生态文明体制改革总体方案》《大气污染防治行动计划》《水污染防治行动计划》《土壤污染防治行动计划》等文件，制定了中央环保督察等一系列重大制度。同时，物联网和移动互联网技术迅速发展，各级环保部门逐渐认识到环境信息化的重要性，信息化建设资金投入逐年增加，建设进程加快。在规划标准方面，编制了环保信息化“十二五”发展规划等文件，印发了《生态环境大数据建设总体方案》《环境保护部政务信息系统整合共享实施方案》，并形成了

《环境保护应用软件开发管理技术规范》《环境监测信息传输技术规定》等 20 余项环境信息标准规范。这些数字化手段的应用，使乡村生态保护更加智能化、科学化，为生态文明建设和乡村可持续发展提供了有力支持。这一阶段展示了数字技术与生态保护的深度融合，并为未来的发展指明了方向。

（三）统一集中治理阶段

2018 年至今是生态环境保护统一集中治理阶段。2018 年，全国生态环境保护大会确立了“习近平生态文明思想”，提出要坚决打好污染防治攻坚战，推动生态文明建设迈上新台阶。同年，为整合分散的生态环境保护职责，组建了生态环境部和生态环境保护综合执法队伍，统一负责城乡污染排放监管与行政执法工作。这一调整对跨区域、跨流域、跨部门、跨层级、跨业务的生态环境管理提出了更高要求。党的十九大进一步提出，要“推动新型工业化、信息化、城镇化、农业现代化同步发展”，并强调“推动互联网、大数据、人工智能与实体经济深度融合”，为数字生态保护提供了明确的政策支持和发展方向。在这一阶段，地方部门积极探索物联网、大数据和智慧环保等创新应用，显著提升了生态保护的数字化和智能化管理水平。

五、数字乡村生态保护未来政策重点

（一）完善数据信息来源

通过建立信息资源中心、推动跨部门共享和优化数据采集重点，全面提升乡村生态环境保护的数字化水平。首先，建立乡村环保信息资源中心。完善信息资源中心设施配置，加快生态环境保护信息化建设，促进跨部门信息共享与业务协同，确保乡村环保数据资源的有效整合和充分利用。其次，完善生态环境大数据资源体系。依托全国污染源普查、环境统计和环境状况公报等社会数据，进一步完善生态环境大数据资源体系，为乡村环保提供坚实的数据基础。再次，实现生态环保信息平台联通。通过打通各级生态环境部门的信息平台，实现数据同步获取与更新，并采用分级分类管理，使各管理层级根据权限共享数据。最后，优化数据采集重点与顺序。根据新时期生态环境部门的工作重点，合理确定数据采集的顺序与重点，优先采集如南水北调中线水源地、京津冀和长江经济带等重点区域的污染治理和环境综合整治相关数据。

（二）理顺报送采集机制

通过建立多层级的数据报送和审核机制，确保乡村环保资金项目管理和污染监控数据的准确性与时效性。首先，建立明确的数据报送机制。在乡村环保资金管理和绩效评价方面，实施“部级监管、省负总责、市县组织、村镇填报”的报送流程，明确各级责任主体，确保数据报送的规范性。强化数据源的真实性与准确性，提升整体数据质量，为管理工作提供可靠的基础支持。其次，完善动态更新与直联直报机制。构建高效的污染监管直联直报系统，实现数据的动态更新，确保数据实时反映实际情况。实施科学有效的审核流程，结合人工审核与智能审核，进行多层级、多轮次的审查，确保数据的有效性与可靠性。最后，拓展多渠道数据采集与智能监控。在污染现状识别和设施运维监控方面，利用 App、传感器、无人机等技术进行动态数据采集，并将数据接入信息管理平台。通过智能监控与识别系统，对异常点位或数据自动报警，及时发现并解决乡村的环境污染问题。

（三）加快应用能力建设

通过构建综合信息服务平台和加强信息化手段，提升乡村环保数据监测、分析与应用能力，实现环境质量的全面评估和有效管理。首先，开发便捷操作工具。借鉴“三电合一”的乡村信息化发展模式，构建集数据监测、分析、发布与服务于一体的农业农村综合信息服务平台，提升乡村环保工作的数字化管理能力。研发手机 App、微信小程序等便捷操作方式，将乡村生活污水垃圾治理、农药化肥施用、农业绿色发展等模块融入其中，鼓励村镇和基层组织广泛参与其中，提升信息化工具的应用普及度。其次，融合产业发展与污染防治工作。利用云计算、物联网等技术，强化数据的集成分析与综合利用，创新数据分析与展示方式，通过天地图等形式实现分区域、多层次展示，支持数据调取、空间布局展示、区域模拟与成效评估对比。将数字化手段与农业农村产业发展相结合，从源头上减少粗放型畜禽养殖与种植业造成的农业面源污染，推动农业绿色发展。最后，完善信息公开与发布制度。全面开展环境质量监测，覆盖重点区域的评估、预测预警与监察执法，确保环保工作的全面性与及时性。建立并完善信息公开发布制度，定期编制全国乡村环境质量状况公报、乡村生活污水治理成效信息图等，为乡村环保监管提供有力的数据支撑和决策依据。

（四）强化保障措施

通过健全法律法规、增加资金投入、规范管理标准和培养人才队伍，全面保障乡村环保大数据建设的可持续发展。首先，健全法律法规与制度规范。尽快完善大数据相关法律法规和制度规范，明确乡村环保大数据的产权归属，确保信息安全与合法使用。制定农业农村大数据管理标准，明确各机构和部门的权责，搭建信息多向流通的大数据共享平台，推动跨机构的信息交流，并合理分配建设和维护成本。其次，增加财政投入，拓宽融资渠道。加大对农业农村信息化设施建设的财政支持，理顺资金渠道，制定相关优惠政策以吸引社会资本参与，建立稳定的专项资金管理机制，确保信息资源共享平台的可持续运营。最后，加强人才队伍建设与教育培训。重视人才储备建设，特别针对大数据与互联网专业的高校学生，开设生态环境保护与乡村治理等相关课程。通过远程视频培训与信息平台宣传，培养掌握数据处理与乡村治理专业技能的基层业务骨干。

六、数字乡村生态保护典型案例

（一）吉林省梨树县以信息化助力黑土地保护

梨树县位于松辽平原东辽河西岸，地处全球“黄金玉米带”，耕地总面积393.8万亩，粮食年产量多年保持在40亿斤*以上。为遏制黑土地土壤退化和土地透支问题，十余年来，梨树县持续加强黑土地保护技术研发，搭建农业信息化数据平台，首创了以秸秆覆盖还田免耕播种技术为核心的玉米保护性耕作“梨树模式”，为黑土地保护插上数字化翅膀。已完成41个黑土地保护监测点建设，实现了农业生产定位、观测、气象、土壤、农情等各类信息的数字化集成。投入使用1 064套“互联网＋农机”远程终端监测设备，实现农机深松作业的远程电子监测。部署了175个数字梨树监管视频采集云台和1个定向巡航云台，开发了1个视频共享总平台和6个分控子平台，视频采集分析覆盖范围达4 209平方千米，实现了县域数字监管全覆盖。主要经验如下：

一是加强校地合作，构建黑土地保护推广的新模式。与14所高校和科研机构开展合作，建立了全国首个黑土地保护与利用院士工作站及国家现代农业研究院。每年有30多名国内外知名专家和50多名硕博研究生在梨树从事黑土地保护科研和技术推广工作。建立了“院士工作站＋科技联盟＋科技小院＋农技推广站＋示范户”的推广新模式，实现了黑土地保护、农业生产技术和新型农机具的全程示范推广。

二是推动科技创新，指导农业生产施肥精准化。建设梨树黑土地保护大数据中心，通过全县41个固定监测站的物联网设备，实时监测田间作物生长情况，分析基本信息及气象、病虫害信息，宏观掌握区域作物的生长环境。利用

* 斤：1斤＝500克。

遥感技术采集土壤样点数据，划分全县土壤肥力区域，建立粮食作物施肥模型，实施个性化配肥方案。

三是推广“互联网＋农机”项目，促进粮食生产的全程机械化。在全省率先启动“互联网＋农机”项目，建立农机作业远程电子监测平台，投入使用1 064套远程终端监测设备，实现农机深松作业的远程电子监测，实时查看深松作业面积。同时，还广泛应用于秸秆捡拾打捆、高效植保作业和玉米籽粒直脱等项目。

四是统筹部门监管，助推乡村综合治理数字化。整合环保、农业、自然资源、林业、水利等部门的监管需求，搭建覆盖21个乡镇的重点监管区域数字梨树监管平台，对秸秆禁烧、森林防火、水利宏观监控、病虫害防治、粪污处理及违建监控等进行实时监控与管理，实现全面数据整合与分析，为数字乡村治理装上了“智慧大脑”。

（二）陕西西安搭建数字秦岭综合服务平台

秦岭作为中国的“中央水塔”，不仅具有重要的生态功能，也是西安乃至全国的自然资源宝库。为实现秦岭地区的可持续发展与生态环境的有效保护，西安市政府与相关部门联合建立了“数字秦岭”综合监管平台。该平台依托现代信息技术，致力于提升秦岭生态保护的信息化水平，构建一个智慧化、可持续的生态保护模式。针对秦岭的生态环境问题，西安市提出要加强保护秦岭的主动性，确保“整改到位、修复到位、保护到位”，并通过信息化平台提升生态环境保护的管理水平。具体措施包括完成数字秦岭综合服务平台和网格化管理应用系统建设，构建空、天、地一体化监管体系，形成基本监管能力。具体措施如下：

第一，构建数字化综合服务平台。建设了以“1＋7＋N”管理模式为核心的数字秦岭综合服务平台。该模式包括1个市级应用平台统领7个区县——开发区级子平台，联动多个行业单位，实现纵向业务和横向行业联动。通过统一身份服务、工作流引擎、应用服务和数据支撑四大模块，形成信息化生态保护体系，提升各级部门的协同管理能力。

第二，实施网格化管理应用系统。建立覆盖全域的秦岭保护四级网格管理体系，确保生态环境问题能够被迅速发现和处理。共有824名网格员上线至省级秦岭生态环境保护信息化监管平台。系统运行半年以后，累计进行了23 085次日常巡查，发现并处置了258个“五乱”及其他生态环境问题，基本实现了“常态巡山、网格管山，全覆盖、无盲区”的目标。这种网格化管理方式通过细化责任、强化监督，确保了生态环境保护工作的高效开展。

第三，建立空、天、地一体化监管体系。平台通过整合卫星、无人机、物联网设备等多源数据，实现对秦岭生态资源的全方位、实时监控。核心保护区、重点保护区、一般保护区以及建设控制地带通过数字地图动态呈现。这种“多维+全量”的数据展示与管理模式，使生态保护工作具备了“底子清、能看清、能说清”的能力，为政府决策提供科学依据。

第四，应用人工智能和物联网技术。引入 AI 识别、人车识别、热成像识别、污水排放监测等智能化手段，实现了“由看到管”的智慧管理转变。通过这些先进技术，平台能够更加精准地识别和处理生态环境问题，提高了管理的智能化水平。同时，智能终端进行动态监测，实现对生态环境的多维治理，为生态评估和环境治理提供数据支持。

“数字秦岭”平台不仅提升了秦岭生态保护的信息化水平，也推动了生态保护的科学化和智能化，为依法治山、规划控山、智慧管山、网格巡山提供了具体措施。在未来，数字秦岭平台将继续拓展功能，建立更加完善的森林资源动态监测、生物多样性保护、湿地资源动态监测、水土保持动态监测、生态修复治理动态监测以及人为活动动态监测子平台，实现业务应用与数据采集的深度融合，进一步优化秦岭国土空间开发格局，增强生态系统稳定性和功能，为实现“美景永驻、青山常在、绿水长流”的目标提供强有力的支撑。这一平台的成功经验不仅为秦岭的生态治理提供了新思路和模式，也为其他地区的生态保护信息化发展提供了宝贵的借鉴。

本章思考题

1. 什么是数字农业绿色生产？包含哪些内容？
2. 为什么要进行数字农业绿色生产？
3. 数字乡村绿色生活的内涵是什么？
4. 数字乡村绿色生活存在的问题及解决对策是什么？
5. 数字乡村生态保护包括哪些内容？

第七章 数字乡村文化管理

数字乡村文化管理涵盖了数字乡村文化平台建设、数字乡村网络文化供给以及数字乡村网络文化监管三个方面，对推动乡村文化振兴和实现乡村现代化具有重要的现实意义。通过数字文化平台的建设，乡村文化资源得以更广泛传播，有效满足了村民日益增长的文化需求。同时，网络文化供给的多样化丰富了乡村生活，促进了乡村文化的多元化发展。加强网络文化监管，营造了健康有序的数字文化环境，进一步推动了乡村文化的繁荣与发展。

第一节 数字乡村文化平台建设

数字乡村文化平台建设的核心目标是通过网络媒体传播先进文化，巩固农村思想文化阵地。通过推动主流思想的网络传播、建设县级融媒体中心、宣传乡村特色文化以及推进乡村基层文化服务机构的信息化，数字乡村文化平台有效提升了乡村的信息接入和文化参与度。这不仅促进了当地经济发展和文化多样性保护，还增强了社区的凝聚力，同时为乡村居民提供了更多的教育和技能培训机会，提升了乡村居民就业能力和生活质量。

一、数字乡村文化平台建设历史变迁

数字乡村文化平台建设的发展历程可分为三个阶段：传统媒体期、网络媒体期和自媒体期。

（一）传统媒体期

2005 年以前是传统媒体阶段。这一时期主要依赖报纸、广播、电台和电视等传统媒介，其特点是信息传播单向、互动性有限。作为主要传播渠道，传统媒体通过制作文化节目、报刊宣传和宣传教育等方式推进乡村文化平台建

设。第一，文化节目制作。在广播和电视节目中，传统媒体制作了大量具有地方特色的文化节目，如乡村戏剧、民俗表演、地方音乐等。这些节目不仅丰富了农民的文化生活，还增强了他们对本土文化的认同感，有助于乡村文化的保护与传承。第二，报刊宣传。通过地方报纸和杂志，传统媒体刊登有关乡村文化建设的报道、评论和文艺作品，为乡村文化活动提供了展示平台，并通过宣传推广成功的文化建设经验，激发其他地区学习效仿。第三，宣传教育。传统媒体还承担了文化教育的功能，通过广播、电视节目开设文化讲座、普及文化知识。这种教育传播形式提高了农民的文化素养，推动乡村文化平台的教育功能建设。同时，传统媒体也助推政府文化政策在乡村的宣传推广，通过解读相关政策，鼓励农民积极参与和支持乡村文化建设，宣传文化振兴政策，引导农民参与文化活动，增强了乡村居民文化建设的参与度和支持度。

（二）网络媒体期

2005—2009 年是网络媒体阶段。这一阶段，博客、社区、百度贴吧等网络平台成为乡村文化传播的重要工具。第一，博客为乡村文化提供了个性化记录与传播的空间。乡村居民、文化爱好者或研究者可以通过撰写博客文章，详细记录乡村的传统习俗、民间故事、文化活动和生活方式。这种个性化的内容创作不仅为乡村文化留下生动的文本记录，也通过网络传播吸引了不同背景的读者，增强了文化传播的互动性和广泛性，使乡村文化超越了地域限制，得以更广泛地传播与传承。第二，网络社区平台，如豆瓣小组和 QQ 兴趣群组等，为乡村文化爱好者提供了集体讨论与交流的空间。这些平台围绕特定的乡村文化主题，吸引众多有共同兴趣的用户参与讨论，分享照片、视频和文章，甚至组织文化活动，推动了乡村文化的活跃传播与城乡文化的融合。第三，百度贴吧为乡村文化的讨论与推广提供了开放包容的环境。相关贴吧如“乡村文化吧”“民间艺术吧”，聚集了大量对乡村文化感兴趣的用户，分享乡村文化的历史、现状和发展前景，讨论文化保护与传承问题，通过集群效应扩大信息传播的影响力，促进了乡村文化的推广与保护。

（三）自媒体期

2010 年之后是自媒体阶段。以微博、微信和抖音为代表的自媒体平台极大地推动了乡村文化的发展。第一，微博通过其高效的实时传播功能和话题引导，显著促进了乡村文化的广泛传播。用户利用短文、图片和视频展示乡村文化内容，借助话题标签形成规模效应，提升文化传播的影响力。同时，微博上的热点话题与名人转发机制，迅速增加了乡村文化的社会关注度。第二，微信作为集成化的社交平台，提供了深度内容传播与社区建设的空间。通过微信公众号，乡村文化组织或个人能够发布详细的文化内容，并与订阅者深入互动，增强文化的丰富性和持续性。此外，微信社群与朋友圈的分享，帮助构建了稳固的乡村文化社区，推动了文化的传承与推广。第三，抖音等短视频平台为乡村文化提供了生动直观的展示方式。用户通过短视频展示乡村风景、风俗和传统技艺，快速吸引大量关注。短视频形式简洁易懂，适合碎片化传播，帮助乡村文化迅速扩散。抖音的创意挑战和热门音乐等功能，还鼓励用户将传统乡村文化与现代流行元素结合，推动了文化创新，使乡村文化在年轻群体中焕发新活力。

二、数字乡村文化平台建设基本特征

数字乡村文化平台建设的基本特征涵盖了多个方面，主要包括乡村的网络基础设施、乡村文化数字云平台的构建以及乡村文化消费的新场景。

（一）优化乡村网络基础设施

码 7-1

优化乡村网络基础设施和加强公共文化设施建设是推动乡村数字化转型与文化发展的关键举措。通过“宽带乡村”项目，政府依托光纤网络和5G基站的建设，显著提升了乡村的网络覆盖率与接入速度，为乡村的数字化与文化发展奠定了坚实基础。第53次《中国互联网络发展状况统计报告》数据显示，截至2023年12月，我国网民规模已达10.92亿人，较2022年12月新增2 480万网民，互联网普及率达到77.5%。其中，城镇网民规模为7.66亿人，占整体网民的70.2%；乡村网民规模为3.26亿人，占比29.8%。我国城镇地区互联网普及率为83.3%，较上一年度提升0.2个百分点；乡村的互联网普及率则达66.5%，增长了4.6个百分点。随着乡村文化数字平台技术的逐步成熟，乡村文化服务站点不断增多，基础设施中的“云、网、端”系统持续优化，数字化、网络化和智能化的水平显著提高。目前，5G网络基本实现对乡镇级以上区域以及有条件的行政村的全面覆盖，为乡村数字化转型提供了强大的技术支撑。

（二）建设乡村文化数字云平台

不同地域的乡村文化各具特色，随着数字技术的广泛应用，尤其是多点触控技术与虚拟现实技术的引入，乡村文化资源得以数字化呈现，并应用于移动终端中。通过这些技术，乡村文化数字云平台得以建立，如乡村数字档案馆、数字生态博物馆、数字图书馆和数字农家书屋等。这些平台展示了乡村的风貌、传统技艺、民间风俗和村志族谱等丰富的文化资源。以中国传统村落数字博物馆为例，截至 2023 年，已有 6 批共 8 155 个具有重要保护价值的村落被列入中国传统村落名录，形成了世界上规模最大的农耕文明遗产保护群。作为乡村数字化科普展馆的典型代表，中国传统村落数字博物馆设有村落、专题、特展、活动、文创五大栏目，逐步将名录中的传统村落搬上网络云端。以湖南江永上甘棠村数字博物馆为例，该博物馆包含八个板块：村庄介绍、全景展示、历史文化、环境格局、传统建筑、民俗文化、美食物产和旅游导览。全景展示板块涵盖鸟瞰全景航拍、公共设施、自然风光、传统建筑和历史环境等内容，提供沉浸式的视觉体验。历史文化部分展示了建村历史、历史人物、历史事件、族谱家训和口述史等资料，进一步展现了村落的深厚历史底蕴。环境格局板块详细介绍了村落的选址、布局、建村智慧以及自然环境、风景名胜和文物古迹。传统建筑板块则聚焦村落中具有代表性的建筑风貌，展示其独特的设计与风格。民俗文化部分涵盖了非遗项目女书、节庆活动、祭祀崇礼、婚丧嫁娶、地方方言等内容，丰富了对村落传统文化的介绍。美食物产板块则展示了当地的特色物产、商业集市、生产工艺、生产工具、服装服饰以及运输工具，凸显了村落的经济和生活方式。最后，旅游导览板块为游客提供了详细的入村路线及村内导览信息。中国传统村落数字博物馆通过这些栏目，逐渐成为展示传统村落全景、促进学术资源交流的重要平台，不仅为传统文化的保护和传承提供了数字化手段，也为公众提供了一个深入了解传统村落的窗口。

（三）构建乡村文化消费新场景

码 7-2

数字乡村文化平台的建设在构建乡村文化消费新场景方面发挥了关键作用，不仅改变了传统的乡村文化传播方式，还为乡村居民和外来游客提供了多样化、数字化的文化消费体验。首先，线上线下融合的文化消费场景打破了传统文化消费的时间和空间限制。通过数字平台，用户可以在线上参与虚拟展览、线上博物馆和文化直播，轻松体验乡村的文化魅力；同时，线上宣传也吸引了更多游客来到乡村，参与实地的文化活动，如乡村音乐节和民俗表演。线上线下相结合的模式，不仅丰富了文化消费形式，还提升了乡村文化活动的参与度和影响力，创造了新的消费价值。其次，个性化与互动式的文化消费体验也为用户带来了全新的感受。借助大数据和人工智能技术，数字乡村文化平台能够根据用户的兴趣和消费行为进行精准推荐。喜欢传统手工艺的用户可能会被推荐相关的线上课程或工作坊，而热衷于乡村旅游的用户则可能接收到特色文化线路的推荐。此外，平台的互动功能，如评论、分享和投票，让用户不仅是文化消费者，也成了内容的创造者和传播者。这种参与感与互动性增强了用户的文化消费体验，并进一步推动了乡村文化的创新与发展。最后，新兴技术赋能的文化消费模式极大地丰富了乡村文化的体验。通过 5G、虚拟现实（VR）和增强现实（AR）等技术，平台为用户提供了更加沉浸式的文化体验。例如，用户可以通过 VR 技术虚拟参观乡村的历史遗迹和文化景点，身临其境地感受文化氛围；通过 AR 技术，用户在实地参观时可以使用手机或智能眼镜获取相关的历史背景和故事信息，增强体验的趣味性。此外，区块链技术的应用还为文化产品的认证和交易提供了保障，推动了数字文化资产的流通和消费。总体而言，这些新兴技术的应用不仅构建了更为丰富的乡村文化消费场景，拓宽了文化消费的边界，也为乡村经济注入了新的活力。

三、数字乡村文化平台建设面临基本问题

（一）财政投入不足

乡村公共文化服务的财政投入不足，运转资金有限，制约了文化服务产品的供给，主要体现在两个方面。首先，数字基础设施建设依然落后。虽然 5G 网络已覆盖乡镇及以上区域和部分有条件的行政村，乡村数字基础设施建设取得了一定进展，但部分行政村信号塔建设仍不健全，信号传输较慢，覆盖范围有限。一些偏远的自然村信号微弱甚至没有信号，或在室内有信号、出门到田间地头却变成无信号，影响了乡村居民对数字文化服务的使用。其次，文化服务产品总量依旧不足。虽然乡村书屋、文化广场等硬件设施逐步完善，但这些设施的使用效果依赖于充足且多样化的文化内容。由于资金限制，很多地区的文化活动数量有限、内容单一，难以满足不同年龄层次和兴趣爱好的乡村居民需求。尤其是在欠发达地区，文化服务的覆盖面和影响力受到资金短缺的制约，文化服务产品的供给与乡村居民的实际需求之间存在较大差距。

（二）公共文化平台“空转”

欠发达地区的乡村数字文化平台和实体公共文化服务设施存在“空转”问题，主要体现在两个方面。首先，未能有效服务乡村居民。许多数字文化平台自启动以来，仍停留在乡村活动报道和新闻动态层面，平台建设缺乏清晰的规划，信息记录和更新不及时。尽管这些设施已经建成，但宣传教育不足，导致村民对乡村文化资源数字化工程的重要性认识不足，无法充分利用这些资源。其次，实际功能和使用率低下。不少设施的建设主要是为了完成上级指标，忽

视了当地的实际需求，导致建成后使用率较低。例如，部分“文化形象工程”仅注重外观和形式，未能发挥预期的文化服务作用，无法真正满足乡村居民的文化需求。

（三）存在区域“数字鸿沟”

在数字乡村文化平台建设过程中，地区与城乡之间的公共数字文化资源配置仍然失衡，乡村数字文化设施网络尚不完善，产品供给不足等问题依旧存在。目前，数字乡村文化平台的建设在设施、项目、活动和服务等方面多集中于城区，长期存在的城乡二元结构导致乡村数字文化平台的发展远远落后于城市。特别是在欠发达和偏远地区，信息化水平低、基础设施薄弱，公共数字文化的接收和传播能力有限，许多村民无法享受到数字文化消费的便利和相关权益。尽管各地对公共文化事业的经费投入不断增加，但落实到乡村的资源却相对较少，导致许多数字文化工程的建设和管理较为薄弱，文化产品的供给形式和内容不够丰富，城乡与区域之间的“数字鸿沟”依旧存在。

（四）技术人才缺乏

数字乡村文化平台的建设离不开技术人才的支持，但目前具备技术知识并能有效运用的人才仍然较为稀缺。首先，数字乡村文化运营人才短缺。乡村拥有丰富的传统物质文化和非物质文化资源，推动了乡村文化旅游产业的发展以及文化产品的开发。然而，实际情况是，缺乏能够推动乡村文化产业数字化运营的人才，网络营销和推广能力也有待提升。其次，管理人才的数据素养较低。许多负责乡村信息化设备管理的人才缺乏专业知识，平台运营及维护能力普遍不足，难以有效整合和分析数字文化内容。此外，数字文化工程平台的管理人员在处理公众留言的审核和回复方面也不到位。总体而言，乡村文化的数字化管理、建设及服务能力仍有提升空间。

四、数字乡村文化平台建设政策演变

我国数字乡村文化平台建设政策的研究经历了从初步探索到全面实施的逐步发展过程。

（一）关注乡村公共文化服务

2005—2010 年，政策主要聚焦于乡村公共文化服务的加强和完善。首先，乡村公共文化服务体系的建设得到了重视。乡村文化成为与经济、政治、社会、生态并列的乡村“五位一体”总体布局中的重要组成部分。2005—2010年的中央1号文件围绕加强乡村公共文化服务体系建设展开，重点包括加快乡村文化社会事业的发展、建立稳定的乡村文化投入保障机制，以及推进重点文化惠民工程等。其次，政策鼓励社会力量参与乡村文化建设。加强乡村现代公共文化服务体系建设不仅是保障农民基本文化权益的关键手段，也是实现全面建成小康社会的“文化动力”。发展乡村文化社会事业，实现基层公共文化设施资源的共建共享，直接关系到社会主义文化建设的全局，是繁荣社会主义新农村文化、构建社会主义和谐新农村的必然要求。社会力量的参与对这一过程至关重要。2005年和2008年的中央1号文件明确提出“鼓励社会力量参与或投入农村文化建设”。乡村文化建设中的社会力量包括本地农民、乡村企事业单位、社会组织以及外地成功人士等。通过吸引各方力量的支持，可以充分凝聚群众智慧，推动乡村文化社会事业的发展。最后，建立稳定的乡村文化投入保障机制是解决乡村文化建设落后问题的关键。资金不足长期制约了乡村文化的发展，而增加财政投入并探索创新的投入机制则能够有效提升乡村公共文化资源的供给，推动城乡公共文化服务的均等化。重点文化惠民工程的实施，如广播电视信号开通、送书下乡和电影放映等，不仅基本解决了乡村“文化沙漠”的问题，还提升了乡村公共文化服务的质量和农民的文化素质，为社会主义文化的繁荣发展提供了有力保障。

（二）统筹城乡文化发展

2011—2018年，政策的重点逐渐转向统筹城乡文化发展。首先，乡村文化振兴被提上日程。党的十八大以来，国家更加重视“三农”问题，文化建设逐步与时俱进，关于乡村文化建设的要求和部署愈加全面具体。2012—2018年期间的中央1号文件反复强调统筹城乡文化发展，弘扬乡村优秀传统文化，推动乡村特色产业发展，激发乡风文明的新气象。特别是2018年中央1号文件《关于实施乡村振兴战略的意见》中特别设立了关于乡村文化振兴的专章，详细论述了其重要性，并对未来的乡村文化建设提出了顶层设计和指导规划。其次，继承和发扬乡村优秀传统文化成为政策的重点。随着21世纪中央农村政策的调整，“工业反哺农业、城市支持农村，实现工业与农业、城市与农村的协调发展”的政策措施逐步落地，统筹城乡文化发展成为城乡一体化的重要议题。这对于改变“重城市、轻农村”的文化建设局面、提升乡村公共文化服务水平、缓解城乡之间的“二元”差距，乃至构建城乡经济社会一体化的新格局，具有重要意义。乡村文化作为中华优秀传统文化的根基和灵魂，在近年来的城镇化浪潮中受到了冲击。因此，继承和发扬乡村优秀传统文化成为中央

“三农”政策的重要内容。2013—2018 年，中央 1 号文件每年都涉及乡村优秀传统文化的保护与弘扬，包括保护传统村落和民居、传承优秀农耕文化遗产、创作优秀文艺作品，以及培育优良家风、文明乡风等。

（三）推动乡村数字文化平台建设

2019 年，中共中央、国务院发布《数字乡村发展战略纲要》，明确提出加快数字乡村建设，推动乡村数字文化平台的建设与应用，促进乡村文化繁荣。2020 年，农业农村部等部门联合发布《关于促进乡村产业振兴的指导意见》，指出要通过数字技术推动乡村产业发展和数字乡村文化平台建设，提高乡村居民的文化生活质量。2022 年文化和旅游部等部门联合发布了《关于推动文化产业赋能乡村振兴的意见》，进一步强调利用数字技术推动乡村文化平台建设，提升文化服务水平。随着新农村建设的推进，乡村网络文化阵地建设提出了更高要求。必须加强我国广大乡村的网络文化阵地建设，以丰富乡村群众的文化生活。《中共中央关于制定国民经济和社会发展第十四个五年规划和二〇三五年远景目标的建议》首次明确提出“加强网络文明建设”，而党的二十大报告也明确要求健全网络综合治理体系，推动形成良好网络生态。这表明乡村网络文化阵地的建设已成为势在必行的任务。在加快农业农村现代化发展进程中，依托知识更新、技术创新和设备数字化，需要革新乡村网络文化建设的理念、手段和载体，打造乡村网络文化基地，宣传优秀乡土文化，推动乡村繁荣富强，提供积极健康的网络文化环境。随着政策体系的逐步完善，从基础设施建设到数字文化服务推广，已经形成了一个完整的支持体系。政策要求通过应用智能技术，致力于实现城乡文化服务均等化，增强乡村居民的文化获得感。此外，数字文化平台的建设不仅推动了乡村数字经济的发展，还实现了文化与经济的良性互动。这些举措共同促进了乡村文化服务的现代化和智能化，为数字乡村建设提供了坚实的基础和广阔的发展空间。

五、数字乡村文化平台建设未来政策重点

在乡村振兴战略背景下，数字乡村文化平台建设迫切需要从传统方式向现代数字智能化方式转型，以加速推动乡村文化的数字化发展。

（一）夯实基层文化平台

文化设施是乡村文化活动的重要载体，也是文化事业发展的基础。首先，亟须构建更具适用性的公共数字文化平台。县级图书馆、文化馆、乡镇文化站

及村文化室是乡村文化工作的关键阵地，同时也是文化建设中的难点。应充分利用现有的数字图书馆、数字博物馆、数字文化馆、数字农家书屋以及网络设施，结合互联网、物联网、云计算和大数据等技术，掌握信息、捕捉需求，构建更适合乡村的公共数字文化平台，为村民提供“订单式”服务，打通线上线下结合的服务通道。通过建设网络文化交流平台，为农民提供有道德、有温度的文化产品和服务，传播正能量。通过标准化建设、集成化整合和持续化管理，充分发挥乡村宣传文化阵地的作用，使其真正成为集思想道德教育、舆论宣传、科技普及和文化娱乐等功能于一体的“文化地标和精神家园”。其次，需构建县、乡、村三级的数字联动机制。充分利用信息技术与数字化平台，加强全国偏远、欠发达乡村的公共数字文化服务基础设施建设，完善乡村新闻出版、广播电视公共服务覆盖体系，推进数字广播电视户户通，缩小数字鸿沟。同时，进一步加强城乡数字文化的互联互通，推动县级图书馆、文化馆与乡村农家书屋及文化信息共享工程的数字化无缝对接，为村民提供更多优质的文化信息资源，实现城乡数字文化资源的有效管理与服务整合，推动资源共建共享、互联互通。

（二）管好和用好文化设施

乡村文化设施不仅需要完善的建设，还需通过有效管理和合理利用，确保其在促进文化发展和经济效益中充分发挥作用。首先，完善管理机制以确保其高效运作。建设乡村文化设施只是第一步，关键在于建立健全的管理机制，确保其长期高效运行。为此，可以设立明确的岗位和目标管理责任制，确保每个设施都有专人负责管理和维护。定期对设备和器材进行维护和保养，不仅能延长其使用寿命，还能提升运行效率，实现社会效益与经济效益的双赢。其次，创新管理模式，探索承包机制。在一些管理能力相对薄弱的乡村，可以尝试将文化设施承包给具备管理能力的单位或个人进行管理。合理的承包模式既能减轻政府的管理压力，又能激发管理者的积极性，使文化设施“活”起来，发挥其应有的功能。这种创新的管理模式在保障国有财产安全和坚持文化政策不变的前提下，为乡村文化设施的长效发展提供了新思路。最后，保障文化设施的公益性功能，防止被滥用。乡村文化设施应主要用于宣传、教育和娱乐，必须避免被挪作他用或用于商业活动，这将严重削弱其社会功能。对此，应采取坚决措施收回被滥用的设施，严格按照其初衷进行管理和使用。通过举办群众文化活动、科技培训和文化讲座等活动，乡村文化设施能够提高农民的文化素养，特别是在经济文化相对落后的地区，这些设施还能用于开办补习班和开展扫盲工作，更好地服务基层群众，促进乡村社会的全面发展。

（三）发挥基层政府的主导作用

码 7-3

发挥基层政府的主导作用是推进数字乡村文化平台建设的关键，包括完善机制体制、创新管理模式及强化县级媒体的传播职能。首先，完善相关机制体制。作为数字乡村文化平台建设的主要推动者，地方政府应承担政策制定和资源保障的责任。随着新技术的不断赋能，乡村文化展现出多样性，传播主体的定位和文化话语也存在差异。因此，地方政府需要构建合作共治的模式，协调多方关系，创新和优化数字乡村文化平台建设的体制机制，确保文化振兴的目标得以实现。其次，强化县级媒体的传播功能。县级媒体在乡村文化振兴中发挥着重要作用，负责满足信息需求、联结群众，并构建舆论阵地。目前，“两微一端一抖”已经成为县级媒体平台的标准配置，地方政府应充分利用这些平台，并结合乡村传统媒体如“大喇叭”等，推动数字乡村文化平台的建设。同时，地方政府还应完善县级融媒体中心的功能，拓展党建、政务、公共服务和增值服务，促进东西部协作交流，为乡村文化传播提供强有力的支持。

六、数字乡村文化平台建设典型案例

山西晋中利用融媒体宣传乡村振兴成果

山西晋中昔阳县将“大寨精神”融入乡村振兴工作中，顺应时代需求，通过全方位、多角度、多平台的宣传报道推动乡村振兴。昔阳县融媒体中心全年制作了70多个脱贫攻坚的优秀作品，并通过电视、电台及“两微一端”等多平台全方位推送这些优秀的短视频和音频作品。融媒体中心还制作了《振兴吧乡村》《我和我的家乡》《走遍昔阳》等专题节目，讲述昔阳乡村振兴的故事，分享乡村振兴的经验。这些节目通过昔阳融媒App客户端、昔阳融媒微信公众号、微博、快手、抖音官方账号等多种媒体平台播出。尤其是在各大短视频平台上，融媒体中心推出了主题系列短视频，极大地扩大了宣传覆盖面，有效提升了乡村振兴的传播影响力。

（信息来源：山西昔阳：融媒体强力助阵乡村振兴，央广网，2021年12月25日）

第二节 数字乡村网络文化供给

数字乡村网络文化供给是一种通过数字化手段和网络平台向乡村提供文化

内容和服务的创新型文化供给方式。它将现代信息技术与互联网相结合，对丰富的文化资源进行数字化处理并进行在线传播，以满足乡村居民的文化需求。这种供给模式不仅有助于充分开发和利用乡村文化资源，传承与弘扬优秀传统文化，还能够推动城乡公共文化资源的均等化，满足乡村居民日益多样化的精神文化需求。

一、数字乡村网络文化供给历史变迁

数字乡村网络文化的发展历程可以分为两个主要阶段：涉农网站建设期和网络文化振兴期。

（一）涉农网站建设期

2010—2015年是涉农网站建设期。在这一阶段，我国乡村网络文化建设逐步推进，基础设施不断完善，乡村网民数量迅速增长，网络内容也日益丰富。例如，2009年我国涉农网站建设发展加速，从年初的2.2万余家增加到年底的3万余家，日均页面浏览量已达120多万次，内容和形式均有显著提升。智能手机和移动互联网的普及，使得乡村居民能够更加便捷地接入网络，享受到信息时代的红利。涉农网站的迅速发展以及社交媒体和电子商务在乡村的普及，极大地推动了乡村经济和文化的发展。政府的政策支持也为乡村网络文化建设提供了有力保障，通过信息化手段提升乡村生产力，缩小城乡之间的数字鸿沟，满足农民日益增长的精神文化需求，为乡村社会的和谐发展奠定了坚实的基础。

（二）网络文化振兴期

2015年以来，在国家政策，尤其是《数字乡村发展战略纲要》和《数字乡村发展行动计划（2022—2025年）》的支持下，乡村网络文化取得了显著发展。乡村网络文化振兴已成为国家数字化战略的重要组成部分，通过加强优质内容供给、保护优秀传统文化、改善文化设施和服务，极大地丰富了乡村居民的精神文化生活，缩小了城乡之间的数字鸿沟，推动了乡村网络文化的突破性进展。首先，主流声音的传播渠道显著扩大。超过98%的县级融媒体中心实现了全面覆盖，媒体成为传达各项政策的重要渠道，助力乡村文化振兴。随着网络新媒体的快速发展，“三农”题材的网络文化创作蓬勃兴起，各类影视剧和短视频作品活跃于乡村居民数字媒体的屏幕上，极大丰富了村民的精神生活。同时，数字技术的广泛应用推动了非物质文化遗产的保护和传承，建成了传统村落数字博物馆和农耕文明基因库，使乡村网络文化生活更加绚丽多彩。其次，乡村公共数字文化服务设施不断完善。中央财政每年投入巨资支持公共文化云和智慧图书馆体系的建设，推动乡村文化从传统的线下活动模式逐步转向“线上+线下”的融合模式，极大丰富了文化产品的供给。

二、数字乡村网络文化供给基本特征

数字乡村网络文化供给具有存储性、平台性、创新性、传播性等基本特征。

（一）打造传统乡村文化的数字化供给

数字乡村网络文化供给通过数字化记录与存档传统文化元素，实现乡村文化资源的广泛传播，提升可见性。首先，传统文化的数字化记录与保存是核心内容。数字乡村网络文化供给通过数字化手段，如扫描、摄影、录音等技术，将民间艺术、手工艺、传统音乐、舞蹈、仪式、习俗等传统文化元素保存为数字文件，并通过采访与纪录片形式记录非物质文化遗产。这一过程确保了乡村丰富的文化资源得以长久保存，并通过数字博物馆等平台展示，促进文化传承与保护。其次，乡村文化的广泛传播与可见性显著提升。通过数字化方式记录乡村日常生活、传统习俗和农业实践，并利用社交媒体、博客和视频网站等平台展示，使乡村文化的可见性得到显著增强。这种传播方式不仅让更多人了解乡村生活的多样性，也增强了对乡村文化的理解与尊重。最后，反映“三农”生活的网络文化供给不断增多。数字乡村网络文化供给真实展现了农业、乡村和农民的生活状态，通过网络平台广泛传播农业生产各环节、乡村日常生活及传统节日习俗等内容。这种形式让更多人认识到乡村的复杂多样性，增进城乡之间的理解与联系，助力乡村文化的传承与发展。

（二）利用数字技术进行文化创新

数字技术在乡村文化创新中发挥了关键作用，通过数字化资源的创新利用，推动文化传承与经济发展。首先，数字化资源的创新利用是数字乡村网络文化供给的核心之一。通过将数字化的文化资源应用于教育、旅游和文化创意产业，传统文化焕发了新的生机。虚拟现实、增强现实技术以及基于乡村文化主题的游戏和应用程序，不仅保留了文化遗产的核心价值，还为乡村经济带来了新的增长点。其次，推动传统文化的数字化传承。数字乡村网络文化供给为传统文化传承提供了全新途径，数字化记录与传播传统歌曲、舞蹈、手工艺等，确保文化遗产得以保存与延续。同时，通过将现代元素融入传统文化，如将民间故事转化为动画或短视频并通过网络平台分享，吸引了更多年轻人的关注。最后，融合现代元素的文化创新。数字技术支持传统文化与现代元素的结合，创造出新的文化形式与表达方式。这不仅限于保护传统农业技术和手工艺，还包括以全新形式呈现和传播民间故事、歌曲与舞蹈。通过网络平台，更生动、互动性地展示传统文化元素，吸引年轻一代的参与，确保文化在现代社会中的活力与再生。

（三）加强数字技能培训

数字技能培训和教育对于提升乡村居民的文化传承与创新能力至关重要。首先，培训乡村居民使用数字工具是关键。通过提供数字技能培训，乡村居民能够有效使用数字工具记录和传播文化遗产。这类培训不仅帮助居民掌握数字故事讲述与媒体制作技术，还激发了他们在文化传承中的主动性与创造性。其次，促进农业知识的数字化教育。数字技能培训同样涵盖通过网络平台为农民提供现代农业技术的教育与分享。在线课程与数字资源使农民随时随地学习新的种植和养殖技术，了解最新的农业趋势与市场信息，不仅提升了他们的技能水平，还推动了乡村经济的发展。最后，提升乡村居民的整体生活质量。数字技能教育不应局限于农业，还应涵盖健康、法律等领域，提供全面的教育资源。例如，通过在线平台，居民可以获取健康知识、法律援助等信息，数字化教育资源为乡村居民提供了更广泛的知识获取渠道，帮助他们应对日常生活中的挑战，提升整体素质，促进乡村的全面发展。

（四）促进乡村旅游和文化交流

数字化乡村文化供给在促进乡村旅游与文化交流中发挥了重要作用。首先，推动学术研究与文化发展。数字化乡村文化供给为学术研究和数据分析提供了丰富的素材，帮助研究者深入理解乡村文化的变迁、影响因素及发展趋势。例如，研究者通过分析不同地区的民间音乐，可以探讨音乐风格的地域差异与传承模式。这不仅有助于乡村文化的保护与传承，还为文化政策制定及区域文化发展提供了科学依据，推动了文化的持续发展与创新。其次，促进乡村旅游与文化宣传。数字化供给为乡村旅游宣传开辟了新渠道，通过展示乡村自然风光、民俗活动和文化遗产，吸引游客体验乡村生活与文化。例如，一些乡村通过网络平台推广传统节庆、民宿体验等特色旅游资源，成功吸引了大量游客。这种数字化宣传不仅提升了乡村旅游的知名度，还促进了当地经济发展，为村民创造了更多就业机会与收入来源。

三、数字乡村网络文化供给面临基本问题

（一）主体数字意识和能力较弱

首先，主体数字意识薄弱。作为乡村本土文化与数字网络文化结合的产物，乡村居民理应是数字乡村网络文化供给的核心主体和主要受益者。然而，许多乡村群众尚未充分认识到数字网络文化建设的特殊价值，参与积极性普遍较低。乡村青年多为追求更好的生活条件和满足物质需求选择外出务工，而留下的老弱妇孺由于年龄和综合素质的限制，难以明确自身角色，缺乏独立主体意识，对本地文化发展关注不够。高素质农民、基层工作者及文化人才群体更专注于提升经济收入和推动经济发展，对数字乡村网络文化供给的重要性和意义关注较少。其次，主体数字能力不足。数字乡村网络文化供给高度依赖互联网信息技术，主体是否具备熟练掌握和应用网络技术进行文化创作、传播与交流的能力，直接决定了建设效果。尽管国家加大了乡村教育培训投入，帮助农民掌握政策法规、农业实用技术，提高思想道德素质，但他们对高科技和网络信息技术的掌握和运用能力仍远远不够，与乡村网络文化阵地建设的高标准存在差距。

（二）供给内容和供给形式不足

数字乡村网络文化供给在内容和服务形式上存在不足，难以有效满足农民的多样化需求。首先，内容供给不足，难以满足乡村文化需求。尽管网络文化产品种类繁多，面向乡村和农民的内容供给却严重不足。现有的“三农”题材创作未能深入挖掘乡村丰富的文化资源，导致内容同质化、低俗化现象突出，未能真实反映乡村的新变化与新风貌。这不仅削弱了农民的文化认同感，也限制了乡村文化的传承与创新，造成题材丰富与作品短缺并存的矛盾。其次，服务供给形式单一，难以满足多样化需求。现有公共文化服务多为自上而下的单向输出，未能充分考虑农民的真实需求和反馈，缺乏多样性与灵活性。农民不仅需要基础文化内容，还渴望科技指导、市场信息及就业技能培训等实用服务，但这些需求常被忽视。同时，富有乡土韵味的文化资源未能通过网络平台充分展现，导致优质文化供给不足，难以形成持久的文化影响。最后，供给质量参差不齐，缺乏专业性与创新力。部分供给者为迎合城市居民的理想化乡村图景或吸引流量，选择猎奇、低俗内容，偏离了数字乡村网络文化供给的初衷，未能真实展现乡村生活。这不仅损害了数字乡村网络文化的形象，也暴露出平台在内容审核与监管方面的不足。此外，部分供给者利用城乡文化差异激

化矛盾，传播不实信息，导致社会舆论环境复杂，增加了公众对乡村的误解，阻碍了城乡文化的融合发展。

（三）监管体制机制不健全

数字乡村网络文化供给在内容偏差和监管不足的情况下，面临健康发展与社会效益受限的问题。首先，网络监管机制不健全。我国的网络监管机制存在立法不完善与监管效力不足的问题。现行网络立法多为临时性规定，缺乏全国统一且具备高效力的法律框架，导致法律效力低下、内容不全面，尤其在宣传社会主义核心价值观与主流文化方面存在不足。此外，执法部门职能交叉、力量分散，导致执法协调困难、证据认定复杂，监管难以有效执行，影响网络文化的健康发展。同时，网络执法队伍建设有待加强，内部与外部监督机制尚未完善，使得网络文化环境难以得到有效管理与净化。其次，公众监督机制薄弱。公众在网络文化治理中的监督作用尚未充分发挥。尽管近年来公众参与网络监督力度有所加强，但相关制度建设滞后，缺乏明确规范以保障公众的监督权利。由于缺乏系统性与制度性保障，公众的网络监督多为自发行为，通常只在涉及自身利益时才积极参与，监督效果有限。此外，缺乏对监督者的制度性保护也直接削弱了公众参与的积极性与持续性，导致网络环境中的不法行为难以得到有效遏制。

四、数字乡村网络文化供给政策演变

我国的数字乡村网络文化供给政策演变大致可以分为两个阶段：乡村文化建设阶段和乡村网络文化振兴阶段。

（一）乡村文化建设阶段

2000—2016 年是乡村文化建设阶段。在这一时期，政策主要关注乡村文化设施的建设与传统文化的传承。2002 年 4 月，文化信息资源共享工程启动，文化部成立了全国文化信息资源建设管理中心，专门负责该工程的实施。依托省、市、县各级公共图书馆，分别建立省、市、县级分（支）中心；在乡镇和街道文化站设立基层中心，村和社区发展基层服务点，并与乡村党员干部及中小学远程教育工程紧密合作，形成了国家中心、省级分中心、市县支中心、乡镇（街道）/村（社区）基层服务点为主体的四级文化网络。2006 年，文化共享工程作为重点公共文化建设项目，被列入《中华人民共和国国民经济和社会发展第十一个五年规划纲要》和《国家“十一五”时期文化发展规划纲要》。

2007 年 8 月，中共中央办公厅、国务院办公厅发布了《关于加强公共文化服务体系建设的若干意见》，将农家书屋工程列为五项重大公共文化服务工程之一。这一阶段的政策重心在于文化资源的共享与传播，网络文化发展仍处于初级阶段，政策强调的是文化设施的完善和资源的传承，而非网络文化的创新与创造。

（二）乡村网络文化振兴阶段

2017 年至今是乡村网络文化振兴阶段。随着数字技术的飞速发展，特别是移动互联网的普及，我国乡村文化建设逐步进入了网络文化振兴的新时期。本阶段的政策目标是通过数字化手段提升乡村文化的自我创造力，并利用网络平台扩大其影响力与覆盖面。2018 年 9 月，中共中央、国务院印发的《乡村振兴战略规划（2018—2022 年）》强调要加强乡村网络文化平台建设，鼓励乡村居民通过网络参与文化创作，推动乡村文化的多元化发展。2019 年 5 月，《数字乡村发展战略纲要》提出加快乡村网络基础设施建设，推动电子商务和数字文化产业的发展，助力乡村文化数字化和网络化。随后，2019 年 6 月，中共中央办公厅、国务院办公厅印发的《关于加强和改进乡村治理的指导意见》进一步指出要加强基层文化产品供给、文化阵地建设和文化活动的开展力度，促进文化人才培养，加快乡村文化资源数字化，确保农民共享城乡优质文化资源。2021 年 4 月，文化和旅游部发布的《“十四五”文化和旅游发展规划》提出要推进数字文化建设，促进乡村文化信息资源的共享，推动乡村数字文化平台的进一步发展。

五、数字乡村网络文化供给未来政策重点

（一）加强供给者组织化管理

码 7-4

首先，提升农民的自我发展能力。作为乡村的主体，农民将在乡村振兴中发挥重要作用。应帮助农民提高文化品位和市场意识，鼓励其主动提升自我发展能力，跟随时代和科技发展的步伐。政府应通过设立培训班和工作室等形式，强化对数字乡村网络文化供给者的培训，提升其叙事能力和拍摄技巧，引导文化供给的规范化与体系化运营，为传播乡村文化和振兴乡村经济提供更专业、健康的内容支持。平台或商业组织可以引入多频道网络 MCN 形式，利用其专业化和集约化优势，支持以电商为主的数字乡村网络文化供给，实现可持续发展，助力新时代乡村建设。其次，坚持正确的文化导向。为避免内容单一与重复，供给者需提升内容制作能力，既要提高专业

技能，也要增强政治素养，熟悉乡村振兴战略和社会主义新农村的内涵。供给者不仅是优质内容的生产者，还应成为新型城乡关系的建设者和中华传统文化的传承者与推广者，积极传播优秀的乡村传统文化和民族文化，展示新时代乡村的正能量。供给者应自觉融入乡村振兴战略和脱贫攻坚行动，提升媒介素养，增强团队意识与创新精神，激发“三农”自媒体在乡村振兴中的积极性与独立性。同时，要摒弃低俗、猎奇等不良内容，避免恶意扭曲乡村文化，确保观众以平等的心态接受优质乡村文化。

（二）构建多元协同机制

政府应作为数字乡村网络文化的引导者与协调者，鼓励社会力量参与文化建设，构建政府、企业、社会组织与村民多元主体协同保障机制，确保数字乡村网络文化的健康供给。首先，政府应主动作为。通过引进社会力量，提供政策、资金、技术与基础设施等全方位支持，政府在乡村数字文化信息资源的运营监管中应发挥主导作用，利用自身权力与资源优势，充当“元治理”角色，制度化安排供给主体、形式与内容，规范其行为与责任，满足农民的多样化文化需求。其次，拓宽社会力量的参与渠道。推动基层政府与市场主体合作，鼓励企业参与数字乡村网络文化供给，增加文化服务的采购力度，共同开发乡村数字文化产品。引导社会力量参与乡村文化站和农家书屋等文化工程的数字化建设，提升文化服务水平。最后，村民是关键主体。作为数字文化的使用者与受益者，村民应增强主动参与意识，提升数字文化运用能力，通过数字平台行使民主选举、民主决策、民主管理和民主监督等权利，参与公共事务。村民应积极使用数字工具，参与线上生活，及时提出问题与反馈问题，与政府、企业、社会组织共同合作，构建共建、共治、共享的数字乡村网络文化供给新格局。

（三）驱动资源创新转化

首先，公共文化资源的数字化。依托中华优秀传统文化传承发展工程，组织开展中华文化资源普查、传统村落保护与利用、非物质文化遗产数字化及农耕文化传承保护。通过数字化手段保存国家级非遗代表性传承人的技艺，加速历史文化名镇和名村的数字化建设，完善中国传统村落“数字博物馆”。加大文物资源数字化展示和传播力度，推出“数字文物资源库”和“数字展览”，推动乡村基层文化服务机构的信息化，提升乡镇综合文化站和村（社区）文化服务中心的数字化服务水平。其次，推进乡村优秀文化资源的数字化。乡村作为传统文化的根基，承载着丰富的民间传说、非遗、古村古居、传统习俗与家风家训等。面对现代社会的冲击，数字化成为保护、传承和开发传统文化资源的重要方式。通过数字化手段收集、整理和归档这些资源，并借助乡村记忆工程、民俗体验馆、非遗传承馆等平台，实现数字化展示与互动体验，并通过微信等媒介传播，确保这些文化资源得到长久保护和合理利用。最后，推动乡村文化产业的数字化。通过文化资源的创造性转化与创新性发展，促进其产业化。基于传统文化资源开发文创产品，将非遗资源、创意民俗和传统民居相结合，发展乡村文化旅游。通过电商平台、旅游 App 和微信等网络营销方式，结合互联网、大数据和增强现实等技术，探索线上销售、预订、支付、评价与体验一体化的旅游服务模式。

（四）链接主流媒体共创价值

码 7-5

通过链接主流媒体与整合资源，乡村内容生产者能够突破传统限制，打造独特的品牌价值。首先，推动农民自我表达与价值共创。传统媒介往往忽视农民的声音，而在乡村振兴背景下，仅依赖主流媒体和商业媒体已无法满足需求。随着互联网在乡村的普及，农民逐渐成为内容生产的主动主体，打破了传统报道的范式，使其更直接参与乡村文化、经济和人才振兴。与主流媒体协同合作，数字乡村网络文化供给不仅弥补了主流媒体报道的不足，还推动了乡村的全面振兴。主流媒体应发挥议题设置的优势，将“三农”内容与社会主义核心价值观结合，促进其健康发展。其次，整合资源，实现品牌 IP 化运营。当前，许多数字乡村网络文化内容供给分散，缺乏资源整合，不利于品牌形象的建立与推广。为实现可持续发展，供给者必须整合资源，打造统一的品牌形象，并通过多个平台分发内容，提升影响力。要在同质化的乡村生活内容中脱颖而出，个性化的 IP 形象至关重要。供给者应注重持续输出有价值的内容，以积极乐观的形象吸引受众，避免依赖短期噱头。通过设计独特的 IP 形象，推广品牌，并研发具有乡村文化特色的文创产品，供给者可以进一步提升品牌的长远影响力。

六、数字乡村网络文化典型案例

案例 1　河北石家庄打造数字化乡村风俗志

2021 年 12 月，一项数字化乡村风俗志文化工程在石家庄井陉县启动。据悉，该工程旨在保护和传播乡村文明，推动对传统村落的数字化保护与开发。

该项目依托数字摄影技术、虚拟化处理软件和大数据管理技术，对乡村重要数据信息进行统计、分析、存储与展示，构建数字化平台，助力乡村文明的保护与传承。乡村风俗志的内容将在冀农 App 的“乡村风俗志”板块通过图文与视频等多种形式呈现，系统阐释乡村的发展脉络，涵盖历史、经济、人物、产业和习俗等方面。通过整理、挖掘和梳理村史与文化资源，提升村民的文化认同感，树立文化自信，并增强对传统村落保护的意识，积极推动乡村振兴。

（信息来源：数字化乡村风俗志活动正式启动推进乡村文化与数字技术深度融合，网易新闻，2021 年 12 月 17 日）

案例 2　贵州黔东南苗族侗族自治州利用短视频供给展现乡村独特价值

快手等短视频平台正成为促进城乡深度交流的新途径，尤其为乡村欠发达地区展示独特风貌、助力增收致富提供了新机遇。例如，贵州黔东南苗族侗族自治州的一位村民通过快手平台记录和展示乡村生活，吸引了全国 270 多万名粉丝。截至报道时，她已发布了 770 多个短视频，通过这些内容向全国网友展示了当地的原生态生活，并让外界更好地了解了欠发达地区的真实状况。同时，她成功将当地的果子、妈妈做的霉豆腐等土特产销往全国，成为带动当地增收致富的带头人。

通过短视频平台，乡村的独特价值得以被发掘与提升，村民们也因此增强了改善生活的信心与能力。与以往的“输血式”帮扶不同，快手通过展示欠发达地区个体的真实生活，促进用户间的互动连接，赋予乡村新的发展价值，为乡村探索出一条以自身动力为主的可持续增收致富新路径。

（信息来源：央视 BTV 相继报道：快手成欠发达地区可持续增收致富新途径，中国新闻网，2018 年 7 月 9 日）

第三节　数字乡村网络文化监管

数字乡村网络文化监管通过政策、法规和技术手段对乡村网络文化进行有效管理和引导。它不仅涵盖打击网络违法行为，还鼓励乡村网民积极参与网络文化建设，营造健康、有序、积极向上的网络文化环境。数字乡村网络文化监管的目标是维护网络环境的健康发展，防止不良信息传播，弘扬社会主义核心价值观，确保乡村居民享有高质量的精神文化生活。

一、数字乡村网络文化监管基本特征

（一）多元化监管手段的应用

码 7-6

数字乡村网络文化的多元化监管是一项复杂且全面的策略，旨在应对乡村日益增长的网络文化挑战，提升网络空间的管理水平。首先，通过完善法律法规体系，如《网络信息内容生态治理规定》，为监管提供法律依据，确保监管工作有法可依。其次，采用大数据和人工智能技术，加强对网络内容的监控与防护，提升安全预警和应急处理能力。再次，通过网络素养教育，提高乡村居民的信息辨识能力和安全意识，使他们能够更加理性地使用网络资源。最后，社会组织的积极参与也为监管工作提供了有力支持，通过志愿者团队和公众参与机制，形成全社会共同参与的监管格局。

（二）重点区域与目标人群的明确化

码 7-7

数字乡村网络文化监管逐渐明确了重点区域和目标人群，以提高监管的有效性和针对性。首先，精准打击重点区域。对于网络犯罪高发的特定乡村，如“黑客村”或电信诈骗多发地，监管部门明确了打击对象，通过加强法律制裁和技术监控，有效治理这些问题，减少网络犯罪对乡村的负面影响。精准的区域打击有助于遏制违法行为，维护乡村网络空间的安全与秩序。其次，提升目标人群的网络素养。青少年和低学历网民因网络信息辨识能力较弱，容易受到不良信息的影响，所以成为重点关注对象。为提高他们的网络安全意识和自我保护能力，监管部门应加强网络素养教育，提供信息辨识培训，并推动家校协同合作。这些措施不仅帮助目标人群应对网络风险，还提升了乡村社区的整体数字素养，增强了社会的网络安全防护能力。

（三）监管层级的立体化与社会化参与的增强

数字乡村网络文化监管已形成多层次的立体化体系，并加大了社会参与力度。首先，多层次的立体化监管体系。数字乡村网络文化监管建立了从中央到地方、从城市到乡村的多层次监管体系。中央政府负责制定宏观政策，各地政府根据实际情况落实，确保监管的统一与协调。通过设立村级网络文化引导员和县级网安大队等方式，将监管深入基层，形成村、镇、县、市、区五级联动机制，确保监管措施全面覆盖与有效执行。其次，增强社会化参与与合作。公众和社会力量的参与是数字乡村网络文化监管的重要组成部分。网络举报和监督机制鼓励公众积极参与治理，帮助发现和解决问题。同时，政府与社会组织、企业和学术机构的合作不断加强，为网络文化的健康发展提供了有力支持。这种社会化参与不仅提高了监管效果，还推动了社会共治，促进了网络文化的良性发展。

(四) 数字技术的深度融合与风险防控机制化

数字技术的深度融合与风险防控机制的建立显著提升了数字乡村网络文化监管的精准性和应对能力。首先，数字技术提升了监管的精准性。通过大数据分析和智能监控技术，监管部门能够高效识别和分析网络舆情，及时预警并阻止不良信息的扩散。这些技术手段使监管更加高效、精准，能够迅速应对潜在的网络威胁，保障网络空间的安全与稳定。其次，建立了规范化的风险防控与应急管理体制。为了提升应对突发事件的能力，数字乡村网络文化监管逐步构建了系统化的风险防控与应急管理机制。该机制帮助监管部门及时识别、预防并化解潜在的网络安全风险，减少损害发生。通过这种机制化管理，确保了监管的持续有效性，在面对突发事件时能够迅速反应，维护网络文化的健康发展。

(五) 文化引导与价值传播的结合

乡村网络文化监管通过文化引导与价值传播相结合，推动正能量内容和政策宣传。首先，推广正能量内容，丰富乡村文化生活。乡村网络文化监管要注重文化引导，积极推广“三农”题材及正能量内容，丰富乡村居民的文化生活。这不仅有助于树立积极健康的价值观，增强农民的文化自信，还促进了乡村社会的和谐发展。通过网络平台广泛传播，正能量内容能够更有效地触及乡村居民，提升他们的精神文化水平。其次，利用网络平台宣传国家政策和发展成就。网络平台是宣传国家政策及乡村发展成就的重要渠道，帮助乡村居民更好地理解和支持国家政策，提升政策执行效果。这种价值传播方式有助于凝聚共识，增强乡村居民对国家发展的信心，推动政策在乡村的顺利落实，同时也促进了乡村全面振兴。

二、数字乡村网络文化监管面临基本问题

(一) 公共互联网基础薄弱

数字乡村网络文化监管面临公共互联网基础薄弱的问题，影响了网络安全和信息传递的有效性。首先，安全防护能力不足增加了网络风险。由于技术投入有限，许多县乡级政府网站缺乏先进设备和专业人员，安全防护体系薄弱，

易成为网络攻击的目标。不规范的托管方式加剧了这一风险，可能导致数据泄露和服务中断，严重影响了地方政府的公信力和信息安全。其次，公共互联网基础设施的落后限制了有效监管。乡村的互联网基础设施相对落后，无法提供稳定安全的网络环境，削弱了网络文化监管和信息传递的效率。此外，专业网络管理人员的缺乏，使得乡村难以及时应对和修复安全漏洞，增加了网络攻击的潜在风险。随着网络文化内容愈加个性化和碎片化，传统的安全措施难以应对现代网络环境中的复杂威胁，进一步加剧了乡村网络系统的防护难度。最后，提升乡村网络安全和基础设施建设的紧迫性。为解决上述问题，提升县乡级政府网站的安全性和稳定性刻不容缓。必须加大对乡村公共互联网基础设施的投入，改善硬件条件，配备先进的安全设备，并培养专业的网络安全人才。通过这些措施，确保网络文化健康发展和信息安全传输，增强乡村应对网络威胁的防护能力。

（二）网民结构复杂与社会参与不足

数字乡村网络文化监管面临网民结构复杂与社会参与不足的挑战，影响了有效治理。首先，网民结构复杂，容易受到负面影响。乡村网民中青少年和低学历人群比例较高，由于认知能力和辨别能力不足，他们容易成为网络谣言和诈骗的受害者。这一群体的脆弱性增加了乡村网络文化生态的风险，同时对网络监管提出了更高要求。如果这些群体缺乏必要的教育和指导，面对网络威胁时更容易受到伤害，进一步加剧了监管的困难。其次，社会参与不足，监督和举报机制不完善。乡村居民普遍缺乏参与网络文化治理的意识和社会责任感，再加上监督和举报机制不健全，导致不良信息和违法行为得不到及时举报。此外，乡村的文化社会组织数量少、影响力弱，难以在网络监管中发挥有效作用。这些问题限制了社会力量在网络文化治理中的协作，助长了不良信息的传播，阻碍了网络文化生态的健康发展。最后，文化权利意识薄弱，自我监管能力不足。乡村居民的文化权利意识较为薄弱，缺乏应对和防范网络威胁的自我监管能力。面对不良信息，他们往往难以做出有效应对。监督和举报机制的缺失，加上文化社会组织的有限作用，进一步削弱了社会参与在乡村网络文化监管中的作用，影响了乡村网络文化生态的健康发展。

（三）数字乡村网络文化建设监管体制机制不健全

健全的网络文化管理体制机制是提升数字乡村网络文化建设质量的重要途径。目前，数字乡村网络文化监管存在不足，影响了建设效果，主要原因在于政府监管和公众监督机制的不完善。首先，网络立法存在不足。我国现行的网络立法多为临时性规定、条例或试行条款，缺乏全国统一的法律框架。地方性法规和部门规章存在重复和交叉，法律效力较低。此外，立法内容缺乏全面性与系统性，过于注重禁止性和管制性规定，而忽视了激励性和义务性条款的设置。例如，现有立法更多关注打击低俗和色情内容，对社会主义核心价值观和主流文化的宣传设计不足，过度强调监管职权，忽视了对网络权利主体的利益保障。低俗信息、谣言和不法侵害行为在乡村网络空间的蔓延，阻碍了数字乡村网络文化的健康发展，不利于培育和践行社会主义核心价值观。此外，行政法规的颁布主体众多，可能导致不同位阶的法规发生冲突，造成法律约束上的漏洞。其次，网络执法存在问题。执法过程中存在协调困难、证据认定复杂以及执法人员监督不力等问题。现行体制下，网络执法机构设置混乱，部门职能交叉不清，导致执法力量分散，执法力度降低。同时，网络执法证据难以认定，内外部监督尚未正式形成，网络执法队伍建设有待加强，难以有效控制网络文化环境。最后，公众监督机制不健全。尽管近年来公众参与网络监督有所进展，但制度建设滞后，导致不法分子利用制度漏洞发布不实言论，干扰公众监督。当前缺乏明确的制度规定如何引导公众有效参与监管、公开信息和表达诉求。公众的监督行为零散且缺乏系统性，部分监督行为呈现出非理想化、表面化和随意化的特征。此外，缺乏对监督者的制度性保护，直接影响了公众参与网络监管的积极性。

三、数字乡村网络文化监管政策演变

数字乡村网络文化监管政策经历了从初步探索到全面实施的发展过程。

（一）互联网普及与监管框架初步建立

1990—2008 年是我国互联网普及与监管框架初步建立期，政府通过一系列政策推动乡村网络文化监管，逐步构建信息化基础和监管框架。1994 年 2 月，《中华人民共和国计算机信息系统安全保护条例》的出台标志着网络信息安全监管的初步确立，奠定了后续政策发展的基础。1998 年 10 月，“村村通工程”启动，提升了乡村的信息获取能力，为网络文化监管提供了必要的基础设施支持。随着互联网用户的快速增长，国家开始关注互联网信息内容及对网吧经营的监管，特别是乡村网吧和未成年人上网问题。相关政策文件包括 2000 年 9 月国务院发布的《互联网信息服务管理办法》及 2002 年 9 月印发的《互联网上网服务营业场所管理条例》，这些文件进一步规范了互联网信息服务的管理。2002 年 4 月，《全国文化信息资源共享工程》的发布推动了文化资源数字化共享和乡村信息化的发展，旨在通过信息化促进乡村经济和社会发展。2008 年 4 月《农业部关于加快推进农村信息化示范工作的意见》明确提出了创建信息化示范县的目标和任务，标志着信息化推广已成为国家战略的一部分，进一步推动了乡村信息基础设施的建设，为未来乡村网络文化监管奠定了坚实的政策基础。

（二）移动互联网发展与多元监管机制

2008—2018 年间，我国通过一系列战略和法律措施逐步建立并完善了乡村信息化和网络文化监管体系。2006 年发布的《2006—2020 年国家信息化发展战略》为乡村信息技术应用和城乡信息资源共享奠定了基础，推动了信息化建设。随后，2011 年 12 月发布的《关于进一步加强公共数字文化建设的指导意见》强调了引导乡村网络文化健康发展，加强不良信息防控的重要性。随着乡村电子商务的快速发展，2015 年 10 月发布的《关于促进农村电子商务加快发展的指导意见》鼓励“三农”题材网络文化内容的创作，促进乡村电子商务的健康发展。同年，农业部发布了《互联网＋“三农”行动实施方案》，推动互联网与农业、乡村和农民的深度融合，促进乡村数字文化平台的建设。2016 年 7 月发布的《国家信息化发展战略纲要》进一步推动信息技术在乡村的广泛应用，强化了网络文化监管的必要性。同年 10 月，国务院发布的《关于加快推进“互联网＋政务服务”工作的指导意见》提升了乡村信息化建设，提高了政务服务的效率和透明度，促进了网络文化监管的有效性。同年 11 月，《中华人民共和国网络安全法》出台，这是我国首部全面规范网络空间安全的法律，明确了乡村信息网络安全管理的要求。这些政策和法律措施涵盖了从基础设施建设、内容引导到法律保障等各个方面，展示了政府在推动乡村信息化及网络文化监管方面取得的全面进展和提升。

（三）大数据、物联网与智能化监管

2019 年至今是我国大数据、物联网与智能化监管期。政府通过一系列政策推动乡村文化的数字化转型，强化乡村网络文化监管，保障乡村的健康发展。2019 年 5 月，中共中央、国务院发布的《数字乡村发展战略纲要》（以下简称《纲要》）标志着乡村数字化转型的全面启动，《纲要》提出利用大数据和人工智能技术进行智能化监管，实时监控网络内容，确保网络空间健康。同年 6 月，国务院发布《关于促进乡村产业振兴的指导意见》，推动乡村经济与文化的协调发展，提升乡村居民的文化生活质量，并加强网络文化监管，支持乡村产业振兴。进入 2022 年，中央网信办等 10 个部门联合发布《数字乡村发展行动计划（2022—2025年）》，进一步提出加强对乡村网络文化的引导，规范网络内容的生产、复制、发布与运营，加快培育健康向上的网络文化。

四、数字乡村网络文化监管未来政策重点

营造清朗的网络空间是推动乡村网络文化振兴的基本要求。要“筑牢乡村网络文化阵地”，不仅要促进网络优质内容的供给，还要加强对乡村网络文化内容的监管。

（一）加强网络视听节目管理和国家宗教政策宣传普及工作

加强网络视听节目管理和国家宗教政策宣传是维护乡村文化安全和社会稳定的关键。首先，严格管理网络视听节目，确保内容健康。由于网络视听节目在乡村的广泛影响，政府应制定明确的管理政策和规范，督促平台落实内容审核责任，防止低俗、虚假和违法信息的传播。这样可以有效传播积极向上的文化，防止负面信息对乡村社会的侵蚀，营造健康的文化氛围，提高乡村居民的文化素养和法律意识。其次，加强宗教政策宣传，打击非法宗教活动。依法打击乡村的非法宗教活动及其有组织的渗透，是维护乡村社会稳定的重要举措。通过网络平台和融媒体中心宣传国家宗教政策和科学文化知识，能够有效破除封建迷信和不良文化对乡村的侵蚀。同时，强化网络巡查监督，遏制消极文化传播，预防乡村少年儿童沉迷网络。这些措施不仅有助于保护乡村文化安全，还为乡村的可持续发展提供了坚实的基础。

（二）积极开展网络普法教育

积极开展网络普法教育是提升乡村居民法律意识和法治观念的关键。首先，结合实际开展通俗易懂的法律教育。网络普法应贴近乡村实际，采用简单易懂的方式传播法律知识。通过网络讲座、在线课程、互动直播等形式，将法律知识与日常生活紧密结合，使其更符合乡村居民的需求。同时，利用微信群等社交媒体平台，以生动有趣的方式普及法律知识，让村民更容易理解和接受，增强对法律的信任感和遵从度，推动依法上网成为共识。其次，组织普法活动，提高自我保护能力。政府可以联合当地司法机构，开展普法宣传活动，邀请法律专家进行现场讲解和咨询，帮助村民掌握网络法律知识，增强自我保护意识。这不仅提升了乡村居民的法治素养，还促进了乡村依法治理，助力建立更加和谐的社会秩序。通过这些措施，乡村居民不仅能更好地保护自身权益，也能为营造安全稳定的网络环境作出贡献。

（三）鼓励广大乡村居民积极参与网络文化作品创作

鼓励乡村居民积极参与网络文化创作是激发乡村文化活力的重要策略。首先，激发创作热情，真实反映乡村文化。乡村居民对自身生活环境有着独特的理解，他们的创作能够真实展现乡村的风土人情与文化特色。鼓励他们参与网络文化作品的创作，不仅丰富了网络文化内容，也让乡村文化的声音得到更广泛的传播。通过提供创作培训、举办竞赛、设立奖项等方式，可以激发乡村居民的创作热情，鼓励他们以创作者的身份表达对生活的见解与感悟，推动乡村文化的振兴。其次，提供创作平台，促进文化多样性。通过微博、微信和短视频平台，政府和企业可以合作为乡村居民提供创作和发布的渠道，鼓励他们分享独特的文化视角。政府应提供必要的培训、技术支持和政策扶持，确保乡村居民能够高效创作并传播内容。这种自下而上的文化参与，不仅推动了乡村文化振兴，还促进了文化的多样性和创新性，使乡村文化在更广泛的社会中获得认可与传播。

五、数字乡村网络文化监管典型案例

黑龙江大兴安岭地区开展走进村屯开展防电诈宣传工作

随着互联网的普及，乡村的电信网络诈骗问题逐渐凸显。部分乡村居民由于对网络信息辨识能力较弱，成为诈骗分子的目标。为全面提升农民群众的防范意识和能力，大兴安岭地区行署（森林）公安局采取了一系列深入村屯的网络文化监管和反诈宣传措施，旨在加强农民对网络安全的理解，增强他们抵御电信诈骗的能力，从而更好地保障其财产安全。首先，公安局组织民警深入村庄，进行逐家逐户的反诈宣传。民警使用通俗易懂的语言，向农民讲解常见的诈骗类型，如假冒政府人员、虚假中奖和刷单返利等骗局。通过真实案例分析，民警详细解释诈骗分子的常用手法，帮助村民提高警惕性和识别能力。这种面对面的交流方式，不仅拉近了警民距离，也使反诈宣传更加深入人心。与此同时，公安局积极推广“国家反诈中心 App”，并指导村民下载安装和使用。这款应用提供最新的防诈骗信息和预警，帮助村民及时了解最新的诈骗动态。此外，民警还鼓励村民将防诈骗信息通过微信朋友圈、QQ 空间等社交平台转发，形成辐射效应，扩大防范电信诈骗的参与群体。利用社交媒体传播的方式，有效提高了宣传覆盖面。为了确保反诈宣传工作覆盖到每一个角落，民警采取了全覆盖的宣传策略。他们发放了详细的反诈宣传手册和资料，并在村庄的公共场所张贴醒目的反诈海报，时刻提醒村民保持警惕。民警还深入田间地头，通过与农民面对面的交流，将反诈知识传递给每个人，实现无死角、全覆盖的宣传效果。为确保反诈工作的长效性，大兴安岭公安局还建立了长效机制，定期组织反诈讲座和宣传活动，确保反诈工作常态化进行。同时，公安局建立了警民联动机制，鼓励村民积极举报可疑信息，与公安机关密切合作，形成合力打击电信诈骗的局面。此举不仅提高了村民的参与积极性，也增强了他们的自我保护意识。这一系列措施显著提升了村民的防诈意识和自我保护能力。通过学习反诈知识，村民能够识别并避开常见诈骗手段，诈骗案件的发生率显著下降。大兴安岭地区通过构建坚实的反诈防线，为维护乡村社会稳定和保障群众财产安全作出了重要贡献。

（信息来源：大兴安岭十八站分局：民警入“村屯”传授防电诈“秘籍”，央广网，2021 年 7 月 8 日）

本章思考题

1. 为什么要进行数字乡村文化平台建设？
2. 数字乡村文化平台建设的主要内容有哪些？
3. 数字乡村文化平台建设存在哪些问题？如何解决？
4. 什么是“三农”网络文化供给？
5. 数字乡村网络文化监管有哪些好处？

第八章 数字乡村基层组织管理

乡村治理是国家治理的重要基石，乡村基层组织是乡村治理的核心力量。随着大数据、云计算、人工智能等新一代信息技术在农业和农村中的广泛应用，乡村治理正在经历深刻变革。2022 年 1 月，中央网信办等 10 部门联合发布了《数字乡村发展行动计划（2022—2025 年）》，聚焦乡村基层党组织“散”、基层综治负担“重”、村民自治手段“少”等关键问题，提出实施数字治理能力提升行动。乡村基层组织主要包括乡村党组织、乡镇政府和村民委员会等。要提升这些组织的管理水平，需将数字化技术深度融入乡村基层组织管理中，构建高效的数字乡村党建、数字乡村政务和数字乡村村务管理体系，提升乡村治理的现代化水平。

第一节 数字乡村党建

数字乡村党建是提升党组织在乡村组织力和领导力的关键路径。数字技术的交互性和共享性优势有助于拓展乡村党建空间，创新党组织活动形式，提升党组织建设质量。数字乡村党建涵盖党务管理信息化、新媒体党建宣传、党员网络教育等内容，通过互联网、大数据等新一代信息技术，推动党务、学习、活动、监督、管理和宣传等党建工作的全面整合。借助数字化手段，乡村党建工作能够实现一体化、智能化和信息化，不仅提高了党建管理的效率，还促进了党建工作的科学化发展。

一、数字乡村党建的历史变迁

数字乡村党建作为新时代党建工作的重要组成部分，其发展历程反映了党的基层组织在数字化转型中的不断探索。从传统的线下管理模式到全面数字化，数字乡村党建的变迁体现了基层党组织建设与现代科技深度融合的必然趋势。

（一）传统乡村党建阶段

码 8-1

改革开放初期，乡村党建工作的信息化程度较低，主要依靠党务工作者的手工记录和纸质文档管理。党组织与党员之间的信息传递通常通过会议、纸质通知等方式进行，效率较为低下。党员学习党的政策，需要从各地赶赴指定地点参加培训，增加了学习的难度与不便。党员参加“三会一课”“组织生活会”等活动也主要依赖线下会议和个别访谈，现场签到和人工统计为主。这种传统的乡村党建模式虽然直接有效，但存在信息传递不畅、组织协作不便等问题。随着时间推移，党建资料和纸质文件逐渐累积，翻阅查找费时费力。此外，乡村党员的学习活动常常受限于时间和空间，尤其在农忙季节，因繁忙的农活导致个别党员无法按时到场，无法利用空闲时间灵活学习，进一步影响了学习的连续性和效果。

（二）互联网乡村党建阶段

20 世纪 90 年代至 21 世纪初，随着互联网的普及，党建管理逐步与互联网结合，经历了静态互联网党建阶段和动态互联网党建阶段。静态互联网党建阶段是数字党建的初级阶段，各级党组织通过建立党建门户网站，开辟了宣传教育和信息发布的新渠道，主要功能集中在党建信息发布、党员学习和工作展示等方面。随后，进入动态互联网党建阶段，党组织在原有门户网站基础上，增加了互动功能，如网上学习、党建论坛、网络问政和在线办理等，实现了党群互动和信息双向交流。2007 年 9 月，中共中央办公厅发布《关于在全国农村开展党员干部现代远程教育工作的意见》，提出建立健全农村党员干部现代远程教育网络体系，标志着乡村党建工作逐步实现网络化，推动了乡村党员的教育和管理进入新阶段。

（三）移动互联网乡村党建阶段

2010 年以后，乡村党建工作进入移动互联网党建阶段。随着互联网技术的快速发展和智能手机的普及，移动应用成为乡村党组织开展党建工作的现代化工具，是实现党建工作数字化的重要载体。移动互联网技术，尤其是智能手机的广泛应用，为乡村党建工作提供了新的平台和手段，使工作更加高效、便捷。微信、微博等新媒体的出现和运用，开创了交流互动和管理服务的新模式，使党员群众能够在“微时间”中接受教育。基层党组织也借助这些平台，搭建了党员群众乐于参与、具有正面导向的网络互动平台。乡村党员可以通过手机等移动设备随时查看党建信息、参与党的活动，实现了党建工作的即时性和互动性。

（四）智能化乡村党建阶段

2019 年 5 月，中共中央办公厅、国务院办公厅印发的《数字乡村发展战略纲要》标志着我国进入数字乡村建设时期，乡村党建也随之进入新的发展阶段。数字乡村党建充分利用互联网思维、技术和手段，结合大数据分析，实现了党员教育、管理和活动的网络化、动态化和智能化。通过大数据、云计算和人工智能等现代信息技术，不仅实现了对党员信息的智能管理，还能够通过数据分析辅助决策，推动党建工作的科学化和精准化。当前，数字乡村党建正处于实践探索期，利用互联网积累的庞大数据，将推动乡村党建工作向实时感知、资源共享、高效协同、智能分析和科学决策的方向迈进。

综上，数字乡村党建的历史变迁不仅是技术更新的过程，更体现了党的基层组织在创新工作方法、提升效率和增强吸引力与凝聚力方面的努力。每个阶段都代表了乡村党建工作与科技融合的新高度。在新的历史条件下，数字乡村党建将继续沿着数字化、精准化、服务化的路径不断深化，为推动乡村全面振兴作出更大的贡献。

二、数字乡村党建的特征

（一）信息精准化

数字乡村党建为农村党务工作者提供了更精准的信息管理与服务。首先，服务乡村党员群众的精准化。通过数字乡村党建平台，收集并分析党员的个人信息、学习记录和活动参与情况，能够更准确地了解和预测乡村党员与群众的需求，从而为每位党员提供定制化的管理和服务。例如，平台可根据党员的兴趣和需求推送相关的学习资料，或依据其专长安排适合的党务工作。其次，服务乡村党务工作者的精准化。通过定制党建工作专用的搜索引擎，党务工作者可以更精准地获取业务相关的信息。同时，平台通过定向抓取、智能分类和逻辑关联网络信息，对乡村党组织的党员在线学习情况和网络使用习惯进行多维度大数据分析，为乡村党支部和党务工作者提供有效参考，提升党组织决策的针对性、准确性和前瞻性。

（二）服务实时化

利用现代信息技术手段，使乡村基层党建工作在组织生活、决策过程、党员教育等方面更加迅速、高效、透明。首先，提升组织生活参与度。现代信息技术突破了地域限制，使农村党员能够实时参与党的会议、学习培训等活动，增强了党的组织生活的活跃度和参与度。其次，提高决策过程民主性。通过在线咨询、意见反馈等功能，党组织能够更加精准地联系和服务群众，实现党群之间的高效对接，提升决策的科学性和民主性。再次，破解乡村党员教育难。通过实时推送党的方针政策、理论知识等内容，帮助农村党员及时学习和更新理论素养，增强党性修养。最后，提高党建工作效率。现代技术还实现了对乡村党员的实时管理与服务，如在线办理党组织关系转移、党费缴纳等功能，显著提高了乡村党建工作的效率和质量。

（三）资源协同化

数字乡村党建强调“线上线下”双空间治理，通过统筹优化原本分散的资源和管理，使乡村党员和党务工作者能够快速获取决策所需的数据，并及时服务和引导组织成员凝聚共识。首先，数字乡村党建能够实现党建工作与乡村其他治理领域的信息互通和资源共享。例如，党建工作可以与乡村经济发展、公共服务、生态保护等领域的数据整合，推动多部门协同治理。其次，数字化平台使乡村党组织更便捷地获取城市党建资源，在线学习城镇党组织的优质培训课程和先进管理经验，促进城乡党建协同发展。再次，数字乡村党建平台实现了乡镇、村两级党组织的垂直管理和横向协作，提升了基层党组织的协同能力和工作效率。最后，数字乡村党建平台通过整合现有的党建网站、党建 App 等多渠道资源，优化和协同现有资源配置，推动乡村党建工作更加高效有序。

三、数字乡村党建面临的困境

随着以互联网为代表的大数据时代加速到来，数字乡村党建在各地蓬勃发展，这对乡村党建工作提出了新的要求和挑战。

（一）数字乡村党建建设资金不足

数字乡村党建的发展依赖于完善的数字化基础设施，而农业农村信息化的发展则需要财政资金的高效协同。然而，许多乡村的党建经费有限，难以为数字乡村党建的硬件设施和软件开发提供足够的资金支持。2022 年 5 月发布的《中国乡村振兴综合调查研究报告 2021》显示，2020 年全国有 535 个县（市、区）几乎没有财政投入用于农业农村信息化建设，占有效样本县（市、区）的 20.2%；668 个县（市、区）的财政投入不足 10 万元，占比 25.3%；财政投入超过1 000万元的县（市、区）仅有490个，占比18.5%。此外，22%的县既没有设立负责信息化工作的行政科（股），也没有设置信息中心或信息站等事业单位，亟待建立健全相关机构。财政资金支持乡村信息化的力度不足，再加上乡村党建经费有限，都会阻碍数字乡村党建软硬件的建设和发展。

（二）乡村党务工作者素质参差不齐

乡村党务工作者在数字乡村党建中扮演着至关重要的角色，直接关系政策推进效果。然而，当前乡村党务工作者在适应数字化转型方面存在明显差距，整体数字素养偏低。首先，对数字乡村党建重视程度不够。许多乡村党务工作者对新技术与党建工作的内在关联了解不深，未充分认识到数字党建的重要作用，依然习惯于传统的党务管理模式。其次，数字技术应用能力不足。缺乏既懂技术又能实际应用的复合型党务工作者，无法甄别和研判海量数据信息，导致无法有效利用数字乡村党建平台开展工作。最后，网络安全意识较弱。部分党务工作者对网络信息的甄别和研判能力不足，缺乏必要的网络安全知识，无法有效识别和应对网络安全威胁，如钓鱼邮件和恶意软件等，增加了工作中的安全隐患。

（三）乡村党务数据安全风险较大

第一，外部挑战使党务信息易受威胁。随着大数据技术的广泛应用，网络攻击和数据窃取的风险随之增加，信息安全面临的威胁日益加剧。乡村党员信息和组织数据的安全保护需应对更多挑战，亟须加强数据安全管理。第二，党务信息中的涉密内容易成为攻击目标。乡村数字党建系统收集了大量数据资源，其中包含部分敏感甚至涉密的信息，易受攻击。第三，数字乡村党建系统的软硬件可能存在安全漏洞。由于资金和技术支持有限，乡村党建系统的软硬件更新可能滞后，安全防护能力不足，容易成为网络攻击的薄弱环节。党务数据的安全问题愈发重要，相关部门需提升保护数据信息安全的技术能力，以防信息被破坏、篡改、泄露甚至窃取。因缺乏可靠的安全传输平台和有效的安全解决方案，一些已建成的数字乡村党建系统只能用于内部办公，无法接入互联网，信息资源因此难以共享而浪费。

（四）技术应用形式化导致与实际需求脱节

第一，功能开发不足，仍处于初级阶段。大多数平台的功能仅限于信息传播，无法实现党费缴纳、党组织关系转接等线上业务办理，缺乏互动交流和实时反馈等功能，服务内容与干部、党员、人才工作的实际需求不匹配。第二，内容缺乏吸引力，群众关注度较低。党建网站和微信平台发布的信息过于严谨、专业，形式上缺乏贴近基层生活的特点，缺乏生动性、多样性和吸引力。第三，运营维护不及时、不到位。部分信息化平台缺乏有效的运行维护机制，管理不到位、更新不及时，推送的信息质量不高。有些党建网站起初运营积极，但随着时间推移或关注度下降，最终沦为“僵尸网站”。第四，平台融合度和资源共享度不足。多数地区的党建信息化平台种类繁多，包括网站、微博、微信、手机客户端和远程教育网络系统等，但大多数平台未能实现数据的互联互通和实时共享，同时存在重复建设的问题。

四、数字乡村党建政策演变

（一）起步阶段

1986—2010 年是数字乡村党建管理政策的起步阶段。党中央高度重视办公自动化和信息化工作，1986 年党和政府中央机关率先实施以办公自动化建设为目标的“海内工程”，被视为党委工作系统信息化建设的开端。1991 年，中共中央办公厅信息中心的设立，标志着党委办公厅（室）系统的信息化建设正式启动。2003 年，中共中央组织部、人事部、国务院信息化工作室发布了《关于开展信息化与电子政务培训的通知》，推动了信息化进程。2004 年 5 月，中央组织部以“电子党务”为课题立项，推动了我国电子党务建设。同年 9 月，中央组织部召开了首次全国组织系统信息化工作会议，2005 年印发了《进一步加强全国组织系统信息化工作的意见》，并于 2006 年出台《2006—2010 年全国组织系统信息化工作规划》。在此基础上，2009 年党的十七届四中全会提出“推进基层党组织工作信息化”。同年 9 月发布的《中共中央关于加强和改进新形势下党的建设若干重大问题的决定》，明确提出积极运用信息化手段，推动基层党组织工作信息化。2010 年底，村级组织活动场所和农村党员干部现代远程教育网络一体化建设任务基本完成，标志着基层党建信息化开始起步。

（二）快速发展阶段

2011—2017 年是数字乡村党建政策的快速发展阶段。习近平总书记在 2012 年全国组织部部长会议上明确指出，“各级党委要高度重视信息化发展对党的建设的影响，做到网络发展到哪里党的工作就覆盖到哪里，充分运用信息技术改进党员教育管理、提高群众工作水平，加强网络舆论的正面引导”。中组部于 2012 年制定并印发《2011—2015 年全国组织系统信息化工作规划》，提出到 2015 年，各级组织部门实现整网接入大组工网，即中央组织部及全国组织系统信息化建设项目，初步形成上下贯通、功能完备、安全可靠的组织系统信息化工作体系。此后，各地相继发布了适合本地党建工作信息化的实施方案。2014 年 5 月，中共中央办公厅印发《关于加强基层服务型党组织建设的意见》，探索建立网络党组织，并通过 QQ 群、微博、微信等平台开展党的活动，拓展党建工作的网络阵地。2015 年 7 月，《国务院关于积极推进“互联网+”行动的指导意见》从国家层面提出“互联网+”战略，旨在形成以互联网为基础设施和创新要素的经济社会发展新形态。在政府的大力支持下，“互联网+党建”工作开始全面推进。

（三）深化创新阶段

2018 年至今，多项支持数字乡村党建的政策密集出台，标志着该领域进入深化创新阶段。2018 年 10 月发布的《中国共产党支部工作条例（试行）》强调，积极运用现代技术和信息化手段开展党的活动。2019 年 1 月发布的《中共中央关于加强党的政治建设的意见》指出，要积极运用互联网、大数据等新兴技术，创新党组织活动的内容和方式。2019 年 11 月 6 日发布的《关于坚持和完善中国特色社会主义制度推进国家治理体系和治理能力现代化若干重大问题的决定》明确提出，要建立健全运用互联网、大数据、人工智能等技术手段进行行政管理的制度规则。2020 年，为适应居家办公和线上沟通的需求，各类数字化技术不断涌现，为数字乡村党建提供了新的技术支持。党的二十大报告将“加快建设网络强国、数字中国”作为顺应数字时代发展要求的战略举措。2024 年 6 月，习近平总书记再次强调要善于运用互联网技术和信息化手段开展党建工作，努力实现党的组织和党的工作的线上线下全覆盖。这一阶段多项政策的密集出台，有力推动了数字乡村党建的深入发展。

五、数字乡村党建未来发展重点

（一）缩小城乡党建信息鸿沟

城乡二元格局依然存在，数字党建中的“信息鸿沟”问题仍未解决。应以强化资源投入为切入点，提升农村基层党组织的信息化应用能力。第一，加大物质资源和人力资源的投入，推动乡村网络通信基础设施的覆盖，提升网络覆盖率和质量，为乡村党建信息化提供硬件支持。第二，通过培训提高乡村党员干部的信息技术应用能力，使其能够熟练运用信息化工具开展党建工作。各级党组织应利用党务、政务平台传达上级精神，发布公示公告，解决政策传达缓慢、基层信息传递不畅等问题。第三，建立覆盖省、市、县、乡四级行政体制的数字乡村党建信息网络平台，整合关键数据，为数字乡村治理提供决策支持。第四，出版一批通俗易懂的教辅资料，帮助乡村党务工作者、党员和群众掌握信息化工具的使用技巧。

（二）防范信息安全风险

以加强风险防范为关键，化解技术短板带来的潜在安全问题。物联网、云计算等前沿技术的引入，导致网络攻击的破坏力和速度不断上升，乡村党组织在应用新技术过程中面临更大的网络安全风险。为此，应从以下三方面加强信息安全：第一，开展网络安全知识培训，提升乡村党务工作者和党员群众的安全防范意识和技能，要引导其正确使用数字乡村党建系统，强化监督，确保内网管理无漏洞，并养成良好的网络安全习惯。第二，确保涉密信息不上网，明确新技术应用范围与党内活动的界限，划定党组织成员与基层群众的权责范围，以及公民个体生活与公共事务的界限，确保涉密信息在保密期内不上网流通。第三，使用安全可靠的软硬件，积极采用加密、身份认证、访问控制等安全技术，提升系统和数据的安全防护能力。推广使用高安全水平的软硬件产品，及时修复系统漏洞，防范黑客攻击和恶意软件的入侵。

（三）搭建多层次平台

码 8-2

以健全乡村治理体系为目标，搭建多层次平台助推乡村振兴。第一，搭建村级组织管理平台。该平台涵盖乡村党组织、群众自治组织、监察组织、集体经济组织等乡村组织的基本信息，并展示各组织的职责使命、规章制度和工作状况等公共数据，推动形成“一核多元”的乡村治理格局主框架。第二，搭建治理主体信息交互平台。通过村党支部、乡（镇）党委与县（市、区）党委间的信息传输与共享，上级党委能够对乡村党组织进行更加科学、有效的指导，从而提升乡村党组织在调取、挖掘、分析和整合数字资源方面的能力，消除乡村治理主体之间的隔阂，打破信息孤岛现象。第三，搭建多元化治理主体的学习交流平台。通过该平台，村民可以学习最新农业技术、养殖技术、种植技术，查询市场信息，并参与网络教育，进一步提升普通村民在乡村治理中的参与度。

六、数字乡村党建典型案例

内蒙古自治区鄂托克前旗深化智慧党建助力乡村组织振兴

鄂托克前旗位于蒙陕宁三省区交界，是以农牧业为基础、工业为主导的少数民族聚居区。作为全区基层党建创新发展的试点，鄂托克前旗将智慧党建作为推动整体党建工作的重要抓手，不断在理念、机制和手段上求创新，随着功能布局的优化，智慧党建的便捷高效作用逐步显现。具体做法如下：

第一，工作理念从“替代”向“迭代”转变。鄂托克前旗顺应信息化和智能化发展趋势，自 2016 年起逐步深化智慧党建，注重实践应用，将智慧党建融入服务，使其成为党务工作者的“百事通”和党员干部的“掌中宝”。

第二，工作阵地从“有线”向“无线”延伸。智慧党建不仅限于 PC 端，还加快移动端平台建设，集资讯、学习、调度、督办等功能于一体，提供电话直联、视频直通等功能，增强了多维互动，为党员干部和群众提供便捷高效的使用体验。

第三，工作方式从“碎片”向“集成”递进。鄂托克前旗以问题为导向，设计了智慧组工、智慧家园等模块，提升党建管理和服务水平。通过信息化手段，能对党员干部工作进行智能评价，生成分析报告，精准“画像”。

第四，工作范围从“线上”向“面上”铺开。为全旗 5 263 名党员设置实名认证账户，推广智慧党建平台至每位党员干部，并通过多种培训形式增强使用积极性和主动性。

第五，工作效果从“过程”向“结果”累积。智慧党建平台通过扁平化和可视化整合信息，提升党建工作的效率。通过“十分制”管理模块，动态跟踪和精准考核党员干部表现，提升管理的科学性。

经过几年的实践，鄂托克前旗的智慧党建模式已向全鄂尔多斯市推广，线上整合服务资源，实现党务政务事项“一网办理”；线下优化大厅功能，实行“一窗受理、集成服务”。对于信息化手段覆盖不到的地区，组建红色服务队，上门服务，打通服务党员群众“最后一公里”，累计服务 3 000 余人次，办理 2 180 项事项。

第二节　数字乡村政务

数字乡村政务是指乡镇一级行政单位利用互联网、大数据、云计算等技术手段，构建一体化政务服务平台，为企业和民众提供一站式服务。这种创新管理模式提升了政府治理能力，优化了公共服务，提高了行政效率。作为中国数字政务体系的重要组成部分，数字乡村政务不仅提高了农村基层治理水平，还促进了公共服务的优化和农村经济发展，为实现乡村振兴和全面建成小康社会提供了有力支撑。

一、数字乡村政务的历史变迁

数字乡村政务是中国数字政务体系在乡镇基层的延伸，乡村政务的数字化与全国政务体系的数字化同步推进。随着信息技术的不断革新与发展，这一过程不仅反映了技术的进步，也标志着政府服务理念和方式的重大变革。

（一）乡村政务信息化起步建设阶段

1986—2001 年，乡村政务进入信息化系统初步建设阶段，主要特征是政府内部办公自动化和管理信息系统的建设。此时，政府部门之间的信息共享和交互仍主要依赖纸质文件，容易导致信息丢失和误传等问题。电子政务的引入，以办公自动化为标志，有效解决了这一问题。通过文件系统和数据库系统的综合运用，以结构化数据为存储和处理对象，强调数据计算和处理能力。该阶段的乡村政务信息化尝试为未来实现数据统计和日常文档处理的电子化，以及办公信息载体从纸质向电子介质的转变奠定了基础，显著提高了政府内部的工作效率。局域网和基于网络的管理信息系统开始在部分政府部门内应用，但仍主要局限于单一部门，部门之间的信息系统互联互通较少。

（二）乡村电子政务发展阶段

2002—2017 年，乡村政务进入电子政务阶段。网络技术的发展，尤其是移动互联网的崛起，为政府信息化带来了新的机遇。首先，实现互联互通。乡村政府开始建设统一的基层电子政务平台，将政务服务的各个环节逐步纳入一个系统，推动政务服务在线化，使政务办理更加便捷高效。该阶段重点整合政府各部门的资源信息，进一步打破部门之间的信息壁垒。其次，推广移动互联网的应用。发达地区的乡村基层政府开始推广移动政务服务，将政务服务延伸至移动终端。通过开发移动应用程序，乡村居民能够随时随地接入网络，及时获取政务信息和服务，政务服务不再受时间和空间的限制。该阶段的主要目标是通过在线化和移动化手段，提升乡村政务服务的便捷性和高效性，使政务服务更加贴近乡村居民的日常生活。

（三）数字乡村政务深化阶段

2018 年以来，我国数字乡村政务进入深化阶段。2018 年，我国“互联网＋政务服务”进入高质量发展期，乡村政务服务的数字化转型也全面开启。

首先，乡村政务服务的数字化转型得到了技术支撑。在互联网、云计算、物联网、大数据、人工智能和移动互联网等技术推动下，电子政务向推动社会治理改革和提升行政效能的数字政务方向发展。其次，国家政策高度重视数字乡村建设。2018年，中央1号文件提出乡村振兴战略，强调加强农村信息基础设施建设，这是中国数字乡村建设的重要起步阶段，为数字乡村的全面发展奠定了坚实基础。最后，数字乡村政务服务持续优化。全国一体化政府服务平台实现了“跨省通办”，乡村政务逐渐进入深化阶段。乡镇政府不仅提供基础的信息，还能根据公众需求提供精准、高效的服务。同时，乡村政务注重居民的参与和反馈，通过在线调查和民意征集等方式，收集意见和建议，不断提升政府服务质量。该阶段的目标是逐步实现数字乡村政务的无缝对接和全时空服务。

二、数字乡村政务的特征

围绕数字政府建设，中央有关部门不断加大政务信息化建设的统筹力度，积极推进政府数字基础设施的建设，加快完善国家电子政务网络。与此同时，电子证照的全国推广应用和互通互认工作也在加速推进，推动了政务信息化的共建共享，形成了新的发展格局。

（一）政务数字基础设施基本建成

经过三十余年的发展，数字政务已完成大量信息基础设施和信息化服务的建设。首先，政务云平台基础设施基本建成。根据2023年9月发布的《数字政府标准化白皮书（2023）》，31个省（自治区、直辖市）和新疆生产建设兵团的云基础设施已基本建成，超过70%的地级市建设了政务云平台，并逐步实现政务信息系统上云，初步形成集约化建设格局。以云技术为核心的政府数字基础设施不断优化升级，容器、微服务等云原生技术在政务云建设中逐步应用，提升了数字政府建设运行的“韧性”。其次，大数据中心在乡村不断落地。根据2023年2月发布的《中国数字乡村发展报告（2022年）》，国家数字乡村各试点地区通过加强科技创新，加速推动5G、云计算、大数据、人工智能等数字技术在乡村的建设与应用，一些地区建立了大数据中心，汇集工业、农业、医疗、教育、交通以及乡村治理和公共服务数据，推动了数字技术在乡村的深入应用与开发。

（二）数字乡村政务网络持续完善

第一，国家数字政务外网实现了县级以上行政区域的全覆盖。截至2022

年底，国家数字政务外网在县级以上行政区域已 100%覆盖，乡镇覆盖率达 96.1%。第二，全国人大和政协信息化平台正式开通。全国人大代表工作信息化平台汇集了超过 2 万个议案建议群组，显著提升了人大代表履职和沟通的效率。全国各级政协通过信息化赋能委员履职，省级政协普遍开发了履职应用程序，实现了网络议政和远程协商。第三，司法数字平台显著提升了服务效能。智慧法院服务覆盖了 100%的高院、中院和 97%的基层法院，全国法院电子诉讼比例从 2021 年的 24%提升至 2022 年的 28%，全国统一司法区块链平台已累计完成 28.9 亿条数据的上链存证固证。第四，数字乡村政务体系基本建成。作为我国数字政务体系的重要组成部分，数字乡村政务对提升乡村治理能力发挥了重要作用。以山东嘉祥县满硐镇为例，2024 年以来，该镇高度重视数字政府建设，将其作为转变政府职能、改进工作作风、提升服务水平的关键，大力推广使用“爱山东”“山东通”App 等数字平台，推动数字政府建设提质增效。

（三）数字乡村政务服务实现“一网通办”

政务服务的“网上办、掌上办、指尖办”已经成为群众办理事务的常态，全国一体化政务服务平台是实现“一网通办”和“跨省通办”的重要支撑。第一，实现“一网通办”。依托全国一体化在线政务服务平台，将农林牧渔生产管理、农村居民社保、公积金、医疗保障、乡村政务法律服务、帮困服务、农产品质量监管等重点乡村政务事项优先纳入“一网通办”服务目录。例如，辽宁省渔港监督执法队根据辽宁省农业农村厅的“一网通办”工作方案，坚持“四减”，即“减材料、减环节、减时限、减跑动次数”。材料减少了 60%以上，取消不必要的环节，提速率达 90%，实现所有业务零跑动，全部网上办理。第二，探索“跨省通办”。例如，2024 年 5 月，自然资源部办公厅发布了《关于印发深化长三角区域不动产登记一体化“跨省通办”改革工作方案的通知》，各省设立长三角政务服务“一网通办”远程“虚拟窗口”，针对农房登记发证等热点业务，利用远程屏幕共享、全程录音录屏、身份核验等先进技术，真正实现了长三角地区的“跨省通办”。

（四）数字政务发展水平迈上新台阶

我国数字政务发展总体水平大幅提升，具体表现如下：第一，数字政务发展指数显著提高。联合国的调查显示，2022 年中国数字政务发展指数再创新高，全球排名从 2012 年的第 78 位上升至第 43 位，进入全球前列。第二，在线政务服务覆盖率持续提升。截至 2023 年 12 月，我国在线政务服务用户规模达 9.73 亿人，占网民总数的 87.3%。全国一体化政务服务平台平稳运行，约九成网民成为实名注册用户，政务服务事项的网上可办率超过 90%，92.5%的省级行政许可事项实现了网上受理和“最多跑一次”。第三，政务服务“一网通办”取得实质进展。全国 96.68%的办税缴费事项已实现“非接触式”办理。例如，江苏省确立了全省政务“一朵云”的总体架构，数字政务外网实现省到村五级全覆盖，“苏农云”平台全面建成后，推送了近 60 亿条数据，实现了全省近 10 年高标准农田数据的“上图入库”和 5 000 多个农业农村重大项目的在线管理。超过 70%的县（市、区）实现了劳动就业业务的在线办理，数字乡村发展水平全国前 100 的县（市、区）政务服务在线办事率达 95.5%。

三、数字乡村政务存在的问题

（一）村民使用数字乡村政务比重偏低

村民的积极参与是数字乡村政务系统发展的基础与保障，其参与程度受多重因素影响，包括技术性要素，如平台的用户友好性、界面设计合理性和功能完善性，以及社会性要素，如村民的知识水平和技术适应能力。第一，数字乡村政务平台仍存在不足。在用户操作便捷性、业务处理流程透明度和跨部门协调合作方面需要进一步优化。平台设计过于复杂、办事流程未能最优化、对用户技能要求偏高等问题，已成为限制数字乡村政务广泛应用和效能发挥的瓶颈。据调查，山东省 L 镇大部分群众虽然了解基层数字政务，但仍有相当比例的群众未能有效使用这一平台。数据显示，31%的群众从未登录过政务网站，44%的群众没有通过线上平台办理过业务，33%的群众认为使用基层数字政务不够便捷。第二，村民习惯线下办事方式。在乡村老龄化趋势日益严峻的背景下，村民们，特别是老年群体，已深深根植于线下办理事务的习惯之中。若要引导他们改变这一长久以来的习惯，将是一个漫长且需要细致调整与适应的过程。

（二）数字乡村政务服务水平存在短板

数字乡村政务的推行确实提升了办事效率，但在实际使用过程中，政务服务平台的功能发挥还不够充分。第一，线上受理和线下运作“两头跑”现象普遍存在。实际从事审查和咨询服务的单位人员对基层电子政务的认识还不够深入，使用线上审查和服务平台的积极性较低，审批业务往往线上和纸上都在进行。许多乡镇政府工作人员在行政服务大厅收取电子和纸质材料，再将纸质材料传回原部门进行手工纸质审核，未能充分发挥行政服务平台的功能。第二，电子材料的认可度较低。镇政府工作人员在服务流程中主要以纸质材料存档，削弱了数字技术的应用效果，使得政务服务平台沦为工作流程的“记录台”“两头受理”和“体外循环”问题较为普遍，审批过程并未真正实现在线化，未达到“信息多跑路、群众少跑腿”的目标。第三，网上行政审批推行不够顺畅。部门间的“数据壁垒”和“信息孤岛”问题尚未完全解决。例如，公安、住建、市场监管等多个部门均有各自的专用系统，这些系统要么独立运行，要么与上级部门联通，但大多未与政务服务平台对接，不利于推动网上行政审批的顺利进行。

（三）乡镇政府门户网站建设落后

部分数字乡村政务平台存在重建设、轻应用的问题。首先，信息发布不及时。部分乡镇政府网站在信息发布效率上不高，更新滞后，服务不实用，且与群众互动缺乏回应。其次，缺少实质性办事窗口。虽然一些平台设有领导之窗、信息公开、政务服务等栏目，但群众更关注的信息公开和政务服务功能往往仅限于查询办事信息和下载申请表，缺少详细的办事流程介绍，也没有真正的网上办事窗口，难以对群众办事提供实质帮助，部分平台在建设后缺乏持续维护与有效应用。

四、数字乡村政务政策演变

（一）信息化乡村政务阶段

码 8-3

1986—2001 年是中国政府信息化的起步阶段，当时尚未形成“数字政府”的概念。1986 年，开始实施中央机关办公自动化建设的“海内工程”项目，一些数字基础设施开始在政府领域应用，利用计算机替代部分人工进行数据和文件处理，政府办公逐步实现电算化，辅助工作人员进行数据计算。中央开始推进包括国家经济建设、金融等领域在内的十余项国家级信息系统项目建设。随着计算机技术在社会各领域的广泛应用，信息基础设施逐步建立并取得了显著进展。标志性事件包括成立国家经济信息化联席会议，启动重大信息化工程，如金桥工程、金卡工程和金关工程的“三金工程”，以及“政府上网”工程。这些举措通过网络技术极大地便利了政府工作，提升了运营效率。

（二）电子乡村政务阶段

2002—2017 年是我国推进乡村政务电子化相关政策的关键阶段。这一时期注重互联网的应用，政府将网站建设作为政务公开和政策宣传的重要窗口，强调政务业务和数据的联网整合。标志性事件是 2002 年 8 月印发的《我国信息化领导小组关于我国电子政务建设指导意见》。这一阶段可分为四个时期：2002—2009 年，构建了电子政务发展的主体框架；2010—2012 年，在完善框架建设的同时，智慧城市和数字化治理的理念开始形成，并建立了微博、抖音等多种政务信息服务平台；2013—2015 年，成立了网络安全与信息化领导小组，为数字政府建设提供网络安全保障；2016—2017 年，相关理念逐渐成熟，如"互联网＋""放管服"改革相继推进，同时也开展了"互联网＋政务""互联网＋监管"改革，数字政府建设取得一定成效。

（三）数字化转型阶段

2018 年至今是政务数字化转型政策密集出台的阶段。在互联网、云计算、物联网、大数据、人工智能和移动互联网等技术的推动下，电子政务逐步向推动社会治理改革和提升行政效能的数字政务方向发展。在国家层面，多次会议强调利用数字技术加快数字中国建设，并成立了网络安全和信息化委员会。该阶段出台了《中华人民共和国国民经济和社会发展第十四个五年规划和 2035 年远景目标纲要》《数字中国建设整体布局规划》《促进新一代人工智能产业发展三年行动计划（2018—2020 年）》等一系列纲要和计划，推动数字化与政务服务的深度融合。这一时期以数字政府建设为目标，注重利用数据资源支撑决策、服务和监督等环节，实现社会治理的协同与开放。重要的标志性事件是，2019 年 10 月召开的党的十九届四中全会首次提出数字政府建设服务于国家治理体系和治理能力现代化，推动政府职能全方位数字化转型，全国一体化政务服务平台实现了"跨省通办"。

五、数字乡村政务发展趋势

（一）数字乡村政务将驱动政府结构优化

随着 5G、人工智能、物联网、大数据和云计算等新技术不断应用于数字乡村政务建设，政府在优化组织结构方面有了更多的探索空间。首先，优化横向部门的设置，进行机构调整。其次，减少纵向行政层级，推动扁平化治理。例如，浙江温州龙港市作为国务院批准的镇改市试点，获得了县级管理权限。2019 年撤镇设市，全市党政机构精简为 15 个部门，直接管理 92 个社区，取消了街镇这一中间管理层。两年后，全市人口从 38 万人增长到 46 万人，主要经济指标位居温州各县市前三。这些成果源自龙港市创市初期提出的“大部制、扁平化、低成本、高效率”以及“数字化和行政改革双轮驱动”的整体思路，表明数字化在优化政府结构方面具有巨大潜力，前景广阔。

（二）数字乡村政务服务模式将不断丰富

未来，围绕“数字化政务服务”将成为创新最为活跃的领域，整体趋势将聚焦于公共服务一网通办、乡村运行一网统管、乡村社会管理一网共治，逐步走向深度融合。首先，用“数据跑”代替“人工跑”。引导群众使用App和政务服务中心自助终端等数字平台，拓宽办理渠道，提高政府办事的数字化、智能化水平。其次，从“面对面”转向“不见面”。乡镇政府全面认领政务服务事项，按照“应领尽领”的原则，积极与上级部门对接，规范认领事项，确保所有事项通过审核并接入政务外网，实现更多服务事项“网上可办”“网上好办”“一网通办”的目标。最后，从“线下跑”向“掌上办”转变。通过制作并发布高频事项的办事指南，帮助群众了解社会保障、农业生产等业务的网上办理方式，并大力宣传政务App，实现“一码通办”“扫码即办”。

（三）提高数字乡村政务治理能力

要在治理方面取得突破，除了重视技术支撑，还必须抓住权力运行的关键。数字乡村政务的初衷和本意是通过各种治理措施和手段，提升人民群众的获得感、幸福感和安全感，这是一项民心工程。检验其效能的关键标准在于是否满足人民群众的需求以及他们对美好生活的向往。在这方面，浙江丽水的“政府内部办事最多跑一次”改革是一个创新的成功案例。其核心要义包括：第一，抓住“放管服”改革的主要矛盾。“最多跑一次”改革的逻辑在于数据整合和消除壁垒，亮点是重塑部门关系、重构业务流程、实现数据集成共享，并推动党群政府联动，为实施“互联网+政务服务”和大数据战略扫清了内部体制和机制障碍。第二，引发政府内部的业务重组、流程再造、部门协同等多方面的重大变化。通过“最多跑一次”改革，改变了传统政府管理的运行模式，为建设人民满意的服务型政府奠定了坚实基础。

（四）加大政务服务应用端的整合力度

通过打造高整合率的治理一体化平台，可以有效解决政务平台林立、基层工作重复的问题，真正实现数字减负，发挥数字技术的治理优势，促进乡村治理的简约高效。目前，尽管与政务服务和民生服务相关的App种类繁多，方便了群众，却也带来了一些不便。未来，在数字政府建设中，将构建“超级App”作为重要抓手尤为关键。首先，要有明确的总体定位，将“超级 App”作为移动政务服务的总门户、应用场景的集结地、便民利民的大通道，以及政府、市场、社会协作的大平台。其次，要解决 App 运行中的突出问题，如标准不统一、各自为政、缺乏整合、个人信息泄露和监督不足等。最后，要进行大规模整合，围绕政务服务、民生服务及群众生活服务，将政府、企业、社会等与公共服务管理密切相关的 App 整合起来，打破不同机构属性之间的制度和机制壁垒，以便民利民为核心价值导向，明确应用的重点领域和事项，尤其是在政务服务、公共企业服务、医疗、交通出行、教育和公共安全等方面率先推进。

六、数字乡村政务典型案例

江苏省张家港市构建农村政务一网通

张家港市位于长江下游南岸，凭借临江达海的区位优势，以港为名、依港兴市。近年来，张家港市积极运用数字化、信息化和智能化技术，着力构建城乡一体化政务服务体系，推进线上线下融合，实现乡村政务服务全覆盖，提升服务能力和效率。具体措施如下：

一是构建“互联网＋政务服务”体系，行政审批延伸至村户。张家港市搭建了全市政务服务“一网通办”总平台，实现了政务服务业务全流程协同和统一管理。通过建立资源集成的证照共享平台，率先在江苏省实现了身份证和营业执照的共享复用。市政府推进流程再造，围绕群众关注的高频事项和跨部门、跨层级的业务，通过并联审批、信息共享和流程优化，重新梳理了动物诊疗、农药销售、农村土地流转等 500 多项审批流程，审批环节平均减少超过了 50%。

二是打造“集成式”政务服务模式，实现“一站式”服务直达村社。市政府加快整合事项、再造流程和实现信息共享，推出“一件事”服务模型，将开办动物诊所、游泳馆、不动产登记等事项集中进驻“一件事”综合窗口。针对乡村企业的需求，定制政务服务套餐，推动企业开办业务“一窗融合”。同时，市政府建设“全科社工”队伍，组织 1 284 名高素质社工进入工作岗位，打通服务群众的“最后一公里”。

三是优化“全方位”人性化服务，提升“智慧服务”便利性。市政府积极推广智能导服系统，搭建“智能问答”平台，率先在江苏省推出政务服务的智能化问答功能。政务服务入口向基层延伸，建设了 9 个乡镇（街道）便民服务中心和 272 个村（社区）服务站点，安装 69 台自助服务终端，确保村民“就近办事”。同时，为行动不便的老年人提供“上门服务”，并通过市、镇、村三级帮办代办体系，开设了 30 个专窗，全面满足村民的需求。

政务服务高度集成，村民足不出村就能享受“智能化、便捷化、标准化”的政务服务，审批由“串联”变“并联”，材料由“群众交”变“内部转”，办事由“来回跑”变“一窗办”，归集各类电子证照 30 余万张，满足超 80%政务服务场景；张家港市 93 个公共服务事项已实现“全城通办”。便民服务送进家门，累计为老年群体提供“上门”服务 50 余次，免费提供 EMS 邮寄服务，为企业群众节省成本 152.8 万元，完成各类帮办代办服务 5 000 余件，真正实现村民足不出户就能办成事。

第三节 数字乡村村务

码 8-4

习近平总书记强调：“要用好现代信息技术，创新乡村治理方式，提高乡村善治水平。”数字乡村村务是深入实施数字乡村发展行动、推动数字化应用场景研发和推广的重要抓手。通过数字技术和信息化手段，村务管理得以实现现代化改造和升级，进而提升管理效率、透明度和参与度。数字技术在村务管理中的应用，不仅能够进一步完善村务公开制度，还能畅通党群沟通渠道，规范小微权力的运行，拓宽村民参与基层社会治理的途径。这些措施有助于提升乡村治理的现代化水平，推动乡村治理更加有效和透明。

一、乡村村务管理的历史变迁

（一）传统人工管理阶段

2000 年前，村务管理主要依赖人工方式进行。第一，在宗族组织为代表的传统管理阶段，宗族是农村基层社会最强大的社会组织，实行伦理本位与长老统治。村务管理主要由家族中有声望的长者通过家族制度和村落自治组织负责。第二，从 20 世纪 60 年代起，农村实行“政社合一”的人民公社制度，统一规划、生产和分配，农民的生产和生活都由人民公社统一安排，村务管理由公社、大队、小队三级组织集中管理。第三，1978—2000 年，实行村民自治，村委会通过选举产生，村务公开制度逐步建立和完善。在 2000 年以前，村级事务如财务管理、工程项目管理、集体资产资源处置等，主要通过纸质文件和人工记录完成。各地采取多种形式进行村务公开，其中，设立“村务公开栏”是普遍做法。四川、安徽等地在住户特别分散的村庄，推行村务公开“明白袋”，将公开内容发放到每一户农民手中。

（二）信息化初步应用阶段

2001—2018 年是乡村村务初步应用信息化的阶段。随着计算机和互联网技术的逐步普及，部分地区开始尝试将信息技术应用于村务管理。这一时期，村民自治制度进一步完善，许多乡村在村务管理中引入计算机和网络平台，提升了信息公开和办事服务的效率，显著提高了村务管理的透明度和便利性。例如，2002 年，广东省番禺区化龙镇柏堂村率先实行村务管理电算化，村民信息开始录入电脑，随后引入会计电算化管理。随着网络技术的发展，部分地区开始试行“网上阳光村务”，经济较发达的乡村则尝试利用触摸式电脑、闭路电视等现代化手段进行村务公开。此外，网上监督平台的推出，使村民能够通过电脑查询和监督村务信息，提升了村务管理的透明度和便利性。

（三）数字村务管理逐步形成阶段

2019 年以来，我国乡村村务管理进入了数字化时期。2019 年 5 月，中共中央办公厅和国务院办公厅印发的《数字乡村发展战略纲要》明确提出要推动村务和财务的网上公开，畅通社情民意，这标志着数字村务管理进入加速发展的阶段。根据国家统计局的数据，近年来我国乡村互联网普及率持续攀升，已超过 60%，这反映了农民信息获取和便捷服务可得性不断提高。许多村庄开始运用互联网和大数据等技术手段，提升村务管理的透明度和效率。通过建立村务公开平台，村民可以随时查询村庄的财务状况、项目进展等信息，增强了对村务管理的监督和参与。发达地区的村庄还通过智慧乡村系统，实现农业生产、环境监测、安全管理等领域的智能化管理，进一步提升村庄的发展水平。此外，越来越多的村庄通过微信群、公众号或 App 公开村务信息、记录决策过程，并接受村民监督。这种方式不仅节省了村民参与村务管理的时间和人力成本，还大幅提升了村务管理的透明度和效率。

二、数字乡村村务的特征

（一）公共服务覆盖范围日益广泛

数字化村务管理不断丰富服务类别，公共便民业务持续完善。首先，整合村务资源到统一的数字平台。结合业务职能和用户需求，整合教育、医疗卫生、交通等领域的相关政策、指南信息、业务表格、名单名录、业务查询和常见问题等资源，方便村民使用。其次，推行乡村居民“一卡通”。积极探索以社保卡为载体的“一卡通”服务模式，应用领域不断扩大，服务流程持续优化。截至 2022 年 6 月，全国电子社保卡领用人数达到 6.19 亿人，特别是在农村得到了快速推广，提供了参保登记、社保缴费及查询、待遇认证及领取等多项便民服务。目前，31 个省（自治区、直辖市）均已实现通过社保卡发放惠民惠农财政补贴。再次，覆盖城乡的公共就业服务体系初步建成。各地积极搭建就业创业和职业培训、新职业在线学习等平台，利用云招聘、远程面试、直播带货等方式，促进农村劳动力与用工岗位的有效对接。通过大数据监测分析，动态掌握农民工的就业分布、流动和返乡创业等情况。此外，依托全国养老服务信息系统，实现对农村留守老人的信息统一管理和服务。最后，依托全国防止返贫监测和乡村振兴信息系统，不断完善防止返贫的监测系统，监测的及时性和精准性持续提高。自 2022 年以来，中西部省份新识别监测对象 68.11 万人，其中 98.5%的对象已落实帮扶，5 208 人已消除返贫风险。

（二）民生互动交流渠道不断完善

村委会通过信息化手段，利用小程序和村民自治 App，实现了对村民意见的网上征求以及对村“两委”工作的线上监督。首先，构建数字乡村村务信息一体化平台，通过村级基础台账电子化和智能公章终端，推动村级治安管理、纠纷调解、村规民约等信息的在线发布，并对农村集体资金、资产、资源等财务信息进行公开化管理，提升了集体资产管理的信息化水平，确保村民能够实时查看村级党务、村务和财务公开及小微权力清单，保障了村民参与和监督村务的权利。其次，拓展数字村务平台和多样化互动渠道，村民不仅能够通过数字村务平台获取生活相关信息，还可以监督村务执行结果并及时反馈意见。村委会通过领导信箱、公众留言、在线咨询和投诉等渠道，接受村民的意见和建议。最后，推动农村土地承包合同网签，依托全国统一的土地承包合同网签系统，做好二轮承包到期延包合同的签订与日常变更管理。根据《中国数字乡村发展报告（2022 年）》数据，2021 年党务、村务、财务公开在行政村的覆盖率分别为 79.9%、79.0%和 76.1%。目前，数万个乡村已搭建数字村务平台，采用标准化流程提供综合服务，涵盖党务、村务、财务公开、村委管理、集体“三资”、基层党建、文化宣传和扶贫等功能模块，并嵌入政融支付、善融扶贫和掌上网点等金融服务，全面推动数字政务战略在基层的落地，打通了“最后一公里”。

（三）网上办事大厅促进互联互通

为解决职能交叉重叠导致的“信息孤岛”问题，将“联而不通”转变为“互联互通”，通过线上与线下服务的整合，将各职能部门有机联系成一个整体，推动村务办理的互联互通。具体措施如下：第一，村民可以更加便捷地获取村务信息。通过智能手机、电脑、电视等多个终端，村民可以随时随地查看办事指南、进度流程及审批结果，方便业务办理。第二，促进全国基层治理信息系统的建设。目前，该系统已覆盖 48.9 万个村委会和 11.7 万个居委会，实现了行政村（社区）的基础信息和统计数据“一口报”。第三，全国农村集体资产监督管理平台已上线试运行，汇聚了全国农村承包地、集体土地、集体账面资产和集体经济组织等各类数据，增强了农村集体资产管理的透明度。第四，农村宅基地管理信息平台建设稳步推进，已有 105 个农村宅基地制度改革试点县（市、区）建立了宅基地数据库，进一步规范宅基地的管理。第五，全国农村房屋综合信息管理平台和农村房屋基础信息数据库已启动建设。同时，农村产权流转交易中心平台的完善使群众足不出户即可查询权证资料并办理相关业务，真正实现了“让数据多跑路，让群众少跑腿”。第六，农村土地经营权流转线上交易平台已经投入使用。土地流转、荒地发包、土地入市等通过协商、竞价、邀请等方式进行交易，实现了全程留痕、可追溯和可监督，保障了农户、村集体和新型农业经营主体的合法权益。

三、数字乡村村务管理存在的问题

（一）村务电子化办理普及率不高

推进村务电子化是数字乡村建设的重要路径，但根据华中师范大学中国农村研究院“百村观察”课题组对全国 21 省份 121 村 1 815 户农民的问卷调查和深度访谈，显示出以下问题：首先，实施村务办理电子化的村庄覆盖率不足一半，仅有 47.93％的村庄实现了村庄事务的电子化办理。部分村庄虽然建立了村务电子化平台，但仍处于初步推广阶段，距离常态化运作还有较大差距。其次，村务办理电子化的覆盖率存在明显的区域差异。东部地区如山东、江苏、浙江、福建、广东等省份，村务电子化普及率最高，达到 59.81％；中部地区如湖北、湖南、山西、河南、江西等省份普及率为 48.0％，明显低于东部；而西部地区如重庆、四川、陕西、云南、贵州等省份的普及率仅为 42.81％。总体来看，村务电子化水平从东到西呈现梯度下降的趋势，这与东部经济较发达、能够投入更多资金开展数字乡村建设，而西部经济相对薄弱，较难承担建设成本的现实密切相关。

（二）数字平台使用频率总体较低

要让数字平台真正惠及普通村民，必须确保其广泛使用。然而，调查显示，即便在已经开展村务电子化的村庄，48.28%的村干部仍以线下纸质办理为主，电子化仅作为辅助方式。原因主要有两点：首先，村干部习惯了线下办事方式，改变固有习惯需要较长的适应过程。其次，村“两委”干部对电子化操作流程不太熟练。四川省泸州市某村的党支部书记坦言：“以前习惯了线下用纸笔写、面对面聊，改成线上办事，既不熟悉也不适应。”与村干部类似，普通村民使用数字平台的频率也不理想。调查显示，在“已实现村务电子化办理”的受访农户中，46.49%表示“不知道如何使用数字平台”，16.03%则表示“从来没有下载和使用过数字平台”。即便在电子化程度较高的村庄，村民对数字平台的使用仍处于较低水平。进一步访谈发现，尽管许多村干部向村民推荐了各种手机 App，村民即便下载了这些应用，实际使用频率仍然很低，遇到需要办理的事务时，依然倾向于直接到村委会去解决问题。

（三）线上业务办理范围较为有限

数字平台的便利程度与其所能办理的业务范围密切相关。对于数字乡村村务平台而言，线上业务的办理范围越广，村民使用数字平台的频率就越高。调查显示，首先，数字乡村村务平台的村民使用端口有限。在实现村务电子化的村庄中，62.07%的村庄数字平台主要用于村“两委”的信息收集与日常办公，尚未开发村民使用端口；另有 10.34%的村庄虽然开设了村民端口，但功能仅限于医保、社保等费用的缴纳，这两项合计占比达到 72.41%。其次，数字乡村村务平台功能较为单一。从受访农户的视角来看，在 755 份了解数字平台的农户样本中，60.53%的农户表示村里的数字平台主要用于“家庭信息填写”等表单事务以及“水电费及两金等费用缴纳”。近年来，省级至县（市）各层级开发了多种数字平台，并逐渐融入村民的日常生活。然而，调查显示，这些平台的功能较为单一，村民通过数字平台能办理的事务十分有限。收看新闻、反映问题、办理税费缴纳以及少数特定证件的申办是此类平台的主要功能，难以真正满足村民的多样化需求。

四、数字乡村村务政策演变

（一）数字乡村村务相关政策萌芽阶段

从党的十二大到党的十六大，基层民主政治建设逐渐成为中国共产党带领人民群众发展社会主义民主的基础性工作，其中包括村务公开和民主管理的推进。首先，村务公开政策逐步完善。全国人大常委会于 1987 年 11 月颁布《中华人民共和国村委会组织法》，并于 1998 年 11 月对该法进行修订，用法律形式对村务公开和民主管理进行规范和完善。1998 年 4 月，中共中央办公厅、国务院办公厅联合发布《关于在农村普遍实行村务公开和民主管理制度的通知》，推动这项工作在全国农村普遍推行。其次，村务管理信息化开始萌芽。随着国家信息化建设的快速推进，农业部于 1993 年成立了农村经济信息体系领导小组，初步形成了由领导小组统筹，各专业司局和相关直属单位共同参与的信息化建设组织体系。1996 年，农业部召开了首次全国农村经济信息工作会议，讨论并制定了《“九五”时期农村经济信息体系建设规划》，提出了农村经济信息体系建设的基本构想。

（二）数字乡村村务政策初步形成阶段

2000 年以后，党中央对推进村务公开和民主管理工作的认识不断深化，引领该工作进入新的发展阶段。首先，在村务公开方面，出台了多项法规，确保村务公开有法可依。2004 年 6 月发布的《关于健全和完善村务公开和民主管理制度的意见》，为提升新时期村务公开和民主管理工作的整体水平奠定了坚实基础，通过公开栏、村民会议、村民代表会议等多种形式，使农民群众的知情权、决策权、参与权和监督权得到基本保障。2010 年 10 月《中华人民共和国村民委员会组织法》修订后，进一步规范和加强村务管理，促进基层民主的发展。全国村务公开协调小组的各成员单位单独或联合出台了 30 多个政策性文件，重点解决村（居）委会的组织建设、民主选举、运转经费保障机制以及“一事一议”筹资筹劳等焦点问题。其次，在数字乡村村务管理方面，支持乡村数字基础设施建设的政策文件不断出台，为数字乡村的推进提供了必要的外部条件。2006 年 5 月，发布的《2006—2020 年国家信息化发展战略》，指出提高农村网络普及率、建设城乡统筹的信息服务体系等部署。随后，2006—2007 年相继出台了《农业部关于进一步加强农业信息化建设的意见》《“十一五”时期全国农业信息体系建设规划》《全国农业和农村信息化建设总体框架（2007—2015）》三个重要文件，确立了以信息基础设施、信息资源、人才队伍、服务与应用系统、规则体系和运行机制为基本要素的建设框架。通过这些措施，我国逐步构建了覆盖中央和地方的农业农村信息化组织和工作体系，实现了村村通电话（广播电视），乡乡能上网。

（三）数字乡村村务政策不断完善阶段

码 8-5

自2019年以来，围绕村务管理和数字乡村建设，出台和修订了多部法律法规，旨在规范农村经济组织管理，强化基层民主与法治建设。首先，乡村民主法治建设力度不断加大，为村务公开保驾护航。2022年发布的《关于加强法治乡村建设的意见》强调了规范农村基层行政执法，推动村级重大事项决策的“四议两公开”制度，并强化了乡村司法保障。2023年中央1号文件提出加强乡村法治教育和法律服务，创建“民主法治示范村”，完善社会矛盾纠纷多元预防调处化解机制，健全农村集体资产监管体系。2024年，财政部发布了《农村集体经济组织会计制度》，旨在规范农村集体经济组织的财务管理，提升管理水平。其次，数字乡村建设的相关文件不断出台，村务的数字化管理日益受到重视。2019年5月，中共中央办公厅和国务院办公厅印发了《数字乡村发展战略纲要》，强调要发挥信息化在推动乡村治理体系和治理能力现代化中的基础支撑作用。2021年7月，中央网信办信息化发展局等机构编写了《数字乡村建设指南1.0》，提出了数字乡村建设的总体框架和若干应用场景。2024年5月，中央网信办、农业农村部等部门发布了《数字乡村建设指南2.0》，为县域数字乡村建设、运营和管理提供指导。每年发布的《数字乡村发展工作要点》均会明确数字乡村建设的具体目标，强调信息化对乡村振兴的推动作用，构建支持乡村产业振兴的数字经济体系和适应城乡融合发展的数字治理体系。

五、数字乡村村务发展趋势

（一）打造更加简约便捷的数字平台

便捷性是影响数字平台普及率的关键因素，尤其在数字素养偏低的乡村。为提高数字乡村平台的普及和使用率，可以采取以下措施：首先，让数字乡村平台更加贴近农民的日常生活，帮助他们解决生产生活中的实际困难。除了常规的事务办理功能外，平台还增设线上村务公开和村务讨论等板块，让数字平台与农民的日常生活更加紧密联系，增强村民对平台的使用黏性。其次，针对功能分散的问题，应加强对数字平台功能进行分类整合，打造“一站式”服务平台。通过这一方式，村民可以更加便捷地通过数字平台办理各类事项，减少因功能分散带来的不便。最后，为提升村民的参与体验，需简化和明晰线上办事流程。在数字化办理过程中，应厘清所需材料、简化办事环节，并明确每个环节的所需时间，让村民能够更轻松、快速地完成事务办理。

（二）以农民需求为导向健全功能

服务农民是农村数字平台建设的基本导向，积极推进行政审批事项下放、以农民需求为导向开发数字平台功能势在必行。首先，真正响应村民需求。要更加精准地挖掘农民的实际需求，通过入户走访、院坝会、村民代表大会等方式收集村民的意见，梳理出村民在线上办理事项的具体需求清单，明确村民的需求与数字平台提供的服务之间的差距。其次，增加可在线办理的村务种类。需分阶段、有计划地评估审批事项下放的必要性及村庄的承接能力。通过评估确定可以下放的审批事项范围，并依据村庄的承接能力制定审批事项的下沉方案。在实施“放管服”改革过程中，按照“能放尽放、应放尽放”的原则，推动审批事项向村庄下放。同时，农村数字平台开发单位应根据下放的事项，及时开发相应功能并整合至已有的数字乡村平台中。

（三）提升农村干群群众数字素养

村干部和普通村民的数字素养对数字平台的普及推广及其有效应用至关重要。首先，提升村干部的数字素养。应积极组织培训讲座和交流学习活动，采用“年轻干部带老年干部”的方式，增强村干部在手机和电脑端口操作数字办事平台的能力，提升其数字素养。同时，通过推进村干部队伍的年轻化和专业化建设，确保村干部具备数字技术的自主学习能力。借助村干部数字素养的提升，充分发挥他们的示范带动作用。其次，提高农村老年人的数字素养。可以通过老年课堂等平台，帮助老年群体转变观念，主动了解和使用互联网，提升他们对数字乡村发展的认知水平。尤其是要提高普通村民，特别是老年人群体的数字素养，培养其防范网络虚假信息和保护个人数据隐私的意识，并加大网络安全教育与宣传力度，帮助其规避网络安全风险。

六、数字乡村村务典型案例

浙江省湖州市织里镇打造“三务 e 公开”平台推进村务数字化

“村里做了什么项目，哪笔费用怎么开支，现在通过手机扫描二维码就能随时查看。”吴兴区织里镇上林村村民邱美林通过“三务 e 公开”数字化平台查看村级事务，相较于以往需要到村里的三务公开栏定点查看，现在通过手机查看方便得多。

不仅在“三务公开”工作上，织里镇还将数字化元素融入村级组织的集体决策、三资管理、工程管理等方面。以上林村为例，其小微产业园通过阿里拍卖平台进行公开租赁，最终以每年 50 万元的价格成功租出。借助精准的管理和数字化手段，该村集体经营性收入不断增长，未来两年有望突破 350 万元。

数字化村级事务建设为村级组织和村民带来了更多便利。“现在限额以下工程的审批比以前方便多了，不用去镇上，在办公室里通过手机就能迅速完成，资料不对的话系统也会及时反馈。”伍浦村党支部委员宋陆淋表示。过去需要一周的审批流程，现在最快只需 30 分钟，大大节省了村级组织的办事时间，提高了效率。

此外，织里镇还推出了多个便民服务项目。一是浙里办“长者关怀专区”专项养老服务，让老年卡办理实现一站式上门服务。家人或村（社区）工作人员可以随时通过浙里办帮老人申请老年卡，镇民政工作人员收到申请后，第一时间制卡并通过邮寄或上门送卡的方式，将老年卡送到老人手中，实现了“只跑一次”甚至“不用跑”，最快 1 天就能拿到卡。

二是钉钉平台推出的“逝者身后一件事”联合服务，将与治丧相关的 9 个单位 18 个事项整合为“一件事”。每个村都建立了民政殡葬协理员队伍，专人对接一次性完成火化、户籍注销、死亡证明、丧葬费发放等手续，解决了群众多次跑腿、材料繁杂的问题，让“伤心事”变得更为“宽心”。

三是“浙江省大救助信息平台”的数据共享机制，实现了困难救助的一体化协同推进。通过该平台，社会救助更加精准快捷，申请周期从一个月缩短至 15 个工作日。该平台打造了智能化的风险预警→主动发现→上门服务→办理救助→快速审核模式，公安、人社、建设等多个单位的数据实现共享，改变了过去碎片化的救助模式。群众可以通过浙里救援平台申请救助，工作人员收到申请后会进行入户调查和审核，让群众在家即可办理各项救助。

本章思考题

1. 结合实际，说明数字乡村党建的基本特征是什么？
2. 数字乡村政务实施过程中，存在哪些问题和阻碍？
3. 结合所学内容和实际，说明推行数字乡村村务的必要性。
4. 数字乡村村务在推进过程中，存在哪些问题和挑战？
5. 结合本章 3 个案例，说明数字化在乡村治理中的应用前景。

第九章
数字乡村应急管理

数字乡村应急管理是数字乡村建设的重要组成部分，它利用信息技术、大数据、人工智能等现代技术手段提升乡村应急管理能力，提高乡村应对突发事件的效率，确保对自然灾害、公共卫生事件等突发状况的快速应对和处理。数字化应急管理对于加快乡村应急响应速度、增强应急决策能力、提高资源利用效率、强化公众参与意识，以及推动乡村治理现代化等方面，具有重要意义。

第一节　数字乡村应急管理的历史变迁

在覆盖面广、资源分散的乡村，数字化手段能够显著提高应急响应的速度和准确性，保障农村居民的人身财产安全。数字乡村应急管理的发展历程，与中国整体数字应急管理的发展相辅相成。从应急管理方法的演变来看，数字乡村应急管理可以划分为以下四个阶段。

一、依靠密集投入资源的人海战术阶段

1949—1977 年，我国乡村应急管理技术相对匮乏，主要依靠广大人民群众投入人力、物资等资源进行应对。该阶段，乡村主要面临洪涝、地震等自然灾害的威胁，突发事件类型较为单一，影响范围相对有限，灾害后果大多局限于当地。

（一）确立单一灾害管理模式

码 9-1

该阶段应急管理实行“一元化”领导体制，建立了以“条条管理”为主的单一灾害管理模式。1950 年，中央救灾委员会成立，承担综合协调职责。管理方式主要依赖临时性应急指挥部，例如，1949 年设立的中央防疫委员会，3 年后更名为爱国卫生运动委员会。此后，逐步建

立了中国地震局、水利部、林业部、中央军委气象局、国家海洋局等专业性防灾减灾机构，并在一些机构下设二级机构、组建救援队伍，形成了各部门独立负责灾害预防和抢险救灾的分散管理、单项应对模式。仅有少数高危行业和企业制定了应急方案，部分特定部门具备应急救援力量。然而，这些资源和力量仅在各自岗位上发挥作用，职能较为分散，未能形成统一的应急管理体系。

（二）应急管理理念重救轻防

该阶段的应急管理理念主要侧重于事中应急处置和灾后的救援，重点在“抗灾”和“救灾”，而非“防灾减灾”。应对模式呈现“头痛医头、脚痛医脚”的特征，更多侧重于灾后的救助和恢复，对灾前的预防和准备工作相对重视不足。应急管理强调“处置”，主要针对已经发生的突发事件作出应对，正是由于突发事件的出现，才引发相应的组织响应。在改革开放前，应急管理的重点主要集中在自然灾害、事故灾难等突发事件后的应对和处理，而忽视了预防为主的原则。由于风险评估和隐患排查机制不完善，未建立起有效的风险评估和隐患排查体系，虽然在事件发生时有应急预案和救援行动，但由于缺乏有效的预防措施，难以有效控制事态发展，较大的社会和经济损失。

（三）应急方法靠人物密集投入

该阶段的防灾救灾工作延续了“人民战争”的革命传统，倡导群众路线，救灾方针被表述为“生产自救，节约渡荒，群众互助，以工代赈，并辅之以必要的救济”。强调以政治为主导、党和政府包揽一切、发动群众自救，是这一时期应急管理的鲜明特征。突发事件救援主要通过大量投入人力、物力和财力进行。在物资匮乏、经济发展水平不高的年代，中央政府是应急管理的唯一责任主体。依赖群众路线，具有极强的动员能力，能够汇聚各种应急资源，通过密集投入人力和物资取得抢险救援的胜利。例如，1976 年唐山大地震后，大批解放军迅速赶赴现场救援，医护人员救死扶伤，大量干部和民工运送物资。在这一阶段，技术在突发事件救援中的应用较少，应急管理主要依靠密集资源投入的“人海战术”模式。

二、科技应用于乡村应急管理的起步阶段

1978—2002 年是科技应用于乡村应急管理的起步阶段。改革开放和新技术的出现大幅度变革了应急管理的政治、经济和社会环境，使得应急管理呈现出新的特征，科技手段也逐渐被引入应急管理领域。我国突发事件类型不断增

多，除了传统的洪涝、地震等自然灾害外，还出现了交通事故、社会群体事件等新型突发事件，波及范围更广，破坏力也愈加严重。同时，属地责任逐步强化，党政力量与非政府组织的协同应急机制得到发展，应急管理的科学技术水平和法治建设显著进步，成为这一时期应急管理的显著特征。

（一）应急管理模式向综合减灾导向初步转型

应急管理模式逐步由单一灾种应对转向综合减灾导向，但仍然属于分散协调、临时响应模式。该阶段，政府应急力量依然分散，呈现出“单灾种”应急较多、“综合性”应急较少的局面，处理各类突发事件的部门众多，但大多“各自为政”。自1990年我国加入“国际减灾十年”计划后，政府在灾害预防的理念上开始强调“综合减灾”。这一理念主要体现在以下几个方面：应急管理从以“灾害救助”为核心的管理思路，逐步转向将减灾、防灾、抗灾和救灾相结合，突出以预防为主的指导思想；认识到灾害既具社会属性也具自然属性，对灾害管理与社会系统的互动关系有了更明确的认知；逐步形成对气象灾害、海洋灾害、洪水灾害、地质灾害、地震灾害、农作物生物灾害和森林生物灾害等七大类自然灾害及其相互关系的综合性认识，灾害管理被视为一项复杂的综合性工作。

（二）应急管理主体机构开始建立

该阶段，应急管理主体进行了调整，由国家减灾委员会、国家防汛抗旱总指挥部等议事协调机构负责全国灾害管理的协调与组织工作。1989年成立中国国际减灾十年委员会（后更名为中国国际减灾委员会），1991年成立中央社会治安综合治理委员会，1998年成立中央维护稳定工作领导小组。1999年，建立了统一的社会应急联动中心，将公安、交警、消防、急救、防洪、护林防火、防震等多个政府部门纳入统一的指挥调度系统。与此同时，地方政府在应急管理中逐渐扮演越来越重要的角色，政府部门之间的协同能力进一步增强。当发生重特大事件时，通常会成立一个临时性协调机构开展应急管理工作，但在跨部门协调时面临较大的工作量，且效果不理想。这种分散协调、临时响应的应急管理模式一直延续到2003年“非典”事件爆发前。

（三）应急管理方法开始引入卫星和互联网

在中国的灾害防治和应急管理中，逐步完善灾害监测和预警系统，并引入现代科技手段，如信息技术、遥感技术等，以提高应急响应的效率和准确性。通过气象、地质等科学技术手段进行自然灾害的监测与预警，确保突发事件能够得到及时响应和处理。随着科技的发展，卫星、互联网等技术逐渐应用于防灾减灾领域。例如，气象部门发射卫星并采用先进科技手段，确保气象数据的精准性，为预防气象灾害提供了重要依据。1988 年 9 月，风云一号 A 极轨气象卫星发射，标志着中国气象卫星事业的起步。1997 年 6 月，风云二号 A 静止气象卫星发射，推动了中国气象卫星技术的发展，为后续气象卫星的发射和应用积累了宝贵经验。在这一阶段，科技力量开始全面介入应急管理的各个方面，提升了整体应急管理的能力与效率。

三、科技应用于乡村应急管理的加速阶段

2003—2017 年是科技加速应用于乡村应急管理的关键阶段。“非典”作为一次具有划时代意义的突发公共卫生事件，使应急管理工作受到了政府和公众的高度重视，推动了应急管理体系的全面加强和建设。

（一）“一案三制”应急管理体系初步形成

2003 年“非典”之后，中国开始建设包含应急预案、应急体制、应急机制和应急法制的“一案三制”，构成了应急管理体系的核心，用于统一应对自然灾害、事故灾难、公共卫生事件和社会安全事件等各类突发事件。“一案”指的是国家突发公共事件应急预案体系，2006 年国务院发布了《国家突发公共事件总体应急预案》，随后陆续发布了多个专项应急预案，形成了“横向到边、纵向到底”的应急预案体系。“三制”包括应急管理体制、运行机制和法制建设。应急管理体制主要是建立健全集中统一、坚强有力、政令畅通的指挥机构；运行机制指建立健全监测预警、信息报告、应急决策和协调机制；法制建设则通过依法行政，使突发公共事件的应急处置逐步走上规范化、制度化和法制化的轨道。该阶段我国应急管理原则转向以预防为主、标本兼治，以“一案三制”为核心，实行综合协调的应急管理模式，有效应对了 2008 年“汶川地震”、2010 年“玉树地震”和“舟曲特大泥石流”等突发事件。

（二）应急管理机构设置不断完善

2005 年 4 月，中国国际减灾委员会更名为国家减灾委员会，标志着我国在探索建立综合性应急管理体制方面迈出了重要一步。在中央层面，建立了国家安全生产监督管理总局和国务院应急管理办公室等权威应急管理职能部门，这是我国应急管理体制的重要转折点，也是综合性应急体制形成的关键标志。在地方政府层面，由政府决策协调机构统一领导全市的应急管理工作，县级以

上人民政府普遍成立了应急管理领导机构和办事机构。2013 年，党的十八届三中全会决定成立中央国家安全委员会，负责统筹协调涉及国家安全的重大事项和重要工作。此举标志着我国建成了综合性的应急管理体制，以政府应急管理办公室为权威枢纽，部际联席会议为跨部门协调机制，推动了“全灾种”和“全过程”应急管理的统一实施。除了水利、气象、地震等传统应急部门外，卫生、公安等部门也被赋予了应急管理职责，形成了相对完整的分类管理体系。

（三）现代科技不断应用到应急管理中

现代科技在应急管理中的应用日益广泛，已成为提升公共安全和应急管理效能的重要途径。例如，地理信息系统（GIS）被广泛用于灾害监测和评估，帮助决策者进行空间分析和资源配置。此外，直流融冰技术在电网中的应用是科技助力应急管理的一个典型案例。2008 年初，中国南方遭遇了一场罕见的低温雨雪冰冻灾害，导致超过 1 亿人口面临停电、停水的困境。传统的输电线路除冰方式，如人工除冰和振动除冰，反应时间较长且难度大。直流融冰技术则通过将线路中的交流电转化为直流电，利用线路内部发热来融化外部的冰层。该技术具有适用性广、安全性高、操作便捷等优点，尤其是能够实现全程远程融冰，无须工作人员到现场，只需通过设备操作和监测即可完成除冰作业。

四、科技应用于乡村应急管理的升级阶段

自 2018 年起，我国成立了应急管理部，标志着应急管理体系进入了新的阶段。随着新技术的不断涌现，科技在应急管理中的应用也进入了升级阶段。

（一）应急管理理念转向防救并重

应急管理部在职能转变中特别强调，坚持以防为主、防抗救结合，统一常态减灾和非常态救灾，努力实现三个关键转变：从注重灾后救助转向灾前预防，从应对单一灾种转向综合减灾，从减少灾害损失转向减轻灾害风险，全面提升国家的应急管理水平和防灾减灾救灾能力，防范化解重大安全风险。党的二十大报告进一步提出：“坚持安全第一、预防为主，建立大安全大应急框架，完善公共安全体系，推动公共安全治理模式向事前预防转型。”因此，注重灾害预防和危机管理全过程已成为应急管理发展的新趋势。预防是减少突发事件发生和损失的最经济、最有效、最安全的方法。通过构建安全风险监测预警工

作体系，可以从源头上防范和化解重大安全风险，提升风险的早期识别、预报预警能力，及时发现和消除重大事故隐患，将问题解决在萌芽状态、成灾之前。

（二）以应急管理部为中心多部门合作

2018年4月，我国成立应急管理部，标志着从“全灾种管理”向“全过程管理”进行重要转变。通过适度精简和优化，将分散在国家安全生产监督管理总局、国务院办公厅、公安部（消防）、民政部、国土资源部、水利部、农业农村部、林业局、地震局，以及防汛抗旱指挥部、国家减灾委、抗震救灾指挥部、森林防火指挥部等多个部门的应急管理职能进行整合。其核心目的是防范化解重特大安全风险，健全公共安全体系，整合和优化应急力量与资源，打造一个统一指挥、专常兼备、反应灵敏、上下联动、平战结合的中国特色应急管理体制。自应急管理部成立以来，成功应对了2018年金沙江和雅鲁藏布江堰塞湖、2020年全国严重汛情等多次重大突发事件，并进一步明确了地方政府在应急管理中的主体作用和责任。

（三）应急管理中的科技手段不断升级

该阶段，大数据、人工智能等技术的出现，推动了应急管理手段的持续升级。经过几年的发展，我国构建了一套相对完善的通信网络体系，以应急管理部为核心的大数据中心和应急管理综合应用平台，基本实现了应急管理信息化。2019年3月，部、省、市、县四级贯通的全国应急指挥信息网和应急管理云计算平台建成，危化品安全生产风险监测预警系统全面投入使用，极端条件下的应急通信保障能力建设初见成效，智能化无人应急救援设备和轻型工程机械等产品相继投入使用。同时，国家自然灾害防治研究院和安全科学与工程研究院相继组建，为灾害防治提供了技术支持。例如，广东省佛山市通过大数据技术对城市安全运行薄弱区域和重点部位进行综合风险评估，构建了包括桥梁、燃气、消防、排水等在内的九大监测预警系统，安装了13 120套物联网传感器，实现了24小时在线监测和自动预警，打造了“监测中心、指挥中心、研究中心”三位一体的城市安全风险监测预警体系。

（四）乡村应急管理数字化进程不断加快

自2019年起，国家陆续出台了《数字乡村发展战略纲要》《数字乡村发展行动计划（2022—2025年）》《数字乡村建设1.0》和《数字乡村建设2.0》等文件，强调整合物联网、大数据等新技术，不断优化乡村应急管理的数字化建设，推动应急管理模式向事前预防转型，促进公共安全治理体系和治理能力的现代化。新技术，尤其是大数据和智慧化手段，帮助管理部门迅速获取灾情信息，做出及时决策，显著提升了乡村应急管理的响应速度和效率。同时，这些技术还提高了信息传播的速度和透明度，公众可以及时获取灾害信息，并积极参与到应急管理中。例如，浙江温州迭代升级智慧应急“一张图”系统，整合了全市 23 个部门的数据，汇聚 13 大类 6.9 万余处风险源信息及 200 多类减灾救灾资源。广东省也在加快推进自然灾害辅助决策系统、值班值守系统、危化品风险监测预警系统和执法监督系统的建设，进一步提升了应急管理的精准性和效率。

第二节 数字乡村应急管理的现状与特征

一、当前我国乡村应急管理机构设置

（一）我国应急管理机构设置

中央层面，国务院下设中华人民共和国应急管理部，作为国务院的组成部门，主要负责国家应急管理工作。第一，组织编制国家应急总体预案和规划，指导各地区、各部门应对突发事件，推动应急预案体系建设和演练。第二，建立灾情报告系统并统一发布灾情，统筹应急力量建设和物资储备，在救灾时统一调度，组织灾害救助体系建设，指导安全生产类和自然灾害类应急救援，并承担国家特别重大灾害应对指挥部的工作。第三，指导火灾、水旱灾害、地质灾害等防治工作。第四，负责安全生产的综合监督管理及工矿商贸行业的安全生产监督管理。第五，公安消防部队和武警森林部队转制后，与安全生产等应急救援队伍一并作为综合性常备应急骨干力量，由应急管理部管理，实行专门管理和政策保障，采取符合其特点的职务职级序列和管理办法，提高职业荣誉感，保持队伍的生机与战斗力。第六，应急管理部需妥善处理防灾与救灾的关系，明确相关部门和地方的职责分工，建立协调配合机制。

省级层面，各省设立应急管理厅，例如江苏省应急管理厅，负责全省应急管理工作。应急管理厅下设应急指挥中心、风险监测和综合减灾处、救援协调和预案管理处、火灾防治管理处、防汛防旱处、地震和地质灾害救援处、危险化学品安全监督管理处等 22 个机构。

市级层面，设立市应急管理局，负责贯彻落实中央和省委关于应急管理工

作的方针政策以及市委的决策部署，确保在履职过程中坚持和加强党对应急管理工作的集中统一领导。例如，扬州市应急管理局，下辖应急指挥中心、救援协调与预案管理处、风险监测与综合减灾处、救灾与物资保障处、危险化学品安全监督管理处、安全生产基础处、安全生产综合监管处等 11 个内设机构。

县级层面，设立县应急管理局，负责县域内的应急管理工作，贯彻落实党中央、省市县党委关于应急管理的方针政策和决策部署。例如，云南省牟定县应急管理局，下设办公室、应急指挥中心、政策法规和安全生产执法股、自然灾害救援管理股、安全生产综合协调股、基础股、非煤矿山股、政工室等 8 个内设机构，履行县应急管理局的职责。

乡镇（街道）层面，设立应急管理委员会，负责本辖区的应急管理工作，确保应急措施的落实。例如，河南省济源市克井镇成立突发公共事件应急委员会，负责领导、指挥、协调全镇各类突发公共事件的监测、预警、应急处置、善后和灾后重建等工作。应急委员会下设应急办公室，承担值守应急、信息汇总和综合协调职能，委员会办公室设在镇政府党政办。

在市县建立综合性应急救援队伍，并在重点乡镇设立区域应急救援中心。例如，浙江省温州市已建成包含 1 支市级综合应急救援队、12 支县级综合应急救援队、184 支乡镇级应急救援队、3 652 支社区（村居）应急突击队以及 15 个市直部门 22 支市级专业救援队在内的 4 级应急救援力量体系。

（二）数字乡村应急管理机构设置

当前，乡村应急管理机构正在推广网格化管理模式。以贵州省盘州市淤泥乡为典型案例，介绍我国乡村应急管理机构的设置。

通过县、乡、村三级应急管理一体化体系，淤泥乡借助贵州省应急管理厅的应急管理网格化系统及“黔小消”消防安全综合监管平台，打通三级网格，实现了全市应急管理网格的“一张网”管理。该体系确保了辖区内网格空间划分无盲区、无重叠，达到了应急网格“横到边、纵到底、全覆盖”的目标。淤泥乡还将应急管理网格化工作纳入了村（居）的服务采购范围，全面推进乡级“一办、一站、两中心”和村级（居）“一站、一库、一队”的建设，将应急管理延伸至基层网格，实现了县、乡、村三级应急管理机构的一体化运行。

在乡镇应急管理机构建设方面，淤泥乡充分利用现有资源，全面构建了“一办、一站、两中心”。首先，应急管理办公室负责对辖区内的安全生产、防灾减灾、应急救援等状况进行监督检查，并负责网格化管理的日常工作。

其次，基于原有的消防站，吸纳专职消防队员、医务人员、警务人员、民兵等，升级建设应急救援站，确保至少有一支不少于 20 人的应急救援队。最后，设立应急指挥中心和物资储备中心，分别承担值班应急、应急调度、风险研判、预报预警、信息报送等职责，并规范各类应急物资的储备和管理。

在村级应急管理机构建设方面，淤泥乡所有村（居委会）都全面落实了“一站一库一队伍”。首先，各村（居）设立应急管理服务站，由村（居）党支部书记或副支书担任站长，其他村委会成员及网格员为成员。其次，利用村级活动室建立应急物资储备库，规范储备各类应急物资，建立台账进行管理。最后，依托村干部、党员、卫生员、地灾巡查员、应急网格员及在家务工的年轻群众，组建不少于 10 人的应急救援队，并定期开展实战演练，根据实际需求配置必要的救援装备。

二、数字乡村应急管理的主要做法

数字乡村应急管理是一项综合性的工作，旨在通过运用新一代信息技术，如物联网、云计算、大数据和人工智能等手段，对乡村的自然灾害和公共卫生安全防控等突发事件进行全方位、高效地管理和处置。这项工作覆盖了事前预防、事件应对、事中处置和善后恢复等各个环节，确保灾情得到有效预防、突发事件能迅速应对和解决，应急资源得以高效调度和利用，从而最大限度地保障乡村居民的人身和财产安全。为了实现这一目标，采取了一系列措施。

（一）数字乡村自然灾害应急管理

自然灾害对农业和农村的破坏力巨大，需建立全方位的自然灾害风险监测系统。首先，统筹构建地面观测、无人机摄影测量、雷达监测和卫星遥感等多手段互补的天空地一体化自然灾害预警监测体系，针对乡村的地质灾害、洪涝灾害以及林牧区的森林草原火灾等进行监测预警，同时监控生产生活中的安全隐患。在重要河流、出水口建设生态监测物联网，实时监测水位、水质等相关数据。其次，建立隐患报送系统，利用移动应用程序或网络平台，方便村民及时报告潜在的安全隐患。完善及时的预报预警系统，实时掌握灾害发生区域的防灾资源信息，基于数据收集和人工智能分析，提供针对自然灾害或公共卫生事件的预警。加强面向乡村的应急广播应用，尤其强化对偏远乡村、牧区和山区的应急广播等灾害预警服务。最后，建立应急资源调配系统，设立应急资源数据库，在紧急情况下快速调配人员、物资和设备。构建智能数字网格预报技术体系，推动暴雨和局地强对流等预警信号的精准发布，以乡（镇、街道）为单位，为乡村居民提供更加精准的天气预警服务。

（二）数字乡村公共安全防控智慧化

以网格化管理为抓手，以现代信息技术为支撑，健全乡村突发事件常态化数字治理体系，严格落实联防联控、群防群控措施。首先，建立社会治安视频监控网络，在500人以上的农村人口居住区建设逐步完善此类网络，以提升安全管理能力。通过数据的汇集、统计和展示，开发乡村应急管理大数据辅助决策应用系统，使该系统具备应急预警功能。依托该系统，乡村治理能够通过数据可视化和趋势分析等手段评估应急状态，为应急管理部门提供科学的决策支持，实现应急管理的科学化和精准化。其次，在乡村推广使用一氧化碳报警器，以避免中毒事故的发生。例如，贵州省大石布依族乡对网格化管理的工作职责进行了详细界定，包括安全检查巡查、应急处置、安全宣传、定期开展安全生产与致灾因素排查、处理上级安排的任务、处理投诉举报、监督与劝导工作以及应急处置等方面。这些职责的明确与落实为数字乡村应急管理工作的有效开展提供了有力保障。

（三）无纸化办公系统传递应急信息

随着网络运用的不断普及，各级政府部门的办公环境、条件和设备发生了较大变化。为了更好地履行职能，乡村在新形势下及时进行了改革和调整，充分利用信息技术开展应急管理工作，提高应急响应效率和处置水平。首先，依托数字乡村应急管理平台传达国家应急政策。通过信息网络平台、社区公众号等“微平台”及时传递、解读并推送国家关于应急管理的政策方针，以及社区开展应急演练等活动的通知，使乡村居民足不出户即可获取重要信息。其次，利用手机终端的各种软件及其定位功能，构建与农村相关的信息数据库，将农村新型社区按地域划分为不同的单元网格，各单元网格间的信息传递、融合与共享高度统一，从而实现基于手机终端和现代网络系统的应急管理系统。最后，网格员将收集到的突发公共事件通过数字乡村应急管理系统及时反馈给应急管理部门。网格化应急管理模式的初衷是通过划分单元网格并设置专职网格员，整合社区应急管理资源，精细化、高效化地处理社区的应急管理事务。将采集到的应急管理相关社情民意通过网络平台及时上报至应急管理部门，使上级部门能够掌握基层的应急管理情况，成为信息化时代政府与居民之间更顺畅的沟通桥梁。

三、数字乡村应急管理的特征

（一）信息集成化：构建数字乡村应急信息平台

构建全面应急信息平台是实现乡村应急管理能力现代化的关键一步。首先，数字乡村应急管理平台信息资源丰富。通过整合应急资源、数据和信息，平台形成了统一、高效、协同的应急管理体系，为乡村提供全方位、多层次的应急保障。其次，新技术的应用确保了数字乡村应急管理的快速反应。全面应急信息平台集成了物联网、大数据、云计算等先进技术，实现了对乡村自然灾害、公共卫生事件等突发事件的实时监测、预警和响应。通过物联网技术，平台可以收集各类传感器的实时数据，如气象、水质监测、土壤湿度等，为应急决策提供科学依据。大数据和云计算技术的应用，使平台能够快速处理和分析海量数据，提取有价值的信息，为应急响应提供精准指导。例如，为应对可能发生的灾害事故，江西吉安市安福县于2021年投入200余万元建设县级应急指挥中心，并于2022年初投入使用，有效提升了该县的应急救援能力。截至2022年10月，利用应急指挥平台新建各类应急预案6个，资源库已录入全县90余家重点监测企事业单位信息，入库率达95%。此外，录入了26个应急救灾物资存储点，入库率达100%，以及2 458个监控资源点，如校园安防、明厨亮灶、电梯等，入库率达68%。平台接入了智慧消防、防汛抗旱、森林防火、气象等系统，实现了上下联动、横纵协同。自安福县应急指挥平台建立以来，已成功获取5起应急预警信息，并成功处置了5起应急事件，为人民群众的安全提供了有力保障。数字乡村应急平台的建立，实现了信息的集成化，为应急管理提供了精确的指导。

（二）响应快速化：提升数字乡村应急响应速度

在数字化乡村应急管理框架下，快速响应成为提升应急速度与效率的关键特征。首先，新技术的应用确保即时联动。通过集成物联网、大数据和云计算等先进技术，乡村应急管理体系实现了从预警到响应的即时联动。在应急响应阶段，数字化平台通过自动化流程优化资源配置，确保救援力量能够迅速到达灾区。其次，人工智能辅助决策系统确保快速反应。人工智能能够根据实时数据动态调整救援方案，实现精准施策，有效避免资源浪费和重复劳动。通过移动应用、社交媒体等渠道，村民能够即时接收应急信息，参与自救和互救行动。例如，浙江省西湖区应急管理局打造了应急救援圈，实现了应急指挥的高效协同。所谓“1 分钟响应、3 分钟出动、5 分钟处置”是西湖区的“135 快速响应圈”；“15 分钟协助实时在线”是“15 分钟协助圈”。西湖区组建了一支特殊队伍，由区级综合性消防救援队、镇街级综合救援队、应急消防服务站、社区级应急救援队和微型消防站串联而成，24 小时在线，一旦有情况发生，立即响应并快速处置。该队伍依托西湖区 11 个镇街的数字化综合指挥中心，该应急体系的中枢“大脑”利用大数据、物联网和数字孪生技术，实时掌握各地信息，形成统一指挥、统一路径和统一受理的体系。截至 2022 年 7 月，该队伍已处置了超过 6 300 起险情，平均抵达时间为 4.35 分钟。再例如，2021 年 12 月山东省枣庄市气温降至零下 13℃，一位年过八旬的老人失踪，家人报警求助。区应急管理局迅速派出搜救队伍，携带热成像无人机、山野救援装备和医疗急救设备进行搜救，最终在深夜 23 时许于孟庄镇荆山口村西北山中找到老人，并安全护送其下山。数字乡村应急平台的建立，使乡村突发事件的快速响应成为现实。

（三）决策智能化：基于数据分析实现精准施策

在数字乡村应急管理的核心特征中，决策智能化尤为关键。首先，高科技手段的应用为这一目标提供了可能。通过大数据平台、地理信息技术、信息资源共享体系以及人工智能技术等科技手段的综合应用，提升了风险感知和预测能力、辅助指挥决策能力以及应急响应效率，从而实现基于数据分析的精准施策。其次，大数据的收集有助于建立分析模型。通过收集乡村应急事件的历史数据、实时监测数据以及社会经济数据，构建出复杂且精细的分析模型，为应急决策提供科学依据。每次应急事件后，系统都会自动收集反馈数据，对分析模型进行修正和完善，逐步提高预测和决策的准确性与效率。这种基于数据分析的精准施策模式，不仅提升了乡村应急管理的科学性和有效性，还为乡村社会的可持续发展提供了有力保障。例如，2023 年 9 月，第 11 号台风“海葵”带着强风暴雨直扑福建。受其影响，福建沿海形成了一条纵横 300 多千米的特大暴雨带。福建省通过将水利、气象、地质数据融入扁平化防汛指挥体系，采用“场景+应用”模式，构建了“台风—暴雨—洪涝”灾害链的临灾风险快速评估模型。借助智慧化预警手段，福建提前 20 天研判出 8 月底至 9 月初可能会有 1～2 次台风影响，提前 5 天指出台风将影响沿海和渔场，提前 3 天预测最大过程累计雨量将达到 600 毫米。各地迅速转移危险区域和重点地区的人员，累计紧急避险转移了 29.41 万人。

（四）公众参与化：增强数字乡村应急自救能力

码 9-2

在数字化乡村应急管理的框架下，公众参与化成为提升乡村应急自救能力的关键因素。首先，构建乡村公众参与平台。通过基于互联网的公众参与平台，乡村居民能够实时获取应急信息，并积极参与应急演练，在紧急情况下迅速组织自救和互救行动。研究表明，当乡村社区具备较高的应急自救能力时，灾害损失可降低约 30%。其次，利用数字平台迅速传播应急信息。公众参与的实现离不开信息技术的支撑，通过社交媒体和移动应用等渠道，可以迅速传播应急信息，增强村民的应急意识和参与度。通过数据分析技术，还可以精准识别村民的应急需求，为制定个性化的应急自救方案提供科学依据。再次，村民通过数字平台上报可能的灾害隐患。引入“众包”理念，鼓励村民自发上报灾害隐患和应急资源信息，形成全民参与的应急监测网络，进一步提升乡村应急管理的效率和精准度。最后，增强村民的自救能力和团队协作能力。通过定期举办应急演练和技能培训活动，增强村民在紧急情况下的自救与互救能力。同时，建立乡村应急志愿者队伍，强化志愿者之间的沟通与协作，形成快速响应、高效协同的应急自救体系。例如，2022 年 10 月，山东省兰山区应急管理局在半程镇茶山园艺场开展了一次智慧应急信息化多方联动的森林防灭火应急演练。通过应急指挥中心的调度，半程镇与李官镇开展了跨区域联合演练，综合运用高清视频监控、无人机、无线单兵设备和布控球等技术，掌握了火情地点和最佳扑救路径，第一时间制定救火方案，并组织联合行动，有效提升了应急响应的协同效率。

第三节　数字乡村应急管理存在的问题

数字乡村应急建设已在多个省市进行试点，取得了一定成绩，但从实践来看，仍存在上下管理联动不协调、重救轻防缺统筹、重平台轻应用、基础设施有短板等问题。

一、数字乡村应急管理上下联动不协调

数字乡村应急建设要求应急管理体制从本质上实现“上下联动”的目标，但我国不同层级的应急管理部门之间更多的是业务指导关系，这与“上下联动”的体制建设目标以及“高效协同”的响应处置机制之间存在较大的张力，

难以有效满足日常应急管理能力建设的需求。目前，各地的数字乡村应急建设大多处于试点和摸索阶段，尚未形成普遍共识的建设模式，地方数字应急能力建设的投入和发展还受到多种外部因素的干扰。

（一）缺乏统一的标准和规范

尽管数字乡村建设在信息化方面取得了一定进展，但由于基础设施和技术应用的不均衡，部分乡村的数字化水平较低，信息共享和协同作战能力不足。这种信息化建设的滞后进一步加剧了应急管理标准的不统一问题。此外，目前数字乡村试点地区的应急管理多集中于解决特定领域和部分环节的具体问题，缺乏对顶层规划设计的整体思考与归纳。各地分散式的建设模式导致在平台搭建、信息采集、数据管理和安全保障等方面，缺少统一的标准和规范，存在重复冗余现象。

（二）条块部门间存在信息壁垒

应急大数据的动态管理和共享利用仍存在不足。多样化、分散储存的基层应急管理数据为跨层级、跨部门的数据检索、整合、共享和应用带来了极大的困难和挑战，形成了信息化建设的“最后一公里”堵塞，导致数字乡村应急建设在“上”与“下”之间难以实现有效联动。例如，江苏省应急部门在面对防汛抢险、事故救援等环境复杂、影响因素多的突发灾害事故时，在救援协调和智慧化指挥调度方面仍存在诸多难点，数字化应急预案体系也有待进一步完善。

（三）数字应急资金支持力度不足

乡村经济发展水平和财政收入有限，导致在数字化应急设备购置和技能人才培训方面投入不足。乡村应急管理在财政支出中的优先级较低，资金分配不均、缺乏专项资金支持、资金使用效率低，以及难以获得外部资金支持等因素，限制了数字化应急项目的发展，使其只能依赖一般性预算，难以满足实际需求。由于资金不足，乡村信息化基础设施仅能满足民众的基本生活需求，难以充分应用于应急管理领域，进一步限制了应急管理的数字化建设。

二、数字乡村应急管理重救轻防缺统筹

习近平总书记多次强调要健全风险防范化解机制，坚持从源头上防范化解重大安全风险，真正把问题解决在萌芽之时、成灾之前。然而，当前在实践中

依然存在重救治轻预防的问题。

（一）资源配置方面重救轻防

在应急管理工作中，“防”包括预防、防范、防治，通过预防管理，做到未雨绸缪、防患于未然；“救”则指救援、抢救、救治，通过应急救援，将灾害事故的损失和影响降至最低。在数字乡村的应急管理中，资源配置往往集中在应急救援队伍和物资储备上，而对日常防范措施和基础设施建设的投入显得不足。这种不均衡的资源配置使得在突发事件发生时，虽然能够迅速展开救援，但在防范和减少风险的能力方面却相对薄弱，难以实现全面的风险管理。

（二）应急响应机制重救轻防

数字乡村的应急管理通常强调对突发事件的快速响应和救援，但在预防措施和日常管理方面相对薄弱。我国在应急救援工作中已经解决了集中统筹和资源整合的问题，形成了救援合力，在很大程度上减少了各类事故和灾害的损失。然而，在风险防范方面，还未能形成全国“一盘棋”的局面，风险监测职能仍然局限于气象、水利等特定部门。这种“重救轻防”的现象导致在面对自然灾害或公共卫生事件时，尽管能够迅速调动资源展开救援，但在事前的风险评估和预警系统建设方面缺乏足够的投入和重视。

（三）信息化建设重救轻防

第一，应急响应信息系统建设偏重救援阶段。我国已建立了一系列用于事故信息快速接收、指挥调度、资源调配的应急响应信息系统，但在事前的风险监测、预警和防范措施的信息化建设方面相对薄弱。第二，应急资源信息化管理不足。数字乡村应急管理虽然在应急救援物资和装备的信息化管理上取得了一定进展，建立了应急资源信息平台，但在日常的应急预案管理、应急演练和应急培训等方面的信息化建设仍需加强。第三，应急信息共享机制不健全。各部门之间的应急信息交流和协作尚不够紧密，信息孤岛现象依然存在，限制了应急管理的整体效率和协同性。

三、数字乡村应急管理重平台建设而轻应用

数字乡村应急建设要求系统思维引导，需要基础数据的支撑、不同部门的协同、各级资源的共享、多元力量的参与，才能有效推动应急管理工作的科学化和智能化。

（一）应急多元主体信息交换渠道受阻

在“应急事务无边界与主体有边界”和“应急资源倒置”的现实背景下，行政力量往往凌驾于社会力量之上，导致多元主体之间的互动路径和信息交换渠道受阻，数字乡村应急建设多依赖行政主导推动，社会力量的参与有限。这种自上而下的政府主导建设模式容易导致数字乡村应急平台设计与实际应急管理需求不匹配，社会力量参与积极性不高，社会资源整合困难等管理问题。这进一步引发了我国应急管理工作中部门协调性差、灾情信息不对称、调度指挥无序、应急资源分散、风险防范薄弱、处置能力低下等诸多问题。

（二）政府不同部门间存在资源分割问题

应急资源和能力建设存在分割、低水平和重复建设等问题，尤其在专业化部门管理与属地化区域管理之间，协调不足的问题较为突出。例如，在突发公共卫生事件发生时，湖北省乡村普遍成立了以乡镇党委书记、乡长为组长，各下级领导为副组长，各相关部门为成员的应急指挥机构。虽然各部门按照职责分工，开展了人群疏导、防控排查等工作，但由于缺乏一个统一协调的牵头部门，相关物资和人员排查信息在统计和报送过程中出现了信息不畅通、数据不准确等问题。

（三）新技术应用仍存在不足

码 9-3

第一，当前自然灾害的精准监测和预警仍面临困难，预警的精确度亟待提升。例如，江苏目前的气象预测方法计算量较大，反应周期短，预测准确率仅为70%至80%。第二，大数据的应用相对欠缺。江苏省在应急救援领域的数据分析和挖掘能力尚需加强，大多数分析仍停留在基础层面，缺乏对深层次信息和规律的深入挖掘。第三，存在应急数据孤岛的问题。信息化和数字化建设中普遍存在“碎片化”“失衡化”以及“数据孤岛”等现象，甚至容易因部分企业的过度营销而陷入“系统平台陷阱”，盲目上马项目，建设大量的“面子平台”。

四、数字乡村应急管理基础设施有短板

数字乡村应急管理的有效推进需要相应的基础设施配套支撑。尽管近年来我国乡村数字基础设施建设水平有了显著提升，但仍然无法完全满足实际需求。

（一）城乡数字资源分配不均

许多省份目前仍存在城市与农村网络数字资源分配不均的现象。在城市中，居民能够轻松获得无线网络服务，且电脑的普及率相对较高。相比之下，乡村不仅无线网络相对缺乏，部分较为欠发达地区甚至连有线网络也未普及。农村的网民数量和电脑拥有量明显低于城市，导致乡村获取数字资源的机会相对较少，利用信息化设备和终端获得应急管理信息技术服务的机会自然更加有限。

（二）数字化应用水平相对较低

目前，乡村数字化主要应用于指导农业生产和提供基本娱乐服务，在应急管理中的运用还较为少见。同时，由于城乡居民文化水平差异较大，部分偏远和欠发达乡村的居民仅具备小学文化程度，即使拥有数字化设备，他们的文化水平也难以适应，更无法充分利用和享受数字技术服务。农民文化水平的低下大大抑制了数字技术的推广和应用，使其对现代农业技术掌握有限，也不愿主动了解先进生产技术，从而制约了数字技术在应急管理中的发展和应用。

（三）数字乡村应急人员缺乏

乡村中大量青年人口流失，使得应急预警信息难以有效触达留守的老人。受过较高教育的年轻人多选择外出务工，倾向于前往经济较为发达的沿海地区发展，留在本省乡村的大多是文化程度低，甚至目不识丁的老弱幼小。他们不仅观念更新慢，理解能力较差，有的甚至无法接受新的数字化技术服务。此外，乡村普遍缺乏掌握数字化技术的专业人才，现有的人才培养体系也未能有效满足数字乡村应急管理的需求。这导致应急管理人员在信息化技术应用方面面临困难，进而影响数字乡村应急管理的效率和效果。

第四节　数字乡村应急管理政策演变

一、新技术赋能应急管理政策初步探索阶段

2017 年及之前，我国应急管理政策中对新技术的描述较为有限，整体上还处于初步探索阶段。

（一）应急管理相关法律法规不断健全

2003 年抗击“非典”疫情，成为我国应急管理法律体系发展的第一个重要历史节点，直接推动了应急法律体系的快速发展。2003 年 5 月，国务院颁布《突发公共卫生事件应急条例》，2006 年出台《国家突发公共事件总体应急预案》，并促使 2007 年《中华人民共和国突发事件应对法》颁布实施，明确规定：“突发事件应对工作实行预防为主、预防与应急相结合的原则”，要求建立健全通信保障体系，构建全国统一的突发事件信息系统。2008 年应对中国雪灾和“5·12”汶川地震事件，成为我国应急管理法律体系建设的第二个重要节点。此后，通过了一系列立法，涵盖一般紧急情况、战争状态、自然灾害、公共卫生及社会安全类突发事件的法律规范。2013 年 10 月，印发《突发事件应急预案管理办法》，进一步提升了预案管理的质量。2016 年 12 月，《中共中央 国务院关于推进防灾减灾救灾体制机制改革的意见》出台，将“坚持以人为本，切实保障人民群众生命财产安全”和“坚持以防为主、防抗救相结合”作为基本原则，推动从注重灾后救助向灾前预防的转变。

（二）开始重视应急管理技术装备研发

2014 年 12 月，国务院办公厅印发《关于加快应急产业发展的意见》，提出要强化应急管理装备技术支撑和关键技术研发，持续提升应急产业的整体水平和核心竞争力，增强防范和处置突发事件的产业支撑能力。随后，2017 年 1 月，国务院印发《国家突发事件应急体系建设“十三五”规划》，将强化应急管理科技支撑能力列为主要任务之一，重点推进综合应急技术装备、智能应急等方向的科技攻关、装备研制和应用示范。同年 4 月，科技部发布《“十三五”公共安全科技创新专项规划》，核心发展思路是围绕我国公共安全科技创新的重大需求，着力强化实时感知预知、大数据分析决策、综合治理、多功能智能化应急装备等关键技术的研发。

二、信息化赋能应急管理相关政策阶段

（一）中国特色现代应急管理体系初步确立

2018 年，应急管理部的设立升级了应急管理机构的行政权威，标志着我国应急管理体制从综合协调向统一指挥、权责一致、权威高效的体制转变。同年 10 月，习近平总书记强调要大力提升我国自然灾害防治能力。同月，中共中央办公厅、国务院办公厅印发《组建国家综合性消防救援队伍框架方案》，

并于 11 月举行了国家综合性消防救援队伍授旗仪式。2019 年，颁布或修订了《自然灾害救助条例》《地震安全性评价管理条例》《生产安全事故应急条例》《安全生产行政执法与刑事司法衔接工作办法》《安全评价检测检验机构管理办法》《中华人民共和国消防法》《生产安全事故应急预案管理办法》《中华人民共和国森林法》等法律法规，逐步完善了应急管理的法律法规体系。2019 年，党的十九届四中全会通过了《中共中央关于坚持和完善中国特色社会主义制度推进国家治理体系和治理能力现代化若干重大问题的决定》，明确要求构建统一指挥、专常兼备、反应灵敏、上下联动的应急管理体制，优化国家应急管理能力体系建设，提升防灾减灾救灾能力。

（二）信息化赋能应急管理政策不断出台

2019 年，习近平总书记在主持中央政治局第十九次集体学习时指出，要以信息化推动应急管理现代化，提高应急管理的科学化、专业化、智能化、精细化水平，提升监测预警能力、监管执法能力、辅助指挥决策能力、救援实战能力以及社会动员能力。同年 2 月，应急管理部办公厅发布了《地方应急管理信息化建设实施指南》，提出分级建设感知网络，推动应急通信网络基础建设工程，实现各级指挥平台与移动终端的快捷畅通连接。同年 4 月，应急管理部等部门发布《关于加强应急基础信息管理的通知》，规划建设一体化全覆盖的全国应急管理大数据应用平台，充分利用大数据、云计算和物联网等技术，实现重大风险隐患的在线监测、超前预警预报和灾害事故的高效处置。各地区和有关部门根据职责权限使用该平台，协同防范和处置灾害事故，全面提升应急管理能力。同月，应急管理部科技和信息化工作领导小组办公室发布了《应急管理科技信息化第一批标准规范文件目录的通知》，提出要制定服务于应急管理科技信息化的标准规范体系。

三、智慧应急政策密集出台阶段

自 2020 年起，我国提出“智慧应急”概念，随后相关政策规划和配套措施密集出台，为推动数字乡村应急管理提供了强有力的政策支持。

（一）数字应急管理规划先行

2020 年 10 月，应急管理部印发了《应急管理信息化发展战略规划框架（2018—2022 年）》，明确未来几年内初步形成较为完备的应急管理信息化体系，基本建成覆盖重点风险领域的感知网络和多手段融合的国家应急通信网络。2020 年 11 月，应急管理部召开“智慧应急”建设现场推进会，提出应急管理信息化需顺应新发展阶段和智能化趋势进行升级。2021 年 1 月和 6 月，应急管理部部长在会议中指出，各级应急管理部门要主动运用大数据、卫星遥感等科技手段，及时发现安全风险、消除事故隐患。2022 年 2 月，发布的《“十四五”国家应急体系规划》明确引导社会应急力量有序发展，实施智慧应急大数据工程，升级应急管理云计算平台。同年 7 月，《“十四五”国家综合防灾减灾规划》进一步提出，要实现预警发布精准、预案实施精准、风险管控精准、抢险救援精准、恢复重建精准的目标。

（二）智慧应急试点探索典型经验

2020 年 9 月，应急管理部公布了“智慧应急”试点建设名单，确定天津、河北、黑龙江、江苏、安徽、江西、山东、湖北、广东、云南等 10 个省（直辖市）作为智慧应急建设的试点单位，率先开展探索。试点建设是“智慧应急”的第一个阶段，强调先行先试、引领示范，鼓励有条件的地区通过创新驱动，打造应急管理信息化应用的典型样板。2021 年 5 月，应急管理部发布《关于推进应急管理信息化建设的意见》，进一步明确，通过试点“智慧应急”，形成一批实用的、先进的智能化应用模式，培育一批特色鲜明、优势互补的“智慧应急”示范，为全国提供可复制、可推广的成熟经验和做法，成为“智慧应急”试点建设工作的重要目标。

（三）数字应急标准化体系日趋完善

2021 年 10 月，《国家标准化发展纲要》提出，围绕医疗、应急等领域的智慧化转型需求，加快完善相关标准。2022 年 4 月，应急管理部发布了《“十四五”应急管理标准化发展计划》，强调要加强应急管理标准化的基础研究，优先开展应急管理信息化、智能化相关标准的研究项目。到 2025 年，应急管理标准供给将更加充分，标准化管理机制将更加完善，安全生产、消防救援、减灾救灾与综合性应急管理领域的强制性标准覆盖范围将进一步扩展。该计划还要求规范应急管理团体标准，引导社会团体聚焦应急管理新技术、新产业、新业态和新模式，制定应急产品及服务类团体标准，鼓励构建与应急管理国家标准、行业标准、地方标准协调配套的团体标准体系。

（四）数字应急产业链不断完善

2021 年 1 月发布的《安全应急装备应用试点示范工程实施要素指南（2021 年）》指出，2021 年安全应急装备应用试点的申报方向涵盖 4 个领域 16

个业务场景，均要求融合工业互联网、大数据、云计算、5G、人工智能等新一代信息技术。2021 年 4 月，发布了《国家安全应急产业示范基地管理办法（试行）》，评分细则中涉及智能化指标。2022 年 10 月发布的《“十四五”应急物资保障规划》提出，需开展应急物资保障数据资源建设，推动多主体、多层级、全流程的信息互联互通，同时为医疗卫生等其他类型应急物资预留信息扩展空间和接口。此外，规划要求建成统一可靠、预留接口的应急物资保障信息平台，深入应用大数据、云计算、人工智能、区块链、北斗、天地一体等新一代信息技术，显著提升机械化、信息化、智能化水平，实现应急物资全程监管、统一调拨、动态追溯、信息共享和决策支持能力的全面提升。

（五）数字乡村应急管理政策不断出台

数字乡村应急管理方面，从规划到具体操作指南等文件不断颁布。2019 年 5 月，中共中央办公厅、国务院办公厅发布的《数字乡村发展战略纲要》提出要推进乡村治理能力现代化。2022 年 1 月发布的《数字乡村发展行动计划（2022—2025 年）》首次明确提出加强乡村智慧应急管理体系建设的要求，这标志着数字乡村应急管理被正式纳入国家政策体系。2021 年 7 月发布的《数字乡村建设指南 1.0》对乡村智慧应急管理进行了更详细的规划，涵盖乡村自然灾害应急管理和公共卫生安全防控等内容，为数字乡村应急管理提供了具体实施指导。2024 年 4 月发布的《数字乡村建设指南 2.0》进一步强调了加强乡村智慧应急管理的重要性，提出通过数字化手段推动应急管理模式向事前预防转变，反映了政策重点从建设向优化和预防性管理的转变。2024 年 5 月发布的《2024 年数字乡村发展工作要点》将增强乡村智慧应急管理能力列为重点任务之一。这一系列政策的出台表明，数字乡村应急管理已成为国家层面持续推进的重要工作。

第五节 数字乡村应急管理未来发展

一、广电 5G 在数字乡村应急管理中的应用

广电 5G 在数字乡村应急系统中的应用涵盖了三个子系统：平安乡镇视频监控、应急广播和农村人居环境监测。

（一）平安乡镇视频监控系统

码 9-4

平安乡镇视频监控系统基于网格化管理，并结合已有的视频监控云平台，实现了对乡村的全方位安全监控，同时提供信息上报功能，为村民提供自助自救的有效工具。该系统分为业务接入层、网络层和平台层三个部分。第一，业务接入层主要负责视频信息的采集和传输。该层包括接入节点和网关节点。接入节点通过部署智能摄像头和 Wi－Fi 通信模块，负责视频数据的采集并上传。网关节点部署 Wi－Fi AP 和 5G CPE 模块，负责数据的中转和传输。第二，网络层负责视频终端与管理平台和存储系统的互联。通过 5G 网络汇聚各终端节点的无线数据，利用 IP 城域网将 5G 网络与云平台相连接，进而实现视频终端与管理平台之间的信息交互。第三，平台层分为管理平台和存储系统。管理平台包括资源配置子系统、视频应用子系统和运维管理子系统。存储系统利用行业云平台的云存储，采用分布式数据块存储技术，并结合负载均衡和并发访问策略，实现了在统一命名空间下提供 PB 级存储容量和超高聚合带宽的功能。

（二）应急广播系统

应急广播系统依托有线电视网络基础设施和 5G 网络，构建区、乡镇、行政村三级“应急广播”平台，通过与市级应急广播调度平台对接，满足区、镇、村各级的地域性应急信息发布和指挥需求，实现全天候、全方位、全时段的预警信息发布。系统分为业务接入层、网络层和平台层。业务接入层负责应急广播信息的接收、发布和响应，包含终端设备和 5G 通信模块，终端设备包括音柱、广播控制台和有线电视终端，均配置 5G CPE 模块，通过 5G 网络实现信息发布和监控信息回传。网络层通过在应急广播终端侧配置 5G CPE 设备，实现数据回传并下发区、镇、村应急广播平台的音频流。平台层负责资源管理、广播管控、监管监测和系统管理，其中资源管理模块管理媒体资源库、终端、控制台及区域信息；广播管控模块管理实时广播、定时广播和广播回放；监管监测模块监控设备在线状态及文字、视频信息的下发；系统管理模块则负责用户、系统日志、页面和运维数据的管理。

（三）农村人居环境监测系统

码 9-5

农村人居环境监测系统通过实时监测农村的空气、水源、土壤、生活垃圾、厕所粪污、生活污水等信息，分析各片区的生态环境改善情况，并对生态破坏事件进行及时预警。该系统分为业务接入层、网络层和平台层。第一，业务接入层采用 LoRa 无线传感器网络，包含

LoRa 感知节点和网关节点。感知节点负责采集空气、湿度、光照度等环境数据并上报给网关节点，同时接收平台层下发的控制信息。网关节点配置 LoRa 和 5G CPE 模块，负责接收感知节点的数据并通过 5G 网络将其转发至平台层。第二，网络层通过广电 5G 网络，实现环境监测数据的回传和环境紧急事件发生时应急广播信息的下发。第三，平台层在云平台上部署 5G+数字乡村应急管理平台，采用大数据技术将环境监测信息采集入库，并通过大屏设备或 App 展示相关信息。如出现生态环境恶化，系统能够及时发出预警。

二、物联网技术在数字乡村应急管理中的应用

物联网技术在数字乡村应急管理中有多种应用，能够显著提高应急响应的效率和效果。

（一）乡村自然灾害监测与预警

物联网技术可用于监测乡村自然灾害，发挥重要作用。首先，物联网可用于建立实时灾害监测系统，在乡村部署各类传感器和摄像头，采集温度、湿度、降水量等数据，实时监测洪涝、干旱等自然灾害的发生。其次，农业生产的数字化管理也可以应用物联网技术，构建农田资源环境的“天空地”物联网采集网络，实现农田的数字化管理，提供水肥状况、气象灾害、病虫害、长势与产量等农情数据的监测预警服务。再次，物联网还可用于监测滑坡、泥石流等自然灾害。例如，已有“灾害风险隐患信息报送”小程序，当村民发现险情时，可及时上传信息，政府工作人员迅速响应，及时组织人员撤离。例如，在 2023 年 5 月，湖北恩施走马镇的巡视员发现异常现象，意识到可能会发生滑坡，迅速向走马镇政府和应急办电话汇报，经与当事人沟通，将当时在家的 4 人紧急转移到亲戚家中，随后在房屋前后设置警戒线，坡体坍塌前 2 小时村民全部被安全转移。

（二）乡村公共安全管理

物联网技术可以广泛应用于乡村公共安全监测。首先，物联网可用于建立农业面源污染监测与预警平台，实现对农业生产过程中污染物的实时监测和预警，帮助预防环境污染。其次，物联网技术可用于森林火情监测，例如，升哲科技自主研发的超低功耗物联网芯片能够实现十几千米的数据传输，内嵌的传感器可实时监测烟雾、可燃气体及温湿度等数据，当数据达到预警值时，传感器通过芯片将数据发送到基站并向平台报警。自 2020 年以来，河北省接入了

4 727 个铁塔视频探头，利用视频智能分析技术，实现了对 80%以上森林草原防火区火情的自动监测，并及时处置了 4 000 余次火情。最后，物联网技术还可用于环境质量监测。在乡村布设空气质量监测设备，实时监测 PM2.5、PM10、CO_2 等指标，及时预警空气污染事件；在河流、湖泊等水体中安装水质传感器，监测水质变化，预防水污染事件发生。

（三）应急物资管理和调配

码 9-6

物联网技术能够实时获取物资动态，实现高效的应急物资管理和调配。首先，通过物联网技术对应急物资仓库进行智能化管理，可以实时监控物资库存、环境条件等信息，确保物资处于最佳储存状态。其次，结合物联网数据，实现应急物资的快速调度和配送，提升应急响应速度。通过 GPS 芯片、传感器和 RFID 电子标签等硬件设备，采集并传送物资的坐标和环境数据，确保物资能够保质、保量地被送达指定地点。在乡村布设物联网通信设备，确保灾害发生时能够迅速建立应急通信网络，实现应急指挥平台与前线救援人员之间的实时通信与信息共享，从而提高指挥调度效率。例如，2024 年 7 月，湖南平江遭遇连续强降水，导致人员被困、道路冲毁、电力通信中断等险情。在国家防办的调度下，应急管理部及时派遣无人机搭建空中基站，参与防汛抗灾工作。一台长约 6 米的通信无人机被派往受灾严重的瓮江、浯口、三墩、童市等乡镇，持续开展 4 小时作业，及时提供应急通话和短信服务，保障了受灾地区与外界的通信畅通。

三、大数据技术在数字乡村应急管理全流程中的应用

随着信息技术的飞速发展，大数据技术已成为推动社会进步的重要力量。在数字乡村应急管理中，大数据技术的应用正逐步深入，为提升乡村安全稳定和促进乡村发展提供了有力支撑。

（一）应急预防阶段的应用

数据技术在数字乡村应急管理的预防阶段发挥着至关重要的作用，日益成熟的信息技术拓宽了农村突发事件信息采集的渠道。第一，物联网技术。通过布置在危险区域的高精度传感器，实时监测潜在风险的指标，并进行有效预判。第二，遥感技术。能够通过对地面景物的探测和识别，形成图像信息，为灾区预警、监测和评估提供直观支持。第三，GIS 数据挖掘技术。具备强大的计算能力，通过分类计算海量地理信息数据，提取有用信息并可视化呈现，帮

助决策者做出精准判断。第四，网络引擎技术。通过筛查大众媒体信息，特别是文本、图像、视频等，结合科学算法提取危机信息，借助大数据比对为应急管理提供决策支持，例如通过挖掘历史气象数据预测气候变化趋势，以提前做好防汛、抗旱等准备工作。第五，大数据技术。在收集数据基础上，监测乡村生态环境变化，及时发现森林火灾、草原火灾等隐患，为应急管理部门提供决策支持。例如，2021 年 11 月，黑龙江遭遇大暴雪和冰冻大风，系统当天发布 157 条预警信息，并结合实时数据形成动态风险评估图，重点关注电力抢修和道路恢复。预警系统能联动安全生产风险监测系统，及时掌握企业安全生产数据和视频监控，防止出现极端天气导致的生产安全事故。

（二）应急响应阶段的应用

随着算力的提升和算法的科学化，基于海量数据的计算结果显著提升了农村突发事件的处理能力。一旦发生突发事件，大数据平台能够迅速收集、整合和分析各类相关信息，为应急管理部门提供实时、准确的决策依据。首先，云数据库通过数据优化并部署于虚拟环境中，实现使用与维护的分离，大幅提升了性能并节约了成本，使得海量数据的安全存储成为可能。其次，云技术整合硬件、软件等资源，实现数据的计算、存储、处理和共享，并提供托管功能。最后，分布式技术极大提升了计算机的性能，使处理能力分布于网络中的各台计算机，从而轻松处理大量数据，甚至个人计算机也能进行数据扫描、统计、预测和分析。例如，在地震、洪涝等灾害发生后，通过无人机、卫星遥感等技术手段获取灾区的实时影像数据，结合人口分布、交通状况等信息，迅速制定救援方案和物资调配计划。大数据技术还可实时监测灾情发展态势，为救援决策提供科学依据。再如，2020 年 6 月，广东省清远市清城区源潭镇遭遇强降水，全镇降水量高达 354 毫米，当地通过短时强降水预警信息提前部署防御，成功转移 55 名群众，避免了泥石流灾害带来的群死群伤事件的发生。

（三）应急恢复重建阶段的应用

大数据技术在应急恢复中具有广泛的应用前景。首先，事后信息披露需要大数据技术的指导。信息化时代加快了各类信息的传播速度，智能终端的普及扩大了信息的传播范围。大数据挖掘技术不同于传统的 Web 信息分析，它可以通过追踪微信、QQ、手机短信、微博等平台上的社会热点事件，深入挖掘突发事件的起源、传播渠道和关键人物。利用海量数据还原事件真相，并勾勒出事实脉络，还可提前预判事态发展方向。信息披露是行政管理部门与公众沟通的重要渠道，政府应主动传播权威信息，缓解公众恐慌情绪，维护社会秩序。其次，通过对灾区恢复重建过程中的数据收集和分析，可以评估灾区重建的进度和效果，为政府提供决策依据。最后，大数据还可用于评估突发事件的影响，分析应急响应的效果，为未来的应急管理提供经验和教训。通过深入分析事件数据，可以发现应急管理中的问题和不足，为后续改进提供依据。例如，2021 年 11 月 7 日，天津市遭遇强寒潮天气，导致多地受灾。天津市提前发布暴雪红色预警，各街道网格员在灾害发生后第一时间通过天津市综合治理平台移动端的“灾害助手”上报房屋倒塌、人员伤亡、灾害位置等情况，市应急管理局立即采纳处理相关信息，迅速应对灾情。

四、人工智能在数字乡村应急管理中的应用

随着科技的飞速发展，人工智能逐渐渗透到数字乡村应急管理的各个环节。从突发事件的预防阶段、响应阶段到恢复阶段，人工智能都能发挥巨大作用，显著提高乡村应急管理的效率。

（一）在乡村公共危机风险评估中的应用

首先，人工智能可以帮助乡村进行风险评估和预警。未来的数字乡村应急管理将更多应用人工智能技术，如深度学习、自然语言处理和计算机视觉等，以提升应急指挥的智能化水平。其次，通过收集和分析大量的历史数据和实时数据，人工智能能够预测自然灾害、疾病疫情等突发事件的发生概率和趋势。这些信息对乡村至关重要，可以帮助他们提前做好准备，减少灾害带来的损失。例如，2023 年 9 月，台风“苏拉”两次登陆广东，深圳市面临“强度超强、持续时间超长、强降雨范围超大”的极端特大暴雨侵袭，全市 33 座水库、58 处河道水位超警，186 处出现地质灾害等险情。深圳市紧急转移 22 万名群众，并果断采取应急措施，包括关闭地铁站、水库泄洪、抢险抽排、恢复水电气通信等，同时实行停课、停工、停产、停运、停业等“五停”措施。这是深圳历史上首次启动“五停”，通过精准施策，实现了城市从“一键暂停”到“一键恢复”的平稳过渡，将对经济社会的影响降至最低，赢得了市民的广泛认可。

（二）乡村公共危机应对中的应用

在突发事件发生时，决策者需要快速、准确地做出反应，但由于乡村资源和信息有限，决策难以达到最优，人工智能在乡村应急管理中为决策提供了有力支持。首先，救援指挥方面，人工智能通过强大的算法对救援情况进行实时

监控和分析，能够为决策者提供科学的建议，提升决策的准确性和效率，更好地保护生命安全。其次，灾情评估方面，人工智能通过监控整个受灾地区的数据，能够进行实时灾情评估。例如，在地震发生后，人工智能可以根据地震传感器的数据快速评估地震强度、震源深度和震中位置，为救援行动提供准确的参考。再如，智慧森防监测预警系统的烟火识别功能能够自动预警，一旦触发，监控画面自动定位林区起火点，并推送位置信息和高空监控画面，值班人员可第一时间锁定火情并迅速安排人员处置。该系统结合红外热成像技术和卫星遥感图层，精准标绘起火点范围，极大增强了森林防灭火能力。深圳市应急管理局在全市森林防火重点区域安装了 124 路双光谱高清摄像头，利用智能烟火识别、态势分析和智能标绘等信息化技术，构建了全天候森林防火立体监测网络，实现了对森林火灾风险隐患的“全面感知、深度应用、精准指挥”。

（三）乡村受灾后恢复方面的应用

人工智能还可以帮助乡村进行灾后恢复和重建，帮助尽快恢复正常的生活和生产秩序。首先，制定灾后评估和恢复方案。通过数据分析和模拟仿真，人工智能可以为乡村提供科学的灾后评估和恢复方案，帮助他们更快恢复生产和生活。其次，救援行动优化。在灾害发生后，人工智能通过部署传感器网络和监控设备，实时收集受灾情况，并通过图像识别、语音识别等技术分析和定位灾民求助信息，指导救援队伍优先展开救援行动。最后，资源调度。人工智能通过数据分析和智能决策，实现物资和资源的快速调配。优化算法和智能决策系统可以帮助相关部门合理分配救援队伍、物资和设备，最大限度提升救援效率。例如，利用“智能呼叫机器人”向灾区信息员自动电话呼叫，采集灾情信息，或通过“网罗天下”系统实时检索互联网中的灾害图文和视频信息，强化大数据和互联网技术支撑，形成多部门联动的接报警体系，提升应急响应能力。救援特种机器人在灾难救援、反恐防暴、公共安全等领域已有成熟应用，未来将进一步应用于数字乡村应急管理。

第六节　数字乡村应急管理典型案例

一、浙江省新昌县“乡村大脑”抢出救灾黄金时间

新昌县应急管理局副科长王佳春向记者介绍道：“这波强对流天气，新昌县未发生重大灾害事件，‘乡村大脑’系统的国网新昌县供电公司智慧电力平

台功不可没。因为一旦发生险情，它可以省去排查时间，第一时间精准定位相关灾区的电力供应情况，从而实施精准摸排和救援。”

该平台自2020年12月正式上线后，针对自然灾害、事故灾难等突发事件，能够自动完成停电和灾害区域的研判，并在地图上标注、预警，帮助政府部门迅速了解灾区电力状况，制定应急救援措施。

在2021年5月10日晚至11日上午，新昌县沙溪镇经历了平均降水量23.4毫米的强对流天气，成为受灾最严重的地区之一。通过“乡村大脑”智慧电力平台，电力部门迅速掌握了沙溪镇的电力供应情况，仅用3小时50分钟完成精准摸排和救援，比以往节省了2小时以上，显著降低了应急救援成本，挽回了更多经济损失。

“乡村大脑”不仅能够根据受灾位置自动分析周边的重要基础设施、避难场所和救援力量，还能实时跟踪救援过程，查看救援人员和车辆的位置，实现前后方信息共享，做到全时空态势监控、智能化管理决策和人性化精准服务。

此外，该平台已对接县大数据中心及水利、气象、公安等20多个系统，集成了应急指挥“一张图”，加载了应急对象、救援力量和物资等数据资源。针对地质灾害风险点，系统能够提供照片和全景展示，并通过物联网传感器自动发出预警信息，第一时间通知预警群组人员。

新昌县应急管理局负责人表示：“通过构建数字化应急管理体系，推动自然灾害风险‘精准智治’，将险情掌握和风险化解提前一步，不仅有效节约了应急救援成本，还最大限度保障了人民群众的生命财产安全，大幅提升了治理效能。”

二、重庆市綦江区构建5G数字乡村应急宣传平台

基层工作细小烦琐，直接关乎老百姓的切身利益。重庆移动在綦江区推广5G数字乡村应急宣传平台，赋能基层政府，帮助政府实现精细化管理。该平台具备应急救援、紧急通知和灾害预警等功能，在暴雨、山体滑坡、火灾等紧急情况发生时，村委会人员可以通过该平台迅速通知并组织工作人员开展应急救援。同时，基层政府还能通过平台向农村老人、种植大户和特殊人群发送天气预报和气象预警信息。5G数字乡村应急宣传平台全面支持反诈宣传、灾害预警、政府政策宣传以及村委会应急救援等工作，显著提高了基层政府的工作效率和数字化管理水平。

截至2022年3月，重庆移动已与綦江区4个街道办事处和14个乡镇政府辖区内的232个村社达成合作，对14个政府单位的248人进行集中培训，通

过5G数字乡村应急宣传平台累计发送信息超过25万条。未来，重庆移动将继续推动该平台在基层政府的广泛使用，助力数字乡村建设，进一步提升基层管理能力和服务水平。

三、广西桂林龙胜试点“智慧应急”构筑安全网

自2021年5月龙胜各族自治县被广西壮族自治区应急管理厅确定为广西乡镇应急能力建设试点单位以来，桂林市应急管理局借助“我为群众办实事”活动的契机，通过多渠道帮助该县解决试点项目推进中遇到的困难，进一步提升龙胜的“智慧应急”管理能力，为乡村振兴赋能。

2021年12月，桂林市应急管理局多次赴龙胜督导调研，协调相关单位进行数据信息共享，推动基层应急管理工作落实。目前，龙胜应急管理局已实现与水利、水文、气象、林业、公安等县级部门的数据对接，并接入全县山洪灾害监测预警系统、森林防火预警监测系统、气象综合信息显示平台等。全县10个乡镇已完成相关设备和业务系统的部署，并对操作人员进行业务培训。辖区内具备条件的13家矿山企业的视频监控及视频会议系统已分别接入龙胜安全生产汇聚平台和自治区应急管理厅电子政务外网视频会商平台，实现随时连线调度指挥。

桂林市应急管理局还多次邀请自治区应急管理厅专家组到龙胜调研，针对试点项目建设中的问题精准把脉、对症开方建议，助推项目取得新进展。据统计，龙胜试点项目投资800多万元，涵盖应急指挥体系和广电应急大喇叭两大板块。全县10个乡镇各配置了1台65寸华为智慧屏、2台卫星电话、1台无人机、2台应急移动终端；119个行政村配备了近600个应急大喇叭，并部署了基层应急能力提升软件，将现场指挥服务有效延伸到各村屯，解决“智慧应急”的“最后一公里”问题。目前，该项目已进入调试阶段，即将投入使用。

桂林市应急管理局相关负责人表示，将加快推进龙胜试点项目的全面投入使用，并以此为示范，带动其他县（市、区）提升“智慧应急”能力，构建应急管理信息网络体系，全面提升全市应急管理能力，为全市经济社会高质量发展提供坚实的安全保障。

本章思考题

1. 数字乡村应急管理的主要做法有哪些？

2. 数字乡村应急管理表现出哪些特征?
3. 当前的数字乡村应急管理存在哪些问题?
4. 数字技术在乡村应急管理中的具体应用场景有哪些?
5. 结合本章案例，说明数字化在乡村应急管理中应用的必要性。

第十章 数字乡村民生服务

数字乡村民生服务指的是利用数字技术和信息化手段为乡村提供教育、医疗、养老等民生服务，从而提升乡村治理效能、促进经济发展、改善居民生活品质。数字乡村民生服务旨在通过数字化手段，推动公共服务的普惠均等化，改善农村居民的生活质量，提高民生服务的可及性和效率。

第一节 数字乡村教育

在我国经济社会发展过程中，东西部和城乡之间的差距仍然明显，尤其在乡村教育领域面临诸多挑战，与乡村全面振兴的总体要求存在差距。要实现乡村教育的跨越式发展，必须转变发展方式，积极运用现代信息技术，尤其是以人工智能为代表的新一代信息技术，推动乡村教育的数字化转型。数字乡村教育的目标是构建并完善国家教育资源公共服务数字平台，将高质量的社会化在线课程资源纳入公共教学体系。通过互联网和卫星通信技术，确保偏远乡村学校的联网覆盖，将城市优质教育资源以视频点播、网络直播等方式传输到乡村学校及师生的个人终端。此举推动了场景式、体验式学习和智能化教学的发展，提升了乡村教育整体水平，缩小了城乡教育差距。

一、数字乡村教育的历史变迁

根据 2019 年 9 月发布的《信息化蓝皮书：中国信息化形势分析与预测 2018—2019》，我国数字乡村教育发展历程可分为三个阶段：前教育数字化阶段（1978—1999 年），这一阶段的重点是农村基础教育的普及；教育数字化 1.0 阶段（2000—2017 年），信息技术开始逐步应用于教育系统，推动乡村教育的信息化建设；以及教育数字化 2.0 阶段（2018 年至今），这一阶段则通过更先进的数字技术，如人工智能、云计算等，进一步推动了教育资源的均衡化和乡村教育的全面数字化发展。这一历程反映了信息技术在乡村教育中的逐步渗透与应用，以及数字化手段在推动乡村教育变革中的关键作用。

（一）前教育数字化阶段

1978—1999 年是我国数字乡村教育的前教育数字化阶段，主要依靠计算机、电教设备等单机技术及多媒体装备，逐步形成技术辅助教学的模式。首先，教育理念开始重视现代化手段。1978 年 4 月，邓小平同志提出要将电视、广播等现代化手段应用于教育，随后提出电脑教育要“从娃娃抓起”。1991 年，中国电化教育协会成立，标志着我国开始重视教育信息化。其次，简单的信息技术在乡村教育中投入使用。20 世纪 90 年代初，农村中小学开始建设电教室，配置计算机和投影设备，逐步引入计算机教学，提高学生的信息技术应用能力。同时，对乡村教师进行信息技术培训，提升其计算机操作水平。此外，还探索利用广播电视开展远程教育，以解决偏远地区教育资源匮乏的问题。最后，初步配置校内网及电教设备。该阶段的乡村学校购置了幻灯片、投影仪、摄像机、影碟机等设备，建立了语音室、多功能演示室、多媒体网络教室，并完成了校园网络铺设及校内系统业务集成。至 1999 年，乡村教育信息化起步阶段基本完成。

（二）数字乡村教育 1.0 阶段

码 10-1

2000—2016 年是数字乡村教育 1.0 阶段，该阶段重点推进了校园管理信息化、现代远程教育、教学资源库共建共享等工作。首先，国家高度重视乡村教育数字化建设。通过召开全国中小学信息技术教育工作会议、全国教育信息化工作电视电话会议、农村工作会议等，积极推动乡村教育数字化发展。其次，开展“三通两平台”建设。这包括推行宽带网络校校通、优质资源班班通、网络学习空间人人通，并建设教育资源公共服务平台和教育管理公共服务平台，推进资源共建共享。再次，实施“农村中小学现代远程教育工程”。聚焦数字化校园建设，推进“宽带乡村”工程，推动乡村宽带网络全覆盖，提升网络接入速度和质量。在全国范围内实施农村中小学现代远程教育工程，推动农村学校接入互联网，大规模建设多媒体教室，提升教学信息化水平。最后，在线教育平台建设试点。开设国家级和省级数字教育资源平台，提供丰富的教学资源，开展在线课程试点，探索网络教学模式，扩大优质教育资源的覆盖面。

（三）数字乡村教育 2.0 阶段

自 2017 年以来，我国进入数字乡村教育 2.0 阶段，主要聚焦数字化校园建设和优质教学资源的开放共享。第一，国家高度重视教育的网络化和智慧化。2017 年党的十九大报告中明确提出“办好网络教育”，同年 11 月，教育大数据应用技术国家工程实验室启动会提出我国教育信息化进入 2.0 时代。2018 年 4 月，教育部发布《教育信息化 2.0 行动计划》，提出到 2022 年基本实现“三全两高一大”目标，即教学应用覆盖全体教师、学习应用覆盖全体适龄学生、数字校园建设覆盖所有学校，信息化应用水平和师生信息素养普遍提高，建成“互联网＋教育”大平台。第二，数字校园建设步伐加快，乡村学校普及智能终端设备，如平板电脑和智能白板等，推进智慧教室和虚拟课堂的应用。第三，构建乡村教师信息素养培训体系，提升教师的信息技术应用能力和教学创新能力。第四，建立教育平台促进优质资源下沉，通过教育大数据平台，利用数据分析辅助教学和管理，通过直播课程、双师课堂等方式，将优质教育资源输送至乡村学校。

总体来看，数字乡村教育的发展历程展现了中国在提升农村教育信息化水平和质量方面的持续努力。通过从探索到提升的不断创新，数字技术正在缩小城乡教育差距，促进教育公平与均衡发展。

二、数字乡村教育的特征

党的十八大以来，我国全力打造教育数字化的中国方案，在构建教育信息化应用模式、建立全社会参与的推进机制，以及探索符合国情的教育信息化发展道路上取得了突破性进展。数字乡村教育建设在这一过程中，借助政策的强力支持，取得了显著成效。

（一）乡村教育数字化深入推进

数字化教学环境的构建是信息化教学的基石，为师生提供优质数字教育资源及便捷的学习工具。在数字乡村教育相关政策的推动下，海量优质教育资源通过互联网从城市传送到乡村，逐步进入乡村中小学。具体表现为：第一，教育数字化基础设施显著改善。截至 2022 年 8 月，我国农村在线教育用户规模达 6 787 万人，普及率达到 22.5%。全国义务教育学校的联网率已达 100%，基本实现出口带宽 100M 以上，99.6%的中小学配备了多媒体教室。第二，“三通”建设取得显著成效。以甘肃临夏州为例，部分地区实现了“宽带网络校校通”，网络覆盖率达到100%。“优质资源班班通”教室占比98%，教师的“网络学习人人通”注册率达95.58%。第三，优质教育资源的覆盖面显著扩大。国家智慧教育公共服务平台上线，发布了3.4万条基础教育资源和2.2万门职业教育在线课程，将免费优质教育资源送到乡村。中西部许多偏远地区利用平台资源实施“双师课堂”，大幅提升教学质量。中国教育电视台通过电视频道承担小学各年级课程，解决了网络信号薄弱地区学生的学习资源问题，以“电视+教育”推动乡村数字教育发展。第四，师生资源应用能力逐步提升。通过多种渠道提供优质资源服务，逐步解决优质资源不足的问题，增强了师生在资源应用方面的能力。资源的广泛应用丰富了教学内容，提升了教学质量。

（二）乡村教师数字化技能提升

码 10-2

互联网的普及打破了乡村教师的地域限制。首先，国家政策为乡村教师的数字化技能提升提供了有力支持。2020年，教育部等六部门发布了《关于加强新时代乡村教师队伍建设的意见》，明确指出：“鼓励有条件的地区先行探索，促进信息技术、智能技术与教育教学的深度融合……推动系统数据的转化和应用，更好地服务乡村教师发展。”其次，“国培计划”稳步推进。多个省份通过“国培”“省培”和“县培”等多层次培训，全面提升各级各类学校教师的信息化教学技能与教育信息化应用能力。“国培计划”由教育部和财政部于2010年全面启动，是提高中小学教师，特别是乡村教师队伍整体素质的关键举措。该计划包括“中小学教师示范性培训项目”和“中西部农村骨干教师培训项目”两大内容。“国培计划”中西部项目已培训中西部农村校长和教师近千万人次，显著提升了中西部教师的教学能力。再次，乡村教师的数字教育理念显著增强。随着教育数字化转型的持续推进，数字理念和技术逐渐融入乡村教师的专业发展，成为其发展的重要推动力。最后，新技术的发展帮助乡村教师更好地接入城市教育资源。通过网络，乡村教师建立联系、开展合作、共享资源，形成教师学习的虚拟共同体。城市优秀教师可以通过网络研修、集体备课和研讨等方式为乡村教师提供定向支持，同时乡村教师也可以积极利用线上教育资源，自主提升数字化技术的应用能力。

（三）高素质农民培训数字化转型

数字化培训提升了高素质农民培训的可及性和及时性。第一，国家高度重视高素质农民的数字素养提升。自2004年以来，中央连续20余年发布关于农业的1号文件，始终强调农民在“三农”工作中的核心作用，以及农民教育培训对乡村全面振兴的深远影响。同时，文件还强调要加快构建高素质农民教育培训体系，涵盖技能评价与学历教育、数字素养与技能培训，以及实施高素质农民培育计划等多方面。第二，各地政府积极开展提升高素质农民数字素养水平的培训。例如，黑龙江省尚志市举办了农民数字素养与直播电商技能培训，提升了农民对数字技术的认知和学习意愿，缩小了城乡“数字素养鸿沟”，共有17个乡镇的农民及驻村干部参加了培训。第三，高素质农民培训方式结合线上与线下模式，有效提升了农民在设备操作、软件应用、数字内容创建等方面的新技术应用能力。例如，《江苏省数字乡村建设指南》提出，从省级层面制定相关政策文件和具体措施，利用数字化手段，如远程教学和云课堂，组织培训课程，培养具备数字素养的高素质农民和基层干部。在四川广元市，充分利用“全国农业科教云平台”，安排30%的课程在线上学习，涵盖种植、养殖等方面的20余门专业技术课程，参训学员可以根据业务需求通过“云上智农App”进行有针对性的学习。贵州省黔南州2020年的做法也值得借鉴，该地区充分利用线上平台开展培训，依托“中国农技推广App”，并结合线下培训，确保培训内容的实用性和针对性。这种做法有效提升了培训效果，为乡村全面振兴培养了更多高素质农民。

三、数字乡村教育存在的问题

（一）数字乡村教育基础设施配置不足

目前我国乡村教育条件有了全面改善，但基础设施配置仍存在不足。首先，不同地区乡村教育的数字化基础设施配置存在显著差异。由于我国乡村学校和教学点在地理位置、经济发展水平和区域文化等方面的差异，乡村教育数字化基础设施的全面覆盖与质量提升难以一蹴而就。尽管目前我国校园网络接入率已达到100%，多媒体教室覆盖率达99.5%，但区域间教育设施配置的水平仍然存在差异。华东地区的教育设施配置处于领先地位，华中、华南地区处于中等水平，而西南和东北地区则相对较为落后。其次，乡村学校的多媒体教学设备更新速度较慢。许多乡村学校的教学设备条件较差，无法满足教学信息化的需求，设备使用一段时间后常出现运行缓慢、死机、定位不准等问题，影响了课堂效率。根据2023年12月发布的《中国教育发展与乡村振兴报告2022—2023》，城乡师生在居家学习期间，教学基础设施的使用情况存在明显差异。乡村学生线上学习主要依靠智能手机，而城市学生除了智能手机外，还使用平板电脑、台式机和笔记本电脑等设备。调研还显示，乡村的网络使用体验较差，基础教育数字化资源也较为匮乏。

（二）乡村教师数字化应用能力不足

乡村教师的信息素养相对较低，在信息意识、知识应用、信息安全和持续发展等方面均与城镇教师存在差距，地区之间的差异也十分明显。第一，乡村教师的信息化教学能力有限。多数学校的教学方式仍然较为传统，能够熟练运用信息化教学手段的教师较少，先进设备未能得到充分利用。第二，教师教学能力存在明显的地区差异。2020 年对全国 18 万名教师的调查显示，东、中、西部教师在在线教育态度、信息化能力、作业布置方式和在线教学时长等方面均存在显著差异，东部地区教师的在线教育技能明显优于中部和西部地区的教师。第三，教师队伍老龄化制约了乡村教育的数字化转型。信息技术与教育教学的融合度不够，教师很少主动利用互联网搜集教学资源或更新授课方法，也很少使用信息化教具或搭建数字化学习空间，这与教师队伍的老龄化有直接关系。第四，城乡教师在信息技术应用方面的能力差距巨大。调研显示，农村教学点与农村中心学校的教师在“与其他教师在线协作教研”“网络研修”“发布电子资源”“查看学生作品”和“在线指导”等层面的信息技术应用差距显著。

（三）数字乡村教育转型经费投入与实际需求错配

乡村教育的数字化转型需要财政资金和硬件投入，但后续的更新维护面临资金不足等问题。首先，大量信息技术硬件设施的配置增加了维护和更新的资金负担。尽管在国家对教育信息化的高度重视和持续推动下，我国教育信息化取得了跨越式发展和历史性突破，大量财政资金用于硬件建设，显著改善了乡村学校的信息技术设施，但也加重了日常运行维护与更新的压力。许多乡村小学的一体机是“三通两平台”建设时期配置的，已有 10 余年使用历史，设备老旧、屏幕小、卡顿频繁，严重影响教学效果。其次，部分乡村学校由于设备更新资金压力而减少使用。一些学校获得了计算机、平板电脑等外部捐赠，但设备大多闲置，对国家中小学智慧教育平台等数字资源的利用率也很低。有些乡村学校因无力承担设备的运行和维护费用，干脆减少使用频率。调研显示，偏远欠发达山区“县域教育信息化建设的财政投入比例不均衡”问题尤为突出，“铺设网络和购置硬件设备的资金投入远远大于购买软件和数字教育资源的资金”。调研所涉及的 15 个县（区）的财政投入情况显示，“11 个县（区）教育信息化财政投入的 80%用于铺设网络和购置硬件”，剩余资金才用于教育资源采购和教师培训。

四、数字乡村教育政策演变

进入新时代，党和政府高度重视农村基础教育的发展，持续加大对乡村教育资源的投入，致力于缩小城乡教育差距。围绕如何办好让人民满意的教育，乡村儿童的教育从“有学上”迈向“上好学”的新发展阶段，乡村教育改革取得了显著成就。乡村振兴战略不仅对乡村教育发展提出了更高要求，还为其提供了新的发展契机。

（一）教育信息化起步阶段政策

1978—1999 年是我国基础教育信息化的起步阶段，即推行“电化教育”。这一阶段可细分为三个时期：1978—1984 年为视听教育阶段，1984—1994 年为视听教育向计算机教育的过渡阶段，1994—1999 年为现代远程教育的发轫阶段。首先，1978 年 4 月，邓小平提出要将电视、广播等现代化手段应用于教育。同年 5 月，教育部发布了《关于电化教育工作的初步规划（讨论稿）》，并批准成立中央电化教育馆和中央广播电视大学，这使 1978 年成为我国教育信息化的开端之年。1983 年 10 月，第一次全国电化教育工作会议召开，会上宣读了《开创电教新局面》的报告。1984 年 2 月，邓小平在上海观看了“电脑娃娃”的程序设计，指示“计算机的普及要从娃娃抓起”，这标志着中小学计算机教育在有条件的地区正式提上日程。其次，1994 年前后，随着计算机技术的成熟、市场拓展和微机价格下降，我国配置计算机的中小学校数量逐渐增加。最后，1998 年 6 月，教育部向国务院报请批转了《关于发展我国现代远程教育的意见》，推动我国从以广播电视为代表的第二代远程教育向以网络为代表的现代远程教育转型。1999 年 1 月，国务院转发了教育部的《面向 21 世纪教育振兴行动计划》，决定实施“现代远程教育”。同年 6 月，全国教育信息化工作座谈会上发布了《全国现代远程教育发展规划》，标志着 1999 年成为我国现代远程教育工程正式启动的年份。

（二）教育信息化走进基础教育阶段政策

2000—2010 年，教育信息化逐渐走进基础教育领域。进入 21 世纪后，“校校通”工程和乡村中小学现代远程教育工程的全面实施，标志着现代远程教育逐步融入基础教育。首先，召开了一系列信息技术教育工作会议，并发布了多项教育信息化相关文件。这些会议包括全国中小学信息技术教育工作会议、农村工作会议等，出台了《关于在中小学实施“校校通”工程的通知》《全国教育事业十五规划》《教育信息化“十五”发展规划（纲要）》《2003—

2007年教育振兴行动计划》《关于进一步加强农村教育工作的决定》《中小学教师教育技术能力标准（试行）》等，全面部署了乡村教育信息化的推进。其次，文件和会议强调了信息化教育和教育信息化的重要性，要求在乡村教育中普及信息技术教育，加快信息化基础设施建设，实施中小学“校校通”工程，提升教师信息技术能力，促进信息技术与学科课程的深度整合。2008年，教育部明确提出“积极开展中小学现代远程教育，推进‘班班通，堂堂用’。”最后，实施了“农远工程”，即农村中小学现代远程教育工程，初期依托教学光盘播放点、卫星教学接收点和中心学校计算机教室三种模式，将优质数字教育资源传输到西部乡村中小学。“农远工程”促进了城乡优质教育资源的共享，提高了乡村教育的质量和效益。

（三）教育信息化的深入推进阶段政策

2010—2016年，教育信息化政策持续推进，在教育改革发展中的战略地位逐步确立。首先，全国教育信息化工作电视电话会议相继召开两次，明确了教育信息化的核心目标，提出了标志性工程“三通两平台”，即实现宽带网络校校通、优质资源班班通、网络学习空间人人通，以及建设教育资源公共服务平台和教育管理公共服务平台。2015年5月，首届国际教育信息化大会的召开成为中国教育信息化发展的里程碑。其次，教育信息化相关文件密集出台。2012年3月，《教育信息化十年发展规划（2011—2020年）》发布，成为我国教育信息化建设的纲领性文件，随后出台了《国家中长期教育改革和发展规划纲要（2010—2020年）》《教育信息化“十三五”规划》《关于加快推进教育信息化当前几项重要工作的通知》《构建利用信息化手段扩大优质教育资源覆盖面有效机制的实施方案》《关于“十三五”期间全面深入推进教育信息化工作的指导意见（征集意见稿）》等文件。这些文件强调了信息技术对教育发展的革命性影响，要求提升教师的信息技术应用能力，推动信息技术在教育中的深度应用，基本建成与国家教育现代化发展目标相适应的教育信息化体系。最后，国家级教育平台上线，优秀线上教学资源不断涌现。2012年底，国家教育资源公共服务平台正式上线，教育管理公共服务平台和应用体系基本搭建完成，实现了“一校一码”和学生电子学籍“一人一号”的管理模式。自2014年起，“一师一优课、一课一名师”活动在全国范围内推广，推动信息技术与教育教学的深度融合，提升了教育质量。

（四）教育信息化2.0阶段政策

自2017年以来，我国教育政策推动教育信息化迈入2.0时代，分为“互联网＋教育”阶段和教育数字化阶段。第一阶段为“互联网＋教育”阶段。2017 年 10 月，党的十九大报告明确提出要“办好网络教育”，11 月，教育部在“教育大数据应用技术国家工程实验室”成立会议上宣布我国教育信息化进入 2.0 阶段。2018—2019 年，密集出台了《教育信息化 2.0 行动计划》《中国教育现代化 2035》《教育部关于实施全国中小学教师信息技术应用能力提升工程 2.0 的意见》《教育部等十一部门关于促进在线教育健康发展的指导意见》《加快推进教育现代化实施方案（2018—2022 年）》等文件，提出加快信息化时代的教育变革，构建“互联网＋教育”支撑服务平台，并深入推进“三通两平台”建设。2021—2022 年，相关文件如《关于加强新时代教育管理信息化工作的通知》和《“十四五”推进农业农村现代化规划》，强调以数据驱动提升教育管理的数字化水平，特别是改善农村中小学的信息化基础设施。第二阶段为教育数字化阶段。2022 年 1 月，全国教育工作会议首次提出“实施教育数字化战略”，同年 3 月，国家智慧教育平台正式上线，同期发布了《国家智慧教育平台数字教育资源内容审核规范（试行）》和《国家智慧教育公共服务平台接入管理规范（试行）》等文件以规范平台运行。2022 年 10 月，党的二十大报告首次将“推进教育数字化”写入党代会报告。2022 年 11 月，教育部发布了《教师数字素养》教育行业标准，着力提高教师的数字素养。2023 年 2 月，中共中央、国务院印发《数字中国建设整体布局规划》，明确提出要推动数字公共服务普惠化，并大力实施国家教育数字化战略行动，完善国家智慧教育平台。2023 年 4 月发布的《数字乡村发展工作要点》中进一步强调，支持和鼓励中西部欠发达地区利用国家智慧教育公共服务平台资源开展县域教师培训，提升农村教师的数字素养。

五、数字乡村教育未来发展重点

（一）提升乡村教师数字素养水平

乡村教师的数字素养作为推动乡村教育数字化进程的核心要素，其提升已成为当今教育发展的重要课题。面对日益增长的数字素养提升需求，尤其在数字化浪潮下，乡村教师所面临的现实困境，亟须从教师自身视角出发，通过数字化意识、数字实践能力、数字创新与应用、数字社会责任以及职业发展等五大核心维度，构建提升乡村教师数字素养的新路径。首先，要聚焦激发教师的内在动力和挖掘其潜能，从多维度、多层次入手，结合教师的实际情况和现实需求，以教师为中心，构建一套科学、系统、可持续的培养体系，有效提升乡村教师的数字素养，为乡村教育发展及国家整体教育事业的繁荣作出重要贡献。其次，应加强对乡村教师的数字技术培训，帮助他们掌握教学软件的使用及在线教学平台的操作等必要的信息技术技能。最后，应建立符合乡村教师实际需求的交流平台，促进教师之间的经验分享和合作，共同提升数字教学能力。

（二）深化乡村教育数字技术应用

从“重建轻用”向深度应用转变，充分发挥数字技术在教学和管理中的作用，有助于提高教育质量和效率。首先，探索线上线下相结合的混合式教学模式，丰富符合乡村教育实际的教育资源呈现形式，使教学更加灵活和多样化。其次，完善基础设施，为数字技术在乡村教育中的应用提供坚实保障。这包括加强网络覆盖，确保高速、稳定的网络连接，并配备或更新先进的信息化教学设备，如电脑、投影仪、电子白板等，同时改善电力供应，确保这些设备能正常运作。再次，丰富乡村教育的数字资源库。引入优质的在线教育资源，建立专门的乡村教育数字资源库，提供电子图书、视频课程等多样化的学习资源。此外，鼓励和支持乡村教师利用数字技术制作教学课件、录制微课，丰富教学手段。例如，可以通过虚拟现实技术和在线互动，为学生创造更生动、直观的学习环境；通过数据分析技术，精准掌握学生的学习情况，为个性化教学提供有效依据。

（三）激发师生应用数字技术积极性

在未来教学中，采用多种教学策略来激发数字技术嵌入的积极性，将为乡村课程教学注入新的活力。第一，灵活应用在线视频会议软件。例如，可以邀请在线演讲嘉宾分享专业知识，利用视频会议系统突破地理限制，学生能与主题专家面对面交流，打破区域差异。第二，充分利用在线参与工具，定期收集学生对课程材料和作业的反馈，从学生的角度发现教学中的问题。第三，应用在线研究型教学平台，组织学生进行项目合作，利用社交媒体、交互式白板等工具，实现无障碍的协作和交流，促进学生积极参与自发讨论，并提供快速、准确的反馈。第四，实施因材施教策略，根据学生的不同学习速度，允许他们选择适合的教育资源，如教育影片、课程游戏或互动学习工具。第五，坚持以学生为中心，尽管技术在未来教育中扮演着重要角色，但人与人之间的课堂连接仍然是核心。随着互联网能力和网络容量的不断提升，将创新技术融入课堂成为趋势，但线下课堂教学依然不可或缺，二者应相辅相成。

六、数字乡村教育典型案例

浙江省诸暨市艺术互联网直播课堂走进乡村小学

由于乡村偏远小学在艺术教育领域存在师资短缺问题，美术课程往往由语文、数学等主课教师兼任，教学内容仅限于简单的图案临摹。在诸暨市的一些偏远乡村小学，专业美术课程成为难得的“珍品”。璜山镇桥下小学、姚江镇墨城湖小学、安华镇红桥小学和次坞镇凰桐小学正在尝试采用“互联网＋美术教学”模式。通过一根网线和两块屏幕，城乡师生间的互动教学得以实现，为乡村学生提供专业的美术课程。

不久前，枫桥镇梅苑小学三年级的学生们在课堂上体验了这一创新的教学方式。“快看，电视里的老师正在给别的班级上美术课呢!”教室内，17 名学生全神贯注地看着前方的两块大屏幕。另一端是浣东小学的美术教师朱蓓佳，正在进行实时授课。在她的指导下，梅苑小学的学生们完成了绘画作品——色彩缤纷的小陀螺，并通过摄像头展示给远方的老师。

目前，诸暨市的中小学已经全面实现“互联网＋义务教育”的城乡结对帮扶模式。未来，市教体局将进一步深化“艺术课堂”建设，提升软硬件设施，为师生提供更优越的教学环境。同时，将加强教师线上教研活动，提升农村薄弱学校的师资水平。

第二节　数字乡村医疗

数字乡村医疗是乡村医院依托互联互通的健康信息平台和医保信息系统，深化“互联网＋医疗健康服务”，构建电子病历、处方和健康档案数据库及共享体系，推动远程医疗、医学影像辅助判读和临床辅助诊断在乡村的应用。我国城乡医疗水平存在显著差异，通过乡村卫生信息平台与上级医疗机构开展远程医疗协作，可以实现以患者为中心的医疗资源互补，提高高质量医疗服务的可及性、质量和效率，促进乡村居民健康水平的提升，更好地实现“健康中国 2030”目标。

一、数字乡村医疗的历史变迁

数字乡村医疗的历史变迁可划分为三个阶段：医疗信息化、互联网乡村医疗和数字乡村医疗。这一过程展现了我国乡村医疗保健水平的逐步提升，反映了科技进步与经济社会发展的深度融合，也充分体现了国家对乡村医疗卫生事业的高度重视和大力支持。

（一）医疗信息化建设阶段

2000—2009年，我国乡村医疗进入信息化建设阶段，主要特征体现在“管理数字化”和电子病历的初步尝试。第一，尝试医疗管理数字化。进入21世纪后，随着计算机的普及和网络的开通，乡村医疗开始探索数字化建设，重点在于提高管理工作效率和辅助财务核算，即“管理数字化”。这一时期，乡村医疗机构逐渐采用数字化系统来优化内部管理流程，从而提升服务质量和运行效率。第二，社会保险开始覆盖城乡。早期，乡村医疗条件相对落后，医疗资源匮乏，群众面临“看病难、看病贵”的问题。随着改革开放的深入，国家实施了一系列乡村卫生事业发展计划，加大对乡村医疗资源的投入，逐步改善乡村医疗卫生条件。2000年以后，中国开始推行社会医疗保险和新型乡村合作医疗制度，这极大地改善了乡村居民的医疗保障，扩大了城乡医疗保险的覆盖面。第三，电子病历系统的初步尝试。2003年，抗击“非典”期间，北京小汤山医院建成了电子信息系统，改变了医院的传统工作方式，并与全市“非典”信息报送系统实现了无缝对接。此后，临床信息系统迅速发展，区域卫生信息平台也开始探索。小汤山医院的信息系统首次实现了电子病历的初步应用，医疗信息的高度共享减少了传统医疗文书的手工传递。这一系统逐步推广到全国各地医院，包括乡村医院，标志着乡村医疗信息化迈出了重要一步。

（二）互联网乡村医疗阶段

2010—2019年是我国互联网乡村医疗阶段，乡村医院在这一时期探索远程医疗、建立互联网医院体系，并普及电子病历。首先，乡村医院开始尝试远程医疗，借助互联网技术开展医疗信息咨询、预约挂号等辅助性医疗服务，虽然尚未涉及核心诊疗，但为数字医疗的发展奠定了基础。其次，互联网医院体系逐步建立，医疗信息化进入互联网时代，通过远程信息技术实现医生与患者之间的数字信息共享。2016—2019年，相关政策密集出台，尤其是2016年国务院印发的《“健康中国2030”规划纲要》，首次将互联网医疗上升到国家战略层面，推动互联网医疗深入核心诊疗领域。最后，电子病历（EMR）在乡村医院得以普及，基层医疗机构引入数字化工具，如电子病历和医院信息系统（HIS），提高了患者信息记录和管理的效率与准确性。电子病历系统通过模块化设计，涵盖患者基本信息、就诊记录和用药情况等，使乡村医生能够快速掌握患者病史，做出更加精准的诊断。此外，该系统还具备统计分析功能，能够生成健康报告和疾病分布图，为乡村医疗资源的合理配置提供数据支持。

（三）数字乡村医疗创新阶段

2020年以来，我国进入数字乡村医疗阶段，现代信息技术被引入乡村医疗，医疗数字化进一步推进，家庭医生签约服务得到推广，智能设备和可穿戴设备开始应用于乡村医疗。首先，互联网、大数据和云计算等现代信息技术的引入，使得远程医疗、电子健康档案和在线咨询等新型服务模式逐渐普及，乡村居民可以享受到更加便捷、高效的医疗服务。许多乡村配备了先进的医疗设备，能够开展常规检查和治疗服务，显著提升了医疗服务的质量和效率。其次，医疗数字化继续深入推进，随着医学影像存档与传输技术的发展，影像归档和通信系统、麻醉监控系统、检验信息系统和电子病历系统逐步完善，数字化医院建设成为重点。再次，国家推动的家庭医生签约服务为乡村居民提供了“健康守门人”，大幅提升了乡村健康管理水平。最后，智能设备和可穿戴设备逐渐应用到乡村医疗中，能够即时收集个人和群体的健康数据，极大地改善了乡村医疗条件。通过这些设备，医生可以实现快速、远程的诊断，为个人和群体提供个性化的医疗服务。

我国乡村医疗正处于从互联网医疗向数字医疗的过渡阶段，这一变迁是我国乡村卫生事业发展的缩影。乡村医疗条件的显著改善和乡村居民健康水平的不断提升，为全面建成社会主义现代化强国、实现第二个百年奋斗目标奠定了坚实的基础。

二、数字乡村医疗的特点

（一）数字医疗服务资源向乡村下沉效果显著

在医疗平台建设的基础上，数字医疗资源通过数字渠道下沉至乡村医院，推动部分诊疗业务向基层延伸。首先，数字渠道助力慢性病和常见病的诊疗业务下沉。通过搭建上下级专科医院之间的规范化信息通路，医疗业务能够有效下沉至乡村卫生院，使乡村居民在家门口就能得到慢性病和常见病的诊疗服务。其次，远程医疗服务平台和医保信息服务平台建设取得显著进展。远程医疗服务平台现已覆盖31个省份及新疆生产建设兵团等特殊行政职能单位，地市级和县级远程医疗服务实现了全面覆盖。全国统一的医保信息平台也已建成，接入了约40万家定点医疗机构和零售药店，覆盖了所有参保人。国家医保服务平台的实名用户已达2.8亿，提供超过100项服务功能。例如，陕西省已实现全省10个市和96个县域的远程云平台覆盖，连接了2万多家医疗机构，全省因病致贫户减少了13.8万户。通过远程医疗平台，乡村的病患可以在本地卫生院获得来自三甲医院的优质治疗方案，如陕西省安康市老县镇中心卫生院与安康市中医医院等建立了远程诊疗联系，大大提高了乡村医疗服务的可及性。最后，数字技术在乡村医疗中得到广泛应用。辅助诊断、康复、医疗机器人、配送转运等新技术快速普及，同时互联网育儿课程、婴幼儿养育和父母课堂等新形式也不断涌现。据2020年12月《人民日报海外版》报道，远程医疗已覆盖全国所有国家级脱贫县的县级医院。通过“互联网＋医疗健康”的健康扶贫新模式，医疗人才下沉基层，同时将疑难病症和危重病人转诊至上级医院，形成了“基层首诊、疑难上转、康复回家”的医疗模式，实现了互联网与健康扶贫的有效结合，极大方便了低收入群众的住院、报销和补偿领取。

（二）数字医疗服务知晓度和使用率增加

数字医疗服务在全国范围内持续推进，取得显著成效。中国互联网络信息中心发布的《第52次中国互联网络发展状况统计报告》显示，截至2022年6月，乡村在线医疗用户规模已达6 875万人，普及率为22.8%。首先，数字医疗服务的知晓度在城镇高于乡村。2022年国家网信办进行的数字中国发展情况网络问卷调查显示，80%左右的受访者了解当地提供的线上缴费、自助机缴费、线上查询检验报告和线上预约挂号等数字医疗服务。从地区来看，浙江、上海、广东、湖南、山东等地的数字医疗服务知晓度位居全国前列。其次，互联网在线医疗广泛开展。患者无须人工协助即可轻松完成预约登记、问诊和支付全过程。医生通过患者的主诉进行病情诊断，并为患者提供治疗建议，在线问诊过程简单、廉价且可及性高，大幅提升了乡村居民的就医体验。再次，国家全民健康信息平台基本建成。截至2022年9月，全国所有省份、85%的地市和69%的区县已建立了区域全民健康信息平台，实现了医疗信息的互通和共享。最后，省、市、县、乡、村五级远程医疗服务网络得到积极完善，推动优质医疗资源下沉。截至2022年9月，远程医疗服务平台已覆盖全国所有地市和90%以上的区县。依托全国统一的医保信息平台，医保政务服务事项实现了“跨省通办”，乡村居民在异地也可以便捷办理医保相关业务，享受无卡结算和全国通用的医保服务。通过部门间的数据共享，可以精准识别乡村低收入人员，及时核查参保状况，监测医保待遇和医疗费用负担，预警因病返贫致贫的风险。截至 2022 年，全国超过 85%的县（市、区）已实现社会保险业务和新型农村合作医疗业务的在线办理。

（三）数字乡村医疗人才培养政策逐渐强化

码 10-3

多渠道培养基层乡村医疗人才是确保数字乡村医疗稳步推进的重要举措。首先，农村订单定向医学生免费培养计划和中西部农村订单定向免费本科医学生计划有效缓解了基层医疗人才的匮乏问题。通过这些计划，医学生在完成学业后根据定向协议和各省卫健委的统一安排，前往定向单位工作，改善了基层医疗卫生人才短缺的状况。这些医学生在预防、医疗、保健、康复、健康教育等方面发挥了重要作用。2023 年 12 月，国家卫生健康委数据显示，在过去 13 年中，国家持续推进农村订单定向免费医学生培养工作，截至 2022 年底，中央财政累计投入 17.9 亿元，培训了 65 万名基层卫生人员，其中包括 43 万名乡村医生。2023 年，4 800 多名农村订单定向医学生完成住院医师规范化培训，进入乡镇基层岗位工作。其次，“支医”计划也为推动医疗人才进入乡村提供了有效途径。中央组织部通过设立“三支一扶”岗位，鼓励高校毕业生服务乡村，安排他们从事教育、卫生、农技和扶贫等工作。“支医”计划作为解决乡村卫生院医生不足的重要措施，将部分毕业生分配到基层医院、卫生所，安排在医院的办公室、药房、资料室及各类临床科室。新生力量的进入，不仅弥补了人手不足，还促进了数字医疗技术的应用，进一步提高了乡村数字医疗服务的水平。

三、数字乡村医疗存在的问题

数字技术在乡村医疗领域的应用，虽然打破了时间和空间的限制，带来了数字化医药和治疗手段的创新，使居民就医更加便捷，医院管理和运营更为高效，并使面向大规模人群的连续性健康管理成为可能，但其发展过程中也面临一些亟待解决的突出问题。

（一）对数字技术应用认识还需深化

第一，数字技术提供者的定位问题。数字医疗的核心是提供医疗服务，数字化的作用在于为获取医疗服务提供更便捷的手段。然而，实践中一些数字技术提供者将自己定位为医疗服务的主导者，而不是辅助者，这导致服务架构和投入重点出现偏差。数字技术应作为支持医疗服务的工具，而非取代或主导实际的医疗服务。第二，城镇互联网诊疗资源不足。虽然乡村居民可以通过互联网医院获得城镇医院的医疗服务，但由于城镇大医院的医生在线下诊疗已占用大量时间，他们无法为互联网医疗服务提供足够的精力。当前，提供互联网医疗的医院多为大医院，但这些医院本身已经面临服务量饱和和人手不足的问题，无法及时满足在线医疗需求。2022 年的调查显示，1 600 家互联网医院的日均诊疗人次不足 60 人，且超过一半的医院实际运营效果不佳，面临有名无实的状况。第三，乡村医疗服务对象较难适应数字技术应用。如何让服务对象更好适应数字技术。我国许多乡村正面临“空心化”问题，留守妇女、儿童和老人成为主要居住人群，这部分人群接触网络和数字技术的机会相对较少，导致对数字医疗服务的了解不足和适应性较差。这种技术鸿沟限制了数字医疗在乡村的应用效果，导致服务难以全面普及。

（二）城乡数字医疗水平差距较大

第一，数字基础设施不完善。虽然乡村网络覆盖率在不断提升，但偏远乡村的数字基础设施仍然不够完善，明显低于城市水平，尤其是在偏远山区和欠发达地区，网络覆盖的“最后一公里”问题尤为突出。具体表现为网络覆盖不足、带宽限制和数据中心缺乏，这些问题严重影响了远程医疗和在线医疗服务的实施。网络覆盖不均与稳定性差成为数字乡村医疗发展的首要瓶颈。第二，数字乡村医疗体系建设的规模与范围有待提升。尽管大城市的大医院已经在智能导诊等方面取得了进展，并具备一定的推广条件，数字乡村医疗体系仍与城镇存在较大差距。在应对突发公共卫生事件时，数字医疗能够提升医生诊断效率，优化患者的就医流程，实现医疗资源的远程共享和信息实时交互，有效缓解医疗资源不足、医护人员短缺等问题。然而，乡村的数字医疗体系仍相对薄弱，需借鉴城镇的经验，推动乡村医疗的数字化升级，缩小城乡差距。

（三）数字乡村医疗建设资金不足

第一，数字乡村医疗体系建设需要大量资金投入。乡村医疗发展一直受到资金短缺的制约，而数字化手段的应用需要较高的前期成本投入，包括设备采购、网络建设和技术维护，这对许多乡村来说是巨大的财务压力。第二，现有乡村医疗卫生体制资金紧张。许多乡村医疗机构的运营资金已捉襟见肘，难以再挪出额外资金用于数字医疗的发展。部分农民对数字医疗的认知有限，未充分意识到其重要性，导致在推动数字乡村医疗时，缺乏足够的支持和理解。第三，乡村集体经济资源有限。随着青壮年农民的持续外流，乡村集体经济的活力减弱，公共积累较少，能够用于支持公共产品和服务发展的资源相对有限。

这使得乡村公共财政难以承担数字医疗的开发和运营成本，进一步制约了其发展潜力。第四，资金不足导致数字医疗人才难以引进。由于资金短缺，乡村医疗机构很难吸引具备信息化技术的专业人才。例如，贵州省石阡县的卫计系统中，从事信息化工作的计算机专业技术人员极少，县人民医院和县中医院仅有1～2名技术人员，而其他基层医疗机构甚至没有懂得计算机网络基础知识的人员。人才短缺的问题尤其突出，导致数字医疗技术在乡村的推广和应用更加困难。

（四）乡村医院内外可能存在数字孤岛

第一，医院之间存在信息孤岛。尽管自2009年新一轮医改以来，电子病历等医疗信息化建设已成为重点任务，并积累了十余年的海量数据，但由于缺乏有效的数据共享机制，医院间信息系统各自独立，形成了“信息孤岛”现象。这种局限性阻碍了医疗数据的互联互通，降低了数据利用效率，使得患者在跨医院就医时面临信息不畅、重复检查等问题。第二，院内数字化医疗建设缺乏系统性解决方案。目前，医院内部使用的医疗业务系统繁多，包括医院管理信息系统、新农合系统、远程医疗系统、社保系统、公卫系统等，每个系统通常依赖独立的专用网络，各网络相互独立，导致一家卫生院需要同时维护4～5条网络。这不仅增加了医院的运营成本，还因网络费效比高，影响了整体效率。例如，某些医院的社保专网每月收取260元网费，但实际运营收入不足以支付这些费用。即便有的医院进行了局域网改造，仍存在网络接入过多、使用率低、工作效率低等问题，缺乏一体化的数字化医疗解决方案。

四、数字乡村医疗政策演变

（一）基础信息系统建设阶段

2009—2015年间，我国的医疗信息化政策主要聚焦推进基层医疗卫生信息化、建设远程医疗系统和加强公立医院的信息化建设。2009年3月发布的《关于深化医药卫生体制改革的意见》明确提出以医院管理和电子病历为重点，加快推进医疗卫生信息系统的建设。随后，2011年4月发布的《三级综合医院评审标准（2011年版）》首次明确了三级医院信息化应用必须达到的具体程度和要求。2012年10月发布的《卫生事业发展“十二五”规划》首次将推进医药卫生信息化建设列入国家规划，提出推进基层医疗卫生系统建设，并建立三级医院与县级医院之间的远程医疗体系。2013年10月，发布的《关于加快推进人口健康信息化建设的指导意见》明确指出，到“十二五”期末，要基本实现各级各类卫生计生机构的信息网络安全互联。最后，2015 年 3 月发布的《全国医疗卫生服务体系规划纲要（2015—2020 年）》提出，到 2020 年实现全员人口信息、电子健康档案和电子病历三大数据库的全面覆盖。

（二）数字医疗平台建设阶段

2016—2020 年间，我国医疗数字化政策重点聚焦医疗平台化建设，整合各类医疗子系统，实现区域医疗信息的互联互通，推进电子健康档案建设。2016 年发布的《关于促进和规范健康医疗大数据应用发展的指导意见》和《“十三五”深化医药卫生体制改革规划》文件，明确提出要规范并推动健康医疗大数据的融合与共享，升级医院管理、医疗协同、医疗保障、药品供应等领域的信息化建设要求。2017 年 1 月发布的《“十三五”全国人口健康信息化发展规划》和《关于推进医疗联合体建设和发展的指导意见》进一步强调了人口健康信息化及健康医疗大数据的应用，鼓励医疗资源上下贯通，推动医联体高效协作。2018 年，中央 1 号文件首次明确提出推进健康乡村建设的任务，同年 4 月发布的《关于促进“互联网＋医疗健康”发展的意见》进一步提出要健全“互联网＋医疗健康”体系。2019 年，多个政策文件相继发布，包括《“健康中国 2030”规划纲要》《促进健康产业高质量发展行动纲要（2019—2022 年）》以及《中华人民共和国基本医疗卫生与健康促进法》，这些文件提出了通过信息技术促进部门和区域间健康信息共享，推动“健康村镇建设”，加快人工智能在医学中的应用，并推进信息技术在医疗卫生领域和医学教育中的广泛应用。为了进一步推动乡村医疗服务的现代化，2019 年发布的《数字乡村发展战略纲要》明确提出通过“互联网＋医疗健康”模式，提升乡、村两级医疗机构的信息化水平，构建数字化乡村医疗体系。

（三）普惠数字化医疗阶段

自 2021 年以来，我国数字医疗政策的重点在于推动医疗资源的普惠化，加快平台的标准化和一体化建设，深化新技术和新场景的应用，促进医疗体系的高质量发展。2021 年，多项与医疗数字化相关的政策密集出台，包括《关于印发进一步完善院前医疗急救服务指导意见的通知》《关于印发“十四五”全民医疗保障规划的通知》《公立医院高质量发展促进行动（2021—2025 年）》和《关于公布 5G＋医疗健康应用试点项目的通知》等。这些政策从院前急救设施信息化、区域医疗信息化、医保电子凭证推广、医疗专属云建设、医保信息业务编码标准的制定，到建设智慧医院和 5G 智慧医疗试点等方面，以推动各级医疗卫生机构信息系统的数据协同，加快我国医疗数字化的建设进程。

2022 年发布的《数字乡村发展工作要点》进一步提出，将各级各类医疗卫生机构纳入区域全民健康信息平台，推动乡村医疗服务全面升级。2023 年 2 月，《关于进一步深化改革促进乡村医疗卫生体系健康发展的意见》再次强调要加快推进县域内医疗卫生服务信息化，大力推进"互联网＋医疗健康"模式，构建乡村远程医疗服务体系，推广远程会诊、预约转诊、互联网复诊、远程检查，并加速推动人工智能辅助诊断在乡村医疗卫生机构中的应用。

五、数字乡村医疗的发展趋势

在数字乡村发展战略的指引下，我国数字乡村医疗展现出积极的发展态势。通过广泛利用数字技术，医疗服务的质量和可及性不断提升，推动了医疗服务向数字化、智能化的方向转变。

（一）推进健康信息与公共卫生信息互联互通

完善区域全民健康信息标准化体系是促进公共卫生信息与电子病历、人口信息、电子健康档案等医疗服务数据衔接共享的关键。在健康中国战略的背景下，建立全民健康信息标准化体系对于推动卫生健康领域的科学发展至关重要。特别是在县域医共体中，区域全民健康信息标准化体系的发展趋势主要体现在以下四个方面：第一，区域全民健康信息基础设施标准化建设需逐步完善。以电子健康档案为基础，建设区域全民健康信息平台，实现公共卫生、基层医疗卫生等系统的联通。通过这一平台，健康信息数据能够在不同信息系统之间自动抓取、整合和共享。同时，推动全国医院信息平台和临床数据中心的建设，进一步提高电子病历的普及和应用。第二，区域全民健康信息数据库标准化建设还需逐步完善。通过标准化建设，实现电子健康档案数据库、人口信息数据库、基础资源数据库和电子病历数据库的实时共享、自动归集、动态更新和规范管理。这样的数据互通为行业提供了可靠的数据支撑，并促进了医疗信息的透明化与便捷化。第三，新兴信息技术应用标准化逐步完善。互联网＋医疗健康、医疗大数据、人工智能、5G 技术和区块链等新兴技术的应用标准化也逐步形成。在医疗服务、数据安全和信息共享等领域，行业标准以及市场准入、人员执业标准不断得到完善，有助于新技术在医疗领域的有效应用和推广。第四，网络安全标准化建设逐步完善。随着数字医疗的快速发展，网络安全成为重要议题。通过持续改革和优化卫生健康服务领域的网络安全标准体系，加强个人数据、重要数据和跨境数据的安全管理，并完善行业应用安全标准，确保在数据共享和信息互通过程中，网络安全得到充分保障。这些标准化体系的完善将为区域全民健康信息平台的高效运作提供有力支持，提升医疗数据的可及性和安全性，推动全民健康信息的规范化管理和应用。

（二）构建数字乡村远程医疗服务体系

移动医疗、数字医疗和远程医疗等新技术将在未来一段时间内继续在县域医共体中发挥辅助性作用。需持续推进数字乡村医疗，构建乡村远程医疗服务体系，在县域医共体中逐步实现互联网复诊、远程会诊、预约转诊和远程检查等远程医疗服务。数字乡村医疗的发展趋势主要体现在以下三个方面：第一，乡村远程医疗服务体系将更加注重协调化、定义化和标准化。特别是在数据整合和互动方面，未来的慢性病管理将需要更加系统化的方式，通过远程医疗网络提供持续性的健康管理和服务。这种系统化的协调方式将提高医疗服务的覆盖面和效率，帮助乡村居民更好地获得医疗资源。第二，远程医疗服务中的人机交互将得到进一步强化。利用触觉反馈技术、增强现实技术等增强现实感和真实感，使医疗人员能够更精确地进行操作，降低判断失误的风险。这种技术将提高医疗人员的操作准确性和安全性，特别是在远程诊疗和手术等需要精细操作的场景中。第三，人工智能技术的学习和认知能力将成为未来远程医疗的重要突破点。通过提升人工智能在认知、推理和形态分析等方面的能力，医疗机器人将不再仅仅局限于帮助医生搜集诊断信息，而是能够模仿医生对病情的诊断。

（三）提升乡村医疗卫生服务数字化与智能化水平

数字乡村医疗通过医患交互数据和智能分类系统的聚合信息，提升了医生与患者的匹配效率，并促进诊疗信息的搜集与传递，使医生能够更加全面、及时地掌握患者病情，从而推动医疗服务供给效率的提升。未来的发展趋势主要体现在以下两个方面：第一，数字化家庭医生签约平台的应用。随着数字化技术在县域医共体中的广泛应用，家庭医生签约服务和乡村医疗卫生服务将向数字化和智能化方向转变。未来，数字化家庭医生签约平台将提供在线签约服务，乡村居民可以通过平台实时查看家庭医生的资质、服务范围和评价，提升签约过程的透明度和便捷性。同时，数字平台能够为乡村居民提供在线咨询和远程诊疗服务，使他们能够及时获取医生的专业意见和建议，改善医疗服务的可及性。第二，可穿戴医疗设备及其平台将发挥关键作用。作为信息搜集终端设备，可穿戴医疗设备能够实时收集患者的健康数据并进行传输，简化了医疗流程，改善了患者的就医体验，同时提高了医生诊断的时效性和准确性。可穿戴设备能够动态监测生命体征，并将这些数据进行数字化处理，结合大数据和云计算等技术，进一步应用于公共卫生预防和特殊疾病诊断领域。

六、数字乡村医疗典型案例

江西赣州利村乡“数字村医”造福乡间百姓

码 10-4

江西省赣州市于都县利村乡地处偏远，交通不便，尤其是患有多种慢性病的老年患者和残障居民急需医生上门体检和诊疗服务。在这种情况下，基层医生的随诊包成为他们的得力“助手”。随诊包功能类似医药箱，医生携带它可以走村串乡，便捷地登录系统进行健康随访与问诊。当村民通过读卡设备刷身份证后，村医便可为其建立、调取和维护健康档案，实现快速的信息录入与管理。此外，该系统还与CDSS（临床决策支持系统）互联互通，帮助乡村医生查询病历，了解患者的诊疗历史，便于制定更科学的治疗方案。

目前，“数字村医”随诊包具备了血氧饱和度、尿常规、尿酸、总胆固醇和血红蛋白等检测功能，乡村医生可以依据检测数据结合患者病历，提供更详尽的诊疗建议。该随诊包的推广显著提高了基层医生为行动不便的患者提供医疗服务的效率和质量。

“数字健康乡村”试点项目已在利村乡成功落地。该项目覆盖15个行政村，服务3.8万名居民，提供“云智能”医疗＋健康管理服务。通过数字技术提升乡村医生的诊疗水平和服务能力，助力革命老区推进乡村振兴，并探索健康乡村建设的路径。该项目不仅提高了基层医疗的工作效率，还促进了县域医共体内双向转诊的顺畅进行，使得“小病不出乡，大病不出县”的国家医疗改革目标逐步实现，改善了城乡医疗服务的均质性。

第三节　数字乡村养老

乡村老龄化问题日益严峻。2021年第七次全国人口普查数据显示，乡村60岁及以上和65岁及以上老年人口比例分别为23.81％和17.72％，明显高于城镇7.99和6.61个百分点，表明乡村人口老龄化速度更快、程度更深。在此背景下，光纤网络、无线网络和云存储等互联网技术的广泛应用，不仅拉近了人与人之间的距离，也极大地推动了养老服务的智能化发展。数字化乡村养老成为缩小城乡养老服务差距、提升乡村老年人生活质量的重要手段。数字乡村养老是指通过现代信息技术和数字化手段提升和优化乡村养老服务水平。利用智慧养老、互助养老、数字化监管等方式，数字乡村养老能够更好地应对乡村养老服务中资源不足、服务质量不高的问题。

一、数字乡村养老的历史变迁

（一）传统乡村养老阶段

2010 年以前，居家养老是我国乡村老年人的主要养老方式。这一模式根植于中国传统的农业社会、乡村文化和乡土情结，是乡村生活，特别是老年人生活的精神核心。乡村老年人普遍默认养老应“不离家、不离村”，并依赖“养儿防老”的家庭养老模式。大多数老年人，尤其是高龄老人和对养老机构抱有偏见或顾虑的老人，更倾向于在家庭中养老，而非入住养老机构。居家养老的优势在于保留了家庭和社区的支持网络，使老年人能够在熟悉的环境中生活，并且降低了经济负担。然而，随着社会的发展和人口结构的变化，传统的乡村大家庭逐渐解体，子女婚后与父母分居的生活方式从城市向乡村蔓延，依托亲子共住的家庭养老功能逐渐减弱。乡村青壮年人口加速向城市流动，导致乡村家庭的养老功能相较于城市明显弱化。

（二）乡村互助养老尝试阶段

码 10-5

2011—2016 年间，我国持续推进居家养老、社区养老和机构养老的融合发展，以社区为平台，利用养老服务类社会组织，发挥社会工作者的作用，创新了多种养老模式。具体表现为以下几个方面：第一，大力发展互助养老服务。一些地区积极探索创新了“爱心超市”“时间银行”等互助养老模式，鼓励 60～69 岁的低龄乡村老年人通过志愿服务，帮助更高龄的老年人，实现“抱团养老”的新型养老方式。这不仅缓解了养老资源不足的问题，也增强了老年人群体间的互助精神。第二，不断创新志愿服务模式。许多地方依托村（社区）“两委”，整合养老服务资源，强化养老服务类社会组织的作用，建立了社区、社会工作者和志愿者之间的多方联动机制。通过组建各种志愿帮扶服务队伍，及时、高效地为乡村老年人提供综合性的养老服务，切实帮助他们解决生活和生产中的困难。第三，留守老人关爱服务机制更加健全。随着乡村老龄化问题的加剧，我国逐步建立健全了乡村留守老年人的关爱服务机制。针对独居、空巢、留守和高龄老年人，许多地区加快了定期巡访制度的建立，并积极推进全国统一的乡村留守老年人信息管理系统建设。这一机制能有效防范和化解老年人面临的意外风险，提升了对乡村老年人群体的关怀力度。

（三）数字乡村养老探索阶段

自 2017 年以来，在国家政策的积极推动和引导下，传统养老与互助养老并行发展，大数据、物联网、人工智能等前沿技术在养老服务领域的应用逐渐普及，使养老服务内容和方式更加丰富多样。这一时期乡村养老服务出现了一系列重要变化：第一，建立老年人通信平台。一些条件较好的乡村开始利用信息通信技术搭建老年人专用通信平台，提供远程医疗服务。老年人无须出门即可享受专业的医疗咨询和诊疗服务。此外，许多地区正在建立综合性信息平台，整合医疗、生活等服务，实现信息基础设施的优化和“数字乡村一张图”的管理模式，大大提高了管理效率和服务水平。第二，提供紧急呼救服务。在适老化改造的基础上，一键呼叫服务逐步推广，确保老年人在遇到突发情况时能够及时获得帮助。这项服务提高了老年人日常生活的安全性，减少了突发事件带来的风险。第三，科技在乡村养老中的广泛应用。智能穿戴设备、远程医疗和智能家居技术的引入，使乡村老年人的生活更加便捷与安全。老年人可以通过科技手段实时监测自身健康状况，及时获取医疗救助，同时智能家居改善了他们的居住环境，提供了更舒适的生活体验。

尽管当前我国数字养老整体仍处于较低发展水平，尤其是数字乡村养老正处于初步探索阶段，但其发展潜力巨大。乡村养老方式的历史变迁是一个复杂而多维的过程，随着社会的不断进步，乡村养老将变得更加多样化和人性化，进一步提升老年人的生活质量。

二、数字乡村养老的特征

我国的数字乡村养老虽然仍处于初步探索阶段，但其设计思路较为清晰，并在部分发达乡村的实践中取得了显著进展。通过这些地区的探索，数字乡村养老已经建立了较为完善的养老基础平台，并且养老服务的供需匹配度得到了显著提升。

（一）搭建数字乡村养老基础平台

数字乡村养老平台是依托互联网、智能设备等信息技术，构建起为老年人提供个性化养老方案的系统化平台，通过建立个人健康信息档案，确保老年人享有健康、安心的晚年生活。其主要功能包括以下三个方面：第一，收集和整合老年人基本信息。数字乡村养老平台通过整理和录入老年人的年龄、性别、住址、家庭成员、既往病史等基本信息，全面了解老年人的健康状况和家庭支持能力。这些基础信息资源为制定个性化的养老方案提供了关键保障。通过对老年人的身体状况、生活习惯等数据的搜集，平台能够更有针对性地为老年人设计个性化的养老服务方案。第二，动态信息的监测和处理。平台通过智能设备对老年人进行实时健康监测，建立系统化的数据库，储存和更新老年人的健康数据。与此同时，养老平台会组织专业人员定期为老年人提供健康检查，确保数据的及时更新和准确性。这种动态的健康管理方式能够让老年人的健康状况得到实时跟踪，有助于及时发现潜在的健康问题，进行早期干预。第三，综合信息的利用与反馈。通过对基本养老信息的搜集和动态信息的监测，平台可以深入挖掘老年人的潜在服务需求和消费点。以福建大田县为例，该县 60 周岁以上的老年人有 6 万人，其中 87％是乡村老人，大多数选择居家养老。大田县通过县级居家养老服务中心，建立了智慧养老数据库，并创建了“互联网＋点菜式”服务机制。老年人通过平台线上“一键呼叫”，线下服务人员在 15 分钟内提供上门服务。这一机制有效解决了山区老年人居家养老服务难题。截至 2022 年底，该中心已接听求助和政策咨询电话 211.5 万个，提供上门服务 99.8 万人次，并开展志愿服务 2.4 万人次。

（二）强化数字乡村养老供需对接

借助互联网和信息科技，数字乡村养老平台对接不同的参与主体，为老人提供全方位的养老服务，满足他们多样化的需求。以下是这一体系的关键构成：第一，乡村养老服务中心是数字乡村养老的“调度室”。养老服务中心负责协调乡村医疗服务和监督乡村商铺服务质量，为老人提供多方面的生活照料。当老人遇到紧急情况或需要医疗救助时，服务中心能快速对接医疗服务中心，安排专业救治。此外，养老服务中心通过数字平台对乡村商铺进行质量监督，对服务评价良好的商铺续标合作，而对服务质量差的商铺进行及时处理和反馈，确保服务的高标准。第二，村医疗健康服务中心是老人的“守护站”。由乡村社区的专业医务人员组成，健康服务中心的职责包括老人健康数据的监测、日常健康维护和突发疾病的处理。通过智能监测终端，老人日常的心率、血压、血糖等健康指标被实时监测，数据上传至智慧养老平台，便于医护人员随时掌握老人的健康状况。一旦发现异常，中心能够迅速采取措施，及时处理老人的健康问题。第三，乡村商铺是智慧养老模式中老人的“后备箱”。这些商铺负责为老年人提供日常所需物资。当老人有商品需求时，他们可以通过手中的移动终端将需求发送至数字乡村养老平台。养老服务中心收到信号后，将订单派发至相应的乡村商铺，商铺工作人员根据订单及时配货并在规定时间内送货上门。为了确保服务质量，养老服务中心通过智慧平台测量和评估商铺服务的及时性和有效性，并通过随访老人的方式了解服务情况，确保商铺工作人员提供优质服务。

（三）确保数字乡村养老落到实处

数字乡村养老通过智能技术提升了老年人居家养老的舒适性，减少了疾病突发风险，并增强了老年人的自我价值实现感。以下是数字乡村养老在提升老年人生活质量方面的具体体现：第一，智能家居系统提升生活自理能力。智能家居系统帮助老年人轻松控制家中的各种设备，实现生活自理。乡村老年人由于年轻时从事较多体力劳动，年老后常伴有腰酸背痛等不适症状，通过智能化产品的有效利用，如智能床垫改善睡眠、防跌倒地板预警系统等，可以缓解他们的身体不适，提升生活质量。第二，减少疾病和突发事件的风险。乡村人口居住较为分散，老年人发生突发事件时不易被发现。智能穿戴设备（如智能手环、腕表、呼叫设备等）具备定位、健康监测和紧急呼救功能，能及时检测异常数据，并向智慧养老服务中心发出求救信号。例如，老人发生意外或走失时，这些设备可以迅速帮助家人和相关机构找到老人，减少不良后果。第三，开发老年资源，提升社会参与度。将老年人的资源开发纳入乡村建设，让老年人有更多机会参与社会活动和贡献力量。通过倡导自助互助、鼓励老年人参与社会服务，探索“老有所为”的新模式，增强老年人的自我价值感和社会归属感。例如，江苏省南通市东平村的老年人佩戴智能手环，手环通过村部的数智服务平台实时监测血压、心率等生理数据，并将数据和位置信息同步至子女的手机和村部。82 岁的曹大爷有多年心脏病病史，佩戴智能手环后，他感到更加安心，家里的紧急呼叫器也让他和住在县城的子女感觉更加踏实。这种智能养老方式不仅提高了老年人的安全性和自理能力，还通过技术手段加强了家庭和社区的联动，使老年人在熟悉的环境中安享晚年，子女也更加安心。

三、数字乡村养老存在的问题

（一）乡村老年人学习新技术较为困难

在数字技术助力乡村养老服务的背景下，老年群体面临认知和应变能力的挑战，这影响了他们对数字化养老服务的参与度和适应性。第一，受教育程度低，技术接触少。乡村老年人多为20世纪50～60年代出生的一代，受教育程度普遍不高，较少接触电子产品和数字信息技术，这使得他们对智能化产品产生陌生感和距离感，难以快速适应和使用这些新技术。第二，认知和学习能力下降。老年人正处于人生的晚年阶段，认知、学习和接受新事物的能力逐渐减弱。面对智能产品和互联网平台，他们学习时间较长、适应速度较慢，常常感到困惑或挫败，产生畏难情绪，进一步降低了他们参与数字化养老服务的积极性。第三，缺乏年轻人的帮助。虽然一些老年人使用智能手机等设备，但大多依赖年轻子女的手把手教学。然而，乡村年轻劳动力外流严重，老年人在学习和适应新技术时缺乏支持和指导，使得学习过程更加困难。第四，语言和界面问题。数字产品通常采用标准化设计和专业术语，这对老年人来说可能过于复杂或难以理解。技术更新频繁、界面变化快，也让老年群体难以跟上使用步伐，进一步削弱了他们的数字化体验。

（二）中国养老数字化转型尚处于探索阶段

相较于乡村，城市在智慧养老服务方面较早展开探索并取得了一定成果，尤其在居家养老服务平台的建立、大数据在健康管理中的应用等方面，但“互联网＋”养老服务业态仍存在分散、不成系统、互不链接的问题。相比之下，数字乡村养老服务还处于初级探索阶段，面临以下挑战：第一，智能技术开发水平有待提升。目前，涉老信息的采集、分析、整合和应用仍处于较低水平，尚未实现大规模的数据整合与高效利用。智能技术无法全面覆盖老年人群体的需求，数据的有效应用仍显不足，导致养老服务的精准性和广泛性受限。第二，服务层次集中于基础领域。当前的数字乡村养老服务主要集中在智慧医疗、智能家居等基础层面，虽然解决了老年人的健康监测和生活自理问题，但对于老年人更高层次的情感交流和精神满足的需求，服务还无法很好地提供。这种局限性使得养老服务无法从全面的身心健康角度满足老年人的多样化需求。第三，有偿性服务阻碍大范围应用。数字乡村养老服务多为有偿性服务，而大多数乡村老年人没有固定经济收入，经济条件有限。因此，老年人往往不愿意花费金钱购买这些养老服务，宁愿维持现有的养老方式，选择依靠家庭或社区的免费资源。

（三）数字乡村养老数据的安全需要加强

在数字技术的推动下，乡村社区养老服务逐步实现了数字化，但随之而来的隐私和数据保护问题也凸显了出来。这些问题涉及多个层面，包括个人隐私、敏感数据的使用和用户信息的安全，不仅关系到老年群体的权益，还直接影响整个社区养老生态系统的可持续发展。第一，乡村老年人数字素养较低，泄露风险更高。乡村老年群体对数字技术和数据使用的理解较为有限，缺乏防范意识和数字技能，这使得他们在使用数字化养老服务时更容易无意间泄露个人信息。一旦敏感的个人健康信息遭到泄露，可能引发身份盗窃、金融欺诈等问题，严重损害老年群体的权益和生活品质。第二，数字化养老服务提供者面临数据安全挑战。在处理大量个人数据的过程中，养老服务提供者需确保数据的安全性。然而，乡村相对脆弱的网络基础设施增加了网络攻击、数据泄露等安全风险。一旦发生数据滥用、泄露或错误使用，不仅可能导致老年人的健康信息被错误解读，影响其医疗决策，甚至可能危及他们的健康。这些风险反映出当前数字化养老服务在数据保护方面的紧迫性和挑战性。

（四）城乡基础设施差异制约数字乡村养老发展

数字基础建设的城乡差异确实会阻碍数字乡村养老服务产业的发展，进而不利于缓解乡村人口老龄化问题。第一，乡村数字基础设施建设工程更为庞大，资金需求更多。虽然国家在政策和资金方面对乡村发展提供了一定支持，但由于乡村人口较多且居住分散，数字基础设施建设面临工程复杂、覆盖面广的问题。这意味着，所需的资金投入远高于城市地区，导致基础设施的建设速度相对较慢，进而影响智慧养老服务的全面推行。第二，提供数字乡村养老服务的企业较少。由于乡村经济发展相对落后，基础设施建设不完善，能够提供高质量数字养老服务的平台和企业非常有限。特别是在偏远山区和经济落后的地区，智慧养老所依托的数字服务平台尚未建立，甚至缺乏相关的规划设计和资金筹措能力。与此同时，在审批手续和政策支持方面，也存在诸多难点，进一步阻碍了企业进入该市场的积极性。第三，乡村数字建设主要依赖政府力量，资金供给不足。我国推进乡村数字化建设的主要动力来自政府，但由于财政拨款金额有限且区域经济发展差异较大，仅依靠政府推动智慧养老布局面临较大挑战。尤其在经济相对落后的地区，政府的资金支持不足，再加上地形、伦理观念、营商环境等因素的影响，数字基础设施建设的进度较慢，智慧养老服务体系的构建时间节点在不同区域也存在较大差异。

四、数字乡村养老政策演变

（一）数字乡村养老相关政策起步阶段

自2010年起，互联网和电话呼叫等数字化养老服务逐步出现，全国老龄办提出了养老服务信息化的概念，推动基于互联网的虚拟养老院建设，这标志着现代化技术与养老服务的交集开始形成。2011 年颁布的《社会养老服务体系建设规划（2011—2015 年）》明确提出要促进养老服务的信息化建设，加快养老服务专业队伍建设，确保养老机构的良性运行和可持续发展。2012 年，全国老龄办率先提出了“智能化养老”理念，鼓励并支持智慧养老的实践探索。智慧养老逐渐以大数据、物联网等技术为基础，开始进行系统的规划和设计，并进入实践阶段。2013 年，北京市人民政府与国台办共同举办了“首届京台智慧养老论坛”，推动了两岸智慧养老的交流合作。同年 8 月，成立了“全国智能化养老专家委员会”，标志着我国在智慧养老领域迈出了更为系统和专业化的发展步伐。

（二）数字乡村养老相关政策探索尝试阶段

2015 年，国务院印发的《关于积极推进“互联网＋”行动的指导意见》明确提出要“促进智慧健康养老产业发展”，为智慧养老服务指明了方向。同年 10 月，国家在制定“十三五”规划建议时进一步强调，要“深化医药卫生体制改革，推动医疗资源向基层和农村流动”，这些政策为智慧健康养老的发展奠定了基础。2017 年 2 月，发布的《智慧健康养老产业发展行动计划（2017—2020 年）》明确指出，要利用互联网、物联网、大数据等信息技术，推进智慧健康养老应用的系统集成。该计划旨在对接各级医疗机构和养老服务资源，为老年人提供高效的智慧健康养老服务。同年 7 月发布的《开展智慧健康养老应用试点示范的通知》进一步推动了智慧养老的应用，选定了 53 家智慧养老示范企业、82 个示范街道或乡镇以及 19 个示范基地，标志着智慧养老进入示范发展阶段，但这些示范项目主要集中在城市。2018 年，发布的《“互联网＋民政服务”行动计划》提出了构建“线上线下相结合、多主体参与、资源共享、公平普惠的互联网养老服务供给体系”的目标，进一步推动了“互联网＋”在养老服务中的应用。

（三）数字乡村养老相关政策全面发展阶段

2019 年被称为智慧养老的政策元年，国家和地方政府共计颁布了 70 多条与智慧养老相关的政策。同年 5 月，发布的《数字乡村发展战略纲要》明确提出要发挥信息化在乡村治理现代化中的基础作用，并着力弥合城乡“数字鸿沟”。这些政策推动了数字技术在乡村养老中的应用，并为乡村的智慧养老服务奠定了基础。2020 年 12 月，出台的《关于推动物业服务企业发展居家社区养老服务的意见》进一步推进了智慧居家养老服务的发展，鼓励物业服务企业积极参与到社区养老服务中，促进智慧养老与居家养老的结合。2021 年发布的《关于开展 2021 年智慧健康养老应用试点示范遴选工作的通知》和《智慧助老行动三年计划》进一步扩大了智慧养老的试点范围，涵盖康养企业、健康科技公司、互联网公司以及城市街道等领域。这些政策旨在帮助老年人更好地融入智能社会，提升数字技能，推动智慧养老的普及。同年 7 月，发布《数字乡村建设指南 1.0》指导地方政府开展数字乡村的基础设施建设，推动乡村治理和公共服务的数字化发展，其中也包含了养老服务的数字化。2022 年 1 月，《数字乡村发展行动计划（2022—2025 年）》具体部署了乡村数字基础设施升级、数字治理能力提升等重点行动，进一步推动乡村养老服务的数字化转型。之后党的二十大报告、2023 年政府工作报告以及中央农村经济工作会议等进一步提出统筹乡村基础设施和公共服务布局，推动乡村全面振兴。

五、数字乡村养老未来发展重点

随着科技的快速发展和互联网的普及，数字乡村养老逐渐成为现代社会发展的重要议题。特别是在乡村，数字养老不仅有助于提升老年人的生活质量，还对社会的整体福祉具有深远的意义。

（一）推进新技术赋能数字乡村养老

数字技术正引领乡村养老服务领域的创新发展，拓展智慧养老服务的范围，为乡村的老年群体提供更全面、高质量的支持。以下四大创新趋势将为乡村智慧养老带来深远影响：第一，智能健康监测设备的广泛应用。穿戴式智能设备和医疗传感器等高级健康监测装置将在智慧养老中扮演关键角色。这些设备能够实时监测老年群体的心率、血压、血糖等健康数据，并将信息传递给医护人员，确保老年人的健康状况得到持续关注与管理。这种创新技术不仅提高了医疗服务的精准性，还可以在紧急情况下提供及时干预，强化老年人的健康保障。第二，个性化康复方案提升养老服务质量。通过虚拟现实（VR）和增强现实（AR）技术，可以为老年人制定个性化的康复方案。这些技术不仅能够模拟真实场景，帮助老年人进行更有针对性的康复训练，还能够提供娱乐性和交互性，增强康复体验，提高康复效果。尤其是对行动不便或需要长期康复的老年人，VR 和 AR 的应用能够有效促进康复进展。第三，智能化安全保障设施的应用。智能门禁系统、视频监控和紧急呼叫系统等安全基础设施在智慧养老中起到关键作用。这些设施能够确保老年人生活环境的安全，并在突发情况下提供及时的救助。智能化安全保障不仅提升了老年人的安全感，还使其家属和照护人员对老年人的状况更加放心。第四，多功能养老辅助机器人广泛应用。智能养老辅助机器人能够在日常生活中为老年人提供帮助，例如协助完成日常任务、提供娱乐和陪伴功能。这类机器人整合了语音助手功能，能够进行信息查询、提供娱乐活动，并满足老年人在情感交流方面的需求。

（二）开展数字乡村养老数字化培训

推广智能设备是实现乡村智慧养老的重要手段，但老年人数字应用能力的提高是关键。为此，乡村应抓住数字乡村战略机遇，充分利用数字技术资源，缓解老年群体的“数字焦虑”，提升他们对数字化养老服务的参与度。首先，可以通过举办培训班和讲座，向老年人普及互联网知识，教他们如何使用智能设备、进行在线操作以及安全上网，逐步减少他们对智能技术的陌生感。其次，利用互联网教育资源，为老年人提供丰富的学习内容，如健康知识、文化娱乐等，帮助他们拓宽视野、充实生活，提升数字生活体验。同时，应制定基础的数字技能培训课程，教老年人如何开关设备、使用触摸屏、下载常用应用程序，如微信、支付宝和健康管理应用等，确保他们能够掌握基本的沟通、支付及健康监测功能。最后，普及网络安全知识，帮助老年人学会保护个人信息，防范网络诈骗，在享受智能养老服务的同时保障自身安全。

（三）培养数字乡村养老的专业人才

健全数字乡村养老教育培训体系是提升乡村养老服务人才素质的关键。首先，应加强对数字乡村养老服务人员的培训。鼓励高校、科研机构与企业合作，建设数字乡村养老人才教育培训基地，对院校学生、乡村医护人员和养老服务人员进行系统化教育培训。同时，建立数字乡村养老人才的行业认证和评价体系，规范智慧养老职业教育和技能等级，拓宽养老服务职业发展通道。其次，应引导跨行业人才进入数字乡村养老行业，扩大乡村医养服务人才的来源渠道。将医疗、康复、老年营养、心理咨询等专业技术人才以及经营管理人才与乡村对接，吸引数字乡村养老人才到乡村就业创业，并完善入乡激励机制，激发乡村医护和养老从业人员的内生动力。最后，充分发挥政府的引导作用，推动数字养老人才向乡村下沉。通过政府人才下沉计划，将城市智慧养老人才派驻乡村，开展养老服务。同时，发挥第三方组织作用，积极吸纳退休医生、护士和志愿者到乡村提供医疗和养老服务。

（四）加强对数字乡村养老政策支持

推进数字乡村养老离不开政府和相关部门的政策支持。首先，完善乡村基础设施建设是关键。政府应继续加大对乡村基础设施的投入，提升互联网覆盖率和服务水平，确保稳定、高速的网络连接，让老年人能够顺畅地接入互联网。其次，建立数字乡村养老服务平台，为老年人提供健康监测、生活照料、休闲娱乐等多样化的服务，满足老年群体的需求。再次，政府需出台相关政策，鼓励企业和社会力量参与数字乡村养老服务的推广和建设，激发社会资本和创新力量的参与热情。最后，政府可以通过财政补贴、税收优惠等措施，降低乡村老年人使用数字养老服务的成本，减轻他们的经济负担。同时，成立由民政、科技、卫生健康等部门组成的协调小组，统筹推进养老科技的研发、应用和监管，确保数字乡村养老服务的质量和安全。这一系列政策支持将有效推动数字乡村养老的发展，为乡村老年人提供更优质的养老服务。

六、数字乡村养老典型案例

浙江省安吉县推行智能腕表助力智慧孝老

浙江省安吉县五鹤村，作为一个典型的老龄化村落，包含15个自然村和600余户村民，其中超过200位村民年逾70岁。这些老年村民多为独居或与子女分开居住，因此，如何解决他们的居家安全、健康安全和出行安全等“三大安全”问题，已成为当地政府的重要任务。

为应对这一挑战，安吉县政府率先在天荒坪镇五鹤村启动了智慧居家养老项目试点，与中国电信紧密合作，为老年村民配备了“天翼康康”智能腕表，通过数字化手段实现对老年村民养老问题的有效管理。

“天翼康康”智能腕表具备心率监测和血压测量功能，能够实时提供心率、血压等健康数据，为老年村民的健康安全提供有力保障。同时，该腕表还配备了实时定位和电子围栏功能，有效降低失智老人的走失风险。腕表的一键报警和远程通信功能，能够让老年村民在遇到紧急情况时，迅速将报警信息和定位数据发送给子女等亲属。

值得注意的是，这些信息可与“安吉掌上生活”App无缝对接，使村委会和子女能够实时获取老年村民的最新情况，从而全面保障他们的居家、健康和出行安全。

例如，在2021年的年初，五鹤村村委会接到村民刘大哥的求助电话，称他近80岁的母亲骑电动车外出后一直未归。接到电话后，村委会干部和刘大哥迅速通过智能监控后台调取老人的行动轨迹，利用智能腕表的GPS功能，快速定位老人并成功找到她。此案例充分展示了智慧居家养老项目在实际应用中的有效性和实用性。

本章思考题

1. 乡村教育为什么要进行数字化升级？
2. 举例说明如何利用数字化手段对高素质农民进行培训？
3. 数字乡村医疗未来发展呈现出哪些趋势？
4. 如何提升数字乡村养老水平？
5. 你认为应从哪些方面提高数字乡村民生服务水平？

参 考 文 献

百度百科，2024. 关于加快推进人口健康信息化建设的指导意见［EB/OL］. ［2024－09－25］. http：//baike. baidu. com/view/11667310. html.

百度百科，2024. 关于印发加强儿童医疗卫生服务改革与发展意见的通知［EB/OL］. ［2024－09－25］. http：//baike. baidu. com/view/19072500. html.

北京市民政局，北京市住房和城乡建设委员会，等，2024. 关于支持开展“物业服务＋养老服务”试点工作的通知［EB/OL］. （2022－01－10）［2024－09－25］. https：//mzj. beijing. gov. cn/art/2022/2/9/art _ 9372 _ 25660. html.

本报编辑，2006. 历史回眸［J］. 上海青年管理干部学院学报（z1）：4－9.

本报编辑，2012. 弘扬国粹中医“护航”百姓健康（图）［N］. 天津日报，03－01（22）.

本报编辑，2014. 普洛药业股份有限公司非公开发行股票预案（修订稿）［N］. 证券时报，03－18（B037）.

本报编辑，2021. 建立“天地空三位一体”智慧之城［N］. 羊城晚报，05－21（A09G）.

本报编辑，2022. 用好数字化“新农具”农民数字素养培训赋能乡村振兴［N］. 消费日报，07－29（B2）.

本报编辑，2023. 打造通往未来的医疗服务体系［N］. 经济日报，07－04（11）.

本报编辑，2023. 提升网络帮扶成色成效［N］. 工人日报，04－17（05）.

本报编辑，2023. 我国专任教师总数超 1880 万［N］. 人民日报 06－02（07）.

本报编辑，2024. 发展乡村智慧养老推进农村医养结合［N］. 湖南日报，04－25（14）.

本报编辑，2024. 南风吹郭不胜香：习近平总书记引领我国网络扶贫和数字乡村建设纪实［EB/OL］. （2022－10－14）［2024－09－25］. https：//www. xuexi. cn/lgpage/detail/index. html? id＝ 2175447941338170621.

本报编辑，2024. 全国医保码用户已超 11.2 亿人［N］. 经济参考报，04－24（A02）.

本报编辑，2024. 以数字化赋能乡村教育高质量发展［N］. 中国经济时报，01－22（A02）.

曹银山，王国峰，2023. 乡村数字治理：社会基础、现实挑战与政策因应［J］. 贵州省党校学报（5）：90－97.

陈春柳，叶菲，2019. “五化”策略助推智慧养老服务发展：以浙江省温州市为例［J］. 中共云南省委党校学报，20（1）：125－129.

陈晓华，2012. 农业信息化概论［M］. 北京：中国农业出版社.

陈左宁，周宏仁，等，2010. 中国信息化形势分析与预测［M］. 北京：社会科学文献出版社.

重庆市教育委员会，2024. 重庆市教育事业发展“十三五”规划［EB/OL］. ［2024－09－25］. http：//baike. baidu. com/view/19795979. html.

丁兰，2021. 物业企业参与社区养老服务困境与对策研究［D］. 保定：河北大学.

丁黎军，2024. 数字化塑造教育发展新优势［N］. 中国教育报，04－18（07）.
董海芳，2024. 数字经济对我国物流业高质量发展的影响探析［J］. 中国商论（1）：106－109.
董擎辉，毕洪文，等，2023. 数字农业［M］. 哈尔滨：黑龙江科学技术出版社.
费佳薪，2024. 乡村教师实施跨学科主题教学的难点及破解思路［J］. 新课程研究（6）：90－92.
盖文姝，邓云峰，2021. 应急管理理论与实践［M］. 北京：机械工业出版社.
高爱景，2022. 基于翻转课堂的英语教育学教学模式改革研究：以郑州商学院为例［J］. 现代英语（4）：21－24.
郭爱兰，2015. 创新驱动建设兰白试验区的战略基点与突破口［C］. 第二届“一带一路”文化与产业发展研讨会，兰州，10－01.
郭多祺，张秀琦，2024. STEAM 教育在小学的发展现状及问题研究：以辽宁省为例［J］. 中国教育技术装备（3）：1－4.
郭红东，曾亿武，等，2023. 数字乡村建设：理论与实践［M］. 杭州：浙江大学出版社.
郭建钊，秦克寅，2018. 互联网＋背景下智慧养老发展现状、问题及对策研究［C］. 山东省第七届老年健康与长寿理论研讨会，牟平区，08－01.
郭顺义，杨子真，等，2021. 数字乡村：数字经济时代的农业农村发展新范式［M］. 北京：科学出版社.
郭文培，2023. 互联网医疗进入发展新阶段［N］. 经济日报，04－28（09）.
郭雪松，刘莹莹，2021. 应急管理理论与应用［M］. 北京：科学出版社.
国家卫生和计划生育委员会办公厅，2024. 国家卫生和计划生育委员会办公厅关于印发对口支援江西省于都县振兴发展工作方案（2014—2020 年）的通知［EB/OL］.（2014－06－30）［2024－09－25］.
韩新，马梦菲，等，2022. 智慧社区应用场景与典型案例［M］. 上海：上海科学技术出版社.
杭州美云数据科技有限公司，2024. 一种基于物联网的数字乡村管理系统：202210463519.8［P］. 2022.07.05［2024－09－25］.
贺玉海，2007. 推进教育信息化实现教育均衡和谐发展［C］. 2007 中国教育信息化创新与发展论坛暨中国教育信息化理事会年会，北京：06－16.
胡钦太，2019. 回顾与展望：中国教育信息化发展的历程与未来［J］. 电化教育研究，40（12）：5－13.
胡水星，包飞宇，2023. 数字化如何促进乡村教师队伍建设［N］. 中国教育报，11－20（09）.
胡武贤，2023. 城乡社区应急能力研究［M］. 北京：中国农业出版社.
胡宇琳，2018. 基于移动终端的医疗影像传输和显示系统的研究与实现［D］. 长沙：湖南大学.
黄锋华，贾宗维，2023. 农业信息技术概论［M］. 北京：中国农业出版社.
黄世芝，2019. 基于雨课堂的多媒体技术课程混合式教学模式研究与应用［J］. 教育界（23）：148－150.

黄思娜，2015. 区域教育信息化发展：基本框架、模型与策略［D］. 广州：华南师范大学.
季加孚，何琦非，等，2019. 胃肠肿瘤医疗大数据库的机遇与挑战［J］. 中华消化外科杂志（3）：199－202.
江洪，2015. 智慧农业导论［M］. 上海：上海交通大学出版社.
江凌，茅天宸，等，2014. 2014年中央美术学院“国培计划”启动［N］. 美术报，12－06（00017）.
江苏省人民代表大会常务委员会，2024. 江苏省基层卫生条例［EB/OL］.（2023－05－31）［2024－09－25］. https：//www.jsrd.gov.cn/qwfb/sjfg/202306/t20230607_553549.shtml.
教育部，2024. 教育部关于印发《教育信息化2.0行动计划》的通知［EB/OL］.［2024－09－25］. http：//baike.baidu.com/view/21302111.html.
金斌斌，顾人杰，2024. 把握“共性”与“个性”健全农村养老服务体系：基于浙江省湖州市的调查［J］. 中国民政（1）：36－37.
金江军，2021. 智慧党建［M］. 北京：电子工业出版社.
金琰，杜贵鹃，等，2023. 医院信息化建设评价标准体系研究［J］. 医学信息学杂志，44（10）：33－38.
康晓强，2018. “村情通”［M］. 北京：人民出版社.
李桂华，2023. 数据赋能的智慧应急理论与实践［M］. 北京：北京大学出版社.
李虎，2023. 区域医疗信息化云计算服务平台设计及实现［J］. 科技创新与应用，13（30）：116－119.
李俊蟠，李俊，等，2023. 医院信息化框架建设与系统规范化管理的研究［J］. 中国现代医生，61（28）：110－114.
李伟越，艾建安，等，2019. 智慧农业［M］. 北京：中国农业科学技术出版社.
李雪峰，等，2018. 应急管理通论［M］. 北京：中国人民大学出版社.
李雪峰，佟瑞鹏，2021. 应急管理概论［M］. 北京：应急管理出版社.
李杨，王红蕾，等，2023. 数字农业技术与应用［M］. 哈尔滨：黑龙江科学技术出版社.
李征坤，2017. 互联网＋政务服务·开启智慧型政府新时代［M］. 北京：中国铁道出版社.
李致江，2016. 贵州民族地区青年农民工婚姻挤压的经济影响因素分析［J］. 贵州大学学报（社会科学版），34（4）：112－118.
梁丽芝，刘超，2022. 数字技术驱动乡村公共服务效能提升［M］. 湘潭：湘潭大学出版社.
梁木，2023. 数字乡村建设实现良好开局［N］. 东方城乡报，03－16（05）.
廖生武，朱宏，等，2019. 社区老年慢性病人群“互联网＋医养结合”健康管理服务的困境及对策［J］. 中国全科医学，22（7）：770－776.
林天，2023. 数字经济发展对农村消费升级的影响研究［D］. 武汉：湖北工业大学.
刘红芳，2015. 山西省稷山县留守儿童教育问题研究［D］. 太原：山西财经大学.
刘磊，2021. “十四五”时期完善农村养老服务体系的挑战与任务［J］. 行政管理改革（5）：79－87.
刘社瑞，韩茹，2024. 纵横协同：新乡贤文化建设的双重路径［J］. 华中农业大学学报

（社会科学版）（1）：192－200.
刘顺海，2024. 数字中国科普．中央网信办《数字乡村建设指南 1.0》全文（三）_农村［EB/OL］.（2021－09－05）［2024－09－25］. https：//www.sohu.com/a/487736054_416839.
刘天红，2023. 以人为本高质量推动教育数字化发展［N］. 中国妇女报，03－15（04）.
刘喜梅，2022. 用数字化体系筑牢乡村振兴健康基石［N］. 人民政协报，04－06（05）.
刘亚娜，李玉柳，2021. 我国智慧养老政策供给、核心议题与趋势展望：基于政策范式的理论视角［C］. 中国老年学和老年医学学会 2021 年学术大会，北京：12－18.
刘艺，2021. 习近平新时代科技创新理论及其广东实践方略［D］. 广州：中共广东省委党校.
鲁金萍，许旭，2022. 年下半年我国数字化发展呈现十大趋势［J］. 数字经济，（Z2）：2－9.
吕佳颖，王雪羽，等，2023. 数字赋能城市基层治理［M］. 浙江：浙江大学出版社.
罗建军，蒋洲，等，2015. 应急管理实务［M］. 湖南：湖南人民出版社.
罗兴武，2019. 现代农业信息化理论与应用研究［M］. 北京：中国农业出版社.
马宝成，2023. 中国应急管理发展报告［M］. 北京：社会科学文献出版社.
孟欣玉，2023. 基于医学生视角的山西省全科医学教育现状调查及对策研究［D］. 太原：山西医科大学.
莫利拉，2007. 公共危机管理·农村社会突发事件预警、应急与责任机制研究［M］. 北京：人民出版社.
农业农村部对外经济合作中心，农业农村部信息中心，2021. 世界数字农业案例集［M］. 北京：中国农业科学技术出版社.
农业农村部信息中心，2022. 2022 全国智慧农业典型案例汇编［M］. 北京：中国农业科学技术出版社.
农业农村部信息中心，2023. 2023 全国智慧农业典型案例汇编［M］. 北京：中国农业科学技术出版社.
攀枝花市人民政府办公室，2024. 攀枝花市人民政府办公室关于印发《攀枝花市乡村教师支持计划实施办法（2016—2020 年）》的通知［EB/OL］.（2016－04－26）［2024－09－25］. http：//www.panzhihua.gov.cn/zfxxgk1/fdzdgknr/ghxx1/csgh1/1595508.shtml.
彭超，2023. 上海市区级政务服务网办情况影响因素研究：来自"一网通办"平台的数据检验［D］. 上海：上海财经大学.
秦宇，2018. 基于 ESB 的医院信息集成平台的实现与应用［D］. 南京：东南大学.
饶静，2024. 数字乡村建设对构建新发展格局具有重要意义_国家治理_人民论坛网［EB/OL］.（2021－06－01）［2024－09－25］. http：//www.rmlt.com.cn/2021/0601/615355.shtml.
山东云昂信息科技有限公司，2024. 一种智能云宣管理系统：202010221847.8［P］. 2020.08.14［2024－09－25］.
闪淳昌，薛澜，2012. 应急管理概论［M］. 北京：高等教育出版社.
沈韬，2017. 中国医院信息化建设进展［J］. 中国数字医学，12（07）：37－43.
施星好，2020. 江苏省农村订单定向医学生政策执行满意度研究：基于 J 校的数据分析［D］. 南京：南京农业大学.

史明昌，王维瑞，2011. 数字农业技术平台技术原理与实践 [M]. 北京：科学出版社.

宋灵青，许林，2020. 走具有中国特色的发展之路 [N]. 中国教育报，05-09 (03).

宋灵青，许林，2020. 走具有中国特色的发展之路 [N]. 中国教育报，05-09 (03).

宋强，2009. A公司教育软件市场营销策略研究 [D]. 成都：西南交通大学.

苏中滨，2005. 数字农业基础 [M]. 北京：中国农业出版社.

孙红敏，2015. 数字农业技术基础 [M]. 北京：高等教育出版社.

孙红敏，贾银江，2024. 数字农业技术及应用 [M]. 北京：中国农业出版社.

汤启蓉，2016. 人口年龄结构对我国城乡居民服务消费结构的影响研究 [D]. 湘潭：湘潭大学.

唐斌，2023. 农村公共危机与应急管理 [M]. 北京：科学出版社.

唐彦东，于汐，等，2021. 应急管理学原理 [M]. 北京：应急管理出版社.

陶佩君，2024. 农村发展概论 [M]. 北京：中国农业出版社.

桐欣，2023. 中国数字经济规模已超50万亿内外部面临七大挑战 [N]. 第一财经日报，05-26 (A10).

童星，林闽钢，2011. 中文图书中国农村社会保障 [M]. 北京：人民出版社.

汪懋华，赵春江，等，2012. 数字农业 [M]. 北京：电子工业出版社.

汪瑞林，2023. 高校扩招计深远 [N]. 中国教育报，07-07 (23).

王宏伟，2021. 应急管理新论 [M]. 北京：中国人民大学出版社.

王立志，2022. 数字乡村治理及案例分析 [M]. 合肥：安徽科学技术出版社.

王天平，李珍，2023. 乡村教育数字化转型的价值取向与实践路径 [J]. 重庆高教研究，11 (4)：14-22.

王向旭，2023. 新课标背景下高职英语教师信息化素养提高策略研究 [J]. 齐齐哈尔高等师范专科学校学报 (4)：147-149.

未兰兰，2021. 农村智慧养老服务体系探究 [J]. 农学学报，11 (4)：84-88.

吴丹丹，蔡名言，2019. 大连市智能化养老发展现状调查与分析 [J]. 青春岁月 (5)：496-497.

伍婷，2016. 现代信息技术与化学教学融合与实践 [D]. 开封：河南大学.

肖丽琴，2013. 教学改革中乡村教师的教学文化冲突问题研究 [D]. 金华：浙江师范大学.

肖萍，谭燚婕，2023. 乡村振兴背景下农村教育高质量发展思考 [J]. 山东干部函授大学学报 (理论学习) (5)：24-28.

熊航，李道亮，等，2021. 智慧农业概论 [M]. 北京：中国农业出版社.

徐小龙，徐佳，等，2021. 灾害大数据与智慧城市应急处理 [M]. 北京：电子工业出版社.

许超，施炜，等，2021. 应急管理十二讲 [M]. 徐州：中国矿业大学出版社.

许跃军，陈宏晓，等，2018. 互联网+政务服务 [M]. 北京：电子工业出版社.

杨芳菲，2024. 乡村教师数字素养提升的现实需求与实践路径 [J]. 中小学校长 (3)：47-51.

杨晶，2015. 新疆医科大学少数民族乡村医师学生职业规划的调查及对策研究 [D]. 乌鲁木齐：新疆医科大学，2015.

杨三喜，2023. 别让新的“数字鸿沟”阻碍乡村教育振兴 [J]. 时代邮刊 (9)：41.

杨伟锋，2006. 面向CIS的电子病历架构设计及基于内容管理的数据挖掘研究［D］. 沈阳：中国科学院沈阳计算技术研究所.
杨兴凯，2018. 电子政务［M］. 大连：东北财经大学出版社有限责任公司.
杨月巧，2020. 新应急管理概论［M］. 北京：北京大学出版社.
姚国章，2009. 应急管理信息化建设［M］. 北京：北京大学出版社.
佚名，2024. 加快数字乡村建设，推进基层治理体系完善［EB/OL］.（2021-09-15）［2024-09-25］. https：//www.sohu.com/a/489105450_120252344.
尤梦依，2024. 信息技术在数学教学中的应用［J］. 小学科学（6）136-138.
岳永杰，2023. 数字化转型助推乡村教育振兴［N］. 光明日报，07-26（02）.
张白，2013. 乡村振兴背景下基层公共服务能力建设与研究［M］. 合肥：合肥工业大学出版社.
张慧娜，2022. 智慧农业概论［M］. 北京：中国农业大学出版社.
张嘉实，2023. 数字经济赋能城乡融合发展研究［D］. 长春：吉林大学.
张建，2021. 健康医疗大数据系统化发展路径探讨［J］. 智慧健康，7（28）：42-46.
张建光，2019. 智慧政务·数字政府发展的新生态［M］. 北京：电子工业出版社.
张丽梅，钟世虎，2018. 互联网＋时代的基层党建［M］. 北京：红旗出版社.
张罗娜，2023. 法学思维在高校学生管理工作中的应用研究［J］. 现代职业教育（30）：125-128.
张曼，2007. 农村社会保障·关注农村民生问题（转轨社会保障改革探索丛书）［M］. 北京：中国社会出版社.
张瑞新，樊建武，2021. 新时代应急管理理论与实践［M］. 北京：应急管理出版社.
张甜，2011. 电子病历设计与实现［D］. 青岛：中国海洋大学.
张伟平，王继新，2018. 信息化助力农村地区义务教育均衡发展：问题、模式及建议：基于全国8省20县（区）的调查［J］. 开放教育研究，24（1）：103-111.
张宇，魏志强，等，2016. “互联网＋智慧养老”模式的新探索［J］. 中华老年病研究电子杂志，3（4）：13-16.
赵静怡，2023. “互联网＋”背景下小学教师专业发展路径探究：以盘锦市为例［D］. 大连：辽宁师范大学.
郑真慧，2016. 老年慢性病延续护理云平台模块内容的构建［D］. 南昌：南昌大学.
中共中央办公厅，国务院办公厅，2024. 中共中央办公厅、国务院办公厅印发《关于进一步深化改革促进乡村医疗卫生体系健康发展的意见》［EB/OL］.（2023-02-23）［2024-09-25］.
中共重庆市委组织部，重庆市人力资源和社会保障局，2017. 互联网＋公共服务创新［M］. 重庆：重庆大学出版社.
中国科学院信息工程研究所，2024. 一种虚拟化环境主动动态度量方法和系统：202110256748.8［P］. 2021.07.16［2024-09-25］.
周文光，李尧远，2013. 应急管理案例分析［M］. 北京：北京大学出版社.